南昌统计年鉴

NAN CHANG STATISTICAL YEARBOOK

2015

(总第 21 期)

中国统计出版社
China Statistics Press

图书在版编目（CIP）数据

南昌统计年鉴. 2015/南昌市统计局——北京
中国统计出版社, 2015.09
ISBN 978-7-5037-7592-5
Ⅰ. ①南… Ⅱ. ①南… ②国… Ⅲ. ①统计资料–南昌市–2015–年鉴 Ⅳ. ①C832.561-54
中国版本图书馆 CIP 数据核字(2015)第 204919 号

南昌统计年鉴——2015

作　　者/南昌市统计局
责任编辑/陈越月
责任校对/许卫群　熊泽荣
出版发行/中国统计出版社
通信地址/北京市丰台区西三环南路甲 6 号
邮　　编/100073
电　　话/邮购(010)63376909　书店(010)68783171
网　　址/http://csp.stats.gov.cn
印　　刷/江西宏达彩印有限公司
经　　销/新华书店
开　　本/889×1194 毫米　1/16
字　　数/980 千字
印　　张/32
印　　数/1-400 册
版　　别/2015 年 09 月第 1 版
版　　次/2015 年 09 月第 1 次印刷
书　　号/ISBN 978-7-5037-7592-5
定　　价/400.00 元

《南昌统计年鉴—2015》

编 辑 委 员 会

主　　　任：郭　安　　中共南昌市委副书记、市政府市长

常务副主任：刘建洋　　中共南昌市委常委、市政府常务副市长

副　主　任：万昱原　　南昌市统计局党组书记、局长

委　　　员：张　宁　　南昌市统计局党组成员、副局长

张根全　　南昌市统计局党组成员、副局长

陈正军　　南昌市统计局党组成员、纪检组长

熊慧平　　南昌市统计局党组成员、总统计师

肖玉芳　　南昌市统计局党组成员、副局长

胡林发　　南昌市统计局副调研员

张志萍　　南昌市统计局副调研员

编 辑 部

主　　　编：万昱原

副　主　编：熊慧平

责任编辑：许卫群　熊泽荣

编　　　审：（以姓氏笔划为序）

王　娟　邓重耀　刘　程　李晓斌　吴　蕊　余学军　陈　锋

陈金先　罗小云　胡　强　钟晓强　黄　赟　褚艳红　熊晓洪

樊　钰

资料整理：（以姓氏笔划为序）

万明刚　邓　超　方圆圆　毛　佳　朱伟彦　刘　上　纪伟斌

危梦思　吁　涛　李艳蕾　李　佳　张越峤　林　艳　姜同文

钟　莎　袁　方　黄　菲　彭艳红　傅　琦　储尚志　霍　哲

篇目索引

篇　　目

编　者　说　明

一、《南昌统计年鉴 –2015》是一部按年连续出版的大型统计资料书。真实记录了2014年南昌的经济和社会各方面的发展变化,以及历史重要年份和改革开放以来的主要统计数据。

二、全书内容分为17个篇目:1.综合;2.人口·劳动力;3.人民生活;4.物价;5.固定资产投资;6.城市公用事业;7.外贸和旅游;8.财政·金融;9.农业;10.工业;11.建筑业;12.运输和邮电;13.国内贸易;14.房地产;15.科技·教育·文化;16.卫生·体育·其他;17.附录,在附录部分收集了2014年国家和江西省统计公报,全国各省(市区)、省会城市和江西省各设区市主要经济指标及2014年南昌市统计局工作大事记。为便于读者正确使用资料,每个篇章后面附有主要统计指标解释。

三、本年鉴总量指标计算所采用的价格除注明外均为当年价格。

四、本年鉴资料主要来自年度统计报表,一部分来自抽样调查。

五、本年鉴部分数据合计数或相对数由于单位取舍不同产生的计算误差均未作机械调整。

六、本年鉴表中的符号使用说明:"空格"表示该项统计数据不详或无该项数据;"#"表示其中项。

七、读者在使用历史资料时,凡与本年鉴有出入的,均以本年鉴为准。

八、《年鉴》公开出版以来,受到了广大读者的关心和支持,对此我们深表谢意。欢迎读者对年鉴内容、编排等方面提出宝贵意见,帮助我们进一步提高编辑水平,更好地为读者服务。

2014年4月国家统计局原局长马建堂（左一）到南昌视察第三次经济普查个体户抽样调查工作，江西省统计局王建农局长（左二）、市长郭安（右二）等陪同

2014年1月国家统计局副局长谢鸿光（左三）一行到南昌督查第三次经济普查现场登记工作

2014年5月国家统计局投资司司长贾海（左三）到南昌调研投资项目

2014年6月由国家统计局数管中心主任许剑毅(左三)带队的国家统计局检查组在南昌召开经济普查事后质量抽查工作见面会

2014年3月江西省统计局局长王建农（右三）一行到南昌小蓝经济开发区检查指导统计工作，市政府原常务副市长张鸿星（右二）参加

2014年5月南昌市统计工作会议召开，市政府原常务副市长张鸿星(左二)出席

2014年9月南昌市统计局参加第七届中部省会城市统计局长联席会议

2014年5月原市委常委、常务副市长张鸿星（右一）来南昌市统计局调研

2014年1月市委常委、副市长田大忠（左二）来南昌市统计局调研指导工作

2014年2月南昌市统计局召开党的群众路线教育实践活动动员大会

2014年4月省委党的群众路线教育实践活动第一督导组副组长陈坚(左三)及市委第十三督导组组长韩匡楷(左四)等一行来南昌市统计局检查指导党的群众路线教育实践活动工作

2014年4月南昌市统计局召开聚焦“四风”查摆问题座谈会

2014年10月南昌市统计局召开党的群众路线教育实践活动总结大会

2014年3月南昌市统计局参观方志敏爱国事迹陈列馆

2014年4月南昌市统计局组织“走小平小道，重温入党誓词”教育活动

2014年度全省统计工作

先进单位

江西省统计局
二〇一五年一月

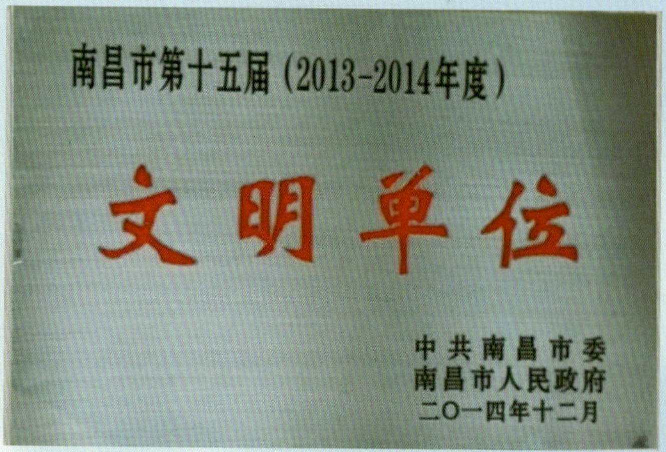

南昌市第十五届（2013-2014年度）

文明单位

中共南昌市委
南昌市人民政府
二〇一四年十二月

南昌市创建全国文明城市

先进单位

中共南昌市委
南昌市人民政府
二〇一五年六月

2014年度市直机关“重实干、转作风、树形象，争做为民务实清廉表率”主题实践活动

先进单位

中共南昌市直属机关工作委员会
2015年2月

一、综 合

二、人口·劳动力

三、人民生活

四、物 价

五、固定资产投资

六、城市公用事业

七、外贸和旅游

八、财政·金融

九、农 业

十、工　业

十一、建 筑 业

十二、运输和邮电

十三、国内贸易

十四、房 地 产

十五、科技·教育·文化

十六、卫生·体育·其他

附 录

一、综　　　合

GENERAL SURVEY

本篇内容包括：

1.南昌市2014年国民经济和社会发展统计公报
2.《南昌市2014年统计公报》解读
3.主要年份国民经济指标及发展

全市地区生产总值

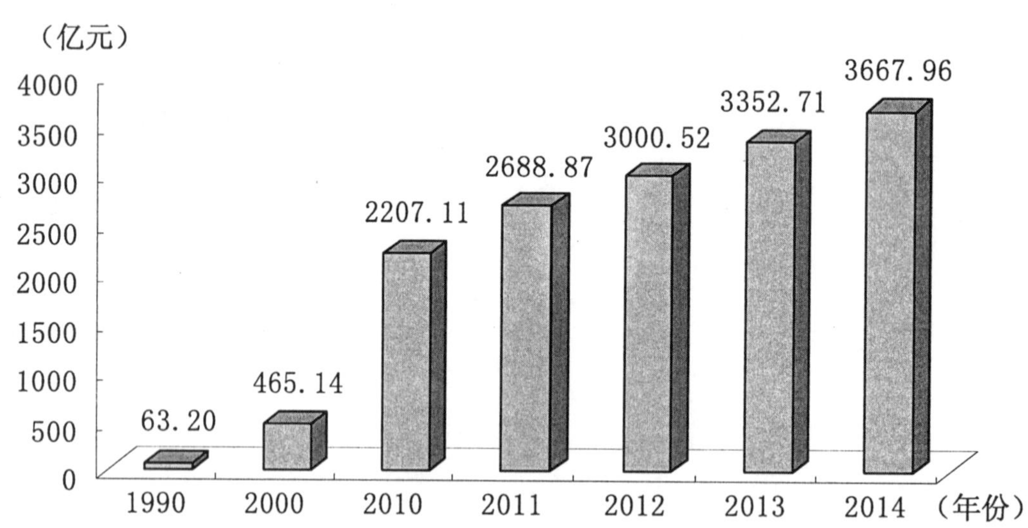

2014年地区生产总值构成

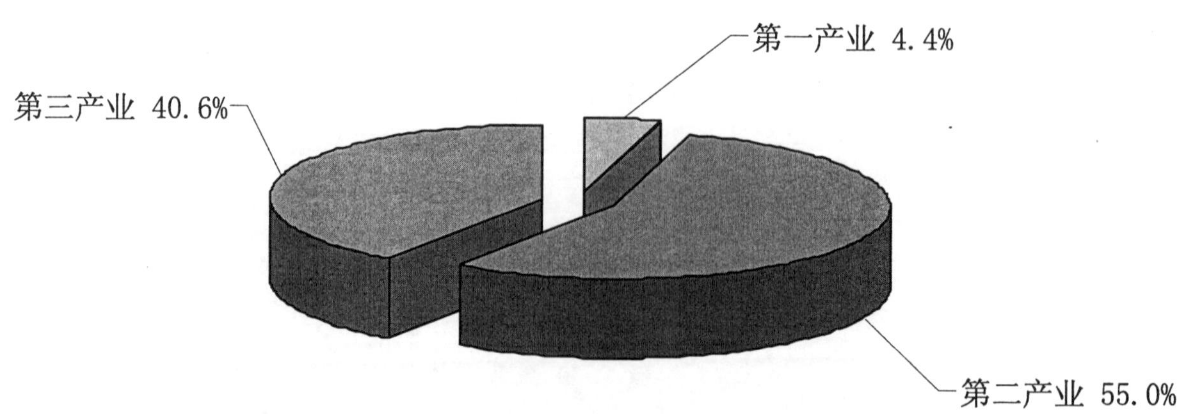

南昌市2014年国民经济和社会发展统计公报

南昌市统计局

2015年4月1日

2014年，全市人民在市委、市政府的正确领导下，坚持稳中求进、改革创新，坚决贯彻“发展升级、小康提速、绿色崛起、实干兴赣”十六字方针，以打造核心增长极为主线，以全面深化改革为动力，以践行群众路线为保障，积极应对外部环境严峻复杂和自身经济下行压力加大等挑战，全面落实国家稳增长、促改革、调结构、惠民生、防风险各项政策措施，全市经济持续健康发展，社会和谐稳定。

一、综合

据初步核算，全年实现地区生产总值(GDP)3667.96亿元，按可比价格计算，比上年增长9.8%。其中GDP超500亿元县区1个，为南昌县，完成559.36亿元；超400亿元县区2个，为青山湖区、高新开发区，分别完成458.27亿元、417.78亿元。全市三次产业结构调整为4.5:55.0:40.5。人均生产总值70373元，增长8.7%。在全市生产总值中，非公有制经济实现增加值2125.79亿元，增长10.1%，占全市生产总值的比重由上年的57.6%提高到58.0%。

图1:2010—2014年地区生产总值及其增长速度

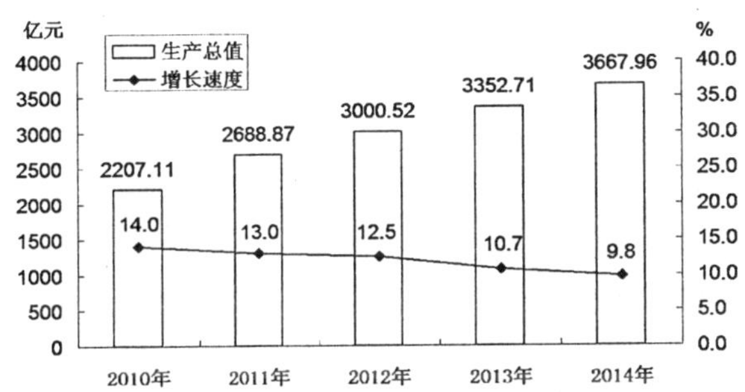

全年财政总收入638.30亿元，比上年增长14.4%。其中，地方公共财政预算收入342.21亿元，增长17.2%。从收入完成情况看，完成增值税30.52亿元，增长44.0%；营业税112.23亿元，增长10.0%；企业所得税35.14亿元，增长16.6%。县域财力显著增强，全年财政总收入超10亿元的县区11个，其中南昌县、西湖区、高新开发区分别超80亿元、70亿元及60亿元;红谷滩新区、东湖区超50亿元。全年地方公共财政预算支出473.40亿元，比上年增长13.3%,其中，教育支出81.97亿元，增长10.5%；社会保障和就业支出46.32亿元，增长4.9%；医疗卫生和计划生育支出45.75亿元，增长7.7%；交通运输支出41.22亿元，增长13.6%；农林水事务支出35.48亿元，增长14.8%；科学技术支出7.90亿元，增长45.9%。

图2:2010—2014年财政总收入及其增长速度

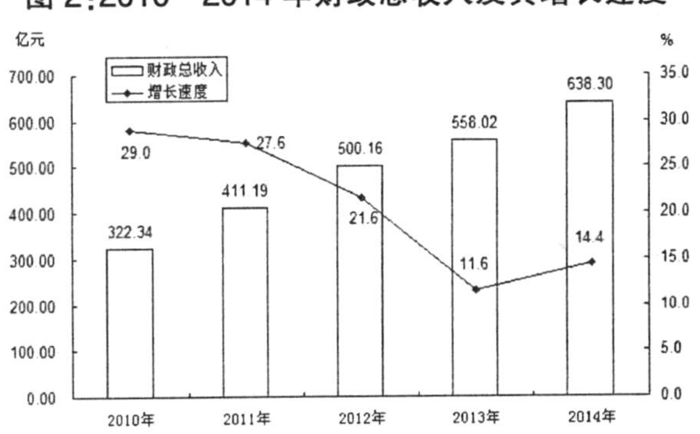

全年居民消费价格总水平(CPI)比上年上涨2.5%。其中，消费品价格上涨2.2%,服务价格上涨3.4%，商品零售价格上涨1.1%。工业生产者出厂价格指数99.34，工业生产者购进价格指数97.62。

表1:2014年居民消费价格情况

指标	涨跌幅度(%)
居民消费价格总水平	**2.5**
#食品	4.3
烟酒及用品	0.4
衣着	1.8
家庭设备用品及服务	-1.0
医疗保健及个人用品	0.4
交通和通信	-1.0
娱乐教育文化用品及服务	4.7
居住	2.5

2014 年全市年末社会从业人员 330.12 万人，比上年末增加 3.98 万人，增长 1.2%。全年城镇新增就业人员 7.90 万人；安置“4050”等困难群体 0.87 万人；新增转移农村劳动力 5.13 万人。城镇登记失业率 3.50%。

二、农 业

农业生产：全年完成农林牧渔及服务业现价总产值 283.63 亿元，比上年增长 4.7%。其中，农业产值 104.44 亿元，增长 3.9%；林业产值 3.47 亿元，增长 6.9%；牧业产值 104.42 亿元，增长 5.6%；渔业产值 65.50 亿元，增长 4.2%；农林牧渔服务业产值 5.80 亿元，增长 7.9%。

农牧产品产量：全年谷物种植面积 530.39 万亩，比上年下降 0.3%；油料种植面积 131.97 万亩，增长 0.4%；棉花种植面积 2.74 万亩，下降 4.9%；蔬菜种植面积 63.42 万亩，增长 2.4%。全年谷物总产量 245.27 万吨，比上年增长 1.7%；油料总产量 13.32 万吨，增长 2.4%；肉类总产量 37.74 万吨，增长 3.0 %；生猪出栏数 358.63 万头，增长 2.5%；家禽出笼 5034.09 万羽，增长 3.6%；禽蛋总产量 17.0 万吨，增长 2.0%；牛奶产量 5.13 万吨，下降 1.7%。

渔业：全年水产品总产量 39.49 万吨，比上年增长 4.8%，其中特种水产品产量 11.44 万吨，增长 4.0%。

林业：全年造林 2302 公顷，比上年下降 21.2%。

表 2：2014 年主要农产品产量及其增长速度

产品名称	单位	产量	比上年增长(%)
谷　　物	万吨	245.27	1.7
棉　　花	万吨	0.30	4.4
油　　料	万吨	13.32	2.4
生猪出栏	万头	358.63	2.5
禽　　蛋	万吨	17.00	2.0
水 产 品	万吨	39.49	4.8
蔬菜及食用菌	万吨	127.84	3.3
水果总产量	万吨	12.55	2.8
茶　　叶	万吨	0.19	10.1

生产条件：全市已建成中小型水库 493 座，年末农田有效灌溉面积 18.90 万公顷；年末农业机械总动力 226.7 万千瓦。年内完成机耕面积 31.57 万公顷、机插面积 5.30 万公顷；机械收获面积 31.62 万公顷。

农业产业化：市级以上龙头企业发展到 456 家，比上年增长 6.79%。其中国家级 12 家，占全省总量的 30%；省级 111 家、市级 333 家，分别比上年新增 10 家、19 家。

三、工业和建筑业

工业生产：全年完成规模以上工业增加值 1380.64 亿元，比上年增长 11.9%。规模以上工业中，国有企业、集体企业、股份制企业、股份合作企业和私营企业增加值分别增长 16.0%、20.4%、13.0%、12.1%和 10.6%。全市 35 个工业大类中农副食品加工业、汽车制造业、计算机、通信和其他电子设备制造业等 16 个行业增速高于全市平均水平。

图 3：2010—2014 年规模以上工业增加值及其增长速度

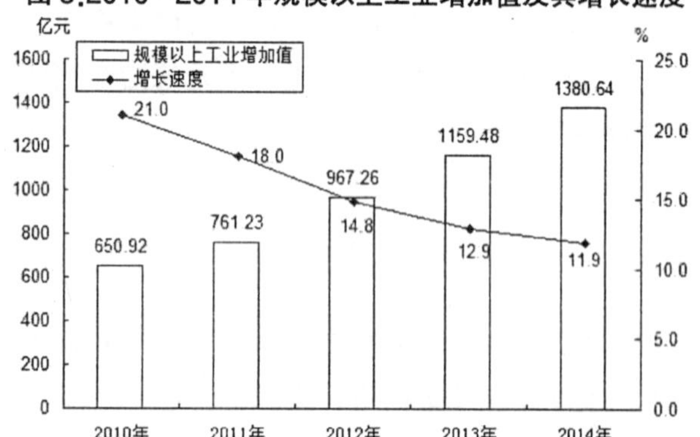

工业经济效益：全年规模以上工业产品销售率为 98.4%，与上年同期持平；实现利润 308.31 亿元，增长 25.3%；实现利税 566.24 亿元，增长 22.2%；工业经济效益综合指数达到 321.4%，比上年同期提高 6.4 个百分点。

全年规模以上工业实现主营业务收入 5072.23 亿元，比上年增长 13.0%，其中主营业务收入过百亿元的行业达到 17 个，较上年增加 2 个，分别是：农副食品加工业（676.55 亿元）；汽车制造业（674.68 亿元）；电力、热力生产和供应业（515.65 亿元）；计算机、通信和其他电子设备制造业（344.09 亿元）；医药制造业（297.16 亿元）；电气机械和器材制造业（285.40 亿元）；纺织服装、服饰业（284.03 亿元）；非金属矿物制品业（213.06 亿元）；金属制品业（176.68 亿元）；化学原料和化学制品制造业（162.10 亿元）；烟草制品业（160.41 亿元）；专用设备制造业（157.80 亿元）；有色金属冶炼和压延加工业（142.60 亿元）；通用设备制造业（127.92 亿元）；黑色金属冶炼和压延加工业（125.75 亿元）；食品制造业（116.67 亿元）；印刷和记录媒介复制业(107.54亿元)。

表3：2014年主要工业产品产量及其增长速度

产品名称	单位	绝对量	比上年增长(%)
饲　料	万吨	1075.00	4.7
精制食用植物油	吨	199685	26.4
软饮料	万吨	214.31	8.5
卷　烟	亿支	676.50	5.9
布	万米	8712.80	-1.1
化学药品原药	吨	16316.7	-5.6
彩色电视机	万台	19.57	8.4
水　泥	万吨	684.49	32.8
商品混凝土	万立方米	1630.90	19.4
生　铁	万吨	305.49	0.8
粗　钢	万吨	352.66	1.5
钢　材	万吨	373.67	-2.8
光电子器件	万只(片)	145378	67.2
汽　车	万辆	31.66	20.7
房间空调器	万台	328.43	2.7

工业园区:全市七个省及省以上工业园区累计完成工业增加值1014.88亿元,同比增长9.7%;主营业务收入达到3718.24亿元,增长12.0%;实现利税461.09亿元,增长26.4%,税金206.39亿元,增长23.4%。其中,高新技术开发区工业主营业务收入继续保持全省第一,达到1103.69亿元,增长6.7%。

建筑业:全市共有资质以上建筑业企业511家,全年完成施工产值2133.20亿元,比上年增长24.9%;施工面积14035.59万平方米,增长25.9%;竣工面积4523.18万平方米,增长11.9%。

四、固定资产投资

投资总量:全市500万元及以上项目共完成投资额3434.25亿元,比上年增长18.6%,其中,工业投资1397.46亿元,增长12.5%;房地产开发投资414.07亿元,增长2.0%。全年全市投资施工项目6842个,其中新开工项目5783个。

投资结构:全市500万元以上固定资产投资中第一产业完成投资31.59亿元,增长24.8%;第二产业完成投资1435.07亿元,增长12.0%;第三产业完成投资1967.59亿元,增长23.8%。三次产业在固定资产投资中所占比重由2013年的0.9:44.2:54.9调整为2014年的0.9:41.8:57.3。

图4:2014年三次产业投资比例

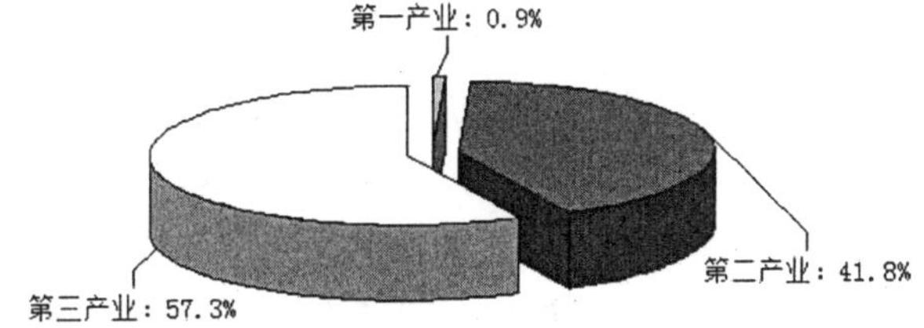

从投资主体看，全市500万元以上固定资产投资中国有经济完成投资788.34亿元，比上年增长50.1%,占投资比重为23.0%;非国有经济完成投资2645.91亿元,增长11.6%,占投资比重为77.0%。其中,民间投资完成2419.37亿元,增长12.9%。

城市建设:南昌轨道交通2号线一期工程、乌沙河整治及其周边旧城改造项目等重大基础设施项目正式开工,西客站南北广场、龙头岗码头、南昌综合客运枢纽投入使用,赣江生米九龙湖段防洪大堤、红湾大道提升改造、金沙大道提升改造、长麦路南延改造完成,红角洲水厂竣工投产,南昌城市基础建设迈出坚实步伐。全市完成城镇基础设施投资达到439.19亿元，比上年增长70.6%；新开通公交线路19条,公交线路已达到207条,比上年增加19条;城市道路总长度1805.09公里,增长9.6%;城市道路总面积达到3774.02万平方米,增长9.1%;自来水供水管道长度4163.95公里,增长7.8%。

五、国内贸易

消费品市场:全市实现社会消费品零售总额(法人口径)1429.21亿元，比上年增长12.5%。分地域看,城镇实现零售额1339.80亿元,增长12.4%;农村实现零售额89.41亿元,增长15.1%,城乡消费市场同步发展。分行业看，批发和零售业实现零售额1304.88亿元,增长12.4%;住宿和餐饮业实现零售额124.33亿元,增长14.2%。

图5:2010—2014年社会消费品零售总额及其增长速度

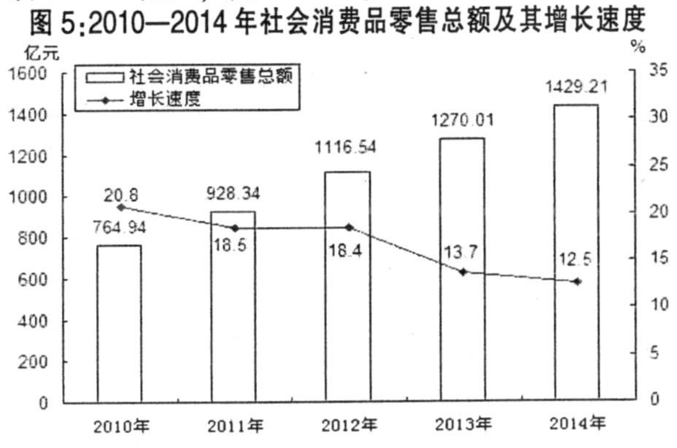

2014年，在限额以上批发零售业零售额中，食品、饮料、烟酒类零售额增长17.0%(同口径)；服装、鞋帽、针纺织品类增长17.3%；金银珠宝类增长0.2%；中西药品类增长17.2%；家具类增长12.0%；汽车类增长13.3%；建筑及装潢材料类增长38.4%。其中，汽车类消费成为最大的消费亮点，实现零售额284.58亿元，占限额以上批零住餐零售额比重为32.3%。

商品交易市场：全市共有各类商品交易市场112个，其中，年成交额亿元以上的商品交易市场有32个，成交总额934.79亿元。其中，洪城大市场年交易额292.4亿元，增长5.0%；南昌(深圳)农产品批发市场年交易额166.5亿元，增长5.6%。

六、对外经济

对外贸易：据海关统计，2014年南昌地区内企业(含中央、省属公司)实现进出口总额122.26亿美元，比上年增长25.9%。其中，出口总额84.17亿美元，增长15.19%；进口总额38.09亿美元，增长58.46%。在出口产品中，高新技术产品出口24.63亿美元，增长111.37%，机电产品出口44.44亿美元，增长39.34%；一般贸易出口57.22亿美元，与去年同期持平，加工贸易出口16.29亿美元，增长25.02%。

图6:2010—2014年进出口情况

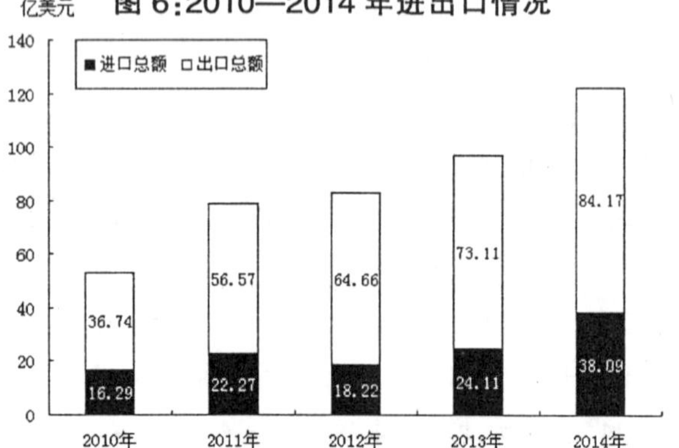

利用外资：全市实际利用外资32.14亿美元，比上年增长8.43%。其中，第二产业12.43亿美元，第三产业19.14亿美元，所占全市份额分别为38.68%和59.54%。2014年，全市批准外商投资企业189家。其中，中外合资企业占10.28%，外商独资企业占89.66%。全年实际利用内资910.59亿元，增长11.08%。实际引进省外单项投资5000万元以上项目资金580.24亿元，增长14.85%。

七、交通、邮电和旅游

交通运输：全市各种运输方式共完成货物运输量12706.02万吨，比上年增长12.27%。其中，民航1.74万吨，下降1.69%；公路11734万吨，增长13.61%；铁路182.98万吨，下降23.52%；水运787.3万吨，增长5.17%。全年民航、铁路、公路完成旅客运输量6469.91万人，比上年增长2.41%。

表4:2013年民航、铁路、公路、水路完成客货运输量及其增长速度

指　标	单位	绝对数	比上年增长(%)
旅客运输量	万人	6469.91	2.41
民　航	万人	223.7	-1.54
铁　路	万人	2415.21	1.8
公　路	万人	3831	3.04
旅客周转量	亿人公里	122.93	1.39
民　航	亿人公里	24.48	1.94
铁　路	亿人公里	54.48	-0.02
公　路	亿人公里	43.97	2.85
货物运输量	万吨	12706.02	12.27
民　航	万吨	1.74	-1.69
铁　路	万吨	182.98	-23.52
公　路	万吨	11734	13.61
水　运	万吨	787.3	5.17
货物周转量	亿吨公里	333.84	6.1
民　航	亿吨公里	0.18	-4.21
铁　路	亿吨公里	57.33	-2.62
公　路	亿吨公里	258.36	8.64
水　运	亿吨公里	17.97	1.01

汽车保有量：年末民用车辆保有量63.96万辆，增长1.35%。年末民用轿车保有量37.61万辆，增长15.02%，其中私人轿车保有量32.30万辆，增长22.39%。

邮电通信：全市完成邮电业务总量82.01亿元，比上年增长20.43%。其中，邮政业务总量16.28亿元，增长41.07%；电信业务总量65.73亿元，增长16.21%。发送快递8251.78万件，增长72.89%，其中国内同城快递1323.81万件、国内异地快递6890.92万件、国际及港澳台快递37.05万件，快递业务收入8.91亿元，增长35.82%，订销报刊累计数9238.27万份。年末全市固定电话用户111.55万户，下降11.99%；移动电话用户601.04万户，增长10.86%，其中3G移动电话用户268.25万户，增长7.97%；互联网宽带接入用户数119.57万户，增长7.52%。年末移动电话交换机容量达1400.87万户，下降5.94%。

旅游：全年共接待国内游客4265.2万人次，比上年增长30.0%；接待入境游客21.6万人次，增长7.0%。实现国内旅游收入387.25亿元，增长42.4%；旅游创汇6965万美元，增长9.0%。截至2014年末，全市拥有星级宾馆(饭店)62家，去年已批星级宾馆58家，在批星级宾馆4家；拥有旅行社211家，其中出境组团社33家。

八、金融、证券和保险业

金融业：全市金融机构人民币各项存款余额为7296.23亿元，比年初增长10.1%。其中，单位存款4401.66亿元，增长12.6%；城乡居民储蓄存款2149.33亿元，增长4.8%。金融机构人民币各项贷款余额6329.26亿元，比年初增长15.8%。其中，短期贷款2302.61亿元，增长8.1%；中长期贷款3901.25亿元，增长19.2%。

证券业：全市拥有证券分支机构78家，全年证券机构股民资金账户数107.42万户，比上年增长7.6%。全年客户交易结算资金81.98亿元，增长130.3%；A股交易额11812.25亿元，增长59.6%；B股交易额6.50亿元，下降12.6%。

保险业：全市共有保险公司37家。全年实现保费收入102.35亿元，比上年增长32.1%。其中，财产保险31.51亿元，增长21.6%；人寿保险50.80亿元，增长37.2%。全年赔款及给付31.92亿元，增长14.0%。其中，财产保险16.23亿元，增长11.9%；人寿保险13.03亿元，增长15.8%。

九、教育和科学技术

教育：2014年全市拥有各级各类学校1315所(不含技工学校)，教职工9.10万人，其中专任教师7.04万人。全年招收研究生7999人，在校研究生2.27万人，毕业研究生6787人。全市共有普通高校55所，招生17.95万人，在校生55.44万人，毕业生14.04万人。中等专业学校(不含技校)32所，招生3.60万人，在校生10.37万人，毕业生2.76万人。普通高中69所，招生3.43万人，在校生10.19万人，毕业生3.17万人。普通初中206所，招生6.37万人，在校生19.43万人，毕业生6.28万人，初中阶段适龄少年入学率100.4%。职业高中18所，招生3046人，在校生8794人，毕业生2550人。小学927所，招生6.71万人，在校生39.73万人，毕业生6.35万人，小学适龄儿童入学率100%。特殊学校8所，特殊教育招生168人，在校生896人，毕业生144人。幼儿园765所，在园幼儿13.49万人。

表5：2014年各类全日制学校基本情况

项　目	学校数(个)	招生数(人)	在校生(人)	毕业生(人)
高等学校	55	179491	554360	140393
中等学校(不含技校)	32	35968	103654	27561
普通中学	275	98021	296238	94490
职业高中	18	3046	8794	2550
小　学	927	67126	397331	63476
特教学校	8	168	896	144

科技：全市认定高新技术企业115家，累计拥有高新技术企业277家。获得国家科技进步奖2项，省级自然科学奖13项，技术发明奖3项，科技进步奖50项，市级科技进步奖45项。2014年，全市专利申请量7451件，专利授权量4411件，分别比上年增长20.4%和30.5%。全年登记技术合同1745项，技术合同成交金额24.38亿元，比上年增长31.8%。全市新增技术创新联盟3家。获国家重点新产品7项、省级重点新产品182项。

十、文化、卫生和体育

文化：全市文艺创作获省级以上奖项52个，其中国家级奖项16个。年末全市拥有各类专业艺术表演团体6个，公共图书馆10个，文化馆10个，博物馆、纪念馆10个，全国重点文物保护单位9处。年末全市有线电视入户率61.84%，有线广播电视入户率52.46%。

卫生：全市拥有各类医疗卫生机构2151个，其中医院103个；拥有床位28733张，其中医院床位24136张。拥有各类专业卫生技术人员34309人，其中执业(助理)医师12349人。农村卫生服务得到改善，参加新型农村合作医疗的人数达259.22万人，参保率由上年的98.9%提高到99%。全市婴儿死亡率为4.88‰，5岁以下儿童死亡率为6.76‰，每十万孕产妇死亡人数为10.06人。

体育:2014 年,全市运动员参加比赛人数 0.9 万人次,共获得金牌 393 枚,银牌 191 枚,铜牌 144 枚。全年举办单项比赛 47 次,举办全民健身活动 96 次,其中千人以上的活动 24 次,参加活动的人数总计 25.66 万人。全年完成全民健身路径工程 415 个,总投资 701.81 万元。全年发行体育彩票 4.64 亿元,比上年增加 1.01 亿元。

十一、人口、人民生活和社会保障

人口:据公安户籍统计,全市年末户籍总人口 517.73 万人,比上年末净增 7.65 万人。其中,非农业人口 238.38 万人,增加 2.42 万人。根据人口变动情况抽样调查统计,年末常住人口 524.02 万人,比上年末增加 5.6 万人。全年出生人口 6.78 万人,出生率 13.01‰;死亡人口 3.25 万人,死亡率 6.23‰;自然增长率 6.78‰,比上年下降 0.01 个千分点。

人民生活:据抽样调查,城镇居民人均可支配收入 29091 元,比上年增长 10.0%。城镇居民人均消费性支出 19628 元,增长 9.5%。城镇居民家庭恩格尔系数为 31.7%。年末城镇居民人均住房建筑面积 32.11 平方米,比上年末增加 2.61 平方米。农村居民人均可支配收入 12414 元,增长 11.0%。农民人均生活消费支出 7896 元,增长 10.4%。农村居民家庭恩格尔系数为 40.5%。全市城镇化率达到 70.86%,较上年提高 1.03 个百分点。

图 7:2010—2014 年城乡居民收入水平

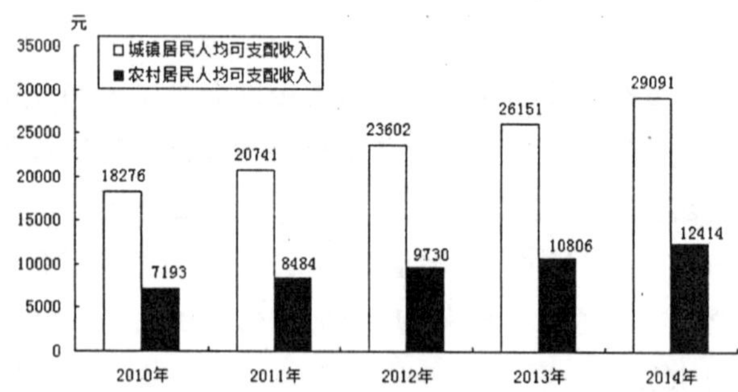

社会治安:全年共破获各类刑事案件 15895 起,破获经济案件 298 起,挽回经济损失 414.45 万元。

住房公积金:全市(市本级)归集公积金(未含本年利息)39.90 亿元 ,比上年增长 18%;发放住房公积金贷款 38.26 亿元,比上年增长 22%;发放户数 10314 户,比上年增长 11%;提取住房公积金 24.01 亿元,比上年增长 31%。

社会保障:全市城镇职工参加基本医疗保险人数 100.19 万人,比上年增加 3.49 万人;参加失业保险人数 58.42 万人,比上年减少 0.10 万人;城镇参加基本养老保险人数为 157.48 万人,其中参保职工 112.42 万人,参保离退休人员 45.06 万人;企业养老金社会化发放率达到 100%。全市共有 16.31 万人享受最低生活保障,其中,农村 10.32 万人。2014 年建设廉租住房 450 套、公租房 2550 套,国有林区、垦区 3781 套,完成农村危房改造 2930 套。

社会福利:全市拥有各类社会福利单位 38 个(不含敬老院),各类收养性社会福利单位床位数 6070 张,收养各类人员 4138 人。城镇社区便民、利民、为民服务网点 1104 个,其中综合性社区服务中心 188 个。

十二、资源、环境与安全生产

环境质量:市拥有国家生态示范区 2 个,省级生态县区 4 个,省级生态乡镇 43 个,国家级生态乡镇 18 个;自然保护区 9 个(含省级),自然保护区面积 10.20 万公顷。2014 年,全年空气质量优良天数达 294 天;空气质量优良率达 80.5%,综合指数在中部 6 个省会城市中列第一。城市生活污水集中处理率 93%以上;集中式饮用水源水质达标率达到 100%,主要江河水质达标率为 92.9%;全市区域环境噪声昼间等效声级为 53.9dB(A),达标率为 90.8%;全市道路交通噪声昼间等效声级为 67.4dB(A),路段达标率为 77.1%;工业固废综合利用率达到 95%以上。

城市园林绿化:全市拥有园林绿地面积 10506.2 公顷,绿化覆盖面积 11114.04 公顷,公园绿地 3005.2 公顷,城市绿化覆盖率达到 42.41%,人均公共绿地面积达到 12.04 平方米。

节能减排:初步核算,全年万元生产总值综合能耗较上年下降 4.07%;化学需氧量、氨氮、二氧化硫和氮氧化物排放总量分别较上年下降 3.1%、8.2%、9%和 4.1%,五项指标均圆满完成我省下达的节能减排目标任务,全市环境质量持续改善。

安全生产:全市共发生各类生产安全事故 304 起,死亡 244 人,与去年同期相比,事故起数下降 85.29%,死亡人数下降 1.21%。其中,发生生产经营性事故 17 起,死亡 20 人,与去年同期相比,事故起数增加 1 起,死亡人数减少 1 人。发生道路交通事故 287 起,死亡 224 人(其中生产经营性道路交通事故死亡人数90人)，与去年同期相比，事故起数下降8.30%。

注：

1、本公报中统计数据为初步统计数，正式数据以《南昌统计年鉴-2015》为准。

2、规模以上工业是指年主营业务收入2000万元及以上的法人工业企业；固定资产投资为城乡计划总投资500万元及以上项目固定资产(含房地产投资)；限额以上企业是指年主营业务收入2000万元及以上的批发业企业、500万元及以上的零售业企业、200万元及以上的住宿和餐饮业企业。

3、地区生产总值及各产业增加值绝对数按现价计算，增长速度按可比价计算。

4、社会消费品零售总额2010年为在地口径，2011年起改为法人口径。

5、邮政业务总量从2013年开始包含快递业务量。

顺应新常态 谋求新发展

——《南昌市2014年统计公报》解读

南昌市统计局党组书记、局长 万昱原

《南昌市2014年国民经济和社会发展统计公报》(以下简称《统计公报》)如期发布了。透过《统计公报》中的笔笔数据和张张图表,我们可以看到,在国际金融危机余波未平、国内经济下行压力犹在的严峻背景下,我市紧紧围绕全省打造核心增长极的目标,稳步推进四个“三年强攻计划”,全市经济社会发展呈现稳中有进、稳中提质的良好形势。

一、极化效应逐步凸显,综合实力稳中有升

《统计公报》显示,2014年,在全球经济动荡,全国经济步入新常态的经济形势背景下,我市市委、市政府审时度势、科学决策,始终将稳增长放在首位,大力实施四个“三年强攻计划”,全市经济始终保持了健康平稳增长态势,全年实现地区生产总值3667.96亿元,同比增长达到9.8%,高于全国平均水平2.4个百分点,增速逐季度加快,分别较一季度、上半年、前三季度加快0.6、0.5、0.4个百分点。

增长呈现良好势头。2014年,我市有六项经济指标实现“两位数”增长,且增速均超过全国平均水平;大部分主要经济指标增速高于全省平均水平,向好形势持续。其中,地区生产总值同比增长9.8%,高于全省平均水平0.1个百分点;规模以上工业增加值同比增长11.9%,高于全省平均水平0.1个百分点;500万元以上固定资产投资增速同比增长18.6%,高于全省平均水平0.6个百分点;财政总收入(省口径)同比增长16.2%,高于全省平均水平2.5个百分点;地方公共财政预算收入同比增长17.2%,高于全省平均水平1.1个百分点;海关出口总额同比增长15.19%,高于全省平均水平1.49个百分点。

总量迈上新台阶。2014年,我市500万元以上固定资产投资突破3000亿元;财政总收入突破600亿元;海关进出口总额突破百亿美元。其中,规模以上工业增加值、地方公共财政预算收入、海关出口总额等3项指标总量较2010年翻番,分别达到1380.64亿元、342.21亿元、84.17亿美元,其中,地区生产总值、规模以上工业增加值、财政总收入、地方公共财政预算收入、海关出口总额等5项指标占全省比重较上年同期分别提高0.1、0.1、0.2、0.2、0.3个百分点。

二、结构调整稳步推进,助推经济发展升级

《统计公报》显示,2014年,我市以全面深化改革为动力,着力推动改革创新,着力培养新的动力,在稳增长的同时,不断优化调整产业结构,全市经济实现了稳中有进,三次产业取得了协调发展。

农业生产发展升级。2014年,我市实现农林牧渔业增加值166.10亿元,同比增长4.7%,增速较上年同期加快1.6个百分点;全年谷物播种面积530.39万亩,单产6936公斤/公顷,比上年同期增长2.0%,再创历史新高;谷物总产达到245.27万吨,比上年同期增长1.7%。

工业结构转型升级。2014年,全市完成规模以上工业增加值1380.64亿元,同比增长11.9%,其中,非公有制企业工业增加值全年始终保持两位数增长,同比增长11.7%,对工业增长的贡献率达到69.4%;六大高耗能行业增长2.9%,低于全市平均水平9个百分点;工业经济效益综合指数321.4%,比上年同期提高6.4个百分点;高新技术产业增加值同比增长12.1%,高于全市规模以上工业增速0.2个百分点,占全市GDP的比重达到8.2%,较上年提高0.5个百分点。

服务业发展逐步加速。2014年,我市第三产业完成增加值1484.85亿元,同比增长7.8%,占全市GDP比重突破40%,达到40.5%;全市第三产业投资始终保持两位数增长,全年共完成1967.59亿元,同比增长23.8%,增速较上年同期加快4.5个百分点,对全市投资增长的贡献率达到70.3%;全年共接待国内游客4265.2万人次,比上年增长30.0%;实现国内旅游收入387.25亿元,增长42.4%。

三、内外需求更趋协调,发展活力持续增强

《统计公报》显示,2014年,我市“三驾马车”协同并进,投资全年保持两位数增长、消费品市场稳步升温、开放型经济稳定向好，有力推动了我市经济平稳提质发展。

投资领域快速增长。2014 年，随着欧菲光三期、海派通讯、鸿利光电、恒动汽车电池、华南城（电商）等一批重大项目的落户、开工建设，我市固定资产投资实现快速发展，全年完成 500 万元以上固定资产投资 3434.25 亿元，同比增长 18.6%，其中，民间投资和基础设施投资均实现较快增长。2014 年，我市实现民间投资 2419.37 亿元，同比增长 12.9%，占全市 500 万元以上固定资产投资的比重达到 70.4%，较去年同期提高 2.2 个百分点；实现基础设施固定资产投资 709.93 亿元，增长 47.7%，较上年同期提高 30.1 个百分点，比全市平均水平高 29.1 个百分点。

消费市场欣欣向荣。2014 年，伴随着我市新城建设、旧城改造工程的强力推进；电子商务产业园区、快递（电商）物流园和淘宝 OTO 体验店等的加快建设；绳金塔夜市、万达金街等一批特色商业街、夜市的悄然兴起，我市消费品市场持续繁荣。全市实现社会消费品零售总额 1429.21 亿元，同比增长 12.5%，其中，限额以上消费品零售额完成 880.43 亿元，增长 12.9%，分商品类型看，家用电器和音像器材类，服装、鞋帽、针纺品类，中西药品类，食品、饮料、烟酒类，汽车类增速均超过全市平均水平，同比分别增长 32.3%、17.3%、17.2%、17.0%、13.3%。

对外贸易持续向好。2014 年，我市强抓招商引资和对外贸易，全年海关进出口总额突破百亿美元，达到 122.26 亿美元，其中，海关出口总额 84.17 亿美元，同比增长 15.19%；海关进口总额 38.09 亿美元，同比增长 58.46%。一年来，我市先后参与了赣港、赣台经贸合作、世界低碳生态经济大会等重大招商活动，招商引资成果较好，从吸引内外资情况看，在国际投资持续低迷的局势下，我市外资始终保持稳定增长，全年实现实际利用外资 32.14 亿美元，同比增长 8.43%，增速快于全国平均水平 6.73 个百分点；全市实现实际利用内资 910.59 亿元，同比增长 11.08%。

四、运行环境逐步好转，发展基础继续巩固

《统计公报》显示，2014 年，在市委、市政府的坚强领导下，我市紧紧围绕经济建设这个中心任务不放松，全市经济继续保持健康发展，运行环境稳步好转，发展基础持续稳固。

金融市场运行平稳。12 月末，全市金融机构（含外资）人民币各项存款余额为 7296.23 亿元，比年初增长 10.1%，其中，城乡居民储蓄存款余额为 2149.33 亿元，增长 4.8%；金融机构（含外资）人民币各项贷款余额 6329.26 亿元，比年初增长 15.8%。

财政收支结构优化。2014 年，全市财政总收入、地方公共财政预算收入分别完成 638.30 亿元、342.21 亿元，同比分别增长 14.4%、17.2%；税收收入占财政总收入比重达到 91.5%，是全省各设区市中唯一超过 90%的地市；税收收入占地方公共财政预算收入的比重为 84.0%，在全省各设区市中继续位居第一。从财政支出情况看，2014 年，全市公共财政预算支出完成 473.40 亿元，同比增长 13.3%，其中，社会保障和就业、教育、医疗卫生与计划生育、农林水事务、住房保障等五个领域累计支出合计完成 226.45 亿元，占全市财政支出比重达到了 47.8%，有力地保障了全市民生政策的落实和全市重大重点工程的推进。

居民生活水平逐步提高。2014 年，我市物价涨幅不断回落，全年居民消费总水平涨幅控制在 2.5%，创年内最低。与此同时，全市居民收入水平稳步提高，全年城镇居民人均可支配收入、农村居民人均可支配收入分别达到 29091 元、12414 元，均高于全国、全省平均水平；同比增幅均实现两位数增长，分别增长 10.0%、11.0%；全年农村居民人均可支配收入增速快于城镇居民人均可支配收入 1.0 个百分点，城乡居民收入差距进一步缩小。

县域经济蓬勃发展。2014 年我市各县区蓬勃发展，总量不断扩张，其中，南昌县地区生产总值超过 500 亿元，青山湖区、高新开发区地区生产总值超过 400 亿元。各县区主要经济指标均保持快速增长，其中，南昌县、新建县、经济开发区、高新开发区、红谷滩新区、桑海开发区等 6 个县区地区生产总值实现"两位数"增长；南昌县、经济开发区、高新开发区、红谷滩新区等 4 个县区实际利用外资实现"两位数"增长；湾里区 500 万元以上固定资产投资增速超过 25%，达到 26.2%；经开区社会消费品零售总额增速超过 20%，达到 21.4%；红谷滩新区财政总收入增速超过 30%，达到 31.8%；红谷滩新区海关出口总额实现三位数增长，同比增长 178.89%，新建县、进贤县、高新开发区等 3 个县区海关出口总额增速也超过 20.0%，分别达到 21.67%、21.9%、22.10%。

五、社会事业持续进步，发展成果惠及民生

《统计公报》显示，2014 年，南昌在实现经济平稳较快增长的同时，更注重提高居民收入和生活质量，把民生放到了更加重要的位置，各项社会事业也取得了明显进步。

人民生活得到保障。2014 年，我市始终把保障和改善民生放在优先发展的重要位置，全市累计发放低保资金 44107 万元，享受最低生活保障的居民人数达到 163148 人；参加城镇职工养老保险参保人数达到 157.48 万人、参加城镇职工基本医疗保险人数达到 100.19 万人，人民生活得到有效保障。同时，我市继续加大就业创业帮扶力度，全年城镇新增就业人数达到 7.9 万人，城镇“零就业家庭”安置率 100%；新增转移农村劳动力 5.13 万人。

科教事业硕果累累。科教事业是一个地方软实力的体现，更是经济繁荣的必然结果。2014 年，我市坚持把科技创新作为推动经济社会发展的强大动力，科技投入不断加大，全年财政支出中用于科学技术方面的支出达到 7.9 亿元，同比增长 45.9%，占全市一般公共服务支出的比重达到 18.7%。教育事业成绩斐然，在扩大受教育范围，逐步提高教育质量的同时，我市也举办了“2014 年江西省首届文化活动周”，推进了市群艺馆新馆、市图书馆加固维修、南昌杏花楼（南昌美术馆）改造升级，进一步完善了我市教育设施，改善了教育环境。

过去的一年，在市委、市政府的坚强领导下，我市始终坚持贯彻“发展升级、小康提速、绿色崛起、实干兴赣”十六字方针，全市经济保持了健康较快发展的良好态势。但是在肯定成绩的同时，我们也要正视差距，当前我市仍属于中部欠发达省会城市，产业支撑还很不足，为此，要在扩大经济总量、优化经济结构上狠下功夫，逐步提升我市在中部乃至全国的城市影响力，继续稳固我市在全省的核心增长极地位。

今年是全面深化改革的关键之年，我们坚信，在市委、市政府的正确领导下，只要我们强化担当，锐意改革，积极主动顺应新常态，紧紧扭住“做强南昌”这个战略目标，抢抓机遇，不断赢得发展的先机，南昌的经济社会各项事业一定会强起来！

自然、地理、资源

位 置

南昌市位于东经 115°27′–116°11′ 北纬 28°09′–29°11′。地处江西省中部偏北，赣江、抚河下游，东北方濒临我国最大的淡水湖鄱阳湖。

地势、面积

全市以平原为主，东南地势平坦，西北丘陵起伏。全市总面积 7402.36 平方公里。南北长约 112.1 公里，东西宽为 107.6 公里。

山脉、河流、湖泊

位于西北部的西山山脉，呈东北向逶迤绵延，山脉中段的梅岭为市区最高点，其主峰洗药峰海拔 841.4 米。

全市境内江河纵横，湖泊池塘星罗棋布。主要河流有赣江、抚河、锦江和潦河等。湖泊主要有军山湖、青岚湖、金溪湖、瑶湖等，市区有青山湖、贤士湖，市中心错落着东湖、西湖、南湖、北湖等四个人工湖。

气 候

南昌气候湿润温和，属亚热带季风区，雨量充沛，四季分明，春秋季短，冬夏季长。2014 年平均气温 18.8℃，极端最高气温 37.2℃，极端最低气温–2.6℃。年降水量 1890.5 毫米，降水日为 168 天，年平均相对湿度为 74%。年日照时间 1810.5 小时。年平均风速 1.7 米/秒。年无霜期 287 天。冬季多偏北风，夏季多偏南风。适合植物、花卉生长，是营造“花园城市”的理想地区。但是，由于每年季风强弱和进退迟早不同，气温变化较大，降水分布不均，高温干旱，低温冷害和暴雨洪涝等气象灾害发生较频繁，给人们生产和生活带来不利影响。

土地资源

全市土地面积 7402.36 平方公里，其中耕地面积 27.93 万公顷。在耕地面积中，有效灌溉面积 19.11 万公顷，占 68.41%。

水力资源

全市水力资源蕴藏量为 7.18 万千瓦，可开发的资源 3.42 万千瓦，占蕴藏量的 47.6%。

森林资源

全市林地面积 13.9 万公顷，森林覆盖率 21.96%；活立木蓄积量 522.1 万立方米。野生动、植物资源品种繁多。

矿产资源

以非金属建矿为主，兼有燃料、矿泉水等各类矿产 28 余种。已发现矿点、矿化点 100 处，尤其以建筑用砖、砖瓦粘土、饰面石材、石英石、石灰石和矿泉水等具有较好的开发前景。花岗石、砂卵石、砖瓦粘土储量巨大，开采历史悠久。

1-1 土 地 面 积

(2014 年)　　单位:平方公里

地　　区	总面积
全　　市	**7 402.36**
市　　区	820.36
南 昌 县	1 670
新 建 县	2 275
安 义 县	666
进 贤 县	1 971

1-2 行政区划

(2014年)　　　　单位:个

地　区	街道办事处	居委会	镇	乡	村委会
全　市	**30**	**690**	**52**	**28**	**1162**
区	30	521	12		168
东湖区	10	160	1		23
西湖区	10	139	1		13
青云谱区	5	69	1		12
湾里区	2	14	4		35
青山湖区	3	139	5		85
县		169	40	28	994
南昌县		62	11	7	303
新建县		45	13	6	322
安义县		19	7	3	105
进贤县		43	9	12	263

1-3 水文、气象

项　　目	2013	2014
最高水位(八一桥水面,米)	18.98	20.68
最低水位(八一桥水面,米)	11.82	11.68
全年平均水位(八一桥水面,米)	15.30	15.57
全年降雨天数(天)	114	168
全年降雪天数(天)	4	5
全年降水量(毫米)	1 431.8	1 890.5
全年无霜期总天数(天)	304	287
全年日照时数(小时)	2 034.1	1 810.5
全年蒸发量(毫米)	1 073.1	881.1
全年平均气温(度)	19	18.8
极端最高气温(度)	39.4	37.2
极端最低气温(度)	-3.4	-2.6
全年相对湿度(%)	73	74
全年平均风速(米/秒)	1.9	1.7

1-4 主要年份国民经济主要指标

项　　目	1978	1980	1985	1990	1995	2000	2010	2011	2012	2013	2014
一、年末总人口(户籍,万人)	**306.82**	**317.23**	**335.31**	**372.59**	**395.16**	**432.55**	**502.25**	**504.95**	**507.87**	**510.08**	**517.73**
二、年末社会从业人数(万人)	**131.13**	**136.03**	**165.46**	**199.00**	**211.79**	**214.96**	**292.56**	**303.64**	**315.92**	**326.14**	**330.12**
#职工人数	53.14	58.51	72.22	82.04	89.04	58.77	63.21	84.78	86.99	106.01	106.16
三、地区生产总值(亿元)	**14.37**	**16.95**	**32.57**	**63.20**	**245.41**	**465.14**	**2 207.11**	**2 688.87**	**3 000.52**	**3 352.71**	**3 667.96**
四、农　　业											
农业总产值(亿元)(按当年价)	4.50	5.56	10.77	23.65	58.50	69.44	204.66	229.70	249.35	266.12	283.63
主要农产品产量											
粮食(万吨)	117.43	120.16	160.11	170.81	153.79	156.12	220.85	236.90	243.65	246.07	249.87
棉花(万吨)	0.22	0.29	0.16	0.11	0.33	0.33	0.38	0.38	0.51	0.29	0.30
园林水果(万吨)			0.71	0.94	0.50	0.92	2.36	2.48	3.07	3.13	3.18
水产品(万吨)	0.83	1.16	2.22	5.52	13.74	22.00	34.57	35.81	36.90	37.68	39.49
肉类总产量(万吨)			5.34	9.07	16.52	20.80	32.97	34.09	36.03	36.66	37.74
猪年末存栏(万头)	78.45	77.43	99.80	121.32	162.10	166.13	195.99	204.80	213.04	214.42	210.90
当年出栏肉猪(万头)			68.44	140.98	188.17	208.18	317.77	324.29	342.76	349.80	358.63
五、工　　业											
规模以上工业增加值(亿元)						88.77	650.92	761.23	967.26	1 159.48	1 380.64
轻　工　业						49.03	329.19	362.45	486.48	563.06	661.65
重　工　业						39.74	321.73	398.79	480.78	596.42	718.99
主要工业产品产量											
纱(万吨)			2.18	2.33	2.42	2.61	3.00	3.34	3.43	4.08	4.40
布(万米)	7 976	12 294	9 174	9 923	13 565	13 285	12 691	6 838	7 061	8 808	8 713

1-4 续表 1

项　　目	1978	1980	1985	1990	1995	2000	2010	2011	2012	2013	2014
机制纸及纸板(万吨)	2.85	4.35	5.90	6.03	8.30	8.16	37.09	35.09	34.42	38.85	35.44
发电量(亿千瓦小时)	7.54	7.91	7.88	15.46	17.69	31.13	77.81	88.53	76.87	80.38	85.85
水泥(万吨)	6.65	8.64	13.77	20.85	35.31	33.00	319.17	312.43	405.00	514.85	684.49
效益指标											
年末固定资产原值(亿元)	13.71	15.32	23.15	42.81	119.09	218.93	1 192.22	1 425.15	1 636.30	1 850.89	2 237.72
年末固定资产净值(亿元)	8.63	9.42	14.16	27.47	86.78	152.21	717.18			1 159.90	1 367.51
利润和税金总额(亿元)	2.07	3.25	6.14	6.12	9.73	32.93	278.48	332.74	401.26	471.57	577.67
六、邮电、运输											
货物运输量(万吨)			606	2 820	3 074	3 171	8 327	8 845	9 527	11 320	12 709
#民　　航							3.2	3.4	3.8	4.0	4.6
铁　　路			235	221	201	224	412	513	297	239	183
公　　路	261	257	262	2 298	2 541	2 784	7 244	7 645	8 510	10 328	11 734
水　　运	150	77	109	301	331	163	668	684	716	749	787
旅客运输量(万人)			1 729	3 289	3 026	3 904	10 971	10 722	11 006	6 772	6 970
#民　　航							475	535	602	681	724
铁　　路			680	517	625	906	1 977	1 420	1 401	2 373	2 415
公　　路	352	634	955	2 720	2 357	2 978	8 519	8 767	9 003	3 718	3 831
水　　运	87	96	94	52	44	20					
邮电业务总量(万元)	469	596	3 262	8 252	42 100	218 524	467 178	535 354	573 643	681 000	820 100
七、固定资产投资											
全社会固定资产投资(万元)	12 209	21 075	46 575	103 225	542 553	798 684	16 039 880	19 408 648	24 032 370	29 064 342	34 632 165

1–4 续表2

项　　目	1978	1980	1985	1990	1995	2000	2010	2011	2012	2013	2014
八、贸　　易											
社会消费品零售总额(亿元)	5.26	7.49	15.29	29.49	82.41	161.65	764.94	943.11	1 116.54	1 270.01	1 429.21
实际利用外资额(万美元)			155	1 129	12 537	3 288	201 800	228 737	263 988	296 437	321 418
九、财　　政											
财政总收入(亿元)	2.55	3.42	5.57	10.00	22.04	41.54	322.34	411.19	500.16	558.02	638.30
地方公共财政预算收入(亿元)					10.06	18.30	146.47	187.03	240.14	291.91	342.21
财政支出(亿元)	0.90	1.14	2.45	5.51	10.21	23.79	232.03	298.80	345.99	419.37	473.40
十、物价指数(以上年价格为100)											
商品零售价格指数	99.7	107.4	110.5	101.8	114.4	97.8	103.0	105.2	102.4	101.3	101.1
居民消费价格指数	99.7	106.6	111.0	103.3	116.2	102.6	103.2	105.0	102.9	102.3	102.5
十一、教育、文化、卫生											
高等学校在校学生数(人)	11 989	18 359	25 809	30 939	45 934	78 252	490 241	488 901	509 239	520 148	554 360
中等专业学校在校学生数(人)	7 841	11 970	13 724	20 437	45 453	80 622	99 202	94 199	97 143	103 585	103 654
普通中学在校学生数(万人)	18.90	17.17	18.44	20.97	20.15	26.15	30.21	31.15	30.83	29.51	29.62
小学在校学生数(万人)	42.25	47.12	49.30	37.86	39.10	40.94	43.66	43.28	41.63	39.49	39.73
图书馆藏书量(万册)	208	228	314	338	366	332	439.62	417.06	465.69	493.74	506.94
卫生机构数(个)	918	923	818	832	790	932	798	1 843	1 883	1 900	2 151
卫生技术人员数(人)	13 470	14 830	19 267	21 658	22 259	22 477	27 980	27 966	30 198	31 582	34 309
#医生	5 582	6 304	8 048	9 473	9 701	9 527	10 330	10 251	11 084	11 369	12 349
医疗卫生机构病床数(张)	13 149	14 005	15 000	16 205	16 345	15 130	20 025	20 876	23 403	25 600	28 733
十二、人民生活											
在岗职工平均工资(元)	577	732	1 038	1 798	4 931	8 756	35 038	39 614	43 771	46 744	51 851
城镇居民人均可支配收入(元)		339	639	1 349	3 591	5 734	18 276	20 741	23 602	26 446	29 091
农村居民人均可支配收入(元)	121	184	412	721	1 626	2 390	7 193	8 484	9 730	11 184	12 414
城乡居民储蓄存款余额(亿元)	0.89	2.02	7.06	32.15	138.25	276.89	1 417.58	1 603.96	1 853.57	2 051.16	2 149.33

1-5　主要年份国民经济主要比例关系

单位：%

项　　目	1978	1980	1985	1990	1995	2000	2010	2011	2012	2013	2014
地区生产总值三次产业比例	**100.0**	**100.0**	**100.0**	**100.0**	**100.0**	**100.0**	**100.0**	**100.0**	**100.0**	**100.0**	**100.0**
第一产业	29.3	26.8	24.2	21.9	16.2	10.9	5.5	5.0	4.9	4.6	4.4
第二产业	49.2	48.4	52.6	39.7	45.4	45.8	56.7	58.7	56.4	54.9	55.0
第三产业	21.5	24.8	23.2	38.4	38.4	43.3	37.8	36.3	38.7	40.5	40.6
农业中农林牧副渔及服务业比例	**100.0**	**100.0**	**100.0**	**100.0**	**100.0**	**100.0**	**100.0**	**100.0**	**100.0**	**100.0**	**100.0**
农　　业	85.4	84.1	65.2	55.6	51.2	41.9	37.1	37.3	37.3	36.9	36.8
林　　业	0.9	0.9	1.5	1.1	1.7	1.5	1.1	1.1	1.2	1.2	1.2
牧　　业	11.8	12.6	22.4	31.2	35.2	35.2	39.2	39.6	37.6	37.0	36.8
渔　　业	1.4	1.3	4.6	6.4	11.9	21.4	20.7	20.1	22.0	22.9	23.1
农林牧渔服务业	0.5	1.1	6.3	5.7			1.9	1.9	1.9	2.0	2.1
规模以上工业中轻重工业增加值比例						**100.0**	**100.0**	**100.0**	**100.0**	**100.0**	**100.0**
轻工业						55.2	50.6	47.6	50.3	48.6	47.9
重工业						44.8	49.4	52.4	49.7	51.4	52.1
财政收入占地区生产总值的比例	**17.7**	**20.2**	**17.1**	**16.1**	**9.0**	**9.6**	**14.6**	**15.3**	**16.7**	**16.7**	**17.4**
科教文卫事业费占财政支出的比例	**29.9**	**31.2**	**29.1**	**24.6**	**29.6**	**22.8**	**26.7**	**28.9**	**29.7**	**28.7**	**29.6**

1-6　主要年份主要指标每人年平均水平

项　　目	1978	1980	1985	1990	1995	2000	2010	2011	2012	2013	2014
一、地区生产总值(元)	474	538	977	1 719	6 074	10 861	43 961	53 023	58 715	65 001	70 373
二、农业总产值(元)	148	176	295	648	1 492	1 609	4 076	4 530	4 859	5 133	5 442
三、规模以上工业增加值(元)						2 056	12 965	15 011	18 849	22 366	26 489
四、财政总收入(元)	84	109	167	277	562	957	6 420	8 108	9747	10 764	12 246
五、主要农产品产量											
粮食(千克)	386.96	381.91	481.14	464.44	392.35	361.62	439.90	467.15	474.80	474.65	479.39
棉花(千克)	0.73	0.91	0.47	0.30	0.84	0.76	0.76	0.75	0.99	0.56	0.58
园林水果(千克)			2.13	2.54	1.28	2.12	4.70	4.89	5.98	6.05	6.10
水产品(千克)	2.74	3.68	6.65	15.00	35.05	50.96	68.85	70.62	71.91	72.69	75.76
肉类总产量(千克)			16.03	24.67	42.15	48.18	65.68	67.22	70.21	70.72	72.41
六、主要工业产品产量											
纱(千克)			6.54	6.33	6.17	6.04	5.98	6.59	6.68	7.88	8.44
布(米)	26.28	29.07	27.52	26.98	34.61	30.77	25.28	13.48	13.76	16.99	16.72
发电量(千瓦小时)	248.42	251.39	236.26	417.08	451.35	721.06	1 549.83	1 745.76	1 497.97	1 550.48	1 647.10
钢材(千克)	25.53	65.69	76.17	60.63	106.87	187.27	611.74	616.63	709.20	743.06	716.92
水泥(千克)			41.29	54.46	90.08	76.44	635.71	616.10	789.22	993.11	1 313.25
七、人民生活											
在岗职工平均工资(元)	577	732	1 039	1 798	4 931	8 756	35 038	39 614	43 771	46 744	518 51
城镇居民人均可支配收入(元)		339	639	1 349	3 591	5 734	18 276	20 741	23 602	26 446	29 091
农村居民人均可支配收入(元)	121	184	412	721	1 626	2 390	7 193	8 484	9 730	11 184	12 414
城乡居民储蓄存款余额(元)	29	64	210	863	3 404	6 382	28 364	31 629	36 121	39 566	41 236

1-7 主要年份平均每天主要社会经济活动

项目	1978	1980	1985	1990	1995	2000	2010	2011	2012	2013	2014
一、地区生产总值(万元)	394	464	892	1 731	6 723	12 744	60 469	73 668	82 206	91 855	100 492
二、农业总产值(万元)	123	152	385	648	1 603	1 903	5 607	6 293	6 832	7 291	7 771
三、规模以上工业增加值(万元)						2 432	17 833	20 856	26 500	31 766	37 826
四、财政总收入(万元)	70	94	153	279	604	1 138	8 831	11 265	13 703	15 288	17 488
五、主要工业产品产量											
纱(吨)			59.7	63.8	66.3	71.5	82.2	91.5	94.0	111.9	120.5
布(万米)	21.9	33.7	25.1	27.4	37.2	36.4	34.8	18.7	19.4	24.1	23.9
发电量(万千瓦小时)	207.0	217.0	216.0	424.0	485.0	852.9	2 131.8	2 425.5	2 106.0	2 202.2	2 352.1
水泥(吨)	182.2	236.7	377.3	571.2	967.4	904.1	8 744.3	8 559.8	11 095.8	14 105.4	18 753.2
六、社会消费品零售总额(万元)	144	205	418	720	2 284	4 478	20 957	25 839	30 590	34 795	39 156
七、其他经济活动											
货物运输量(万吨)			1.66	7.73	8.42	8.69	22.81	24.23	26.10	31.01	34.82
旅客运输量(万人次)			4.74	9.01	8.29	10.70	30.06	29.38	30.15	18.55	19.10
全社会固定资产投资总额(万元)	33	58	128	283	1 486	2 188	43 945	52 188	65 842	79 628	94 883
函件(万件)	3.65	4.77	14.26	13.10	15.46	8.26	20.59	12.28	7.52	5.63	3.01

1-8　国民经济主要指标占全省比重

(2014 年)

项　　目	江　西	南　昌	南昌所占比重(%)
一、土 地 面 积(平方公里)	166 933	7 402.36	4.4
二、年末总人口(抽样调查数,万人)	4 542.16	524.02	11.5
三、地区生产总值(亿元)	15 708.59	3 667.96	23.4
四、农业总产值(亿元)	2 726.54	283.63	10.4
五、规模以上工业增加值(亿元)	6 833.70	1 380.64	20.2
六、主要工业产品产量			
发电量(亿千瓦小时)	876.40	85.85	9.8
钢材(万吨)	2 611.06	373.67	14.3
汽车(万辆)	46.15	31.66	68.6
水泥(万吨)	9 803.57	684.49	7.0
布(万米)	96 761	8713	9.0
七、主要农产品产量			
粮食(万吨)	2 143.50	249.87	11.7
棉花(万吨)	13.37	0.30	2.2
油料(折油,万吨)	121.71	13.32	10.9
水产品(万吨)	253.76	39.49	15.6
肉类总产量(万吨)	355.24	37.74	10.6
八、全社会固定资产投资(亿元)	15 110	3 463.22	22.9
九、社会消费品零售总额(亿元)	5 129.21	1 429.21	27.9
十、接待海外旅游者人数(人次)	1 716 800	207 830	12.1
十一、旅游收汇(万美元)	55 687	6 802.91	12.2
十二、财政总收入(亿元)(省口径)	2 680.46	550.74	20.5
十三、普通高等学校在校学生(万人)	91.64	55.44	60.5
中等专业学校在校学生(万人)	25.86	10.37	40.1
普通中学在校学生(万人)	265.48	29.62	11.2
职业高中在校学生(万人)	16.96	0.88	5.2
小学在校学生(万人)	412.98	39.73	9.6
十四、卫生技术人员(万人)	20.14	3.43	17.0
# 医生	7.46	1.23	16.5
十五、卫生机构病床数(万张)	19.45	2.87	14.8

1-9 主要年份地区生产总值

年份	地区生产总值(万元)	第一产业	第二产业	第三产业	人均地区生产总值(元)
1949	14 278	8 804	1 152	4 322	107
1952	21 667	13 045	2 943	5 679	154
1957	37 287	18 053	10 601	8 633	223
1962	42 877	12 109	15 716	15 052	222
1965	65 435	21 413	28 837	15 185	315
1970	93 305	22 785	51 086	19 434	389
1975	107 291	34 267	47 251	25 773	382
1978	143 727	42 065	70 744	30 918	474
1979	158 303	42 494	74 784	41 025	511
1980	169 513	45 361	82 026	42 126	538
1981	189 093	53 874	91 014	44 205	593
1982	204 423	61 052	97 054	46 317	632
1983	212 229	62 386	100 002	49 841	649
1984	257 925	79 281	116 105	62 539	781
1985	325 718	78 735	171 408	75 575	977
1986	369 492	82 109	185 935	101 448	1 093
1987	435 864	90 367	193 554	151 943	1 266
1988	518 161	96 081	231 734	190 346	1 474
1989	591 567	120 079	252 286	219 202	1 647
1990	632 034	138 479	250 705	242 850	1 719
1991	728 886	143 295	285 370	300 221	1 904
1992	946 665	178 041	395 972	372 652	2 429
1993	1 293 955	225 343	584 546	484 066	3 279
1994	1 818 436	334 901	801 503	682 032	4 550
1995	2 454 072	398 415	1 115 241	940 416	6 074
1996	3 105 911	496 539	1 394 535	1 214 837	7 610
1997	3 752 067	536 822	1 702 856	1 512 389	9 100
1998	3 992 606	440 170	1 853 634	1 698 802	9 584
1999	4 237 630	500 233	1 940 558	1 796 839	10 074
2000	4 651 411	506 973	2 128 661	2 015 777	10 861
2001	5 245 868	535 141	2 406 607	2 304 120	11 974
2002	6 019 950	571 461	2 831 427	2 617 062	13 680
2003	7 054 437	604 223	3 415 536	3 034 678	15 501
2004	8 511 066	687 834	4 293 532	3 529 700	18 418
2005	10 077 025	725 990	5 321 257	4 029 778	21 530
2006	11 838 973	772 964	6 424 463	4 641 546	24 966
2007	13 898 920	867 328	7 542 682	5 488 910	28 925
2008	16 606 317	1 014 774	9 198 648	6 392 895	34 078
2009	18 375 008	1 119 023	10 164 345	7 091 640	37 127
2010	22 071 059	1 205 625	12 520 386	8 345 048	43 961
2011	26 888 724	1 349 201	15 792 927	9 746 596	53 023
2012	30 005 236	1 471 886	16 936 475	11 596 875	58 715
2013	33 527 100	1 541 357	18 393 990	13 591 753	65 001
2014	36 679 635	1 627 214	20 170 143	14 882 278	70 373

1-10 主要年份地区生产总值指数

（按可比价计算）

单位：%

年份	地区生产总值	(以 1978 年为 100)			地区生产总值	(以上年为 100)			人均地区生产总值
		第一产业	第二产业	第三产业		第一产业	第二产业	第三产业	
1978	100.0	100.0	100.0	100.0	114.2	101.3	116.4	128.3	111.8
1979	115.5	101.0	105.7	148.4	115.5	101.0	105.7	148.4	113.1
1980	121.9	100.6	117.9	149.4	105.5	99.6	111.5	100.7	103.7
1981	130.4	107.0	135.9	141.1	107.0	106.4	115.3	94.4	105.7
1982	142.2	122.6	140.8	162.1	109.1	114.5	103.6	114.9	107.6
1983	154.8	135.3	162.3	174.4	108.8	110.4	115.3	107.6	107.6
1984	185.7	147.1	196.2	222.4	120.0	108.7	120.9	127.5	118.8
1985	216.2	157.1	239.8	251.7	116.4	106.8	122.2	113.2	115.3
1986	241.5	164.5	254.4	326.5	111.7	104.7	106.1	129.7	110.2
1987	256.9	185.5	233.8	416.6	106.4	112.8	91.9	127.6	104.5
1988	288.8	186.4	264.7	493.7	112.4	100.5	113.2	118.5	110.1
1989	306.7	216.8	268.1	529.2	106.2	116.3	101.3	107.2	103.9
1990	323.9	250.0	266.5	568.4	105.6	115.3	99.4	107.4	103.2
1991	366.6	260.0	315.3	647.9	113.2	104.0	118.3	114.0	109.6
1992	425.6	268.6	379.9	773.6	116.1	103.3	120.5	119.4	114.1
1993	497.1	281.2	470.7	902.8	116.8	104.7	123.9	116.7	115.3
1994	588.1	304.0	588.0	1 051.8	118.3	108.1	124.9	116.5	116.8
1995	682.8	316.1	699.1	1 251.7	116.1	104.0	118.9	119.0	114.8
1996	788.0	347.4	799.7	1 490.7	115.4	109.9	114.4	119.1	114.2
1997	891.2	371.1	901.3	1 732.2	113.1	106.8	112.7	116.2	112.0
1998	960.7	320.6	1 008.6	1 929.7	107.8	86.4	111.9	111.4	106.7
1999	1 046.2	353.3	1 094.3	2 105.3	108.9	110.2	108.5	109.1	107.8
2000	1 142.4	363.9	1 195.0	2 336.9	109.2	103.0	109.2	111.0	107.3
2001	1 280.7	378.8	1 349.1	2 652.4	112.1	104.1	112.9	113.5	109.6
2002	1 457.4	395.1	1 586.6	2 970.6	113.8	104.3	117.6	112.0	113.3
2003	1 683.3	412.5	1 886.4	3 389.5	115.5	104.4	118.9	114.1	111.7
2004	1 961.0	441.8	2 273.2	3 850.5	116.5	107.1	120.5	113.6	114.7
2005	2 290.5	463.9	2 755.1	4 366.4	116.8	105.0	121.2	113.4	115.3
2006	2 636.4	486.6	3 259.2	4 921.0	115.1	104.9	118.3	112.7	113.6
2007	3 042.4	515.3	3 803.5	5 664.0	115.4	105.9	116.7	115.1	114.6
2008	3 498.7	544.2	4 514.8	6 304.1	115.0	105.6	118.7	111.3	113.4
2009	3 955.8	586.1	5 171.8	7 040.3	113.1	107.7	114.6	111.7	111.4
2010	4 509.6	617.7	5 999.7	7 901.8	114.0	105.4	116.0	112.2	112.4
2011	5 095.8	644.9	6 833.7	8 913.2	113.0	104.4	113.9	112.8	111.9
2012	5 732.8	674.5	7 763.1	9 973.9	112.5	104.6	113.6	111.9	111.6
2013	6 346.2	695.5	8 686.9	10 951.3	110.7	103.1	111.3	110.7	109.7
2014	6 968.1	717.0	9 720.6	12 024.6	109.8	104.6	111.5	107.8	108.7

1-11 主要年份地区生产总值构成

(以地区生产总值为 100)

单位:%

年　份	第一产业	第二产业	工业	建筑业	第三产业	# 交通运输仓储邮电业	# 批发零售住宿餐饮业	# 金　融保险业
1978	29.3	49.2			21.5			
1979	26.8	47.2			26.0			
1980	26.8	48.4			24.8			
1981	28.5	48.1			23.4			
1982	29.9	47.5			22.6			
1983	29.4	47.1			23.5			
1984	30.7	45.0			24.3			
1985	24.2	52.6			23.2			
1986	22.2	50.3			27.5			
1987	20.7	44.4			34.9			
1988	18.5	44.7			36.8			
1989	20.3	42.6	40.7	1.9	37.1	6.6	11.7	10.5
1990	21.9	39.7	37.7	2.0	38.4	5.0	10.8	10.7
1991	19.6	39.2	35.1	4.1	41.2	4.0	10.6	10.4
1992	18.8	41.8	37.7	4.1	39.4	3.5	10.3	10.3
1993	17.4	45.2	41.0	4.2	37.4	5.0	7.9	5.3
1994	18.4	44.1	39.8	4.3	37.5	5.0	10.3	5.1
1995	16.2	45.4	39.0	6.4	38.4	5.4	11.9	5.1
1996	16.0	44.9	37.0	7.9	39.1	5.8	11.3	5.0
1997	14.3	45.4	34.8	10.6	40.3	6.1	11.5	4.9
1998	11.0	46.4	35.7	10.7	42.6	6.6	11.9	5.0
1999	11.8	45.8	35.1	10.7	42.4	6.7	11.7	4.8
2000	10.9	45.8	34.9	10.9	43.3	7.1	12.0	4.6
2001	10.2	45.9	35.0	10.9	43.9	7.5	11.5	4.3
2002	9.5	47.0	35.2	11.8	43.5	7.5	10.7	4.3
2003	8.6	48.4	35.9	12.5	43.0	7.8	9.7	4.0
2004	8.1	50.4	36.3	14.1	41.5	7.9	9.3	4.6
2005	7.2	52.8	37.2	15.6	40.0	9.4	8.6	4.4
2006	6.5	54.3	37.9	16.4	39.2	9.2	8.4	4.3
2007	6.2	54.3	38.4	15.9	39.5	8.3	8.3	5.2
2008	6.1	55.4	40.8	14.6	38.5	7.5	8.3	5.0
2009	6.1	55.3	41.0	14.3	38.6	7.3	8.8	5.6
2010	5.5	56.7	43.1	13.6	37.8	6.9	9.0	5.3
2011	5.0	58.7	45.5	13.2	36.3	6.3	8.8	5.2
2012	4.9	56.4	43.0	13.4	38.7	4.6	9.0	5.3
2013	4.6	54.9	41.1	13.8	40.5	4.4	8.9	6.2
2014	4.4	55.0	40.8	14.2	40.6	4.2	8.8	6.7

1-12 地区生产总值增长

单位:万元

项　目	2013	2014	2014年比上年增长%
地区生产总值	**33 527 100**	**36 679 635**	**9.8**
第一产业	1 541 357	1 627 214	4.7
第二产业	18 393 990	20 170 143	11.5
工　业	13 786 280	14 947 017	10.9
建筑业	4 607 710	5 223 126	13.4
第三产业	13 591 753	14 882 278	7.8

注:绝对数为当年价,增长速度按可比价计算。

1-13 县区地区生产总值

单位：万元、%

地 区	地区生产总值		地区生产总值指数	
	2013	2014	2013	2014
东 湖 区	3 210 209	3 512 910	109.6	108.1
西 湖 区	3 553 281	3 924 970	109.0	109.1
青云谱区	2 459 682	2 669 283	111.1	109.0
湾 里 区	419 451	454 924	111.8	108.1
青山湖区	4 201 957	4 582 694	110.3	109.9
南 昌 县	5 128 010	5 593 600	112.0	110.1
新 建 县	2 955 443	3 248 139	111.5	110.2
安 义 县	762 506	830 274	112.8	109.3
进 贤 县	2 343 923	2 527 040	110.7	108.5
经济开发区	2 606 773	2 856 241	112.4	111.0
高新开发区	3 836 324	4 177 824	110.8	110.5
红谷滩新区	1 918 064	2 169 427	110.8	110.8
桑海开发区	138 752	151 071	113.8	110.6

主要统计指标解释

地区生产总值 即GDP,是一个国家(地区)所有常住单位在一定时间内按市场价格计算的生产活动的最终成果。国内生产总值有三种表现形态,即价值形态、收入形态和产品形态。从价值形态看,它是所有常住单位在一定时间内所生产的全部货物和服务价值超过同期投入的全部非固定资产货物和服务的差额,即所有常住单位的增加值之和;从收入形态看,它是所有常住单位在一定时间内所创造并分配给常住单位和非常住单位的初次分配收入之和;从产品形态看,它是最终使用的货物和服务减去进口货物和服务。在实际核算中,生产总值的三种表现形态为三种计算方式,即生产法、收入法和支出法。三种方法分别从不同的方面反映生产总值及其构成。这项指标名称全国为国内生产总值,各省、市、县都称地区生产总值。

增加值 指各部门(单位)在一定时期内从事经济、社会活动获得最终成果的货币表现。反映生产单位和部门对国内生产总值的贡献。增加值包括固定资产折旧、劳动者报酬、生产税净额、营业盈余。

三次产业 根据社会生产活动历史发展的顺序对产业结构的划分,产品直接取自自然界的部门称为第一产业,对初级产品进行再加工的部门称为第二产业,为生产和消费提供各种服务的部门称为第三产业。它是世界上通用的产业结构分类,但各国的划分不尽一致。我国的三次产业划分是:

第一产业是指农、林、牧、渔业。

第二产业是指采矿业,制造业,电力、燃气及水的生产和供应业,建筑业。

第三产业是指除第一、第二产业以外的其他行业。第三产业包括:批发和零售业,交通运输、仓储和邮政业,住宿和餐饮业,信息传输、软件和信息技术服务业,金融业,房地产业,租赁和商务服务业,科学研究和技术服务业,水利、环境和公共设施管理业,居民服务、修理和其他服务业,教育,卫生和社会工作,文化、体育和娱乐业,公共管理、社会保障和社会组织,国际组织。

最终消费支出 指常住单位在一定时期内对于货物和服务的全部最终消费支出,也就是常住单位为满足物质、文化和精神生活的需要,从本国经济领土和国外购买的货物和服务的支出;不包括非常住单位在本国经济领土内的消费支出。最终消费支出分为居民消费支出和政府消费支出。

居民消费支出 指常住住户在一定时期内对货物和服务的全部最终消费支出。居民消费支出除了直接以货币形式购买的货物和服务的消费支出外,还包括以其他方式获得的货物和服务的消费支出,即所谓的虚拟消费支出。居民虚拟消费支出包括以下几种类型:单位以实物报酬及实物转移的形式提供给劳动者的货物和服务;住户生产并由本住户消费了的货物和服务,其中的服务仅指住户的自有住房服务;金融机构提供的金融媒介服务;保险公司提供的保险服务。

政府消费支出 指政府部门为全社会提供公共服务的消费支出和免费或以较低价格向居民住户提供的货物和服务的净支出。前者等于政府服务的产出价值减去政府单位所获得的经营收入的价值:后者等于政府部门免费或以较低价格向居民住户提供的货物和服务的市场价值减去向居民住户收取的价值。

资本形成总额 指常住单位在一定时期内获得减去处置的固定资本和存货的净额,包括固定资本形成总额和存货增加两部分。

固定资本形成总额 指常住单位在一定时期内获得的固定资产减处置的固定资产的价值总额。固定资产是通过生产活动生产出来的,且其使用年限在一年以上,单位价值在规定标准以上的资产,不包括自然资产。可分为有形固定资本形成总额和无形固定资本形成总额。有形固定资本形成总额包括一定时期内完成的建筑工程、安装工程和设备器具购置(减处置)价值,以及土地改良、新增役、种、奶、毛、娱乐用牲畜和新增经济林木价值。无形固定资本形成总额包括矿藏的勘探、计算机软件等获得减处置。

存货增加 指常住单位在一定时期内存货实物量变动的市场价值,即期末价值减期初价值的差额,再扣除当期由于价格变动而产生的持有收益。存货增加可以是正值,也可以是负值;正值表示存货上升,负值表示存货下降。它包括生产单位购进的原材料、燃料和储备物资等存货,以及生产单位生产的产成品、在制品和半成品等存货。

当年价格 指报告期的实际价格，如工厂的出厂价格、农产品的收购价格、商业的零售价格等。按当年价格计算，是指一些以货币表现的物量指标加工农业总产值、国内生产总值等，按照当年的实际价格来计算总量。使用当年价格计算的数字，是为了使国民经济各项指标相互衔接，便于考察当年经济效益，便于对生产和流通、生产和分配、生产和消费进行经济核算的综合平衡。

按当年价格计算的价值指标，在不同年份之间进行对比时，因为包含有各年间价格变动因素，不能确切反映实物量的增减变动。必须消除价格变动因素后，才能真实反映经济发展动态。因此，在计算增长速度时都使用按可比价格计算的数字。

可比价格 指在不同时期的价值指标对比时，扣除了价格变动的因素，以确切表示物量的变化。按可比价格计算有两种方法：一种是直接按产品产量乘其不变价格计算；一种是用物价指数换算。

不变价格 指用同类产品的年平均价格作为固定价格，来计算各年产品价值。按不变价格计算的产品价值除了价格变动因素，不同时期对比可以反映生产的发展速度。新中国成立后，随着工农业产品价格水平的变化，国家统计局先后五次制定了全国统一的工业产品不变价格和农业产品不变价格。从1949年至1957年使用1952年工(农)业产品不变价格，从1957年到1971年使用1957年不变价格，从1971年到1981年使用1970年不变价格，从1981年到1990年使用1980年不变价格，从1990年开始使用1990年不变价格，从1995年开始使用1995年不变价格，从2000年开始使用2000年不变价格，从2005年开始使用2005年不变价格，从2010年开始使用2010年不变价格。

平均每年增长速度 在我国计算平均增长速度有两种方法，一种是习惯上经常使用的"水平法"又称几何平均法，是以间隔期最后一年的水平同基期水平对比来计算平均每年增长(或下降)速度。

另一种是"累计法"，又称代数平均法或方程法，是以间隔期内各年水平的总和同基期水平对比来计算平均每年增长(或下降)速度。

在一般情况下，两种方法计算的平均每年增长速度比较接近，但在经济发展不平衡，出现大起大落时，两种方法计算的结果差别较大。

本《年鉴》内所列的从某年到某年平均增长速度的年份，均不包括基期年在内。如改革开放以来的平均增长速度是以1978年为基期计算的，则写为1979—年平均增长速度，其余类推。

国民经济行业分类 在统计工作中为取得分行业的数据资料并统一分类和编码，正确反映国民经济各行业的结构和发展状况，便于研究国民经济的各项比例关系，而制定的国民经济行业划分标准。按现行统计制度规定，我国行业划分为20大类，排列顺序如下：

(1)农、林、牧、渔业(2)采矿业(3)制造业(4)电力、热力、燃气及水生产和供应业(5)建筑业(6)批发和零售业(7)交通运输、仓储和邮政业(8)住宿和餐饮业(9)信息传输、软件和信息技术服务业(10)金融业(11)房地产业(12)租赁和商务服务业(13)科学研究和技术服务业(14)水利、环境和公共设施管理业(15)居民服务、修理和其他服务业(16)教育(17)卫生和社会工作(18)文化、体育和娱乐业(19)公共管理、社会保障和社会组织(20)国际组织。

二、人口·劳动力

POPULATION AND LABOUR FORCE

本篇内容包括:

1.主要年份户数和人口
2.人口构成情况
3.人口变动情况
4.劳动力资源
5.从业人员的社会分布状况

年末总人口

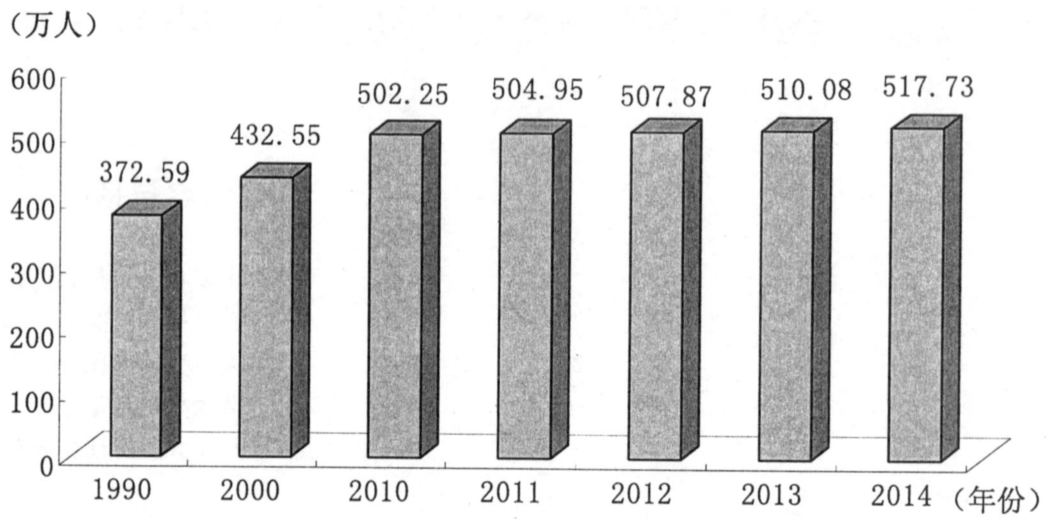

人口自然增长率

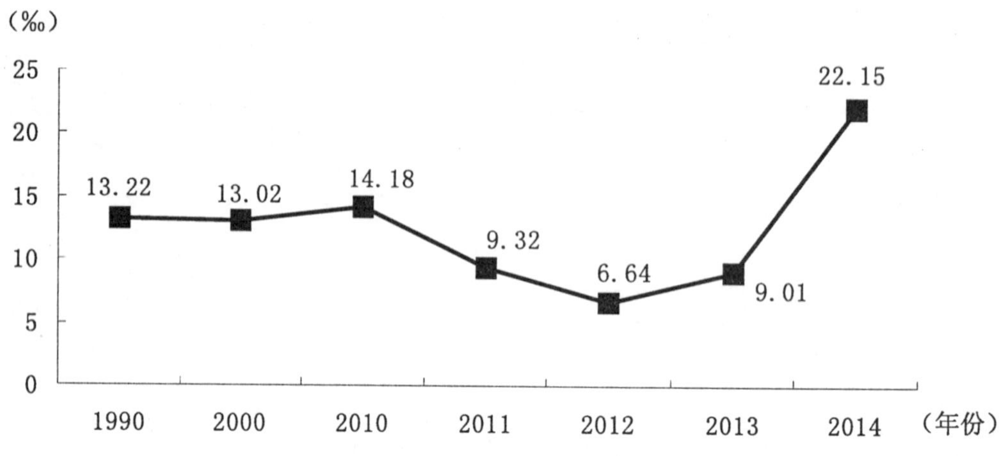

社会从业人员

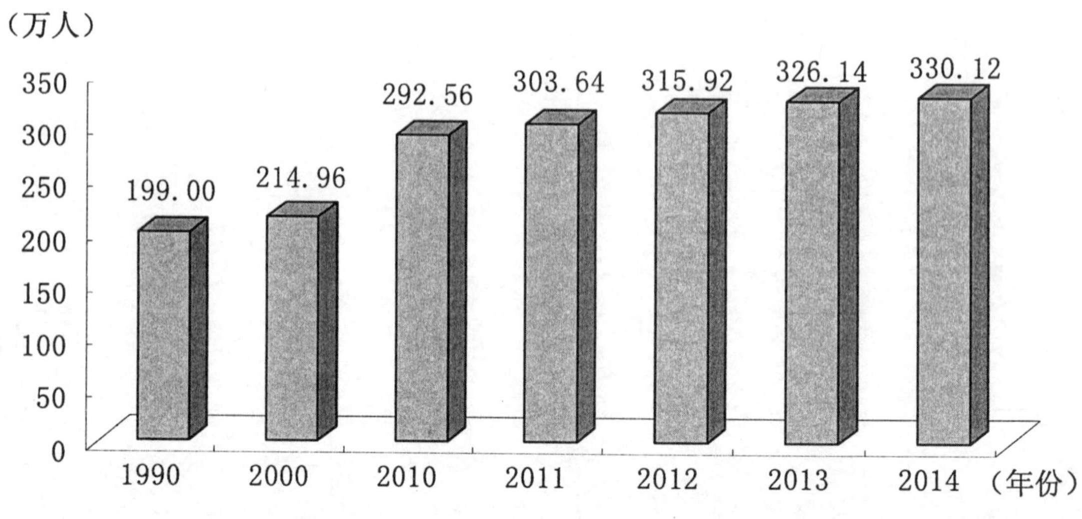

2-1 主要年份户数和人口数

(年末数)

年份	总户数(万户)	总人口(万人)	按性别分	
			男	女
1980	64.41	317.23	165.43	151.80
1990	86.70	372.59	193.70	178.89
2000	111.85	432.55	225.42	207.13
2010	145.20	502.25	262.55	239.70
2011	148.86	504.95	263.30	241.65
2012	152.56	507.87	264.41	243.46
2013	156.28	510.08	265.30	244.78
2014	159.42	517.73	268.60	249.13

2-2 主要年份按农业和非农业分的人口数

(年末数)

年份	按农业和非农业分的人口数(万人)		以年末总人口为 100			
	农业人口	非农业人口	男	女	农业人口	非农业人口
1980	216.49	100.74	52.1	47.9	68.2	31.8
1990	235.79	136.80	52.0	48.0	63.3	36.7
2000	256.66	175.89	52.1	47.9	59.3	40.7
2010	268.22	234.02	52.3	47.7	53.4	46.6
2011	271.23	233.72	52.1	47.9	53.7	46.3
2012	273.59	234.28	52.1	47.9	53.9	46.1
2013	274.12	235.96	52.0	48.0	53.8	46.2
2014	279.35	238.38	51.9	48.1	54.0	46.0

2-3 主要年份人口自然变动情况

年　　份	年平均人口（万人）	人口出生率（‰）	人口死亡率（‰）	人口自然增长率（‰）	人口密度（人/平方公里）
1980	315.10	12.54	5.32	7.22	429
1990	367.78	18.24	5.02	13.22	503
2000	428.39	18.75	5.73	13.02	584
2010	499.79	21.97	7.79	14.18	678
2011	503.60	12.46	3.14	9.32	680
2012	506.41	15.03	8.39	6.64	684
2013	508.97	14.42	5.41	9.01	688
2014	513.9	26.89	4.74	22.15	694

2-4 各县区家庭户数和人口数

(2014 年)

地　　区	户数（户）	总　人　口（人）				
		合　计	男	女	农业人口	非农业人口
全　　市	**1 594 188**	**5 177 309**	**2 685 955**	**2 491 354**	**2 793 497**	**2 383 812**
东 湖 区	146 115	485 910	243 363	242 547	34 997	450 913
西 湖 区	144 721	448 496	224 488	224 008	3 244	445 252
青云谱区	85 262	269 955	139 675	130 280	22 324	247 631
湾 里 区	35 379	80 086	41 728	38 358	50 851	29 235
青山湖区	140 087	425 642	219 211	206 431	143 609	282 033
南 昌 县	293 967	1 038 792	542 186	496 606	828 694	210 098
新 建 县	191 953	688 669	362 309	326 360	531 312	157 357
安 义 县	95 305	298 485	159 136	139 349	224 043	74 442
进 贤 县	273 246	850 106	445 368	404 738	662 241	187 865
经济开发区	37 422	120 182	63 627	56 555	51 166	69 016
高新开发区	71 847	240 109	126 962	113 147	186 173	53 936
红谷滩新区	68 710	204 219	104 224	99 995	46 442	157 777
桑海开发区	10 174	26 658	13 678	12 980	8 401	18 257

2-5 各县区人口变动情况

(2014 年)

地　　区	年平均人口（人）	机械变动（人）		自然变动（人）		人口出生率（‰）	人口死亡率（‰）	人口自然增长率（‰）	人口机械增长率（‰）
		迁　入	迁　出	出　生	死　亡				
全　　市	**5 139 031**	**52 833**	**62 360**	**138 182**	**24 367**	**26.89**	**4.74**	**22.15**	**-1.85**
东 湖 区	472 051	4 705	6 722	8 442	2 933	17.88	6.21	11.67	-4.27
西 湖 区	446 798	3 905	3 196	8 447	2 471	18.91	5.53	13.38	1.59
青云谱区	268 888	2 503	2 555	5 604	1 211	20.84	4.50	16.34	-0.19
湾 里 区	79 989	1 037	2 609	2 967	640	37.09	8.00	29.09	-19.65
青山湖区	435 740	4 004	3 286	12 220	1 675	28.04	3.84	24.20	1.65
南 昌 县	1 028 035	12 258	11 725	27 539	6 559	26.79	6.38	20.41	0.52
新 建 县	687 784	4 955	6 533	18 544	3 261	26.96	4.74	22.22	-2.29
安 义 县	295 889	1 300	1 770	9 061	925	30.62	3.13	27.50	-1.59
进 贤 县	844 900	4 342	6 476	21 586	3 108	25.55	3.68	21.87	-2.53
经济开发区	121 158	3 230	7 631	4 061	389	33.52	3.21	30.31	-36.32
高新开发区	234 352	3 464	4 097	11 752	520	50.15	2.22	47.93	-2.70
红谷滩新区	197 004	6 937	5 337	7 092	589	36.00	2.99	33.01	8.12
桑海开发区	26 443	193	423	867	86	32.79	3.25	29.54	-8.70

2-6 各县辖镇家庭户数和人口数

（2014 年）

地　区	户数（户）	总人口（人）				
		合　计	男	女	农业人口	非农业人口
全　市	**566 712**	**1 879 288**	**987 969**	**891 319**	**1 346 483**	**532 805**
南昌县	**186 684**	**648 502**	**340 428**	**308 074**	**476 795**	**171 707**
莲塘镇	42 289	140 094	72 594	67 500	39 411	100 683
向塘镇	33 697	101 295	52 316	48 979	61 542	39 753
冈上镇	13 188	47 534	25 092	22 442	43 858	3 676
幽兰镇	24 953	78 369	41 977	36 392	71 220	7 149
武阳镇	15 047	53 409	28 624	24 785	49 659	3 750
三江镇	8 357	31 900	16 684	15 216	27 841	4 059
塘南镇	12 432	59 979	31 829	28 150	56 606	3 373
蒋巷镇	26 492	95 055	50 253	44 802	88 570	6 485
广福镇	10 229	40 867	21 059	19 808	38 088	2 779
新建县	**132 468**	**485 037**	**255 434**	**229 603**	**358 640**	**126 397**
长埈镇	34 356	123 416	64 881	58 535	34 077	89 339
望城镇	6 958	20 009	10 437	9 572	16 672	3 337
西山镇	9 681	44 435	23 652	20 783	41 594	2 841
石岗镇	15 321	56 262	30 149	26 113	50 838	5 424
松湖镇	9 258	38 919	20 688	18 231	35 506	3 413
乐化镇	8 774	25 276	13 061	12 215	18 377	6 899
樵舍镇	11 572	40 008	20 713	19 295	33 737	6 271
联圩镇	10 698	37 282	19 507	17 775	35 324	1 958
石埠镇	9 913	38 063	20 389	17 674	35 066	2 997
溪霞镇	8 272	31 227	16 203	15 024	29 287	1 940
象山镇	7 665	30 140	15 754	14 386	28 162	1 978
安义县	**81 167**	**250 504**	**133 378**	**117 126**	**179 204**	**71 300**
龙津镇	25 576	69 866	36 934	32 932	14 257	55 609
鼎湖镇	12 097	37 517	20 014	17 503	34 076	3 441
东阳镇	8 718	26 276	13 911	12 365	22 666	3 610
长埠镇	6 667	22 881	12 124	10 757	21 663	1 218
万埠镇	9 369	30 627	16 309	14 318	26 748	3 879
石鼻镇	13 374	44 484	23 836	20 648	41 758	2 726
黄洲镇	5 366	18 853	10 250	8 603	18 036	817
进贤县	**166 393**	**495 245**	**258 729**	**236 516**	**331 844**	**163 401**
民和镇	58 255	172 173	88 754	83 419	58 298	113 875
梅庄镇	13 469	38 868	20 282	18 586	36 886	1 982
前坊镇	11 582	36 388	18 949	17 439	33 168	3 220
温圳镇	16 327	47 455	25 187	22 268	35 037	12 418
李渡镇	14 459	44 957	23 456	21 501	30 311	14 646
文港镇	21 334	54 671	28 894	25 777	44 014	10 657
架桥镇	9 231	31 533	16 718	14 815	29 805	1 728
罗溪镇	10 645	33 129	17 354	15 775	31 240	1 889
张公镇	11 091	36 071	19 135	16 936	33 085	2 986

2-7 人口和计划生育情况

(2013 年 10 月—2014 年 9 月)　　单位:人

项　　目	合计	东湖区	西湖区	青云谱区	湾里区	青山湖区	南昌县
一、期末已婚育龄妇女数	**1 112 134**	**104 660**	**97 097**	**56 993**	**17 528**	**119 236**	**213 856**
无　　孩	67 165	7 817	8 283	4 836	775	9 626	11 721
一　　孩	495 097	78 860	66 813	41 304	7 219	63 844	70 134
二　　孩	438 983	16 528	19 856	9 940	6 754	40 345	109 888
二、期末落实节育措施数	**947 715**	**90 211**	**82 672**	**48 894**	**15 498**	**99 167**	**181 626**
结　　扎	389 307	6 736	8 472	4 166	6 942	31 951	102 131
上　　环	354 560	40 822	30 937	22 653	5 812	40 125	64 055
皮　　埋	232	34	7	11	38	37	8
药　　具	202 552	42 567	43 203	22 058	2 739	26 767	15 169
其　　他	594	9	11	15	3	243	131
三、期末领取独生子女证	**222 547**	**47 815**	**46 394**	**29 721**	**2 898**	**33 233**	**11 949**
四、期内出生人数	**60 590**	**4 012**	**4 456**	**2 243**	**927**	**5 289**	**12 010**
一　　孩	17 507	1 583	1 717	842	249	1 807	3 167
二　　孩	11 698	446	543	288	182	934	2 545
五、国家免费孕前优生健康检查数	**28 910**	**785**	**503**	**542**	**418**	**3 157**	**6 466**

续表 (2013年10月—2014年9月) 单位:人

项　　目	新建县	安义县	进贤县	经济开发区	高新开发区	红谷滩新区	桑海开发区
一、期末已婚育龄妇女数	**145 875**	**64 950**	**185 194**	**20 688**	**43 052**	**37 820**	**5 185**
无　　孩	7 695	3 169	7 264	1 563	2 127	2 054	235
一　　孩	47 307	17 300	61 235	8 951	10 882	18 487	2 761
二　　孩	61 388	35 208	95 498	7 410	22 453	11 968	1 747
二、期末落实节育措施数	**122 471**	**55 151**	**160 587**	**16 755**	**37 472**	**32 791**	**4 420**
结　　扎	70 951	30 351	83 779	7 283	22 861	12 131	1 553
上　　环	41 726	16 127	63 428	5 484	7 423	13 865	2 103
皮　　埋	13	27	22	11	2	19	3
药　　具	9 646	8 467	13 278	3 972	7 165	6 766	755
其　　他	69	15	38	1	23	27	9
三、期末领取独生子女证	**12 038**	**6 147**	**21 533**	**3 096**	**1 886**	**4 569**	**1 268**
四、期内出生人数	**9 824**	**4 396**	**10 349**	**1 183**	**3 059**	**2 599**	**243**
一　　孩	2 458	1 051	2 663	304	762	838	66
二　　孩	2 141	993	2 271	215	665	425	50
五、国家免费孕前优生健康检查数	**5 500**	**1 845**	**7 312**	**186**	**1 314**	**852**	**30**

2-8 主要年份劳动力资源

年　份	劳动力资源 (万人)	社会从业人员 (万人)	劳动力资源 占人口比重 (%)	劳动力资源 利　用　率 (%)
1980	152.67	136.03	48.1	89.1
1990	233.57	199.00	62.7	85.2
2000	296.74	214.96	68.6	72.4
2010	360.49	292.56	71.8	81.1
2011	370.42	303.64	73.4	82.0
2012	379.65	315.92	74.7	83.2
2013	390.39	326.14	76.5	83.5
2014	392.24	330.12	75.8	84.2

2-9 主要年份社会从业人员

（按产业结构分）

年 份	年末从业人员(万人)			构成(%)		
	第一产业	第二产业	第三产业	第一产业	第二产业	第三产业
1980	75.84	39.60	20.59	55.8	29.1	15.1
1990	94.57	60.98	43.45	47.5	30.7	21.8
2000	84.84	56.34	73.78	39.5	26.2	34.3
2010	71.41	73.01	148.14	24.4	25.0	50.6
2011	69.49	87.27	146.88	22.9	28.7	48.4
2012	70.40	113.57	131.95	22.3	35.9	41.8
2013	68.91	118.68	138.55	21.1	36.4	42.5
2014	68.08	122.67	139.37	20.6	37.2	42.2

2-10 城乡劳动力资源配置

（2014 年）

单位：万人

	合计	城镇	乡村
一、年末劳动力资源总数	**392.24**	**239.45**	**152.79**
#当年新增劳动力资源	6.74	4.43	2.31
1.年末 16 岁以上全部人数	479.79	293.67	186.12
#不计入劳动力资源的人数	88.5	54.81	33.69
2.机械变动差额跨地区调整数	−0.95	−0.59	−0.36
二、经济活动人口	**333.58**	**197.91**	**135.67**
（一）从业人员	330.12	194.45	135.67
按就业者身份分			
单位就业人员	122.1	122.1	
私营业主	7.12	5.93	1.19
个体户主	19.94	14.96	4.98
私营企业和个体从业人员	62.09	51.46	10.63
乡镇企业从业人员	57.5		57.5
农村从业人员	61.37		61.37
按经济类型分			
国有	36.85	36.85	
集体	118.74	3.56	115.18
股份合作	0.58	0.58	
联营	0.02	0.02	
有限责任公司	56.43	56.43	
股份有限公司	11.5	11.5	
港澳台投资	7.96	7.96	

2-10 续表　　(2014年)　　单位:万人

	合　计	城　镇	乡　村
外商投资	4.97	4.97	
私营	51.22	41.14	10.08
个体	37.93	31.21	6.72
其他	3.92	0.23	3.69
按国民经济行业分			
1.农、林、牧、渔业	68.08	2.82	65.26
2.采矿业	0.16	0.16	
3.制造业	62.77	45.37	17.4
4.电力、燃气及水的生产和供应业	1.85	1.85	
5.建筑业	57.89	51.08	6.81
6.交通运输、仓储和邮政业	42.21	33.54	8.67
7 信息传输、计算机服务和软件业	10.39	4.78	5.61
8.批发和零售业	11.86	7.04	4.82
9.住宿和餐饮业	4.86	3.82	1.04
10.金融业	3.1	3.1	
11.房地产业	3.22	3.22	
12.租赁和商务服务业	4.19	4.19	
13.科学研究、技术服务和地质勘查业	2.82	2.82	
14.水利、环境和公共设施管理业	2.2	2.2	
15.居民服务和其他服务业	5.86	5.86	
16.教育	8.44	8.44	
17.卫生、社会保障和社会福利业	3.86	3.86	
18.文化、体育和娱乐业	1.39	1.39	
19.公共管理和社会组织	7.05	7.05	
20.其他	27.92	1.86	26.06
(二)失业人员	3.46	3.46	
三、非经济活动人口	**58.66**	**41.54**	**17.12**
#16 岁以上在校学生	39.83	38.75	1.08

2-11 社会从业人员

（2014 年） 单位：人

	合计	城镇	乡村
总计	**330.12**	**194.45**	**135.67**
一、按县区分			
南昌县	62.06	23.66	38.40
新建县	34.03	7.91	26.12
安义县	12.26	3.33	8.93
进贤县	40.91	6.34	34.57
市区	24.82	24.82	
#东湖区	16.22	15.56	0.66
西湖区	32.16	30.92	1.24
青云谱区	25.35	23.05	2.30
湾里区	4.16	2.10	2.06
青山湖区	27.05	20.67	6.38
经济开发区	14.53	11.70	2.83
高新开发区	23.90	14.16	9.74
红谷滩新区	11.15	9.22	1.93
桑海开发区	1.52	1.01	0.51
二、按产业结构分			
第一产业	68.08	2.82	65.26
第二产业	122.67	98.46	24.21
第三产业	139.37	93.17	46.20
三、按国民经济行业分			
1.农、林、牧、渔业	68.08	2.82	65.26
2.采掘业	0.16	0.16	
3.制造业	62.77	45.37	17.40
4.电力、燃气及水的生产和供应业	1.85	1.85	
5.建筑业	57.89	51.08	6.81
6.交通运输、仓储和邮政业	42.21	33.54	8.67
7.信息传输、计算机服务和软件业	10.39	4.78	5.61
8.批发和零售业	11.86	7.04	4.82
9.住宿和餐饮业	4.86	3.82	1.04
10.金融业	3.10	3.10	
11.房地产业	3.22	3.22	
12.租赁和商务服务业	4.19	4.19	
13.科学研究、技术服务和地质勘查业	2.82	2.82	
14.水利、环境和公共设施管理业	2.20	2.20	
15.居民服务和其他服务业	5.86	5.86	
16.教育	8.44	8.44	
17.卫生、社会保障和社会福利业	3.86	3.86	
18.文化、体育和娱乐业	1.39	1.39	
19.公共管理和社会组织	7.05	7.05	
20.其他	27.92	1.86	26.06

2-12 主要年份职工人数

单位：人

年 份	合 计	国有单位	城镇集体单位	其他单位
1980	585 109	437 294	147 815	
1990	820 382	605 161	213 470	1 751
2000	587 729	402 485	92 152	93 092
2010	651 635	418 260	39 779	193 596
2011	847 804	383 695	58 381	405 728
2012	869 901	392 041	24 660	453 200
2013	1 060 080	381 262	24 572	654 246
2014	1 061 568	316 095	20 302	725 171

2-13 单位从业人员数

(2014 年)　　　　单位:人

项　　目	单位从业人员年末人数		单位从业人员平均人数	
		在岗职工		在岗职工
总　　计	**1 220 981**	**1 061 568**	**1 188 962**	**1 043 151**
一、按注册类型分组				
1.国有单位	368 481	316 095	358 869	312 486
2.集体单位	35 559	20 302	31 880	19 985
3.其他单位	816 941	725 171	798 213	710 680
二、按企业、事业、机关分组				
1.企业	1 019 597	874 660	985 972	856 593
2.事业	150 738	139 396	150 373	139 059
3.机关	50 646	47 512	52 617	47 499
三、按国民经济行业分组				
(一)农、林、牧、渔业	4 554	4 534	4 554	4 534
(二)采矿业	309	306	311	308
(三)制造业	324 038	299 133	321 765	296 240
(四)电力、热力、燃气及水生产和供应业	17 713	17 210	17 767	17 255
(五)建筑业	416 734	317 102	386 526	300 741
(六)批发和零售业	73 215	69 271	75 806	72 521
(七)交通运输、仓储和邮政业	32 580	31 165	32 600	31 185
(八)住宿和餐饮业	14 559	14 293	14 834	14 132
(九)信息传输、软件和信息技术服务业	31 246	30 393	30 900	30 093
(十)金融业	29 967	29 008	29 268	28 377
(十一)房地产业	18 014	17 389	17 684	17 098
(十二)租赁和商务服务业	19 811	18 251	19 439	17 839
(十三)科学研究和技术服务业	23 503	21 690	23 427	21 652
(十四)水利、环境和公共设施管理业	22 017	10 384	21 993	10 340
(十五)居民服务、修理和其他服务业	1 449	1 449	1 460	1 460
(十六)教育	74 685	72 166	74 771	72 232
(十七)卫生和社会工作	35 735	31 811	35 260	31 327
(十八)文化、体育和娱乐业	10 311	9 539	10 177	9 440
(十九)公共管理、社会保障和社会组织	70 541	66 474	70 420	66 377

2-14 市区从业人员数

（2014 年）　　单位：人

项目	市区从业人员年末人数		市区从业人员平均人数	
		在岗职工		在岗职工
总　计	**910 288**	**803 318**	**880 860**	**784 832**
一、按注册类型分组				
1.国有单位	303 372	255 253	293 145	251 151
2.集体单位	16 577	8 457	14 451	8 389
3.其他单位	590 339	539 608	573 264	525 292
二、按企业、事业、机关分组				
1.企业	765 683	669 295	735 122	651 512
2.事业	110 554	102 142	109 751	101 482
3.机关	34 051	31 881	35 987	31 838
三、按国民经济行业分组				
(一)农、林、牧、渔业	3 807	3 807	3 807	3 807
(二)采矿业	241	238	243	240
(三)制造业	229 757	210 520	226 930	207 253
(四)电力、热力、燃气及水生产和供应业	12 368	12 013	12 380	12 020
(五)建筑业	289 783	231 731	261 215	214 063
(六)批发和零售业	59 066	55 970	63 242	60 777
(七)交通运输、仓储和邮政业	28 496	27 081	28 474	27 059
(八)住宿和餐饮业	13 020	12 923	13 343	12 810
(九)信息传输、软件和信息技术服务业	30 980	30 127	30 640	29 833
(十)金融业	29 967	29 008	29 268	28 377
(十一)房地产业	13 234	12 686	13 046	12 538
(十二)租赁和商务服务业	18 250	16 756	18 125	16 601
(十三)科学研究和技术服务业	23 327	21 514	23 251	21 476
(十四)水利、环境和公共设施管理业	16 231	5 971	16 224	5 944
(十五)居民服务、修理和其他服务业	850	850	864	864
(十六)教育	52 285	50 889	51 976	50 679
(十七)卫生和社会工作	27 026	23 388	26 530	22 883
(十八)文化、体育和娱乐业	9 656	8 925	9 527	8 827
(十九)公共管理、社会保障和社会组织	51 944	48 921	51 775	48 781

2-15 各行业女性从业人员数

单位:人

项　　目	合计	国有单位	城镇集体单位	其他单位
总　　计	**357 712**	**126 062**	**5 431**	**226 219**
(一)农、林、牧、渔业	1 710	1 705	5	
(二)采矿业	100		3	97
(三)制造业	109 461	8 766	837	99 858
(四)电力、热力、燃气及水生产和供应业	5 958	2 381		3 577
(五)建筑业	56 701	9 234	3 527	43 940
(六)批发和零售业	37 529	1 085	60	36 384
(七)交通运输、仓储和邮政业	12 391	6 783	41	5 567
(八)住宿和餐饮业	8 514	1 693	11	6 810
(九)信息传输、软件和信息技术服务业	8 098	222		7 876
(十)金融业	16 237	8 042		8 195
(十一)房地产业	6 689	903	46	5 740
(十二)租赁和商务服务业	5 898	3 169	79	2 650
(十三)科学研究和技术服务业	5 767	4 129		1 638
(十四)水利、环境和公共设施管理业	6 030	5 688	41	301
(十五)居民服务、修理和其他服务业	450	117	2	331
(十六)教育	31 375	29 716	44	1 615
(十七)卫生和社会工作	22 657	21 055	735	867
(十八)文化、体育和娱乐业	4 048	3 286		762
(十九)公共管理、社会保障和社会组织	18 099	18 088		11

主要统计指标解释

人口数 指在一定时点、一定地区范围内的有生命的个人的总和。

市镇人口 指市、镇区内的全部常住人口。包括市(镇)区与郊区、农业与非农业人口,但不包括市辖县人口。

乡村人口 指县(不含镇)的全部常住人口。

市 是指经国家批准成立"市"建制的城市。

镇 是指经省正式批准行政建制的镇。1963年以前为常住人口在2000人以上,非农业人口占50%以上的。1964年改为常住人口在3000人以上,非农业人口占70%以上,或常住人口在2500人以上,不满3000人,非农业人口占85%以上的。1984年后又调整为,凡县级地方国家机关所在地;或总人口在20000人以下的乡,乡政府驻地非农业人口超过2000人的;或总人口在20000人以上的乡,乡政府驻地非农业人口占全乡人口10%以上;或少数民族地区、人口稀少的边远地区、山区和小型工矿区、小港口、风景旅游、边境口岸等地,非农业人口虽不足2000人,都可建镇。

人口密度 指一定时点一定地区的人口数与该地区的面积数之比,即一定时点的单位土地面积上的人口数,通常以每平方公里的居住人数来表示:

$$人口密度=\frac{该地区的人口数}{该地区的土地面积}$$

出生率 (又称粗出生率)指在一定时期内(通常为一年)一定地区平均每千人口所出生的人数的比率。它反映人口的出生水平,一般以千分率表示。计算公式:

$$出生率=\frac{年出生人数}{年平均人数}\times1000‰$$

死亡率 (又称粗死亡率)指在一定时期内(通常为一年)一定地区的死亡人数与同期平均人数(或期中人数)之比,一般以千分率表示。计算公式:

$$死亡率=\frac{年死亡人数}{年平均人数}\times1000‰$$

人口自然增长率 指在一定时期内(通常为一年)一定地区人口自然增加数(即出生人数减死亡人数)与该时期平均人数(或期中人数)之比,一般以千分率表示。计算公式:

$$人口自然增长率=\frac{本年出生人数-本年死亡人数}{年平均人数}\times1000‰$$

社会从业人员 指在劳动年龄内,有劳动能力,参加社会劳动取得劳动报酬或经营收入的人口。包括:(1)单位从业人员;(2)私营企业和个体从业人员;(3)乡镇企业从业人员;(4)农村从业人员;(5)其他共五个部份。这一指标反映了一定时期内全部劳动力资源的实际利用情况,是研究我国基本国情国力的重要指标。

单位从业人员 指在各类法人单位工作,并由单位支付劳动报酬的人员,包括在岗职工和其他从业人员。

在岗职工 指在本单位工作且与本单位签订劳动合同,并由单位支付各项工资和社会保险、住房公积金的人员,以及上述人员中由于学习、病伤产假等原因暂未工作,仍由单位支付工资的人员。为准确反映行业用工情况,从2011年起,将在岗职工中的劳务派遣人员进行了单独统计。

其他从业人员 指除在岗职工以外,实际参加本单位生产或工作并从本单位取得劳动报酬的人员。具体包括:非全日制人员、聘用的正式离退休人员、兼职人员和第二职业者,以及在本单位工作的外籍和港澳台方人员。

城镇个体和私营劳动者 城镇私营劳动者指在工商管理部门注册登记，其经营地址设有县城关镇及以上的私营企业的劳动者。包括私营企业投资者和雇工。城镇个体劳动者指在工商管理部门注册登记,并持有城镇户口或在城镇长期居住,经批准从事个体工商经营的劳动者。包括:个体经营者和个体工商户劳动的家庭帮工和雇工。

农村从业人员 指农村人口中经常参加社会劳动并取得劳动报酬的整半劳动力。包括在乡镇企业及其他集体经济组织和农户中参加各项生产的劳动者及外出从事个体经营的劳动者。从事家庭副业,其收入相当于当地一个社会劳动者最低收入水平或参加社会劳动累计在三个月以上的劳动者,也包括在内。

三、人民生活

PEOPLES LIVELIHOOD

本篇内容包括：

1.单位从业人员劳动报酬
2.在岗职工工资总额和平均工资
3.居民家庭基本情况
4.居民生活收入情况
5.居民拥有耐用消费品数量

在岗职工平均工资

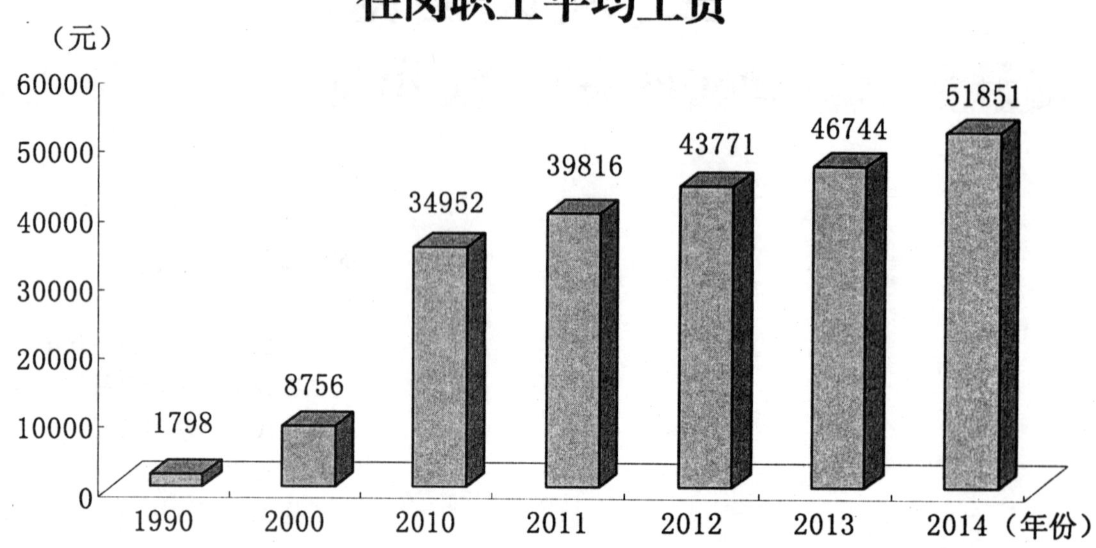

城乡居民收入水平

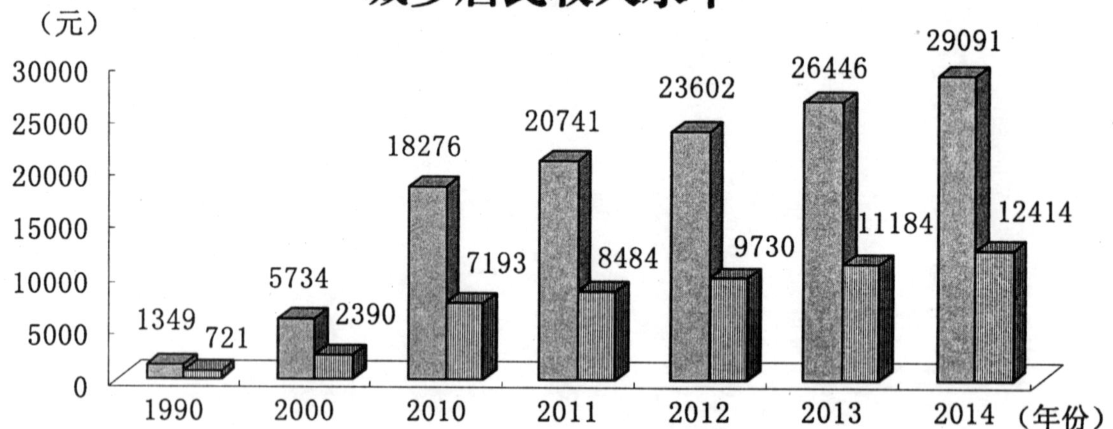

2014年平均每百户家庭耐用消费品拥有量

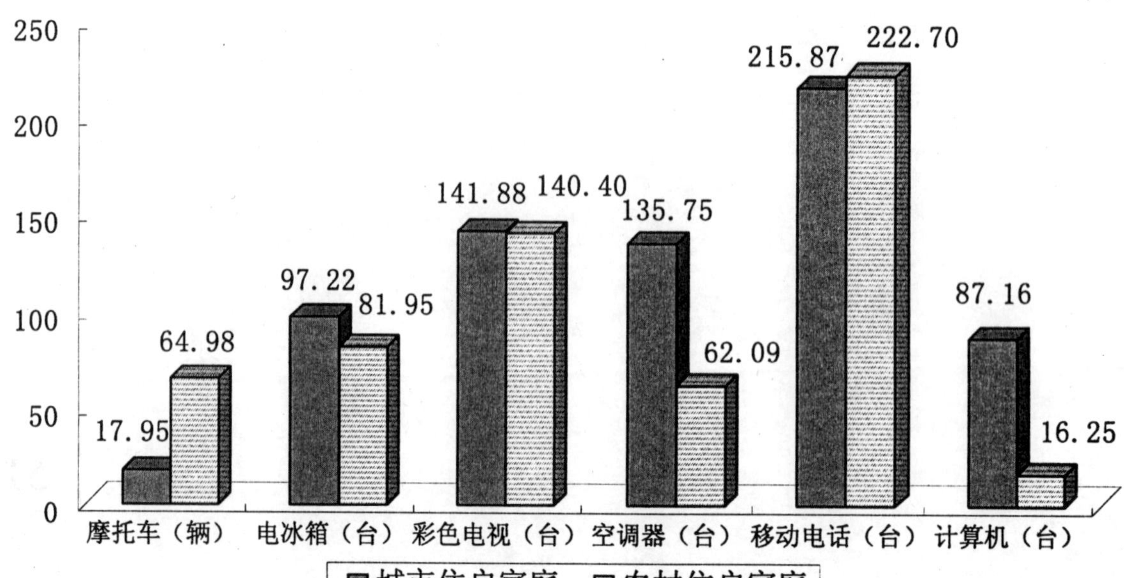

3-1 主要年份在岗职工年工资总额

单位:万元

年份	合计	国有单位	城镇集体单位	其他单位
1980	42 024	33 304	8 720	
1990	145 581	117 900	27 319	362
2000	511 784	375 482	45 363	90 939
2010	2 254 313	1 571 573	73 658	609 082
2011	3 309 458	1 652 237	141 337	1 515 884
2012	3 693 667	1 905 581	88 492	1 699 594
2013	4 876 812	2 213 845	93 016	2 569 951
2014	5 408 797	1 791 237	93 011	3 524 549

3-2 主要年份在岗职工年平均工资

单位:元

年 份	合 计	国有单位	城镇集体单位	其他单位
1980	732	779	597	
1990	1 798	1 972	1 300	2 122
2000	8 756	9 335	5 123	9 708
2010	34 952	37 786	18 750	32 094
2011	39 816	43 606	24 262	38 406
2012	43 771	49 987	38 255	38 670
2013	46 744	58 166	40 548	40 171
2014	51 851	57 322	46 540	49 594

3-3 单位从业人员劳动报酬情况

(2014 年)

单位：万元、元

项　　目	单位从业人员工资总额		单位从业人员平均工资	
		在岗职工		在岗职工
总　　计	**6 015 197**	**5 408 797**	**50 592**	**51 851**
一、按注册类型分组				
1.国有单位	2 005 554	1 791 237	55 885	57 322
2.集体单位	141 968	93 011	44 532	46 540
3.其他单位	3 867 675	3 524 549	48 454	49 594
二、按企业、事业、机关分组				
1.企业	4 895 531	4 362 122	49 652	50 924
2.事业	834 112	781 976	55 470	56 233
3.机关	285 554	264 699	54 270	55 727
三、按国民经济行业分组				
(一)农、林、牧、渔业	8 881	8 858	19 502	19 537
(二)采矿业	2 109	2 099	67 814	68 149
(三)制造业	1 513 955	1 429 665	47 052	48 260
(四)电力、热力、燃气及水生产和供应业	102 830	100 594	57 877	58 298
(五)建筑业	1 786 113	1 411 574	46 209	46 937
(六)批发和零售业	340 014	332 232	44 853	45 812
(七)交通运输、仓储和邮政业	201 042	200 483	61 669	64 288
(八)住宿和餐饮业	50 614	48 872	34 120	34 583
(九)信息传输、软件和信息技术服务业	193 328	191 691	62 566	63 700
(十)金融业	290 009	287 031	99 087	101 149
(十一)房地产业	97 696	95 816	55 245	56 039
(十二)租赁和商务服务业	84 822	80 819	43 635	45 305
(十三)科学研究和技术服务业	133 946	132 025	57 176	60 976
(十四)水利、环境和公共设施管理业	138 654	66 866	63 045	64 667
(十五)居民服务、修理和其他服务业	6 325	6 325	43 322	43 322
(十六)教育	393 056	385 222	52 568	53 331
(十七)卫生和社会工作	232 271	211 185	65 874	67 413
(十八)文化、体育和娱乐业	53 776	51 223	52 841	54 262
(十九)公共管理、社会保障和社会组织	385 756	366 217	54 779	55 172

3-4 市区从业人员劳动报酬情况

（2014 年）　　　　单位：万元、元

项　　目	单位从业人员工资总额		单位从业人员平均工资	
		在岗职工		在岗职工
总　　计	**4 662 968**	**4 262 233**	**52 937**	**54 308**
一、按注册类型分组				
1.国有单位	1 698 642	1 493 136	57 945	59 452
2.集体单位	32 755	31 112	22 666	37 087
3.其他单位	2 931 571	2 737 985	51 138	52 123
二、按企业、事业、机关分组				
1.企业	3 806 948	3 471 758	51 787	53 288
2.事业	652 369	605 715	59 441	59 687
3.机关	203 651	184 760	56 590	58 031
三、按国民经济行业分组				
（一）农、林、牧、渔业	6 958	6 958	18 277	18 277
（二）采矿业	1 848	1 838	76 049	76 583
（三）制造业	1 115 424	1 046 432	49 153	50 491
（四）电力、热力、燃气及水生产和供应业	65 598	64 075	52 987	53 307
（五）建筑业	1 257 296	1 061 499	48 133	49 588
（六）批发和零售业	280 423	275 496	44 341	45 329
（七）交通运输、仓储和邮政业	172 803	172 244	60 688	63 655
（八）住宿和餐饮业	46 058	44 571	34 518	34 794
（九）信息传输、软件和信息技术服务业	192 419	190 782	62 800	63 950
（十）金融业	290 009	287 031	99 087	101 149
（十一）房地产业	71 945	70 282	55 147	56 055
（十二）租赁和商务服务业	81 013	77 177	44 697	46 489
（十三）科学研究和技术服务业	133 067	131 146	57 231	61 066
（十四）水利、环境和公共设施管理业	121 611	52 343	74 957	88 060
（十五）居民服务、修理和其他服务业	4 022	4 022	46 551	46 551
（十六）教育	283 864	278 035	54 614	54 862
（十七）卫生和社会工作	192 597	172 051	72 596	75 187
（十八）文化、体育和娱乐业	50 968	48 581	53 498	55 037
（十九）公共管理、社会保障和社会组织	295 045	277 670	56 986	56 922

3-5　1980-2014年城市住户基本情况

年　份	调查户数（户）	平均每户家庭人口（人）	平均每户就业人口（人）	负担人口（人）	平均每人每月家庭总收入（元）	平均每人每月可支配收入（元）	平均每人每月消费支出（元）
1980	120	4.28	2.16	1.98		28.26	
1981	120	4.21	2.15	1.96	33.91	33.91	30.83
1982	120	4.21	2.17	1.94	35.83	35.88	31.38
1983	120	4.23	2.19	1.93	36.63	36.31	32.25
1984	120	4.09	2.18	1.88	43.78	43.46	38.82
1985	150	3.64	2.06	1.77	54.14	53.28	46.61
1986	150	3.66	2.05	1.79	64.29	63.99	53.46
1987	150	3.64	2.01	1.81	71.48	70.45	62.5
1988	200	3.54	1.94	1.82	83.68	83.22	75.55
1989	200	3.48	1.98	1.76	95.54	110.35	84.34
1990	200	3.34	1.88	1.77	112.92	112.39	90.45
1991	200	3.41	1.85	1.85	113.71	113.19	93.84
1992	200	3.35	1.81	1.85	129.23	128.39	110.56
1993	200	3.16	1.74	1.81	172.93	172.08	153.86
1994	200	3.11	1.74	1.79	255.84	255.36	215.54
1995	200	3.07	1.76	1.75	299.94	299.22	247.89
1996	200	3.03	1.67	1.82	333.98	333.5	267.59
1997	200	3.03	1.68	1.81	376.2	375.11	311.9
1998	200	3.09	1.76	1.75	407.7	405.89	319.98
1999	334	3.05	1.68	1.82	515.28	440.63	339.78
2000	300	3.21	1.67	1.92	481.72	477.8	327.07
2001	300	3.12	1.62	1.93	525.03	517.21	357.8
2002	300	2.99	1.55	1.93	602.63	585.05	399.1
2003	300	2.93	1.48	1.98	674.43	649.43	423.24
2004	300	2.78	1.53	1.82	761.59	728.65	488.68
2005	300	2.59	1.37	1.89	907.64	858.44	588.68
2006	300	2.61	1.43	1.83	992.08	936.9	628.98
2007	300	2.66	1.62	1.64	1 144.3	1 089.7	838.69
2008	300	2.81	1.63	1.72	1 326.22	1 259.36	962.61
2009	300	2.81	1.62	1.73	1 475.14	1 327.7	1 033.87
2010	300	2.77	1.52	1.82	1 651.68	1 523.01	1 158.26
2011	300	2.79	1.5	1.86	1 857.31	1 728.43	1 269.52
2012	300	2.83	1.58	1.79	2 096	1 966.87	1 370.84
2013	321	3.03	1.68	1.8	–	2 203.83	1 493.75
2014	468	3.14	1.84	1.71	–	2 424.25	1 635.67

注：“负担人口”指平均每个就业者所负担的人口，含就业者本人。

3-6　城市居民家庭生活基本情况

项　　目	2013	2014
家庭户数(户)	321	468
家庭人口(人)	985	1 500
就业人口(人)	540	860
平均每户家庭人口(人)	3.03	3.14
平均每户就业人口(人)	1.68	1.84
平均每户就业面(%)	55.4	58.6
平均每一就业者负担人数(含就业者本人)(人)	1.8	1.71
平均每人家庭总收入(元)		
平均每人可支配收入(元)	26 446	29 091
平均每人消费支出(元)	17 925	19 628
家庭常住人口(人)	974	1470
建筑面积(平方米)	29 737.9	47 201.7
平均每人建筑面积(平方米)	30.5	32.11
平均每户建筑面积(平方米)	92.51	100.86

3-7 城市住户基本情况

(按收入分组，2014 年)

项　目	总平均	低收入户	中低收入户	中等收入户	中高收入户	高收入户
调查户数(户)	468	94	93.25	93.5	93	94
家庭人口(人)	1 470	380	302	284	280	224
就业人口(人)	860	219	167	160	164	150
平均每户家庭人口(人)	3.14	4.04	3.24	3.04	3.01	2.38
平均每户就业人口(人)	1.84	2.33	1.79	1.71	1.76	1.60
平均每户就业面(%)	58.6	57.6	55.3	56.3	58.6	67.0
就业者负担人口(人)	1.71	1.74	1.81	1.78	1.71	1.49
人均可支配民收入(元)	29 091	16 119	23 454	28 283	34 319	51 858
人均消费性支出(元)	19 628	13 166	15 666	19 502	22 503	31 866
离退休人数(人)	235	52	46	55	47	35

3-8　城市住户平均每百户主要消费品年末拥有量

品　　名	2013	2014
摩托车(辆)	18.21	17.95
助力车(辆)	55.45	75.78
家用汽车(辆)	16.2	17.31
洗衣机(台)	96.88	95.07
电冰箱(台)	98.12	97.22
彩色电视(台)	139.03	141.88
淋浴热水器(架)	98.76	96.1
照相机(架)	45.58	39.53
空调器(台)	140.81	135.75
组合音响(台)	11.84	10.47
微波炉(台)	78.5	71.85
电话(台)	59.5	73.22
移动电话(台)	208.41	215.87
计算机(台)	85.05	87.16
摄像机(台)	8.12	8.05
消毒碗柜(台)	15.26	14.96

注:家用电脑改为计算机。

3-9 城市居民平均每人现金收支

单位:元

项　　目	2013	2014
一、可支配收入	**26 446**	**29 091**
(一)工资性收入	17 434	19 350
(二)经营净收入	2 149	2 254
(三)财产净收入	2 864	3 223
(四)转移净收入	3 999	4 265
1、赡养收入	268	299
2、养老金或离退休金	4 632	5 150
3、经常性捐赠收入	34.69	21.63
二、非收入所得	**1 055**	**1 281.71**
出售资产所得	895.32	967.96
记帐补贴	136.12	154.7
三、借贷性所得	**1 991**	**1 048**
# 提取储蓄存款	1 925	1 041
借　入　款	52.53	
四、家庭总支出	**24 464**	**25 438**
# 赡养支出	132	202
一次性捐赠支出	398.7	375.71
五、借贷性支出	**2 970.52**	**1 211.98**
# 存入储蓄款	2 444.67	928.6
归还借款	14.61	51.46
借　出　款	0.74	39.7

3-10 城市居民平均每人现金收支

(按收入分组,2014年)　　　　单位:元

项　　目	总平均	低收入户	中　低 收入户	中　等 收入户	中　高 收入户	高收入户
一、可支配收入	**29 091**	**16 119**	**23 454**	**28 283**	**34 319**	**5 1858**
(一)工资性收入	19 350	11 083.90	17 683.51	20 108.55	21 709.40	30 746.50
(二)经营净收入	2 254	1 559.43	711.99	653.14	656.14	9 517.99
(三)财产净收入	3 223	1 339.10	1 898.39	3 404.11	4 217.75	6 546.67
(四)转移净收入	4 265	2 136.66	3 159.90	4 116.75	7 735.71	5 046.47
1、赡养收入	299	307.03	240.83	95.41	246.37	696.06
2、养老金或离退休金	5 150	2 384.77	4 087.59	5 081.30	8 496.62	6 921.55
3、经常性捐赠收入	21.63	3.63	3.04	96.41		5.04
二、非收入所得	**1 281.71**	**281.32**	**250.69**	**2 622.07**	**428.05**	**3 586.21**
出售资产所得	967.96	7.67	64.39	2 332.67	83.51	3 040.19
记帐补贴	154.7	102.48	117.61	158.35	187.15	243.15
三、借贷性所得	**1 048**	**178.87**	**249.99**	**2 418.67**	**1 390.40**	**1 310.72**
#提取储蓄存款	1 041	178.87	249.99	2 418.67	1 369.12	1 293.72
借　入　款						
四、家庭总支出	**25 438**	**17 186.47**	**18 841.76**	**26 200.81**	**27 813.00**	**43 577.77**
#赡养支出	202	77.44	187.19	196.39	132.68	510.98
一次性捐赠支出	375.71	303.37	317.58	449.21	444.76	388.92
五、借贷性支出	**1 211.98**	**519.16**	**442.66**	**1 387.45**	**2 341.39**	**1 740.30**
#存入储蓄款	928.6	241.36	251.99	1 211.03	1 879.39	1 401.76
归还借款	51.46		44.77		180.93	48.77
借　出　款	39.7	121.64	37.22	4.56		8.88

注:服务性消费支出无汇总数据。

3-11 城市住户平均每人生活费支出及构成

项目	金额(元)		构成(%)	
	2013	2014	2013	2014
消费支出	17 925	19 628	100	100
1.食品烟酒	5 559	6 215	31	31.7
# 粮食	413.8	452.2	7.4	7.3
油脂	220.7	238.2	4	3.8
肉禽蛋水产品类	1 787.12	1 947.04	32.15	31.33
# 蛋类	107.17	129.81	1.93	2.09
# 水产类	430.03	460.01	7.74	7.40
蔬菜和食用菌	782.13	847.82	14.70	13.64
烟类	350.62	311.04	6.31	5.00
酒和饮料	133.12	256.45	2.34	4.13
干鲜瓜果	385.03	479.19	6.93	7.71
糖果糕点及奶类	419.81	504.66	7.55	8.12
2. 衣着	1 824.13	1 913.71	10.18	9.75
衣类	1 380.31	1 503.34	75.67	78.56
鞋类	443.81	410.38	24.33	21.44
3.生活用品及服务	1 426.44	1 632.88	7.96	8.32
耐用消费品	406.5	410.7	28.5	25.2
4.医疗保健	604.2	777.2	3.4	4
5.交通和通信	1 833.6	1 958.7	10.2	10
6.教育文化娱乐服务	1 997.6	2 101.4	11.1	10.7
文化娱乐用品	393.11	413.15	19.68	19.66
教育	944.72	819.22	47.3	38.98
文化娱乐服务	659.74	869.01	33.03	41.35
7.居住	4 064.5	4 508.8	22.68	22.97
8.其它商品与服务	615.6	521.1	3.4	2.7

3-12 城市住户平均每人购买消费品数量

品　　名	2013	2014
粮食(千克)	125.19	128.9
食用植物油(千克)	15.2	16.7
蔬菜及菜制品(千克)	130.54	130.48
猪肉(千克)	27.59	27.24
牛羊肉(千克)	4.9	5.13
家禽(千克)	11.62	12.64
鲜蛋(千克)	9.55	10.07
鱼(不包括虾)(千克)	18.61	17.72
白酒(千克)	1.94	1.96
啤酒(千克)	7.23	7.19
鲜瓜果(千克)	44.64	45.28
糕点(千克)	5.14	4.94
鲜奶(千克)	19.07	29.6
鞋(双)	2.96	2.88
罐装液化石油气(千克)	26.37	24.88
管道天然气(立方米)	21.12	27.84

注:一体化改革后服装无汇总数量。

3-13 城市居民居住情况

单位:户

类　　别	2013	2014
调查户数	321	468
一、按住宅建筑式样		
单栋住宅	36	89
四居室	1	7
三居室	90	110
二居室	163	220
一居室	23	25
普通楼房		
平房及其他	8	17
二、按房屋产权		
租赁公房	2	
租赁私房	20	36
原有私房	43	
自建住房		95
房改私房	133	149
商品房	111	118
拆迁安置房		49
继承或获赠住房		4
借用房	4	5
其他	8	12
三、按自来水使用情况		
独用来水	319	443
公用自来水	1	
其他(没有管道设施)	1	25
四、按卫生设备拥有情况		
无卫生设备		
有浴室、厕所	316	
有厕所无浴室	3	
公用卫生设备	2	
五、住户厕所使用情况		
本住户独用		450.00
几户合用		13.00
公用厕所		5.00
六、住户洗澡设施情况		
统一供热水		9.00
家庭自装热水器		425.00
其他		20.00
无洗澡设施		14.00

3-14 城市居民家庭收入结构类型

项　　目	总平均	低收入户	中　低 收入户	中　等 收入户	中　高 收入户	高收入户
一、占总调查户数的比重(%)						
2013 年	100	19.94	19.94	19.94	19.94	20.24
2014 年	100	20.09	19.93	19.98	19.87	20.09
二、平均人口(人)						
2013 年	3.03	3.56	3.27	2.97	2.67	2.42
2014 年	3.14	4.04	3.24	3.04	3.01	2.38
2.比重(%)						
2013 年	100	117.49	107.92	98.02	88.12	79.87
2014 年	100	128.66	80.20	93.83	99.01	79.07
三、人均可支配性收入(元)						
2013 年	26 446	16 126	22 681	26 598	31 976	43 732
2014 年	29 091	16 119	23 454	28 283	34 319	51 858
2.比重(%)						
2013 年	100	60.98	85.76	100.58	120.91	165.36
2014 年	100	55.41	80.62	97.22	117.97	178.26
3.2014 年比上年增长(%)	10.00	-0.05	3.41	6.33	7.33	18.58
四、全年人均消费性支出(元)						
2013 年	17 925	11 291	15 082	15 887	18 555	30 734
2014 年	19 628	13 166	15 666	19 502	22 503	31 866
2014 年比上年增长(%)	9.50	16.61	3.87	22.75	21.28	3.68

3-15 1985-2014年农村居民家庭基本情况

年 份	调查县区（个）	调查数（户）	平均每户常住人口（人）	平均每户整半劳动力（人）	平均每个劳动力负担人口（人）	纯收入（元/人）	生活用房面积（平方米/人）
1985	6	380	5.64	3.04	1.85	412.43	15.98
1986	6	380	5.61	3.02	1.86	452.07	16.77
1987	6	390	5.41	2.82	1.91	501.34	18.36
1988	6	410	5.41	2.96	1.83	586.46	19.52
1989	6	410	5.36	3.52	1.52	660.04	20.69
1990	6	410	5.25	2.95	1.78	721.21	19.50
1991	6	410	5.02	2.79	1.80	768.19	19.78
1992	6	410	4.99	2.81	1.76	854.74	21.30
1993	6	410	4.91	2.86	1.72	968.60	19.69
1994	6	410	4.79	2.89	1.66	1 310.75	22.53
1995	6	410	4.75	2.91	1.63	1 626.36	23.71
1996	6	410	4.67	2.91	1.61	2 031.20	23.44
1997	6	410	4.55	2.84	1.60	2 358.57	25.12
1998	6	400	4.46	2.80	1.59	2 164.26	26.26
1999	6	400	4.30	2.89	1.49	2 306.86	26.77
2000	6	400	4.29	2.96	1.45	2 390.10	26.10
2001	6	400	4.28	2.93	1.46	2 517.04	27.92
2002	6	400	4.21	2.93	1.44	2 663.68	28.21
2003	6	400	4.16	2.92	1.42	2 808.10	29.46
2004	6	400	4.13	2.90	1.42	3 414.46	35.48
2005	7	400	4.14	2.92	1.42	3 878.77	38.66
2006	7	400	4.12	2.92	1.41	4 392.36	41.03
2007	7	400	4.10	2.92	1.40	5 034.49	42.32
2008	7	400	4.08	2.90	1.40	5 773.67	44.14
2009	7	400	4.04	2.89	1.40	6 296.19	45.04
2010	7	400	3.98	2.85	1.40	7 193.25	46.64
2011	6	400	4.10	2.96	1.39	8 483.66	49.21
2012	6	400	4.07	2.91	1.40	9 730.43	48.86
2013	6	330	3.98	2.72	1.46	11 184	52.22
2014	6	277	3.63	2.56	1.42	12 414	54.70

注：从2013年起纯收入改为可支配收入。

3-16 农村居民家庭基本情况

（分县区，2014 年）

地 区	调查数（户）	平均每户常住人口（人）	平均每户劳动力（人）	6-15 岁人口入学率（%）	人均经营耕地（亩）	人均经营山地（亩）	平均每人年末住房（平方米）	人均可支配收入（元）
南昌市	**277**	**3.63**	**2.56**	**100.00**	**2.03**	**0.13**	**54.7**	**12 414**
湾里区	10	3.50	2.60	100.00	0.29		98.86	9 395
青山湖区	10	3.4	2.3	100.00	0.65		83.62	14 169
南昌县	57	4.28	2.82	100.00	1.85		47.47	13 237
新建县	60	3.95	2.83	100.00	2.98		50.51	11 923
安义县	70	3.29	2.51	100.00	1.35	0.25	58.17	11 172
进贤县	70	3.23	2.19	100.00	2.4	0.34	52.13	12 858

3-17 农村家庭房屋使用情况

项　　目	2013	2014	2014 年 比上年增长%
一、新建房户数(户)	**4**	**4**	**0.00**
二、平均每户年内新建房屋面积(平方米)	**1.66**	**0.43**	**–74.10**
新建房屋价值(元)	450 000	270 000	–40.00
三、平均每户年末使用房屋面积(平方米)	**207.84**	**198.56**	**–4.46**
生活用房面积	207.84	198.56	–4.46
# 砖木结构	139.3	138.8	–3.60
钢筋混凝土结构	68.61	69.9	1.88
四、平均每人年末使用房屋面积(平方米)	**52.22**	**54.7**	**4.75**
# 砖木结构	35.00	34.4	–1.71
钢筋混凝土结构	17.24	17.30	0.03

3-18 农村居民家庭总收入和构成

项 目	平均每人(元)		构 成(%)	
	2013	2014	2013	2014
总 收 入	**14 902**	**16 681**	**100.00**	**100**
一、工资性收入	**4 546**	**5 229**	**30.50**	**31.3**
(一)工资	4 180	4 677	91.90	89.4
(二)实物福利	1.41	0.22	0.03	
(三)其他	365	552	8.00	10.6
二、家庭经营收入	**8 381**	**9 021**	**56.20**	**54.1**
1. 农业收入	3 921	3 803	46.78	42.16
2.林业收入	207	228	2.47	2.53
3.牧业收入	1 182	1 890	14.10	20.95
4.渔业收入	624	445	7.45	4.93
5.采矿业				
6.制造业收入	274	241	3.27	2.67
7.电力、热力、燃气及水生产和供应业				
8.建筑业收入	64.8	60.6	0.77	0.67
9.交通、运输和邮电业收入	422.00	474.3	5.04	5.26
10.批发和零售贸易、餐饮业收入	1 404	1 503	16.75	16.66
11.住宿和餐饮业	2.34		0.03	
12.租赁和商务服务业		0.68		0.01
13.居民服务、修理和其他服务业	68.2	83.7	0.81	0.93
14.其他	61.8	44.8	0.74	0.50
15.农林牧渔服务业	149.9	247.3	1.79	2.74
三、财产性收入	**64.40**	**135.5**	**0.40**	**0.8**
四、转移性收入	**1 911**	**2 296**	**12.80**	**13.8**
#家庭非常住人口寄回收入	724.30	1216	37.90	53

3-19 农村居民家庭总支出和构成

项　　目	平 均 每 人(元)		构　　成(%)	
	2013	2014	2013	2014
总 支 出	**12 116.00**	**14 216**	**100.00**	**100.00**
一、生产经营费用支出	**3 549**	**4 450**	**29.30**	**31.3**
1. 农业	1 045	1 193	29.44	26.81
2.林业	19.80	28.6	0.56	0.64
3.牧业	896.40	1730	25.26	38.88
4.渔业	307.10	119.9	8.65	2.69
5.采矿业				
6.制造业	160.5	172.6	4.52	3.88
7.电力、热力、燃气及水生产和供应业	0.22		0.01	0.00
8.建筑业	17.9	35	0.50	0.79
9.交通、运输和邮电业	218.5	215.9	6.16	4.85
10.批发和零售贸易	828.1	854	23.33	19.19
11.住宿和餐饮业	3.44		0.10	
12.租赁和商务服务业				
13.居民服务、修理和其他服务业	22.90	23.1	0.65	0.52
14.其他	11.2	21.9	0.32	0.49
15.农林牧渔服务业		55.5		1.25
二、购置资产及非经常性转移支出	**789.7**	**1 371**	**6.50**	**9.6**
#购置生产性固定资产支出	62.3	325.9	7.90	23.8
三、部分商业保险支出	**3.4**	**8.3**	**0.03**	**0.06**
四、生活消费支出	**7 153**	**7 896**	**59.00**	**55.5**
#文化娱乐用品及服务	162.5	181.4	2.30	2.3
五、财产性支出	**3.30**	**33**	**0.03**	**0.2**
六、转移性支出	**199**	**179.4**	**1.60**	**1.3**
七、借贷性支出	**418.6**	**277.8**	**3.50**	**2**

3-20 主要年份农村居民家庭纯收入

（按人口平均）　　单位：元

项　　目	1990	2000	2010	2011	2012	2013	2014
纯 收 入	**721.21**	**2 390.10**	**7 193.25**	**8 483.66**	**9 730.43**	**11 184.00**	**12 414.00**
一、按纯收入来源分							
工资性收入	50.32	1 012.63	2 687.38	4 055.62	4 581.11	4 646	5 229
家庭经营纯收入	632.06	1 283.12	3 623.81	3 975.46	4 617.08	4 475	4 935
第一产业	526.85	1 077.35	2 978.99	3 472.41	3 929.82	3 284	3 614
第二产业	24.40	96.03	178.87	113.14	83.59	100.5	114.3
第三产业	80.81	109.74	465.95	389.91	603.67	1 090	1 207
转移性收入	40.57	62.93	488.65	240.12	277.34	1 979	2 143
财产性收入	8.26	31.42	393.41	212.46	254.90	84.4	107.3
二、按纯收入性质分							
生产性纯收入	660.22	2 275.46	6 257.17	7 965.03	9 129.45	8 030.5	8 957
农 业 生 产	526.85	1 077.35	2 978.99	3 472.41	3 929.82	3 284	3 614
非农业生产	133.37	1 198.11	3 278.18	4 492.62	5 199.63	4 747	5 343
非生产性纯收入	60.99	114.64	936.08	518.63	600.98	3 153.5	3 457

注：2013年后农民纯收入改为农民可支配收入；家庭经营纯收入、转移性收入、财产性收入分别改为经营净收入、转移净收入和财产净收入。

3-21 农村住户平均每人可支配收入

(分县区,2014 年)

单位:元

地　　区	可支配收入	生产性可支配收入			非生产性可支配收入
			农业生产	非农业生产	
南 昌 市	**12 414.00**	**8 957.00**	**3 614**	**5 343**	**3 457.00**
湾 里 区	9 395.00	8 209.00	1.47	8 208.00	1 186.00
青山湖区	14 169	12 058.20	75.20	11 983.00	2 110.80
南 昌 县	13 237.00	10 435.70	3 699.8	6 735.90	2 801.30
新 建 县	11 923.00	9 565.40	5 221.3	4 344.10	2 357.60
安 义 县	11 172	7 932.50	1 961.8	5 970.70	3 239.50
进 贤 县	12 858.00	7 128.50	3 840.90	3 287.60	5 729.50

3-22 农村住户生活消费支出

项　　目	平均每人(元)		构　成(%)		商品性比重(%)	
	2013	2014	2013	2014	2013	2014
生活消费支出	**7 153.00**	**7 896**	**100.00**	**100.00**		
一、食品烟酒	2 955.00	3 198	41.30	40.5	94.40	95.8
#主　　食	570.2	554.9	7.97	7.03	100.00	100.00
副　　食	2 143.60	2 541.4	29.97	32.19	100.00	100.00
二、衣　　着	352.10	382.9	4.92	4.85	99.30	99.2
三、居　　住	1 882.30	2 125.4	26.31	26.92	73.00	72
四、生活用品及服务	348.40	383.9	4.87	4.86	97.60	97.4
五、医疗保健	424.40	478.9	5.93	6.07	12.20	22.1
六、交通通信	660.60	752.7	9.24	9.53	54.00	51.7
七、教育文化娱乐	429.60	460.5	6.01	5.83	84.60	83.9
文化娱乐用品	96.40	107.1	1.35	1.36	100.00	100.00
文化娱乐服务	66.10	74.3	0.92	0.94		
八、其他商品和服务	100.50	113.7	1.41	1.44	80.50	79.2

注:商品性比重是指生活消费品中商品性支出所占比重,不包括自产自用部分和文化及生活服务支出。

3-23 农村居民家庭现金收入和构成

项　　目	平均每人(元)		构　成(%)	
	2013	2014	2013	2014
现金收入	**13 356**	**15 510**	**100.00**	**100.00**
一、工资性收入	4 545.00	5 229	34.03	33.71
工资	4 180	4 677	31.30	30.15
其他工资性收入	364.60	552.3	2.73	3.56
二、现金经营性收入	6 970.00	7 903	52.19	50.95
农业	2 771.00	2 989	20.75	19.27
林业	21.70	34.3	0.16	0.22
牧业	1 111.00	1 788	8.32	11.53
渔业	619.00	440	4.63	2.84
采矿业				
制造业	274.00	241	2.05	1.55
电力、热力、燃气及水生产和供应业				
建筑业	64.80	60.6	0.49	0.39
批发和零售业	1 404.00	1 503	10.51	9.69
交通运输、仓储和邮政业	422.00	474.3	3.16	3.06
住宿和餐饮业	2.34		0.02	0.00
房地产业				
租赁和商务服务业		0.68	0.00	0.00
居民服务、修理和其他服务业	68.20	83.7	0.51	0.54
其他行业	61.80	44.8	0.46	0.29
农林牧渔服务业	149.90	247.3	1.12	1.59
三、现金转移性收入	1 775.00	2 243	13.29	14.46
四、现金财产性收入	66.3	135.5	0.50	0.87

3-24 农村居民家庭现金支出和构成

项 目	平均每人(元)		构 成(%)	
	2013	2014	2013	2014
现金支出	**10 059**	**11 966**	**100.00**	**100.00**
一、生产经营现金费用支出	**3 528.00**	**4 425**	**35.07**	**36.98**
1. 农业	1 037.00	1 186	10.31	9.91
2.林业	19.80	28.6	0.20	0.24
3.牧业	883.20	1713	8.78	14.32
4.渔业	307.10	119.9	3.05	1.00
5.采矿业				
6.制造业	160.50	172.6	1.60	1.44
7.电力、热力、燃气及水生产和供应业	0.22		0.00	0.00
8.建筑业	17.90	35	0.18	0.29
9.交通、运输和邮电业	218.50	215.9	2.17	1.80
10.批发和零售贸易	828.10	854	8.23	7.14
11.住宿和餐饮业	3.44		0.03	0.00
12.租赁和商务服务业				
13.居民服务、修理和其他服务业	22.90	23.1	0.23	0.19
14.其他	11.20	21.9	0.11	0.18
15.农林牧渔服务业		55.5		0.46
二、购置资产及非经常性转移支出	**789.70**	**1371**	**7.85**	**11.46**
#购置生产性固定资产支出	62.30	325.9	0.62	2.72
三、部分商业保险支出	**3.40**	**8.3**	**0.03**	**0.07**
四、现金财产性支出	**3.30**	**33**	**0.03**	**0.28**
五、现金转移性支出	**199.00**	**179.4**	**1.98**	**1.50**
六、现金生活消费支出	**5 115.00**	**5 671**	**50.85**	**47.39**
七、借贷性支出	**418.6**	**277.8**	**4.16**	**2.32**

3-25　农村住户储蓄借贷

项　　目	平 均 每 人(元)		2014 年比上年	
	2013	2014	增减额(元)	增长率(%)
一、借贷性所得	519.8	287.6	-232.2	-44.67
#从银行信用社得到的贷款	37.9			
借入款	126.1	62.8	-63.3	-50.20
收回借出款	140.90	13.7	-127.2	-90.28
提取储蓄存款	214.9	211.1	-3.8	-1.77
收回储蓄性保险本金				
二、借贷性支出	418.60	277.8	-140.8	-33.64
#归还银行信用社贷款	72.3	114.1	41.8	57.81
借出款	0.09	1.3	1.21	1 344.44
归还借款	181.5	68.2	-113.3	-62.42
存入储蓄款	164.70	94.2	-70.5	-42.81
支出投资款				
三、年末手存现金				
四、年末存款余款				

3-26 主要年份农村住户人均纯收入

(按收入水平分组)

单位:户

分　　组	1995	2000	2010	2011	2012	2013	2014
调查户数	**410**	**400**	**400**	**400**	**400**	**330**	**277**
200 元以下		3	6	3	1		
200-300 元							
300-400 元		2	1				
400-500 元		5					
500-600 元		4				1	
600-800 元	15	12	2	2			
800-1000 元	34	14	2				
1000-1500 元	154	70	5				
1500-2000 元	100	67	6	2	1	2	
2000 元以上	107	223	378	393	398	327	275

注:2013 年后农民纯收入改为农民可支配收入。自 2014 年起农村住户人均可支配收入分组有变化,2014 年人均可支配收入 2000 元以下有 2 户,2000 元为最低分组。2014 年人均可支配收入 2000 元以上有 275 户,分布在不同区间。

3-27 主要年份农村住户平均每人主要食品消费量

单位:千克

品名	1990	2000	2010	2011	2012	2013	2014
粮食	351.35	295.10	215.88	169.4	156.19	191.06	185.16
蔬菜	172.72	97.82	86.68	83.69	82.73	97.35	92.54
植物油	6.66	8.30	9.02	9.55	10.24	12.1	15.58
动物油	1.64	1.55	0.26	0.49	0.49	0.66	0.11
猪肉	10.18	10.76	11.46	11.98	12.02	15.39	14.67
牛羊肉	0.33	0.35	0.39	1.13	0.93	1.35	1.26
奶和奶制品	0.21	0.44	4.06	5.71	5.55	5.55	5.7
家禽	1.49	2.48	3.7	4.13	4.23	5.6	6.25
蛋类	2.96	4.57	6.36	5.82	5.96	6.50	7.29
水产品	3.07	5.11	7.26	7.35	8.12	9.41	9.14
食糖	1.36	1.05	0.4	0.4	0.37	0.41	2.05
酒	3.52	6.97	13.19	12.52	13.43	17.31	19.71
茶叶	0.07		0.07	0.05	0.02	0.02	0.03
糖果、糕点	1.52	1.87				0.35	0.43
水果	3.13	25.56	10.41	10.72	12.53	14.51	16.42

注:自2013年起数据为新口径数据。

3-28　主要年份农村住户耐用物品拥有量

（按每百户年末平均拥有量计算）

品　名	1990	2000	2010	2011	2012	2013	2014
自　行　车(辆)	129	146.50	108.00	88.00	92.00	85.45	
电　风　扇(台)	84	180.25					
洗　衣　机(台)	1	9.25	30.00	42.00	45.00	46.55	43.32
电　冰　箱(台)	3	19.50	67.00	82.00	87.00	79.39	81.95
摩　托　车(辆)		14.00	48.00	46.00	48.00	56.06	64.98
黑白电视机(台)	56	74.00	8.00	4.00	4.00		
彩色电视机(台)	6	48.75	121.00	127.00	130.00	129.09	140.40
收　录　机(台)	18	26.25					
照　相　机(架)	1	3.50	7.00	4.00	4.00	4.42	3.25
空　调　机(台)			36.00	54.00	56.00	60.61	62.09
电　话　机(部)			58.00	37.00	35.00	37.88	49.10
移动电话(部)			148.00	187.00	200.00	204.24	222.70
影　碟　机(台)			32.00	23.00	24.00		
微　波　炉(台)			13.00	14.00	20.00	15.15	12.10
热　水　器(台)			36.00	49.00	55.00	49.70	56.68
家用计算机(台)			8.00	12.00	15.00	21.82	16.25
家用汽车(生活用)(台)			4.00	7.00	7.00	12.42	12.64

注：自行车、电风扇、黑白电视机、收录机、影碟机已无汇总数据。

3-29 农村住户劳动力文化程度

（2014 年）

单位：百劳率(%)

地区	文盲或半文盲	小学程度	初中程度	高中程度	中专程度	大专以上程度
南昌市	**3.24**	**32.02**	**50.35**	**10.16**		**4.23**
湾里区		7.69	73.08	11.54		7.69
青山湖区		43.48	47.83	4.35		4.35
南昌县	2.48	40.99	48.45	4.97		3.11
新建县	2.94	34.71	51.18	7.06		4.12
安义县	3.98	15.34	57.39	17.61		5.68
进贤县	4.58	41.18	39.87	11.11		3.27

主要统计指标解释

工资总额 根据《关于工资总额组成的规定》，工资总额是指本单位在报告期内（季度或年度）直接支付给本单位从业人员的劳动报酬总额。包括计时工资、计件工资、奖金、津贴和补贴、加班加点工资、特殊情况下支付的工资。

工资总额是税前工资，包括单位从个人工资中直接为其代扣或代缴的房费、个人所得税、水费、电费、住房公积金和社会保险基金个人缴纳部分等。

工资总额不论是计人成本的还是不计人成本的，不论是以货币形式支付的还是以实物形式支付的，均应列人工资总额的计算范围。

工资总额由基本工资、绩效工资、工资性津贴和补贴、其他工资四部分组成。工资总额不包括病假、事假等情况的扣款。

基本工资也可称为标准工资、合同工资、谈判工资。指本单位在报告期内（季度或年度）支付给本单位从业人员的按照法定工作时间提供正常工作的劳动报酬。各单位给个人确定的底薪可作为基本工资。包括工龄工资（年功工资）。基本工资不含定时、定额发放的各种奖金、各种津贴和补贴、加班工资，也不包括补发的上一季度或上一年度的基础工资。

绩效工资也可称为效益工资、业绩工资。指根据本单位利润增长和工作业绩定期支付给本单位从业人员的奖金；支付给本单位从业人员的超额劳动报酬和增收节支的劳动报酬。具体包括：值加班工资、绩效奖金（如年度、季度、月度等）、全勤奖、生产奖、节约奖、劳动竞赛奖和其他名目的奖金；以及某工作事项完成后的提成工资、年底双薪等。但不包括入股分红、股权激励兑现的钱和各种资本性收益。

工资性津贴和补贴指本单位制定的员工相关工资政策中，为补偿本单位从业人员特殊或额外的劳动消耗和因其他特殊原因支付的津贴，以及为保证其工资水平不受物价影响而支付的物价补贴。具体包括：补偿特殊或额外劳动消耗的津贴及岗位性津贴、保健性津贴、技术性津贴、地区津贴和其他津贴；如过节费、通讯补贴、交通补贴、不休假补贴、无食堂补贴、单位发的可自行支配的住房补贴以及上的各种商业性保险等。上述各种项目均包括货币性质的，也包括实物性质的和各种形式的充值卡、购物卡（券）等。

其他工资指上述基本工资、绩效工资、工资性津贴和补贴三类工资均不能包括的发给从业人员的工资，如补发上一年度的工资等。

平均工资 是指在报告期内单位发放工资的人均水平。计算公式为：

$$平均工资=\frac{报告期工资总额}{报告期平均人数}$$

四、物　　价

PRICE

本篇内容包括：

居民消费价格指数

(以上年价格为100)

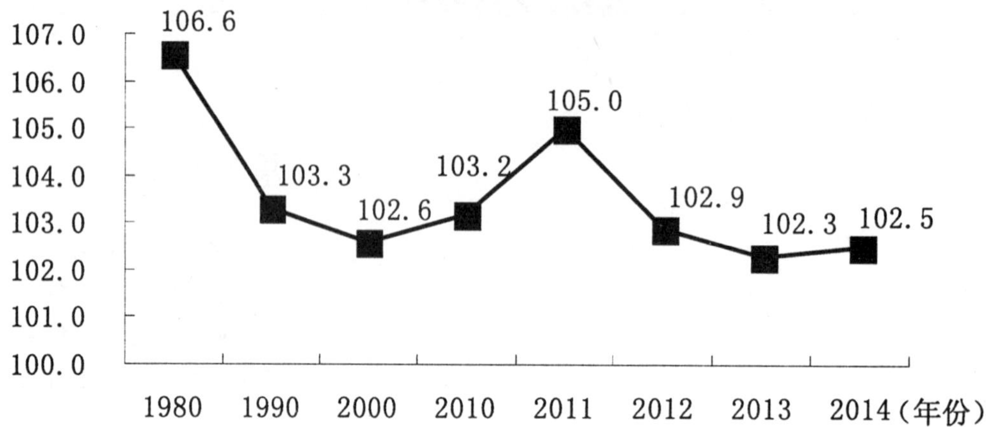

服务项目价格指数

(以上年价格为100)

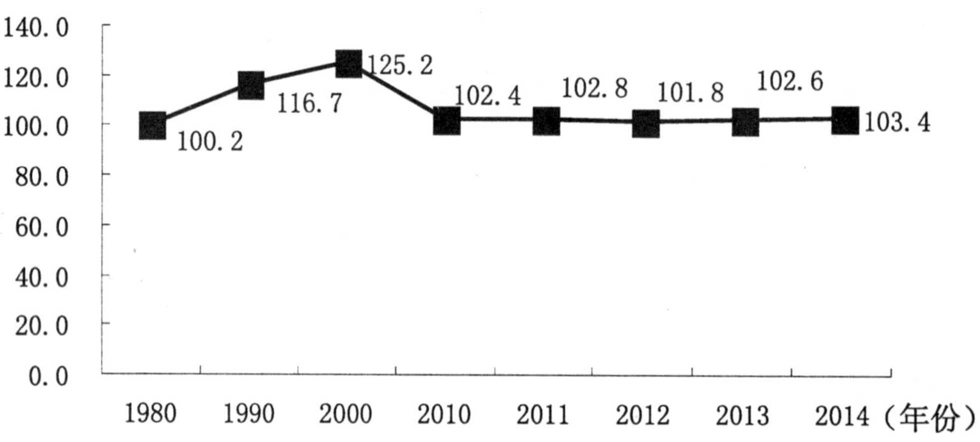

商品零售价格指数

(以上年价格为100)

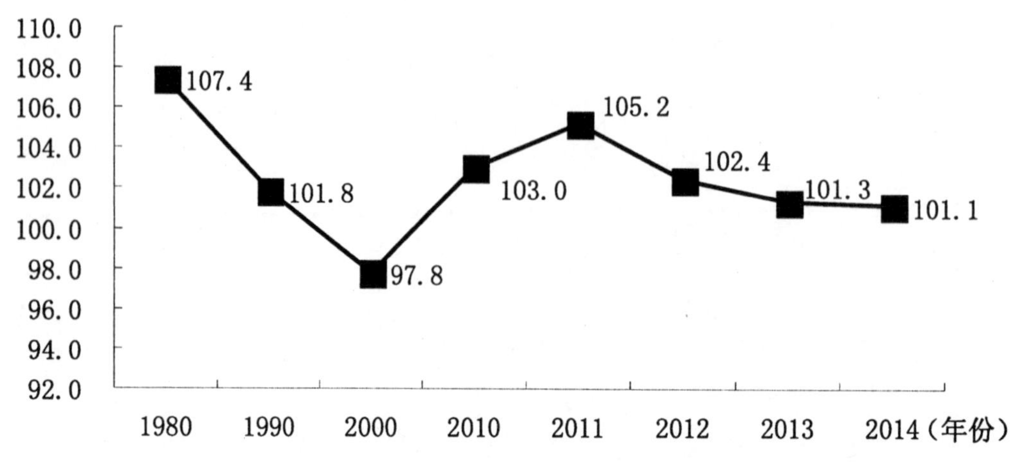

4-1 主要年份物价总指数

（以上年价格为 100）

年　　份	消费价格指数	#服务项目价格指数	零售价格指数
1980	106.57	100.20	107.44
1990	103.30	116.70	101.80
2000	102.60	125.20	97.80
2010	103.20	102.40	103.00
2011	105.00	102.80	105.20
2012	102.90	101.80	102.40
2013	102.30	102.60	101.30
2014	102.50	103.40	101.10

4-2 居民消费价格指数

(2014 年,以上年价格为 100)

项　　目	2014	项　　目	2014	项　　目	2014
居民消费价格总指数	**102.5**	毛　　线	101.9	交　　通	100.1
一、食　　品	104.3	鞋	101.1	交通工具	100.0
粮　　食	102.4	袜　　子	100.0	车用燃料及零配件	99.0
油　　脂	95.3	衣着加工服务费	102.0	车辆使用及维修费	99.9
肉禽及其制品	102.4	四、家庭设备用品及维修服务	99.0	市区公共交通费	99.5
蛋	109.0	家　　具	97.9	城市间交通费	101.5
水 产 品	102.0	家庭设备	99.6	通　　信	98.2
鲜　　菜	100.7	室内装饰品	101.3	通信工具	85.4
干菜及菜制品	102.8	床上用品	96.9	通信服务	100.0
糖	97.4	家庭日用杂品	97.2	七、娱乐教育文化用品及服务	104.7
饮　　料	101.4	家庭服务及加工维修服务	103.8	文娱用耐用消费品及服务	97.0
鲜 瓜 果	122.1	五、医疗保健和个人用品	100.4	修理服务	100.6
干(坚)果	104.3	医疗保健	100.0	教　　育	105.4
糕点饼干面包	101.6	医疗器具及用品	100.0	教材及参考书	100.0
液体乳及乳制品	119.7	中药材及中成药	100.0	学前教育	122.2
在外用膳食品	103.9	西　　药	100.0	文化娱乐用品	99.8
其它食品	100.1	保健器具及用品	100.0	书报杂志	100.0
二、烟酒	100.4	医疗保健服务	100.0	文 娱 费	100.7
烟　　草	100.7	个人用品及服务	101.1	旅　　游	110.1
酒	100.0	化妆美容用品	99.5	八、居　　住	102.5
三、衣　　着	101.8	清洁化妆用品	102.4	建房及装修材料	103.3
服　　装	101.5	个人饰品	96.1	住房租金	103.7
棉　　布	114.8	个人服务	106.2	自有住房	100.7
化 纤 布	115.7	六、交通和通信	99.0	水、电、燃料	102.3

4-3 商品零售价格指数

(2014 年,以上年价格为 100)

项　　目	2014	项　　目	2014
商品零售价格总指数	**101.1**	化 纤 布	115.7
一、食　　品	104.1	毛　　线	101.9
粮　　食	102.5	其　　它	109.6
油　　脂	95.0	五、家用电器及音像器材	99.8
肉禽及其制品	102.4	六、文化办公用品	97.0
水 产 品	102.1	七、日　用　品	99.6
鲜　　菜	100.7	日用百货	100.3
干菜及菜制品	102.8	日用杂品	99.2
食　　糖	96.2	洗涤用品	98.6
鲜 瓜 果	122.1	八、体育娱乐用品	100.0
干 坚 果	104.3	体育用品	100.0
糕点饼干面包	101.3	娱乐用品	100.0
液体乳及乳制品	119.6	九、交通、通信用品	96.9
在外用膳食品	103.9	十、家　　具	97.9
二、饮料、烟酒	100.4	十一、化 妆 品	100.9
饮　　料	101.4	十二、金银珠宝	92.7
烟　　草	100.7	十三、中西药品及医疗保健用品	100.0
酒	100.0	中药材及中成药	100.0
三、服装、鞋帽	101.7	西　　药	100.0
服　　装	101.6	保健品及器具	100.0
鞋 袜 帽	101.0	十四、书报杂志及电子出版物	100.0
其　　他	108.5	十五、燃　　料	99.3
四、纺 织 品	104.9	十六、建筑材料及五金电料类	100.8
棉　　布	114.8		

4-4 居民消费价格分月指数

(2014年,以上年同月价格为100)

类别	1月	2月	3月	一季度平均	4月	5月	6月	二季度平均	上半年平均
居民消费价格总指数	**102.6**	**103.4**	**103.8**	**103.3**	**103.0**	**103.8**	**103.7**	**103.5**	**103.4**
一、食品	105.5	107.1	107.8	106.8	104.2	106.5	106.4	105.7	106.3
粮食	102.3	102.3	102.0	102.2	102.9	102.9	103.1	102.9	102.6
大米	102.4	102.4	102.5	102.4	103.5	103.3	103.5	103.5	102.9
淀粉及制品	101.5	101.5	101.5	101.5	101.5	101.5	101.5	101.5	101.5
干豆类及豆制品	102.6	102.1	102.1	102.2	102.2	101.3	101.5	101.7	102.0
油脂	93.0	92.6	92.1	92.6	92.5	96.0	97.2	95.2	93.8
肉禽及其制品	106.5	103.8	103.3	104.5	102.0	104.1	104.3	103.4	104.0
蛋	100.2	100.5	104.0	101.5	103.8	115.8	113.1	110.9	106.1
水产品	108.3	107.5	105.7	107.2	103.3	102.3	101.7	102.4	104.7
菜	100.7	115.6	122.6	112.6	98.3	103.2	102.3	101.2	106.8
鲜菜	99.7	117.0	125.0	113.5	96.7	102.7	101.7	100.3	106.7
干菜及菜制品	102.6	102.6	102.6	102.6	102.6	102.6	103.4	102.9	102.7
调味品	100.7	100.7	101.4	100.9	101.4	101.4	101.4	101.4	101.2
糖	95.9	97.1	97.1	96.7	96.2	96.6	96.6	96.5	96.6
茶及饮料	101.0	101.0	101.0	101.0	101.0	101.0	101.0	101.0	101.0
干鲜瓜果	116.0	119.7	119.7	118.5	118.8	128.4	127.1	124.8	121.7
鲜瓜果	118.8	123.1	123.3	121.8	122.5	134.3	132.5	129.8	125.9
干(坚)果	105.5	106.5	105.8	106.0	103.9	104.1	104.9	104.3	105.1
糕点饼干	101.9	101.9	101.9	101.9	101.9	101.9	101.9	101.9	101.9
液体乳及乳制品	127.0	127.0	127.0	127.0	127.0	127.0	127.0	127.0	127.0
在外用膳食品	104.2	104.2	104.2	104.2	104.2	104.2	104.2	104.2	104.2
其它食品	107.7	107.7	107.7	107.7	104.0	100.0	100.0	101.3	104.5
二、烟酒	100.0	100.8	100.4	100.4	100.5	100.4	100.4	100.4	100.4
烟草	100.0	101.3	100.6	100.6	100.8	100.7	100.7	100.7	100.7
酒	100.0	100.0	100.0	100.0	100.0	100.0	100.0	100.0	100.0
三、衣着	100.2	100.2	101.1	100.5	101.1	100.2	101.4	100.9	100.7
服装	99.9	99.9	100.9	100.3	98.4	99.4	100.7	99.5	99.9
衣着材料	113.6	113.6	111.1	112.7	108.7	111.8	113.1	111.2	111.9
四、家庭设备用品及维修服务	98.7	96.7	97.0	97.5	97.6	98.5	98.9	98.3	97.9
五、医疗保健和个人用品	99.7	99.9	100.3	100.0	100.5	100.7	100.9	100.7	100.3
医疗保健	100.0	100.0	100.0	100.0	100.0	100.0	100.0	100.0	100.0
中药材及中成药	100.0	100.0	100.0	100.0	100.0	100.0	100.0	100.0	100.0
西药	100.0	100.0	100.0	100.0	100.0	100.0	100.0	100.0	100.0
医疗保健服务	100.0	100.0	100.0	100.0	100.0	100.0	100.0	100.0	100.0
个人用品及服务	99.2	99.7	100.7	99.9	101.3	102.0	102.3	101.9	100.9
六、交通和通信	99.8	98.9	99.1	99.2	98.6	98.8	98.7	98.7	99.0
交通	101.8	99.6	100.1	100.5	100.1	100.4	100.3	100.2	100.4
通信	98.4	98.4	98.4	98.4	97.7	97.7	97.7	97.7	98.1
七、娱乐教育文化用品及服务	106.0	107.9	108.2	107.4	108.3	108.2	108.0	108.2	107.8
文娱用耐用消费品及服务	96.6	96.0	95.3	96.0	97.2	97.2	97.2	97.2	96.6
教育	104.1	106.7	106.7	105.8	106.7	106.7	106.7	106.7	106.3
八、居住	101.2	102.3	102.3	102.0	103.8	104.3	103.4	103.8	102.9
住房租金	104.5	105.1	105.2	104.9	104.2	103.8	103.5	103.8	104.4
水、电、燃料	99.5	101.8	101.7	101.0	104.9	105.6	104.1	104.9	102.9

4-4 续表　(2014 年,以上年同月价格为 100)

类　　别	7 月	8 月	9 月	三季度平　均	1 – 9 月平均	10 月	11 月	12 月	四季度平　均	全 年
居民消费价格总指数	**102.3**	**102.1**	**102.2**	**102.2**	**103.0**	**101.5**	**100.9**	**101.1**	**101.1**	**102.5**
一、食　品	103.0	102.7	102.7	102.8	105.1	101.7	101.8	102.9	102.1	104.3
粮　食	102.8	102.6	101.8	102.4	102.5	101.8	102.0	102.1	102.0	102.4
大　米	103.4	103.2	102.2	102.9	102.9	102.2	102.2	102.3	102.2	102.7
淀粉及制品	101.5	101.5	101.5	101.5	101.5	100.7	100.0	100.0	100.2	101.2
干豆类及豆制品	101.3	101.2	101.3	101.3	101.7	101.4	103.0	103.9	102.8	102.0
油　脂	97.0	96.8	97.7	97.2	94.9	97.5	97.1	95.3	96.6	95.3
肉禽及其制品	102.7	101.9	101.9	102.2	103.4	100.0	99.1	99.4	99.5	102.4
蛋	108.7	115.1	113.5	112.5	108.2	111.5	109.9	111.8	111.1	109.0
水 产 品	98.8	98.6	99.4	98.9	102.8	99.6	99.5	99.8	99.6	102.0
菜	89.4	91.5	93.6	91.6	101.3	93.0	98.3	114.2	101.2	101.2
鲜　菜	87.5	90.4	92.5	90.3	100.7	91.6	97.5	115.6	100.7	100.7
干菜及菜制品	102.7	102.8	102.7	102.7	102.7	102.4	102.6	103.4	102.8	102.8
调 味 品	101.4	101.4	101.1	101.3	101.2	103.4	103.4	103.4	103.4	101.8
糖	96.6	96.6	97.2	96.8	96.7	99.3	99.3	100.5	99.7	97.4
茶及饮料	101.0	101.0	101.0	101.0	101.0	101.0	101.0	100.0	100.7	100.9
干鲜瓜果	118.5	113.3	115.6	115.8	119.7	116.1	116.8	111.9	114.9	118.5
鲜 瓜 果	122.2	116.0	118.6	118.9	123.6	119.1	120.4	114.1	117.8	122.1
干(坚)果	103.7	102.3	103.7	103.2	104.5	104.5	103.3	103.5	103.8	104.3
糕点饼干	101.9	101.9	101.9	101.9	101.9	101.9	100.9	100.0	100.9	101.6
液体乳及乳制品	127.0	127.0	119.5	124.4	126.1	111.0	101.1	100.3	103.9	119.7
在外用膳食品	104.2	104.2	104.2	104.2	104.2	104.2	104.2	100.0	102.8	103.9
其它食品	100.0	100.0	96.1	98.7	102.6	92.8	92.8	94.4	93.4	100.1
二、烟　酒	100.4	100.4	100.4	100.4	100.4	100.4	100.4	100.4	100.4	100.4
烟　草	100.7	100.7	100.7	100.7	100.7	100.7	100.7	100.7	100.7	100.7
酒	100.0	100.0	100.0	100.0	100.0	100.0	100.0	100.0	100.0	100.0
三、衣　着	100.9	100.9	103.5	101.8	101.1	103.6	103.5	104.3	103.8	101.8
服　装	100.4	100.4	103.7	101.5	100.4	104.3	104.6	105.7	104.9	101.5
衣着材料	114.7	115.5	115.5	115.2	113.0	112.1	106.1	106.1	108.0	111.7
四、家庭设备用品及维修服务	99.0	100.6	100.8	100.1	98.6	100.9	100.2	99.4	100.2	99.0
五、医疗保健和个人用品	100.8	100.8	100.5	100.7	100.4	100.2	100.1	100.6	100.3	100.4
医疗保健	100.0	100.0	100.0	100.0	100.0	100.0	100.0	100.0	100.0	100.0
中药材及中成药	100.0	100.0	100.0	100.0	100.0	100.0	100.0	100.0	100.0	100.0
西　药	100.0	100.0	100.0	100.0	100.0	100.0	100.0	100.0	100.0	100.0
医疗保健服务	100.0	100.0	100.0	100.0	100.0	100.0	100.0	100.0	100.0	100.0
个人用品及服务	102.3	102.0	101.3	101.9	101.2	100.4	100.2	101.5	100.7	101.1
六、交通和通信	99.2	99.2	99.2	99.2	99.0	99.1	98.6	98.4	98.7	99.0
交　通	100.7	100.6	100.2	100.5	100.4	100.1	98.7	98.3	99.0	100.1
通　信	98.1	98.2	98.5	98.2	98.1	98.5	98.5	98.5	98.5	98.2
七、娱乐教育文化用品及服务	106.1	105.6	103.7	105.1	106.9	99.9	97.9	98.4	98.7	104.7
文娱用耐用消费品及服务	97.3	97.3	97.3	97.3	96.8	97.3	97.3	97.9	97.5	97.0
教　育	106.7	106.7	103.7	105.7	106.1	103.7	103.7	103.7	103.7	105.4
八、居　住	102.7	102.1	102.8	102.5	102.8	103.0	101.6	100.0	101.5	102.5
住房租金	102.6	102.8	103.5	103.0	103.9	103.3	103.1	102.9	103.1	103.7
水、电、燃料	102.9	101.7	103.2	102.6	102.8	103.7	100.8	98.0	100.8	102.3

4-5 居民消费价格分月指数

(2014年,以上月价格为100)

类　　别	1 月	2 月	3 月	4 月	5 月	6 月
居民消费价格总指数	**100.4**	**101.0**	**99.6**	**99.7**	**100.3**	**99.3**
一、食　　品	101.1	102.5	99.4	98.1	100.8	99.2
粮　　食	100.0	100.1	100.1	100.9	100.5	100.3
大　　米	100.0	100.0	100.1	101.0	100.5	100.3
淀粉及制品	100.0	100.0	100.0	100.0	100.0	100.0
干豆类及豆制品	100.0	100.0	100.0	100.0	100.3	100.4
油　　脂	99.5	99.3	100.1	99.6	98.6	99.8
肉禽及其制品	100.8	101.6	96.8	96.1	100.0	100.5
蛋	101.2	100.1	98.9	98.8	109.8	98.9
水 产 品	101.8	102.1	97.9	99.7	100.7	98.6
菜	102.4	110.7	100.9	92.7	98.3	93.7
鲜　　菜	102.6	112.1	100.6	91.4	98.3	92.4
干菜及菜制品	100.0	100.0	100.0	100.0	100.0	100.6
调 味 品	100.0	100.0	100.7	100.0	100.0	100.0
糖	100.0	100.0	100.0	99.1	100.4	100.0
茶及饮料	100.0	100.0	100.0	100.0	100.0	100.0
干鲜瓜果	106.2	107.6	101.0	101.4	108.6	100.2
鲜 瓜 果	107.7	109.0	101.4	102.1	110.5	100.2
干(坚)果	100.2	102.0	99.4	98.2	99.7	100.3
糕点饼干	100.0	100.0	100.0	100.0	100.0	100.0
液体乳及乳制品	100.0	100.0	100.0	100.0	100.0	100.0
在外用膳食品	100.0	100.0	100.0	100.0	100.0	100.0
其它食品	100.0	100.0	100.0	96.5	96.1	100.0
二、烟酒	100.0	100.8	99.6	100.1	99.9	100.0
烟　　草	100.0	101.3	99.3	100.2	99.8	100.0
酒	100.0	100.0	100.0	100.0	100.0	100.0
三、衣　　着	99.6	100.0	99.9	100.4	100.1	97.8
服　　装	100.0	100.0	101.4	98.6	100.0	99.8
衣着材料	100.0	100.0	101.0	101.0	102.9	101.2
四、家庭设备用品及维修服务	100.4	99.7	99.4	100.3	100.0	100.1
五、医疗保健和个人用品	99.9	100.1	100.3	100.1	100.1	100.0
医疗保健	100.0	100.0	100.0	100.0	100.0	100.0
中药材及中成药	100.0	100.0	100.0	100.0	100.0	100.0
西　　药	100.0	100.0	100.0	100.0	100.0	100.0
医疗保健服务	100.0	100.0	100.0	100.0	100.0	100.0
个人用品及服务	99.7	100.3	100.8	100.2	100.2	100.1
六、交通和通信	100.9	99.8	99.2	99.5	100.0	100.0
交　　通	102.5	99.6	98.0	99.9	100.1	100.0
通　　信	99.8	100.0	100.0	99.2	100.0	100.0
七、娱乐教育文化用品及服务	100.1	101.3	99.9	100.2	99.8	99.7
文娱用耐用消费品及服务	100.0	99.3	99.3	100.0	100.0	100.0
教　　育	100.0	102.5	100.0	100.0	100.0	100.0
八、居　　住	100.1	100.3	99.4	101.3	100.3	99.0
住房租金	100.0	100.5	100.5	100.0	100.0	100.0
水、电、燃料	99.9	100.4	98.7	102.1	100.1	98.0

4-5 续表 （2014 年，以上月价格为 100）

类　　别	7 月	8 月	9 月	10 月	11 月	12 月
居民消费价格总指数	**99.2**	**100.2**	**101.2**	**100.2**	**99.5**	**100.5**
一、食　　品	98.5	101.2	101.9	100.2	99.1	100.9
粮　　食	100.2	100.0	100.0	100.0	100.0	100.0
大　　米	100.3	100.0	100.0	100.0	100.0	100.1
淀粉及制品	100.0	100.0	100.0	100.0	100.0	100.0
干豆类及豆制品	100.1	100.0	100.1	100.2	101.6	100.9
油　　脂	100.1	99.8	100.2	99.8	100.0	98.3
肉禽及其制品	99.1	101.3	103.0	100.3	100.0	100.2
蛋	96.4	106.7	105.4	97.8	97.4	100.8
水 产 品	97.8	99.6	100.8	100.0	99.6	101.1
菜	98.8	109.4	105.4	101.0	95.5	106.5
鲜　　菜	98.7	111.6	106.4	101.1	94.7	107.2
干菜及菜制品	100.6	100.5	100.3	100.2	100.4	100.7
调 味 品	100.0	100.0	100.1	102.6	100.0	100.0
糖	100.0	100.0	99.8	101.3	100.0	100.0
茶及饮料	100.0	100.0	100.0	100.0	100.0	100.0
干鲜瓜果	91.3	95.5	102.8	100.4	98.3	99.2
鲜 瓜 果	89.6	94.5	103.2	100.2	97.9	98.9
干(坚)果	100.4	100.1	101.4	101.4	100.0	100.5
糕点饼干	100.0	100.0	100.0	100.0	100.0	100.0
液体乳及乳制品	100.0	100.0	100.0	100.0	100.0	100.3
在外用膳食品	100.0	100.0	100.0	100.0	100.0	100.0
其它食品	100.0	100.0	100.0	100.0	100.0	101.7
二、烟酒	100.0	100.0	100.0	100.0	100.0	100.0
烟　　草	100.0	100.0	100.0	100.0	100.0	100.0
酒	100.0	100.0	100.0	100.0	100.0	100.0
三、衣　　着	98.7	100.0	102.5	100.5	103.4	101.6
服　　装	99.7	100.0	100.2	101.0	102.7	102.4
衣着材料	100.2	99.1	100.0	100.0	100.6	100.0
四、家庭设备用品及维修服务	99.5	100.0	100.3	100.3	99.9	99.4
五、医疗保健和个人用品	100.0	100.0	100.0	99.9	99.8	100.5
医疗保健	100.0	100.0	100.0	100.0	100.0	100.0
中药材及中成药	100.0	100.0	100.0	100.0	100.0	100.0
西　　药	100.0	100.0	100.0	100.0	100.0	100.0
医疗保健服务	100.0	100.0	100.0	100.0	100.0	100.0
个人用品及服务	100.0	99.9	99.9	99.8	99.4	101.3
六、交通和通信	100.1	99.8	99.9	99.9	99.4	99.9
交　　通	100.5	99.9	99.8	99.8	98.5	99.8
通　　信	99.8	99.8	100.0	100.0	100.0	100.0
七、娱乐教育文化用品及服务	99.7	99.2	100.8	99.6	97.7	100.6
文娱用耐用消费品及服务	98.6	100.0	100.0	100.0	100.0	100.5
教　　育	100.0	100.0	101.2	100.0	100.0	100.0
八、居　　住	99.4	99.7	101.4	100.4	99.0	99.9
住房租金	100.0	100.9	100.9	100.0	100.0	100.0
水、电、燃料	98.8	99.1	102.7	100.8	97.6	99.8

4-6 商品零售价格分月指数

(2014 年,以上年同月价格为 100)

类别	1 月	2 月	3 月	一季度平均	4 月	5 月	6 月	二季度平均	上半年平均
商品零售价格总指数	**101.1**	**101.4**	**101.8**	**101.4**	**100.8**	**101.9**	**102.1**	**101.6**	**101.5**
一、食　品	105.2	106.8	107.5	106.5	103.7	106.2	106.0	105.3	105.9
粮　食	102.5	102.5	102.1	102.4	102.8	103.0	103.1	103.0	102.7
油　脂	93.0	92.4	91.9	92.4	92.1	95.6	96.9	94.8	93.6
肉禽及其制品	106.5	103.8	103.3	104.5	102.1	104.2	104.4	103.5	104.0
水 产 品	108.4	107.6	105.8	107.3	103.5	102.5	101.9	102.6	104.9
鲜　菜	99.7	117.0	125.0	113.5	96.7	102.7	101.7	100.3	106.7
干菜及菜制品	102.6	102.6	102.6	102.6	102.6	102.6	103.4	102.9	102.7
调 味 品	100.8	100.8	101.5	101.1	101.5	101.5	101.5	101.5	101.3
食　糖	92.8	95.8	95.8	94.8	93.5	94.4	94.4	94.1	94.4
糖　果	100.0	100.0	100.0	100.0	100.0	100.0	100.0	100.0	100.0
鲜 瓜 果	118.8	123.1	123.3	121.8	122.5	134.3	132.5	129.8	125.9
干(坚)果	105.5	106.5	105.8	106.0	103.9	104.1	104.9	104.3	105.1
糕点饼干面包	101.5	101.5	101.5	101.5	101.5	101.5	101.5	101.5	101.5
液体乳及乳制品	126.8	126.8	126.8	126.8	126.8	126.8	126.8	126.8	126.8
在外用膳食品	104.3	104.3	104.3	104.3	104.3	104.3	104.3	104.3	104.3
其它食品	107.7	107.7	107.7	107.7	104.0	100.0	100.0	101.3	104.5
二、饮料、烟酒	100.2	100.7	100.4	100.4	100.5	100.5	100.5	100.5	100.5
茶及饮料	101.0	101.0	101.0	101.0	101.0	101.0	101.0	101.0	101.0
烟　草	100.0	101.3	100.6	100.6	100.8	100.7	100.7	100.7	100.7
酒	100.0	100.0	100.0	100.0	100.0	100.0	100.0	100.0	100.0
三、服装、鞋帽	100.2	100.2	101.1	100.5	101.4	100.3	101.5	101.0	100.7
四、纺 织 品	109.4	102.4	101.1	104.2	100.0	105.8	106.6	104.1	104.1
五、家用电器及音像器材	98.8	98.0	98.4	98.4	99.9	100.7	100.6	100.4	99.4
六、文化办公用品	95.6	95.0	94.5	95.0	97.6	97.6	97.6	97.6	96.3
七、日 用 品	98.9	98.9	99.2	99.0	99.1	98.8	98.6	98.8	98.9
八、体育娱乐用品	100.0	100.0	100.0	100.0	100.0	100.0	100.0	100.0	100.0
体育用品	100.0	100.0	100.0	100.0	100.0	100.0	100.0	100.0	100.0
娱乐用品	100.0	100.0	100.0	100.0	100.0	100.0	100.0	100.0	100.0
九、交通、通信用品	97.2	97.2	97.2	97.2	96.0	96.0	96.0	96.0	96.6
十、家　具	95.2	95.2	95.2	95.2	95.2	95.2	100.0	96.7	95.9
十一、化 妆 品	100.7	100.6	100.5	100.6	100.7	100.9	101.1	100.9	100.8
十二、金 银 珠 宝	83.9	86.5	90.6	87.0	91.0	93.2	93.8	92.6	89.7
十三、中西药品及医疗保健用品	100.0	100.0	100.0	100.0	100.0	100.0	100.0	100.0	100.0
十四、书报杂志及电子出版物	100.0	100.0	100.0	100.0	100.0	100.0	100.0	100.0	100.0
十五、燃　料	100.3	100.7	100.2	100.4	102.0	104.7	104.4	103.7	102.0
十六、建筑材料及五金电料	101.6	100.4	100.8	100.9	101.3	101.5	101.5	101.4	101.2

4-6 续表 （2014年，以上年同月价格为100）

类别	7月	8月	9月	三季度平均	1－9月平均	10月	11月	12月	四季度平均	全年
商品零售价格总指数	**101.0**	**100.8**	**100.9**	**100.9**	**101.3**	**100.6**	**100.2**	**100.3**	**100.4**	**101.1**
一、食品	102.6	102.4	102.4	102.5	104.7	101.5	101.7	103.1	102.1	104.1
粮食	102.8	102.6	101.9	102.4	102.6	102.0	102.2	102.2	102.1	102.5
油脂	96.7	96.5	97.2	96.8	94.6	96.8	96.5	94.7	96.0	95.0
肉禽及其制品	102.8	102.0	101.8	102.2	103.4	100.0	99.1	99.5	99.5	102.4
水产品	99.0	98.7	99.5	99.1	102.9	99.7	99.6	99.9	99.7	102.1
鲜菜	87.5	90.4	92.5	90.3	100.7	91.6	97.5	115.6	100.7	100.7
干菜及菜制品	102.7	102.8	102.7	102.7	102.7	102.4	102.6	103.4	102.8	102.8
调味品	101.5	101.5	101.2	101.4	101.3	103.4	103.4	103.4	103.4	101.8
食糖	94.4	94.4	96.0	94.9	94.6	101.4	101.4	101.4	101.4	96.2
糖果	100.0	100.0	100.0	100.0	100.0	100.0	100.0	100.0	100.0	100.0
鲜瓜果	122.2	116.0	118.6	118.9	123.6	119.1	120.4	114.1	117.8	122.1
干(坚)果	103.7	102.3	103.7	103.2	104.5	104.5	103.3	103.5	103.8	104.3
糕点饼干面包	101.5	101.5	101.5	101.5	101.5	101.5	100.8	100.0	100.8	101.3
液体乳及乳制品	126.8	126.8	119.4	124.3	126.0	111.0	101.2	100.2	103.9	119.6
在外用膳食品	104.3	104.3	104.3	104.3	104.3	104.3	104.3	100.0	102.8	103.9
其它食品	100.0	100.0	96.1	98.7	102.6	92.8	92.8	94.4	93.4	100.1
二、饮料、烟酒	100.5	100.5	100.5	100.5	100.5	100.5	100.5	100.3	100.4	100.4
茶及饮料	101.0	101.0	101.0	101.0	101.0	101.0	101.0	100.0	100.7	100.9
烟草	100.7	100.7	100.7	100.7	100.7	100.7	100.7	100.7	100.7	100.7
酒	100.0	100.0	100.0	100.0	100.0	100.0	100.0	100.0	100.0	100.0
三、服装、鞋帽	100.9	100.9	103.4	101.7	101.1	103.2	103.2	103.9	103.4	101.7
四、纺织品	107.3	107.7	106.3	107.1	105.1	106.6	103.3	103.2	104.3	104.9
五、家用电器及音像器材	100.1	100.5	100.8	100.5	99.8	100.6	99.9	98.8	99.8	99.8
六、文化办公用品	97.7	97.7	97.7	97.7	96.8	97.7	97.7	97.7	97.7	97.0
七、日用品	99.4	100.3	100.5	100.1	99.3	100.6	100.5	99.9	100.3	99.6
八、体育娱乐用品	100.0	100.0	100.0	100.0	100.0	100.0	100.0	100.0	100.0	100.0
体育用品	100.0	100.0	100.0	100.0	100.0	100.0	100.0	100.0	100.0	100.0
娱乐用品	100.0	100.0	100.0	100.0	100.0	100.0	100.0	100.0	100.0	100.0
九、交通、通信用品	96.7	96.8	97.3	96.9	96.7	97.3	97.3	97.3	97.3	96.9
十、家具	100.0	100.0	100.0	100.0	97.3	100.0	100.0	100.0	100.0	97.9
十一、化妆品	101.1	101.2	101.2	101.2	100.9	101.0	100.7	100.7	100.8	100.9
十二、金银珠宝	96.2	95.9	94.9	95.7	91.6	96.0	95.6	96.9	96.2	92.7
十三、中西药品及医疗保健用品	100.0	100.0	100.0	100.0	100.0	100.0	100.0	100.0	100.0	100.0
十四、书报杂志及电子出版物	100.0	100.0	100.0	100.0	100.0	100.0	100.0	100.0	100.0	100.0
十五、燃料	103.1	99.7	98.0	100.2	101.4	97.7	93.2	88.4	93.1	99.3
十六、建筑材料及五金电料	101.2	101.0	100.6	101.0	101.1	100.8	99.8	99.4	100.0	100.8

4-7 价格指数

(2014年,以主要年份为基期)

指　　标	居民消费价格指数	零售物价指数	服务项目价格指数
以1980年价格为100	692.9	481.3	2 026.5
以1990年价格为100	331.4	230.3	995.7
以2000年价格为100	133.7	120.8	141.6
以2010年价格为100	113.2	110.3	111.1
以2011年价格为100	107.9	104.8	107.9
以2012年价格为100	104.8	102.4	106.1
以2013年价格为100	102.5	101.1	103.4

4-8　工业生产者出厂价格指数

(以上年价格为100)

项　　目	2014	项　　目	2014
工业生产者出厂价格总指数	**99.08**	四、按行业大类分	
一、按轻重工业分		非金属矿采选业	100.00
轻工业	102.15	农副食品加工业	100.10
以农产品为原料	101.27	食品制造业	100.10
以非农产品为原料	104.22	饮料制造业	99.86
重工业	97.42	烟草制品业	100.00
采　　掘	100.00	纺织业	101.73
原　　料	97.78	纺织服装、鞋、帽制造业	108.52
加　　工	97.27	皮革、毛皮、羽毛(绒)及其制品业	109.05
二、按生产生活资料分		木材加工及木、竹、藤、棕、草制品业	99.87
生产资料	97.15	家具制造业	100.00
采　　掘	100.00	造纸及纸制品业	100.01
原　　料	97.73	印刷业和记录媒介的复制	100.35
加　　工	96.94	文教体育用品制造业	99.95
生活资料	103.42	石油加工、炼焦及核燃料加工业	100.00
食　　品	106.44	化学原料及化学制品制造业	99.30
衣　　着	105.61	医药制造业	104.53
一般日用品	97.53	橡胶制品业	92.65
耐用消费品	98.90	塑料制品业	95.41
三、按工业部门分		非金属矿物制品业	94.51
冶金工业	89.33	黑色金属冶炼及压延加工业	84.60
电力工业	97.64	有色金属冶炼及压延加工业	94.75
煤炭及炼焦工业	101.16	金属制品业	97.07
石油工业	100.00	通用设备制造业	97.65
化学工业	100.58	专用设备制造业	100.33
机械工业	99.50	交通运输设备制造业	99.84
建筑材料工业	96.15	电气机械及器材制造业	98.70
森林工业	99.90	通信设备、计算机及其他电子设备制造业	100.25
食品工业	100.05	仪器仪表及文化、办公用机械制造业	100.60
纺织工业	97.85	工艺品及其他制造业	100.05
缝纫工业	105.32	电力、热力的生产和供应业	97.64
皮革工业	109.73	燃气生产和供应业	101.16
造纸工业	100.01	水的生产和供应业	150.72
文教艺术用品工业	100.25		
其它工业	122.76		

4-9 工业生产者购进价格指数

(以上年价格为 100)

项　　目	2014	项　　目	2014
工业生产者购进价格总指数	**95.90**	烟草制品业	100.00
一、按九大类分		纺织业	98.82
燃料、动力类	98.38	皮革、毛皮、羽毛(绒)及其制品业	100.82
黑色金属材料类	83.56	木材加工及木、竹、藤、棕、草制品业	98.18
其中:钢材	96.04	造纸及纸制品业	99.69
其它	65.28	印刷业和记录媒介的复制	100.00
有色金属材料及电线类	92.07	石油加工、炼焦及核燃料加工业	96.00
化工原料类	98.82	化学原料及化学制品制造业	98.46
木材及纸浆类	99.55	医药制造业	99.93
建筑材料及非金属类	97.95	橡胶制品业	100.00
其它工业原材料及半成品类	97.95	塑料制品业	99.96
农副产品类	96.24	非金属矿物制品业	98.67
纺织原料类	98.82	黑色金属冶炼及压延加工业	96.10
二、按行业分		有色金属冶炼及压延加工业	94.08
农业	98.36	金属制品业	97.17
林业	84.18	通用设备制造业	99.23
畜牧业	102.27	交通运输设备制造业	98.64
渔业	93.33	电气机械及器材制造业	87.34
煤炭开采和洗选业	95.19	通信设备、计算机及其他电子设备制造业	90.20
黑色金属矿采选业	63.41	仪器仪表及文化、办公用机械制造业	99.24
有色金属矿采选业	81.04	废弃资源和废旧材料回收加工业	95.85
非金属矿采选业	97.25	电力、热力的生产和供应业	99.91
农副食品加工业	96.26	燃气生产和供应业	104.17
食品制造业	101.44	水的生产和供应业	109.07
饮料制造业	98.83		

4-10 工业生产者出厂价格分月指数

(2014 年,以上年同月价格为 100)

类　　别	1 月	2 月	3 月	4 月	5 月	6 月
工业生产者出厂价格指数	**99.60**	**99.08**	**98.74**	**99.26**	**99.28**	**99.51**
一、按轻重工业分						
轻工业	100.92	100.56	100.46	100.90	101.88	101.63
以农产品为原料	101.18	101.01	100.94	100.50	100.23	100.11
以非农产品为原料	100.31	99.50	99.33	101.82	105.78	105.25
重工业	98.89	98.28	97.82	98.37	97.88	98.36
采　　掘	100.00	100.00	100.00	100.00	100.00	100.00
原　　料	99.72	99.72	99.73	99.72	99.75	99.68
加　　工	98.56	97.71	97.06	97.83	97.14	97.84
二、按生产生活资料分						
生产资料	99.44	98.82	98.35	98.78	98.29	98.67
采　　掘	100.00	100.00	100.00	100.00	100.00	100.00
原　　料	99.71	99.70	99.72	99.71	99.74	99.67
加　　工	99.35	98.51	97.87	98.45	97.78	98.31
生活资料	99.95	99.65	99.62	100.33	101.50	101.40
食　　品	100.72	100.56	100.68	102.74	105.68	105.69
衣　　着	101.08	100.48	100.50	99.25	97.98	98.02
一般日用品	97.33	97.58	97.18	97.26	97.56	97.13
耐用消费品	100.13	98.54	98.62	98.60	98.60	98.58
三、按工业部门分						
(1)冶金工业	93.76	90.85	88.56	91.82	90.42	93.38
(2)电力工业	99.75	99.77	99.77	99.77	99.77	99.77
(3)煤炭及炼焦工业	103.40	103.40	103.40	103.40	103.40	103.40
(4)石油工业	99.85	99.85	101.72	101.72	99.85	102.59
(5)化学工业	98.27	98.62	98.29	98.23	98.59	98.90
(6)机械工业	100.08	99.57	99.48	99.62	99.88	99.80
(7)建筑材料工业	103.94	103.58	104.14	101.94	96.27	94.78
(8)森林工业	99.83	99.67	99.71	99.73	99.77	99.82
(9)食品工业	101.28	101.23	101.15	100.94	101.03	100.91
(10)纺织工业	100.82	100.88	100.73	100.45	100.41	100.01
(11)缝纫工业	100.98	100.44	100.42	99.04	97.39	97.41
(12)皮革工业	101.36	100.06	100.84	100.62	103.17	103.61
(13)造纸工业	100.96	100.98	100.75	101.14	101.37	101.26
(14)文教艺术用品工业	99.77	99.74	99.79	99.85	100.14	100.43
(15)其它工业	102.58	101.95	101.83	113.02	127.91	125.95

4-10 续表 1　　(2014 年,以上年同月价格为 100)

类　　别	7 月	8 月	9 月	10 月	11 月	12 月	累计
工业生产者出厂价格指数	**99.90**	**99.38**	**99.49**	**99.47**	**99.32**	**99.08**	**99.34**
一、按轻重工业分							
轻工业	101.60	102.10	102.14	101.99	102.06	102.15	101.53
以农产品为原料	100.19	100.94	101.08	100.98	101.14	101.27	100.80
以非农产品为原料	104.96	104.81	104.62	104.37	104.23	104.22	103.27
重工业	98.97	97.91	98.06	98.10	97.84	97.42	98.16
采　　掘	100.00	100.00	100.00	100.00	100.00	100.00	100.00
原　　料	99.63	99.65	99.61	98.49	98.48	97.78	99.33
加　　工	98.71	97.22	97.45	97.94	97.58	97.27	97.69
二、按生产生活资料分							
生产资料	99.13	98.12	98.18	98.07	97.61	97.15	98.38
采　　掘	100.00	100.00	100.00	100.00	100.00	100.00	100.00
原　　料	99.62	99.63	99.59	98.45	98.44	97.73	99.31
加　　工	98.96	97.58	97.69	97.93	97.32	96.94	98.06
生活资料	101.60	102.21	102.42	102.61	103.16	103.42	101.49
食　　品	105.73	105.70	105.91	105.84	106.23	106.44	104.33
衣　　着	98.85	101.89	102.28	103.39	104.75	105.61	101.16
一般日用品	97.40	97.39	97.49	97.47	97.72	97.53	97.42
耐用消费品	98.04	98.03	98.22	98.23	98.52	98.90	98.58
三、按工业部门分							
(1)冶金工业	95.30	90.99	90.98	92.04	91.16	89.33	91.53
(2)电力工业	99.75	99.75	99.67	98.39	98.42	97.64	99.36
(3)煤炭及炼焦工业	103.40	103.40	103.40	103.40	103.40	101.16	103.21
(4)石油工业	102.59	101.85	100.00	100.00	100.00	100.00	100.82
(5)化学工业	99.55	99.60	99.67	99.69	100.30	100.58	99.18
(6)机械工业	99.82	99.63	99.71	99.50	99.41	99.50	99.67
(7)建筑材料工业	97.05	93.55	95.79	98.94	95.80	96.15	98.43
(8)森林工业	99.87	99.85	99.87	99.90	99.91	99.90	99.82
(9)食品工业	100.73	100.70	100.85	100.40	100.09	100.05	100.78
(10)纺织工业	99.22	99.28	98.87	97.90	98.14	97.85	99.54
(11)缝纫工业	98.28	101.37	101.76	102.95	104.39	105.32	100.79
(12)皮革工业	104.43	107.37	108.16	108.55	109.36	109.73	104.76
(13)造纸工业	101.50	101.54	101.16	100.65	100.47	100.01	100.98
(14)文教艺术用品工业	100.43	100.57	100.32	100.18	100.16	100.25	100.14
(15)其它工业	124.94	123.96	122.89	122.94	123.38	122.76	117.89

4-10 续表 2　　　　(2014 年,以上年同月价格为 100)

类　　别	1 月	2 月	3 月	4 月	5 月	6 月
四、按工业行业分:						
非金属矿采选业	100.00	100.00	100.00	100.00	100.00	100.00
农副食品加工业	102.37	102.55	102.45	101.95	101.85	101.83
食品制造业	100.06	100.05	100.00	100.08	100.05	100.07
饮料制造业	100.75	99.55	99.29	99.51	100.92	99.78
烟草制品业	100.00	100.00	100.00	100.00	100.00	100.00
纺织业	100.67	100.15	99.70	98.25	96.57	95.11
纺织服装、鞋、帽制造业	101.71	101.73	102.80	102.67	102.67	106.72
皮革、毛皮、羽毛(绒)及其制品业	102.89	101.65	102.40	102.20	103.55	103.30
木材加工及木、竹、藤、棕、草制品业	99.77	99.61	99.62	99.64	99.69	99.76
家具制造业	100.00	99.87	100.00	100.00	100.00	100.00
造纸及纸制品业	100.96	100.98	100.75	101.14	101.37	101.26
印刷业和记录媒介的复制	99.43	99.71	99.68	99.80	100.17	100.57
文教体育用品制造业	100.83	99.85	100.24	100.13	100.14	100.04
石油加工、炼焦及核燃料加工业	99.85	99.85	101.72	101.72	99.85	102.59
化学原料及化学制品制造业	100.27	100.37	100.13	99.99	99.88	99.56
医药制造业	97.50	98.22	98.18	98.57	98.88	99.57
橡胶制品业	97.13	98.02	95.89	94.35	95.24	96.88
塑料制品业	97.83	97.13	96.77	96.31	97.31	96.80
非金属矿物制品业	104.46	103.87	104.37	102.19	96.76	94.69
黑色金属冶炼及压延加工业	94.37	89.57	86.26	91.45	88.45	92.99
有色金属冶炼及压延加工业	89.72	88.80	87.56	88.54	89.96	91.61
金属制品业	97.38	97.62	97.19	97.35	97.10	97.01
通用设备制造业	98.62	98.00	97.71	98.16	98.61	98.23
专用设备制造业	102.81	102.26	101.97	101.86	101.93	101.50
交通运输设备制造业	100.16	100.10	100.10	100.07	99.99	100.03
电气机械及器材制造业	99.32	98.18	98.07	98.28	99.39	99.13
通信设备、计算机及其他电子设备制造业	100.20	99.22	99.08	99.71	99.74	99.93
仪器仪表及文化、办公用机械制造业	101.85	101.77	101.28	101.15	101.16	101.12
工艺品及其他制造业	102.02	102.04	102.04	101.99	101.60	101.19
电力、热力的生产和供应业	99.75	99.77	99.77	99.77	99.77	99.77
燃气生产和供应业	103.40	103.40	103.40	103.40	103.40	103.40
水的生产和供应业	100.00	100.00	100.00	121.38	150.72	150.72

4-10 续表 2-1　　　　(2014 年,以上年同月价格为 100)

类　　别	7 月	8 月	9 月	10 月	11 月	12 月	累计
四、按工业行业分:							
非金属矿采选业	100.00	100.00	100.00	100.00	100.00	100.00	100.00
农副食品加工业	101.60	101.45	101.41	100.68	100.10	100.10	101.52
食品制造业	100.01	99.87	99.94	99.97	100.01	100.10	100.02
饮料制造业	99.31	99.80	101.38	100.59	100.37	99.86	100.09
烟草制品业	100.00	100.00	100.00	100.00	100.00	100.00	100.00
纺织业	95.73	98.87	99.14	100.02	100.68	101.73	98.86
纺织服装、鞋、帽制造业	106.72	106.71	106.71	106.71	109.17	108.52	105.24
皮革、毛皮、羽毛(绒)及其制品业	104.19	106.94	107.65	107.95	108.71	109.05	105.05
木材加工及木、竹、藤、棕、草制品业	99.83	99.80	99.83	99.87	99.88	99.87	99.76
家具制造业	100.00	100.00	100.00	100.00	100.00	100.00	99.99
造纸及纸制品业	101.50	101.54	101.16	100.65	100.47	100.01	100.98
印刷业和记录媒介的复制	100.57	100.76	100.43	100.25	100.25	100.35	100.16
文教体育用品制造业	100.07	100.03	100.01	100.00	99.89	99.95	100.10
石油加工、炼焦及核燃料加工业	102.59	101.85	100.00	100.00	100.00	100.00	100.82
化学原料及化学制品制造业	99.29	99.49	99.71	99.42	99.32	99.30	99.73
医药制造业	100.79	100.78	101.06	101.80	103.68	104.53	100.27
橡胶制品业	96.40	95.52	93.70	94.00	93.44	92.65	95.27
塑料制品业	97.86	98.41	98.73	96.97	95.74	95.41	97.10
非金属矿物制品业	96.18	92.74	94.17	96.97	94.43	94.51	97.87
黑色金属冶炼及压延加工业	94.70	86.93	86.40	88.71	87.55	84.60	89.30
有色金属冶炼及压延加工业	95.71	95.87	96.69	95.73	95.21	94.75	92.40
金属制品业	96.67	97.16	97.53	97.36	97.09	97.07	97.21
通用设备制造业	98.20	98.18	98.10	97.73	97.74	97.65	98.08
专用设备制造业	101.26	100.94	100.95	101.08	100.74	100.33	101.46
交通运输设备制造业	99.99	99.79	99.80	99.73	99.69	99.84	99.94
电气机械及器材制造业	100.06	99.85	99.89	99.16	98.62	98.70	99.05
通信设备、计算机及其他电子设备制造业	98.72	98.53	99.14	99.32	99.98	100.25	99.48
仪器仪表及文化、办公用机械制造业	100.65	100.52	100.32	100.24	100.33	100.60	100.91
工艺品及其他制造业	101.15	100.57	100.55	100.03	100.07	100.05	101.10
电力、热力的生产和供应业	99.75	99.75	99.67	98.39	98.42	97.64	99.36
燃气生产和供应业	103.40	103.40	103.40	103.40	103.40	101.16	103.21
水的生产和供应业	150.72	150.72	150.72	150.72	150.72	150.72	135.59

4-11 工业生产者购进价格分月指数

(2014 年,以上年同月价格为 100)

类　　别	1 月	2 月	3 月	4 月	5 月	6 月
工业生产者购进价格指数	**99.12**	**98.12**	**98.07**	**98.11**	**98.04**	**97.95**
一、按九大类分						
燃料、动力类	98.14	97.80	97.98	98.36	98.41	98.63
黑色金属材料类	98.04	92.78	92.24	92.62	93.30	92.87
其中:钢材	96.96	96.00	96.01	95.57	95.97	96.51
其它	99.57	88.22	86.89	88.03	89.11	86.65
有色金属材料及电线类	91.07	89.95	89.46	91.55	94.30	95.12
化工原料类	99.51	99.17	99.53	100.30	100.32	100.78
木材及纸浆类	98.32	98.79	99.01	98.59	98.44	99.64
建筑材料及非金属类	102.74	102.66	103.24	102.78	101.99	100.17
其它工业原材料及半成品类	100.96	100.92	100.61	99.92	99.48	99.04
农副产品类	98.47	98.30	98.30	97.88	96.50	96.68
纺织原料类	99.35	98.87	98.95	98.71	98.71	98.34
二、按行业分:						
农业	100.31	100.01	100.05	99.69	99.03	99.78
林业	81.19	81.40	81.24	80.78	81.36	80.64
畜牧业	105.55	105.43	105.42	104.26	105.15	104.16
渔业	107.14	107.14	107.14	107.14	93.10	91.23
煤炭开采和洗选业	93.01	92.25	93.04	94.15	94.07	94.74
黑色金属矿采选业	99.97	87.94	86.57	87.76	88.90	86.09
有色金属矿采选业	100.52	98.64	99.51	99.11	96.91	97.63
非金属矿采选业	101.58	103.49	104.12	103.13	101.22	100.35
农副食品加工业	101.99	101.92	100.69	100.88	100.89	100.55
食品制造业	107.71	109.87	110.56	108.08	109.43	107.91
饮料制造业	100.11	100.02	99.93	99.82	100.00	100.30
烟草制品业	100.33	100.33	100.33	100.33	100.33	100.33
纺织业	99.35	98.87	98.95	98.71	98.71	98.34
皮革、毛皮、羽毛(绒)及其制品业	118.50	117.32	115.25	112.52	108.69	107.13
木材加工及木、竹、藤、棕、草制品业	100.29	100.05	100.04	100.54	100.56	100.55
造纸及纸制品业	98.07	98.64	98.85	98.33	98.18	99.60
印刷业和记录媒介的复制	102.63	102.63	102.63	100.59	100.59	100.59
石油加工、炼焦及核燃料加工业	97.45	97.18	96.47	97.94	99.04	99.93
化学原料及化学制品制造业	99.11	98.69	99.10	100.00	99.78	100.29
医药制造业	108.07	108.97	109.30	100.03	99.68	99.30
橡胶制品业	100.00	100.00	100.00	100.00	100.00	100.00
塑料制品业	100.94	100.84	101.10	101.57	102.53	102.89
非金属矿物制品业	103.95	101.85	102.34	102.43	102.79	99.99
黑色金属冶炼及压延加工业	96.81	95.89	95.87	95.45	95.82	96.44
有色金属冶炼及压延加工业	90.09	89.08	88.33	90.73	94.11	94.95
金属制品业	97.88	97.41	97.20	97.63	97.44	98.52
通用设备制造业	100.93	100.64	99.99	99.77	99.78	100.20
交通运输设备制造业	98.91	98.91	98.91	98.91	98.91	97.80
电气机械及器材制造业	86.30	86.49	86.61	86.81	87.08	87.08
通信设备、计算机及其他电子设备制造业	101.59	98.73	98.23	98.30	90.49	90.44
仪器仪表及文化、办公用机械制造业	99.39	99.39	99.39	99.24	99.24	99.24
废弃资源和废旧材料回收加工业	85.65	83.83	84.41	84.97	89.06	90.83
电力、热力的生产和供应业	100.50	100.35	100.35	100.21	100.06	99.99
燃气生产和供应业	101.97	101.97	101.97	101.97	103.74	103.60
水的生产和供应业	100.03	100.00	100.00	100.00	100.00	100.00

4-11 续表　　　　　　　　　　　　（2014 年，以上年同月价格为 100）

类　　别	7 月	8 月	9 月	10 月	11 月	12 月	累计
工业生产者购进价格指数	**98.15**	**97.71**	**97.02**	**96.73**	**96.52**	**95.90**	**97.62**
一、按九大类分							
燃料、动力类	98.93	99.14	98.80	98.65	98.40	98.38	98.47
黑色金属材料类	92.18	89.45	85.98	85.63	85.65	83.56	90.39
其中：钢材	96.89	96.42	95.40	95.46	95.96	96.04	96.10
其它	84.31	78.87	72.26	70.76	70.15	65.28	81.71
有色金属材料及电线类	97.68	95.42	94.37	92.90	92.48	92.07	92.98
化工原料类	100.79	100.41	100.47	100.18	99.84	98.82	100.01
木材及纸浆类	100.43	100.39	100.09	99.53	99.66	99.55	99.37
建筑材料及非金属类	100.88	99.43	99.02	99.26	98.06	97.95	100.66
其它工业原材料及半成品类	99.07	99.02	98.96	98.71	98.34	97.95	99.41
农副产品类	97.18	97.52	98.17	97.39	97.08	96.24	97.48
纺织原料类	99.10	99.78	98.90	98.55	99.06	98.82	98.93
二、按行业分：							
农业	99.72	100.48	101.25	100.02	99.38	98.36	99.84
林业	82.25	82.12	83.97	84.39	85.13	84.18	82.30
畜牧业	104.16	103.05	102.22	102.15	102.23	102.27	103.81
渔业	94.92	94.12	93.33	93.33	93.33	93.33	97.78
煤炭开采和洗选业	95.78	96.55	95.56	95.20	94.73	95.19	94.49
黑色金属矿采选业	83.60	77.78	70.86	69.18	68.52	63.41	80.91
有色金属矿采选业	90.34	84.20	83.98	86.13	84.33	81.04	91.52
非金属矿采选业	100.81	99.59	99.68	99.03	97.32	97.25	100.60
农副食品加工业	100.17	99.74	98.44	97.15	97.10	96.26	99.63
食品制造业	106.84	107.23	107.81	107.01	100.84	101.44	106.99
饮料制造业	100.28	100.25	99.09	99.02	98.92	98.83	99.71
烟草制品业	100.33	100.33	100.33	100.00	100.00	100.00	100.25
纺织业	99.10	99.78	98.90	98.55	99.06	98.82	98.93
皮革、毛皮、羽毛(绒)及其制品业	104.94	103.34	102.59	103.01	103.43	100.82	107.79
木材加工及木、竹、藤、棕、草制品业	99.68	99.15	98.75	99.19	98.66	98.18	99.64
造纸及纸制品业	100.53	100.55	100.18	99.54	99.76	99.69	99.33
印刷业和记录媒介的复制	100.59	100.59	100.00	100.00	100.00	100.00	100.89
石油加工、炼焦及核燃料加工业	99.84	99.70	99.07	98.61	98.31	96.00	98.28
化学原料及化学制品制造业	100.27	99.92	99.86	99.83	99.59	98.46	99.57
医药制造业	100.31	100.10	100.25	99.86	99.95	99.93	102.01
橡胶制品业	100.00	100.00	100.00	100.00	100.00	100.00	100.00
塑料制品业	103.05	102.40	102.97	101.60	100.76	99.96	101.71
非金属矿物制品业	100.95	99.29	98.37	99.50	98.83	98.67	100.73
黑色金属冶炼及压延加工业	96.81	96.45	95.45	95.54	96.03	96.10	96.05
有色金属冶炼及压延加工业	99.01	97.41	96.22	94.13	93.95	94.08	93.40
金属制品业	98.44	98.09	97.96	97.59	97.21	97.17	97.71
通用设备制造业	100.08	100.04	100.04	99.24	99.23	99.23	99.93
交通运输设备制造业	97.80	97.80	98.87	99.71	99.41	98.64	98.71
电气机械及器材制造业	87.11	86.99	86.95	86.73	86.83	87.34	86.85
通信设备、计算机及其他电子设备制造业	89.76	89.46	89.81	89.74	90.17	90.20	93.07
仪器仪表及文化、办公用机械制造业	99.24	99.25	99.25	99.24	99.24	99.24	99.28
废弃资源和废旧材料回收加工业	97.49	96.75	96.38	96.47	96.99	95.85	91.22
电力、热力的生产和供应业	100.01	100.02	100.02	100.02	100.00	99.91	100.12
燃气生产和供应业	103.74	103.70	103.70	103.70	101.70	104.17	102.99
水的生产和供应业	105.88	109.12	109.12	109.12	109.12	109.07	104.29

4-12 工业生产者出厂价格分月指数

(2014年,以上月价格为100)

项　　目	1月	2月	3月	4月	5月	6月
工业生产者出厂价格指数	**99.85**	**99.62**	**99.58**	**100.32**	**100.10**	**99.94**
一、按轻重工业分						
轻工业	99.93	99.83	100.20	100.69	101.12	100.01
以农产品为原料	99.96	100.00	100.18	100.04	100.05	100.16
以非农产品为原料	99.85	99.41	100.23	102.24	103.61	99.68
重工业	99.81	99.51	99.24	100.12	99.54	99.90
采　　掘	100.00	100.00	100.00	100.00	100.00	100.00
原　　料	99.93	99.98	99.96	99.98	100.02	99.96
加　　工	99.76	99.32	98.95	100.18	99.35	99.87
二、按生产生活资料分						
生产资料	99.73	99.53	99.31	100.09	99.59	99.84
采　　掘	100.00	100.00	100.00	100.00	100.00	100.00
原　　料	99.93	99.98	99.97	99.97	100.02	99.95
加　　工	99.66	99.37	99.07	100.13	99.44	99.81
生活资料	100.12	99.81	100.18	100.84	101.23	100.14
食　　品	100.59	99.90	100.17	102.09	102.80	100.00
衣　　着	99.66	100.23	100.40	100.04	99.81	101.24
一般日用品	99.63	99.86	100.12	99.37	99.78	99.54
耐用消费品	100.01	98.58	99.99	100.00	100.00	100.00
三、按工业部门分						
(1)冶金工业	98.23	98.19	97.81	101.01	97.64	99.57
(2)电力工业	100.00	100.03	100.00	100.00	100.00	100.00
(3)煤炭及炼焦工业	100.00	100.00	100.00	100.00	100.00	100.00
(4)石油工业	100.00	100.00	100.00	100.00	100.00	100.00
(5)化学工业	100.37	99.99	99.71	99.67	99.96	100.02
(6)机械工业	100.06	99.81	99.90	99.98	100.04	100.00
(7)建筑材料工业	99.98	97.26	95.86	99.53	99.07	99.05
(8)森林工业	99.99	99.87	100.01	100.02	100.03	100.01
(9)食品工业	100.08	99.89	100.10	100.03	100.15	99.81
(10)纺织工业	100.08	100.23	99.97	99.89	100.07	99.69
(11)缝纫工业	99.42	100.33	100.41	100.08	99.54	101.28
(12)皮革工业	102.08	99.29	100.37	99.62	102.53	100.84
(13)造纸工业	99.98	99.92	100.29	100.22	100.06	99.89
(14)文教艺术用品工业	100.08	99.96	99.97	99.93	100.36	100.17
(15)其它工业	100.12	99.66	100.48	110.44	113.17	99.25

4-12 续表 1

（2014 年,以上月价格为 100）

项　　目	7 月	8 月	9 月	10 月	11 月	12 月
工业生产者出厂价格指数	**100.04**	**99.80**	**100.01**	**99.92**	**100.13**	**99.77**
一、按轻重工业分						
轻工业	100.00	100.18	100.06	100.00	100.10	100.02
以农产品为原料	100.10	100.31	100.16	100.01	100.29	100.01
以非农产品为原料	99.79	99.89	99.84	99.96	99.69	100.04
重工业	100.07	99.58	99.98	99.87	100.15	99.63
采　　掘	100.00	100.00	100.00	100.00	100.00	100.00
原　　料	99.97	100.06	99.93	98.70	99.96	99.32
加　　工	100.11	99.39	100.00	100.34	100.23	99.75
二、按生产生活资料分						
生产资料	100.01	99.63	100.00	99.80	100.00	99.57
采　　掘	100.00	100.00	100.00	100.00	100.00	100.00
原　　料	99.98	100.06	99.93	98.67	99.96	99.31
加　　工	100.03	99.48	100.03	100.21	100.02	99.66
生活资料	100.11	100.15	100.04	100.15	100.41	100.19
食　　品	100.23	99.79	99.96	100.11	100.49	100.19
衣　　着	100.32	101.31	100.45	100.49	101.09	100.44
一般日用品	99.97	99.95	99.76	100.00	99.66	99.88
耐用消费品	99.44	100.00	100.20	100.00	100.32	100.38
三、按工业部门分						
(1)冶金工业	100.16	98.84	98.93	100.23	99.86	98.36
(2)电力工业	100.00	100.00	99.92	98.48	100.00	99.21
(3)煤炭及炼焦工业	100.00	100.00	100.00	100.00	100.00	101.16
(4)石油工业	100.00	100.00	100.00	100.00	100.00	100.00
(5)化学工业	100.35	100.06	99.85	100.06	100.31	100.22
(6)机械工业	99.97	99.84	100.13	99.79	99.98	99.99
(7)建筑材料工业	99.80	97.39	102.34	104.12	101.21	100.75
(8)森林工业	100.01	99.98	100.02	100.00	99.99	99.99
(9)食品工业	100.08	99.96	100.11	99.96	100.02	99.86
(10)纺织工业	99.50	99.96	99.67	99.09	99.88	99.82
(11)缝纫工业	100.31	101.29	100.44	100.46	101.15	100.50
(12)皮革工业	100.40	101.98	100.73	100.77	100.76	100.00
(13)造纸工业	100.07	100.00	100.00	99.73	100.02	99.84
(14)文教艺术用品工业	100.00	100.00	99.93	100.00	99.86	100.00
(15)其它工业	99.41	99.51	99.48	100.24	100.04	100.02

4-12 续表 2 (2014 年,以上月价格为 100)

项　　目	1 月	2 月	3 月	4 月	5 月	6 月
四、按工业行业分						
非金属矿采选业	100.00	100.00	100.00	100.00	100.00	100.00
农副食品加工业	100.14	100.06	100.07	99.97	100.04	99.81
食品制造业	100.06	100.00	100.00	100.00	100.03	99.97
饮料制造业	99.99	98.66	100.63	100.39	101.19	99.21
烟草制品业	100.00	100.00	100.00	100.00	100.00	100.00
纺织业	99.42	100.41	99.90	100.05	99.54	99.78
纺织服装、鞋、帽制造业	100.01	100.02	101.42	100.00	100.00	103.95
皮革、毛皮、羽毛(绒)及其制品业	101.95	99.33	100.35	99.64	102.37	100.79
木材加工及木、竹、藤、棕、草制品业	99.98	99.83	100.01	100.02	100.04	100.01
家具制造业	100.00	100.00	100.00	100.00	100.00	100.00
造纸及纸制品业	99.98	99.92	100.29	100.22	100.06	99.89
印刷业和记录媒介的复制	100.09	99.95	99.97	99.91	100.46	100.22
文教体育用品制造业	100.04	99.97	99.96	99.98	100.01	99.99
石油加工、炼焦及核燃料加工业	100.00	100.00	100.00	100.00	100.00	100.00
化学原料及化学制品制造业	99.68	99.93	100.13	99.93	99.85	99.84
医药制造业	101.55	100.24	99.84	100.01	99.86	100.31
橡胶制品业	99.12	99.78	96.68	98.82	100.05	100.15
塑料制品业	98.69	99.46	100.38	98.61	100.40	99.36
非金属矿物制品业	100.04	97.47	96.68	99.09	98.60	98.67
黑色金属冶炼及压延加工业	97.13	97.23	97.23	102.10	96.17	98.82
有色金属冶炼及压延加工业	99.37	98.85	97.67	99.72	99.61	101.58
金属制品业	100.15	100.22	99.66	99.49	99.53	99.25
通用设备制造业	99.07	99.57	99.70	100.04	100.24	99.68
专用设备制造业	99.99	100.28	100.10	99.97	100.16	100.10
交通运输设备制造业	100.26	99.94	99.99	100.00	99.90	100.05
电气机械及器材制造业	100.08	99.77	99.69	99.92	100.23	100.06
通信设备、计算机及其他电子设备制造业	99.92	99.24	99.89	100.02	100.04	99.80
仪器仪表及文化、办公用机械制造业	100.13	100.00	100.14	100.00	100.03	100.14
工艺品及其他制造业	99.99	100.00	99.99	100.00	100.14	100.12
电力、热力的生产和供应业	100.00	100.03	100.00	100.00	100.00	100.00
燃气生产和供应业	100.00	100.00	100.00	100.00	100.00	100.00
水的生产和供应业	100.00	100.00	100.00	121.38	124.17	100.00

4-12 续表 2-1 (2014 年,以上月价格为 100)

项目	7月	8月	9月	10月	11月	12月
四、按工业行业分						
非金属矿采选业	100.00	100.00	100.00	100.00	100.00	100.00
农副食品加工业	100.04	100.09	100.25	99.90	99.87	99.88
食品制造业	100.00	99.87	99.92	100.06	100.12	100.06
饮料制造业	100.53	99.36	100.00	100.02	100.69	99.23
烟草制品业	100.00	100.00	100.00	100.00	100.00	100.00
纺织业	100.16	101.35	100.36	100.20	100.09	100.47
纺织服装、鞋、帽制造业	100.00	100.00	100.00	100.00	102.91	100.00
皮革、毛皮、羽毛(绒)及其制品业	100.37	101.86	100.69	100.65	100.72	100.00
木材加工及木、竹、藤、棕、草制品业	100.01	99.98	100.02	100.00	99.98	99.99
家具制造业	100.00	100.00	100.00	100.00	100.00	100.00
造纸及纸制品业	100.07	100.00	100.00	99.73	100.02	99.84
印刷业和记录媒介的复制	100.00	100.00	99.91	100.00	99.82	100.00
文教体育用品制造业	99.99	99.99	100.00	100.01	99.99	100.01
石油加工、炼焦及核燃料加工业	100.00	100.00	100.00	100.00	100.00	100.00
化学原料及化学制品制造业	99.81	100.38	100.09	99.91	99.87	99.89
医药制造业	100.69	99.80	99.80	100.32	101.17	100.86
橡胶制品业	99.03	99.88	99.45	100.26	100.14	99.09
塑料制品业	100.98	100.44	99.84	99.39	98.46	99.36
非金属矿物制品业	99.43	97.40	101.67	103.77	101.08	100.68
黑色金属冶炼及压延加工业	100.31	97.23	97.90	101.36	100.68	97.45
有色金属冶炼及压延加工业	100.41	101.56	100.22	98.31	98.37	99.05
金属制品业	99.45	99.97	100.14	99.66	99.50	100.01
通用设备制造业	99.93	99.72	99.86	99.81	100.07	99.94
专用设备制造业	100.28	99.99	99.79	99.96	99.89	99.80
交通运输设备制造业	99.96	99.79	100.07	99.92	99.99	100.00
电气机械及器材制造业	100.14	99.83	100.15	99.29	99.70	99.83
通信设备、计算机及其他电子设备制造业	99.51	100.00	100.78	100.12	100.52	100.42
仪器仪表及文化、办公用机械制造业	99.97	100.16	100.00	100.00	100.00	100.03
工艺品及其他制造业	99.96	100.03	100.00	100.00	99.99	99.84
电力、热力的生产和供应业	100.00	100.00	99.92	98.48	100.00	99.21
燃气生产和供应业	100.00	100.00	100.00	100.00	100.00	101.16
水的生产和供应业	100.00	100.00	100.00	100.00	100.00	100.00

4-13 工业生产者购进价格分月指数

(2014 年,以上月价格为 100)

项　　目	1 月	2 月	3 月	4 月	5 月	6 月
工业生产者购进价格指数	**99.79**	**99.46**	**99.91**	**99.61**	**99.68**	**99.31**
一、按九大类分						
燃料、动力类	100.15	99.81	100.21	100.02	100.00	99.52
黑色金属材料类	100.01	97.69	99.54	97.98	99.35	95.92
其中:钢材	100.04	100.14	100.19	99.38	99.23	99.34
其它	99.97	94.09	98.52	95.76	99.56	90.30
有色金属材料及电线类	99.31	99.09	98.32	99.39	101.16	99.86
化工原料类	99.98	99.64	100.13	100.11	99.69	100.17
木材及纸浆类	99.87	99.80	100.23	100.18	99.52	100.91
建筑材料及非金属类	99.63	99.95	99.31	99.33	99.90	99.79
其它工业原材料及半成品类	99.39	99.94	99.78	99.80	99.63	99.77
农副产品类	99.81	99.81	100.02	99.41	98.58	99.97
纺织原料类	99.44	99.33	100.26	100.15	100.07	100.27
二、按行业分						
农业	99.90	100.09	100.35	99.63	99.26	100.59
林业	99.14	98.36	98.47	97.70	98.38	98.79
畜牧业	100.00	99.87	100.04	99.99	101.75	100.00
渔业	100.00	100.00	100.00	100.00	90.00	96.30
煤炭开采和洗选业	100.26	99.37	100.86	100.05	99.85	98.46
黑色金属矿采选业	100.00	93.75	98.44	95.50	99.53	89.68
有色金属矿采选业	93.73	98.32	101.05	98.61	100.86	99.48
非金属矿采选业	98.28	100.82	100.28	98.86	99.40	100.04
农副食品加工业	99.16	99.90	99.26	100.00	100.38	100.05
食品制造业	100.53	101.89	100.05	97.86	101.12	100.86
饮料制造业	100.17	100.04	99.88	99.91	99.97	100.19
烟草制品业	100.00	100.00	100.00	100.00	100.00	100.00
纺织业	99.44	99.33	100.26	100.15	100.07	100.27
皮革、毛皮、羽毛(绒)及其制品业	99.18	100.00	100.83	100.00	100.00	100.82
木材加工及木、竹、藤、棕、草制品业	100.00	100.11	99.91	100.00	99.95	99.62
造纸及纸制品业	99.85	99.76	100.24	100.18	99.48	101.11
印刷业和记录媒介的复制	100.00	100.00	100.00	100.00	100.00	100.00
石油加工、炼焦及核燃料加工业	100.87	99.89	99.59	100.07	99.64	99.62
化学原料及化学制品制造业	99.92	99.63	100.16	100.18	99.44	100.09
医药制造业	99.88	100.23	100.38	99.86	100.10	99.88
橡胶制品业	100.00	100.00	100.00	100.00	100.00	100.00
塑料制品业	100.22	99.58	100.05	99.89	100.59	100.53
非金属矿物制品业	101.04	99.06	98.32	99.83	100.41	99.53
黑色金属冶炼及压延加工业	100.02	100.14	100.18	99.40	99.26	99.36
有色金属冶炼及压延加工业	100.32	99.23	97.86	99.53	101.21	99.92
金属制品业	99.91	100.06	99.78	99.58	99.87	99.99
通用设备制造业	99.96	99.88	99.33	99.77	100.03	100.30
交通运输设备制造业	98.47	100.00	100.00	100.00	100.00	98.86
电气机械及器材制造业	98.76	98.72	98.61	98.88	98.81	98.78
通信设备、计算机及其他电子设备制造业	99.96	98.34	100.00	99.99	91.74	100.02
仪器仪表及文化、办公用机械制造业	99.39	100.00	100.00	99.85	100.00	100.00
废弃资源和废旧材料回收加工业	98.63	98.60	98.35	97.93	101.90	100.53
电力、热力的生产和供应业	100.00	100.00	100.00	100.00	100.00	99.99
燃气生产和供应业	100.00	100.00	100.00	100.00	101.60	100.00
水的生产和供应业	100.00	100.00	100.00	100.00	100.00	100.00

(2014 年,以上月价格为 100)

项　　目	7 月	8 月	9 月	10 月	11 月	12 月
工业生产者购进价格指数	**99.88**	**99.91**	**99.64**	**99.47**	**99.69**	**99.47**
一、按九大类分						
燃料、动力类	99.62	99.82	99.73	99.80	99.77	99.94
黑色金属材料类	99.30	99.65	97.68	97.58	99.37	98.19
其中:钢材	100.13	99.52	99.17	99.35	99.67	99.81
其它	97.79	99.91	94.95	94.16	98.74	94.87
有色金属材料及电线类	101.17	99.24	99.87	97.79	98.05	98.58
化工原料类	100.02	99.99	100.15	99.76	99.89	99.30
木材及纸浆类	100.81	100.18	99.54	99.41	99.12	99.99
建筑材料及非金属类	99.63	98.63	100.14	100.89	100.35	100.39
其它工业原材料及半成品类	99.91	100.03	100.11	99.92	99.89	99.77
农副产品类	100.43	100.42	99.95	99.22	99.36	99.22
纺织原料类	100.25	100.29	99.84	99.82	99.82	99.29
二、按行业分						
农业	99.98	101.09	100.00	99.02	99.26	99.21
林业	98.82	97.27	99.65	99.25	98.91	98.19
畜牧业	100.27	100.07	100.15	100.00	100.01	100.10
渔业	107.69	100.00	100.00	100.00	100.00	100.00
煤炭开采和洗选业	98.62	99.41	99.13	99.48	99.43	100.18
黑色金属矿采选业	97.65	99.91	94.59	93.72	98.66	94.46
有色金属矿采选业	99.26	99.05	98.97	98.87	96.77	94.47
非金属矿采选业	99.60	98.10	100.58	100.94	100.36	100.01
农副食品加工业	99.65	99.87	99.60	99.53	99.75	99.04
食品制造业	99.01	100.35	100.53	99.27	99.91	100.11
饮料制造业	99.95	99.92	98.87	99.99	99.95	99.99
烟草制品业	100.00	100.00	100.00	100.00	100.00	100.00
纺织业	100.25	100.29	99.84	99.82	99.82	99.29
皮革、毛皮、羽毛(绒)及其制品业	97.96	100.83	100.41	100.41	100.41	100.00
木材加工及木、竹、藤、棕、草制品业	99.46	99.57	99.68	100.01	99.90	99.95
造纸及纸制品业	100.94	100.27	99.43	99.37	99.09	100.01
印刷业和记录媒介的复制	100.00	100.00	100.00	100.00	100.00	100.00
石油加工、炼焦及核燃料加工业	100.08	99.77	99.69	99.36	99.27	98.09
化学原料及化学制品制造业	99.93	100.12	100.04	99.90	99.89	99.17
医药制造业	99.97	99.77	100.01	99.91	99.95	100.00
橡胶制品业	100.00	100.00	100.00	100.00	100.00	100.00
塑料制品业	100.35	99.48	100.60	99.17	99.87	99.64
非金属矿物制品业	99.67	99.18	99.70	100.84	100.33	100.79
黑色金属冶炼及压延加工业	100.12	99.53	99.19	99.37	99.68	99.81
有色金属冶炼及压延加工业	101.50	99.27	100.02	97.61	98.26	99.26
金属制品业	99.90	99.72	99.44	99.31	100.00	99.56
通用设备制造业	100.00	99.96	100.00	100.00	100.00	100.00
交通运输设备制造业	100.00	100.00	101.09	100.53	99.69	100.00
电气机械及器材制造业	98.96	98.83	98.69	98.61	99.70	99.22
通信设备、计算机及其他电子设备制造业	99.22	99.81	100.35	99.89	100.57	100.17
仪器仪表及文化、办公用机械制造业	100.00	100.00	100.00	100.00	100.00	100.00
废弃资源和废旧材料回收加工业	100.01	100.00	99.96	99.95	99.99	99.98
电力、热力的生产和供应业	100.02	100.00	100.00	100.00	99.98	99.91
燃气生产和供应业	100.00	100.10	100.00	100.00	100.00	102.43
水的生产和供应业	105.88	103.06	100.00	100.00	100.00	99.95

主要统计指标解释

居民消费价格指数（Consumer Price Index,简称 CPI)是反映居民购买并用于消费的一组代表性商品和服务项目价格水平的变化趋势和变动幅度的统计指标。调查内容既有城乡居民日常生活需要的各类消费品，也包括多种与人民生活密切相关的服务项目，如水、电、交通、教育、医疗等费用。该价格指数为分析和制定货币政策、价格政策、居民消费政策、工资政策以及进行国民经济核算提供科学依据。国际上通常将居民消费价格指数作为反映通货膨胀(或通货紧缩)程度的重要指标。

按照国际标准，居民消费价格的调查内容分为食品、烟酒及用品、衣着、家庭设备用品及维修服务、医疗保健和个人用品、交通和通信、娱乐教育文化用品及服务、居住等八大类。根据我国城乡居民消费模式、消费习惯，参照抽样调查原理选中的城乡居民家庭的消费支出数据，并结合其它相关资料，选取了 262 个基本分类、约 700 种商品和服务项目，作为经常性调查项目。国家统计局直属的全国调查系统采取定人、定时、定点的直接调查方式，由专职调查员到不同类型、不同规模的农贸市场和商店现场采集价格资料。对于与居民生活密切相关、价格变动比较频繁的商品，至少每五天调查一次价格，从而保证了居民消费价格指数能够及时、准确地反映市场价格的变动情况。

由于价格指数是用一定数量的代表品种反映价格总水平的变化，必须确定每一种调查商品或服务项目价格对价格总水平影响的重要程度(称为权数)，用以加权计算分类价格指数直至价格总指数。随着人民消费结构不断变化，还要根据城市居民家庭消费支出结构变化，每 5 年对权数进行调整。

商品零售价格指数 是反映城市商品零售价格变动趋势的一种经济指数。零售物价的调整变动直接影响到城市居民的生活支出和国家的财政收入，影响居民购买力和市场供需平衡，影响消费与积累的比例。因此，计算零售价格指数，可以从一个侧面对上述经营活动进行观察和分析。

工业生产者出厂价格指数 是反映全部工业产品出厂价格总水平的变化趋势和变动幅度的统计指标。其中包括工业企业销给商业、外贸、物资部门的产品，还包括销给工业和其他部门的生产资料，以及直接销给居民的生活消费品。其目的在于准确地反映工业产品价格的变动趋势及程度，为国民经济核算、计算工业发展速度、宏观经济分析和调控、理顺价格体系等提供科学、准确的依据。

工业生产者购进价格指数 是反映全部原材料、燃料、动力价格变动趋势和变动幅度的统计指标。其调查内容包括：燃料动力类、黑色金属材料类、有色金属材料及电线类、化工原料类、木材及纸浆类、建筑材料及非金属类、其它工业原材料及半成品类、农副产品类、纺织原料类。其目的在于准确反映中间投入的原材料、燃料、动力价格的变动趋势及程度，为国民经济核算、分析等提供科学、准确的依据。

五、固定资产投资

INVESTMENT IN FIXED ASSETS

本篇内容包括：

全社会固定资产投资

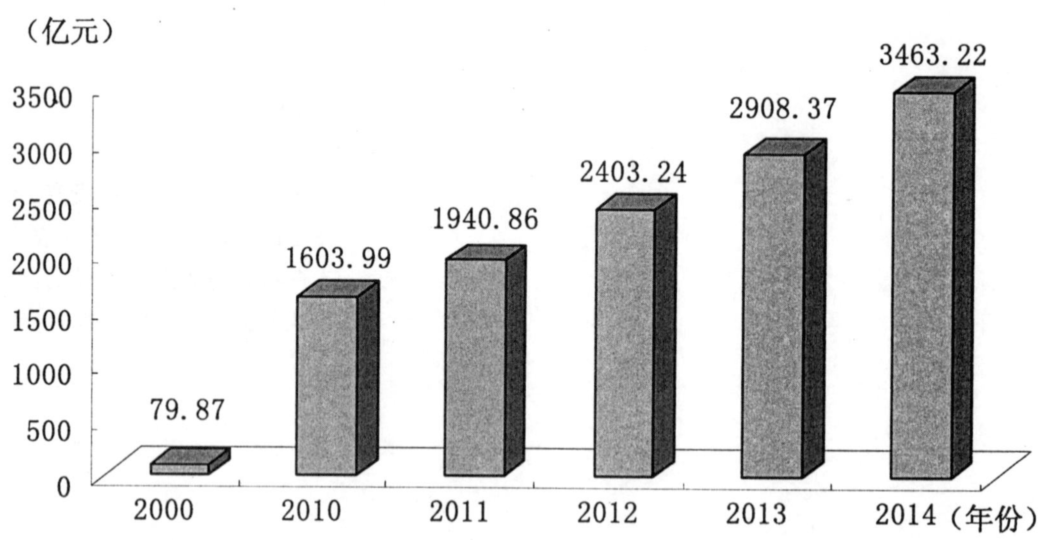

2014年三次产业投资比重

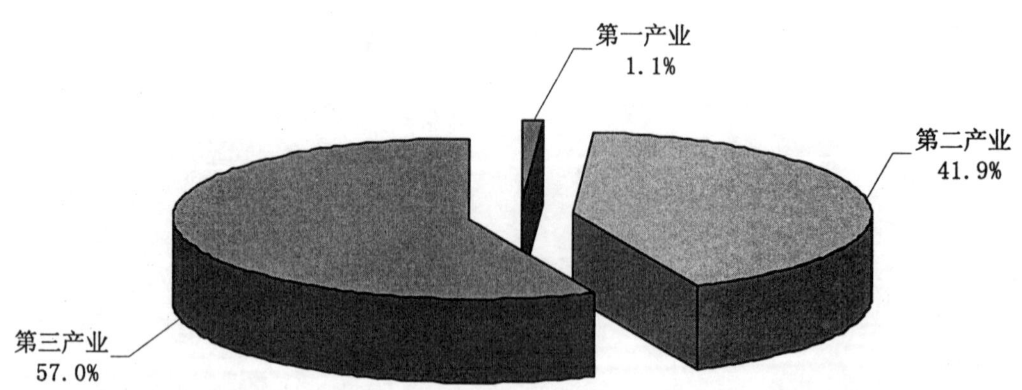

5-1 全社会固定资产投资

单位:万元

项　　目	2013	2014	2014年比上年增长%
总　计	**29 083 715**	**34 632 165**	**19.1**
国　有	4 533 022	6 557 961	44.7
集　体	538 929	271 754	-49.6
非公有制	22 983 231	26 279 843	14.3
500万元以上	28 968 649	34 342 514	18.6
国　有	4 533 022	6 557 961	44.7
集　体	538 929	271 754	-49.6
非公有制	22 983 231	25 990 192	13.1
#房地产开发投资	4 061 358	4 140 682	2.0
国　有	225 783	167 935	-25.6
集　体			
非公有制	3 807 461	3 972 747	4.3
农村农户投资	115 066	289 651	151.7

5-2 主要年份全社会固定资产投资

项　　目	1980	1990	2000	2010	2012	2013	2014
一、投资总额(万元)	**21 075**	**103 225**	**798 684**	**16 039 880**	**24 032 370**	**29 064 342**	**34 632 165**
按隶属关系分							
中央、省属	9 099	37 947	238 557	1 586 946	896 464	1 830 110	1 966 612
市　属	11 976	65 278	560 127	14 452 934	23 135 906	27 234 232	32 665 553
按经济类型分							
城镇国有	19 765	82 902	539 651	3 939 096	3 098 978	4 533 022	6 557 961
城镇集体	840	2 905	17 564	478 999	307 176	538 929	271 754
其他经济类型				10 396 076	19 112 994	22 157 475	26 370 979
农村非农户	230	4 320	178 096	1 065 709	1 411 140	1 739 223	1 141 820
农村个人	120	8 732	53 006	160 000	102 082	95 693	289 651
二、新增固定资产(万元)	**18 092**	**86 174**	**367 220**	**14 129 202**	**15 901 994**	**17 976 952**	**20 039 262**
#房地产开发		8 147	73 626	1 789 850	1 312 203	1 362 332	1 693 680
三、竣工房屋面积(万平方米)	**101**	**190**	**355**	**1 701**	**1 573**	**1 775**	**2 227**
#房地产开发		29	92	399	418	374	510
#住　宅	58	132	266	508	482	389	573
#房地产开发		25	84	314	325	305	427

5-3 固定资产投资(不含农户)

(2014 年)　　单位:万元

指　　标	总计	中央	省	市	县	其他
一、本年完成投资	**34 342 514**	**423 937**	**1 542 675**	**3 728 740**	**6 294 507**	**22 352 655**
#住宅投资	3 698 751	137 915	311 360	644 437	716 717	1 888 322
1.按企业登记注册类型分						
内　　资	32 667 927	423 937	1 524 729	3 726 332	6 234 676	20 758 253
国　　有	6 557 961	96 576	870 600	2 305 138	2 687 279	598 368
集　　体	271 754		112	14 410	138 938	118 294
股份合作	187 615		87 885	2 650	11 632	85 448
联　　营	68 850				56 594	12 256
有限责任公司	12 510 411	97 575	111 849	851 993	2 556 024	8 892 970
股份有限公司	1 138 618	59 599	88 877	106 861	181 070	702 211
私　　营	7 467 280					7 467 280
其他内资	959 038		2 458	2 880	153 820	799 880
港澳台投资	799 042				37 721	761 321
外商投资	525 937		17 946	2 408	22 110	483 473
个体经营	349 608					349 608
2.按建设性质分						
#新　　建	10 754 777	68 458	1 018 641	1 897 912	2 688 049	5 081 717
扩　　建	1 678 867	12 614	18 589	86 949	354 780	1 205 935
改建和技术改造	15 507 282	172 678	49 538	900 618	2 640 024	11 744 424
3.按构成分						
建筑工程	20 973 048	224 161	1 088 014	2 203 371	4 468 139	12 989 363
安装工程	4 795 595	6 061	202 342	262 298	488 931	3 835 963
设备工器具购置	6 201 294	123 123	120 931	426 179	1 078 807	4 452 254
其他费用	2 372 577	70 592	131 388	836 892	258 630	1 075 075
4.按产业分						
第一产业	357 228				32 572	324 656
第二产业	14 401 754	233 682	276 829	473 775	2 594 822	10 822 646
第三产业	19 583 532	190 255	1 265 846	3 254 965	3 667 113	11 205 353
二、本年新增固定资产	**20 039 262**	**203 353**	**705 443**	**1 405 057**	**3 945 979**	**13 779 430**
三、本年资金来源合计	**44 059 271**	**563 701**	**2 479 728**	**4 485 768**	**7 796 042**	**28 734 032**
#本年资金来源	40 779 344	517 225	1 966 949	4 080 996	7 684 394	26 529 780
国家预算内资金	747 880	4 660	90 762	232 225	360 610	59 623
国内贷款	3 806 279	61 000	140 800	923 274	1 641 296	1 039 909
债券						
利用外资	284 137				27 591	256 546
自筹资金	31 202 837	324 441	1 387 449	2 199 653	5 336 139	21 955 155
其他资金来源	4 738 211	127 124	347 938	725 844	318 758	3 218 547

5-4 各行业固定资产投资

单位:万元

行　　业	2013	2014	2014年比上年增长%
总　　计	**28 968 649**	**34 342 514**	**18.6**
农、林、牧、渔业	308 220	357 228	15.9
工　　业	12 423 369	13 974 627	12.5
采 矿 业	57 733	53 081	-8.1
制 造 业	11 809 322	13 312 927	12.7
农副食品加工业	1 002 936	1 082 257	7.9
食品制造业	430 177	471 605	9.6
酒、饮料和精制茶制造业	168 062	173 241	3.1
烟草制品业			
纺织业	375 625	322 567	-14.1
纺织服装和服饰业	1 238 358	1 418 475	14.5
皮革、毛皮、羽毛及其制品业	146 609	133 085	-9.2
木材加工及木、竹、藤、棕、草制	208 166	158 783	-23.7
家具制造业	160 628	139 667	-13.0
造纸及纸制品业	211 247	337 910	60.0
印刷业和记录媒介的复制	406 650	388 698	-4.4
文教、美工、体育和娱乐用品制造业	131 461	108 236	-17.7
石油加工、炼焦加工业	20 073	24 763	23.4
化学原料及化学制品制造业	458 422	466 119	1.7
医药制造业	460 062	414 611	-9.9
化学纤维制造业	5 588	8 156	46.0
橡胶和塑料制品业	349 919	270 532	-22.7
非金属矿制品业	591 678	623 430	5.4
黑色金属冶炼和压延加工业	287 773	282 541	-1.8
有色金属冶炼和压延加工业	153 466	80 106	-47.8
金属制品业	731 391	804 845	10.0
通用设备制造业	504 902	851 141	68.6
专用设备制造业	912 685	1 096 667	20.2
汽车制造业	776 397	1 149 255	48.0
铁路、船舶、航空航天和其他运输设备制造业	367 818	409 319	11.3
电气机械及器材制造业	730 922	868 384	18.8
计算机、通信和其他电子设备制造业	600 411	824 997	37.4

单位:万元

行　　业	2013	2014	2014 年比上年增长%
仪器仪表制造业	244 192	230 093	–5.8
其他制造业	83 625	87 663	4.8
废弃资源综合利用业	31 733	40 597	27.9
金属制品、机械和设备修理业	18 346	45 184	146.3
电力、燃气及水的生产和供应业	556 314	608 619	9.4
电力、热力的生产和供应业	270 512	300 833	11.2
燃气生产和供应业	50 029	45 133	–9.8
水的生产和供应业	235 773	262 653	11.4
建筑业	417 447	427 127	2.3
批发和零售业	2 970 490	3 375 310	13.6
交通运输、仓储和邮政业	656 607	1 198 732	82.6
铁路运输业		79 720	
道路运输业	471 898	922 823	95.6
仓储业	74 147	119 236	60.8
邮政业	27 567	8 909	–67.7
住宿和餐饮业	1 049 541	846 890	–19.3
信息传输、软件和信息技术服务业	389 794	489 648	25.6
#电信、广播电视和卫星传输服务业	87 595	32 066	–63.4
金融业	225 579	293 852	30.3
房地产业	4 963 449	5 333 304	7.5
租赁和商务服务业	938 350	1 487 797	58.6
科学研究和技术服务业	353 202	412 526	16.8
水利、环境和公共设施管理业	2 133 471	3 548 030	66.3
水利管理业	160 797	128 811	–19.9
生态保护和环境治理业	14 957	72 129	382.2
公共设施管理业	1 957 717	3 347 090	71.0
居民服务和其他服务业	531 026	427 932	–19.4
教育	558 511	526 726	–5.7
卫生和社会工作	250 009	398 669	59.5
#卫生	223 169	354 922	59.0
文化、体育和娱乐业	493 974	719 125	45.6
公共管理和社会组织	305 610	524 991	71.8

5-5 各行业固定资产投资

（按登记注册类型分，2014 年） 单位:万元

指 标	总 计	内 资					
			国 有	集 体	股份合作	联 营	有 限 责任公司
总 计	**34 342 514**	**32 667 927**	**6 557 961**	**271 754**	**187 615**	**68 850**	**15 287 213**
农、林、牧、渔业	357 228	343 828	12 520	7 714	7 530	2 568	32 983
工 业	13 974 627	13 432 664	1 142 934	95 113	66 940	4 986	6 888 320
采矿业	53 081	53 081	2 146				16 857
制造业	13 312 927	12 778 164	835 001	57 535	66 940	2 380	6 750 334
农副食品加工业	1 082 257	951 408		2 780			442 700
食品制造业	471 605	471 605	25 665				269 750
酒、饮料和精制茶制造业	173 241	129 828					65 292
烟草制品业							
纺织业	322 567	319 669			2 852		162 526
纺织服装和服饰业	1 418 475	1 397 497		2 677	5 575		841 945
皮革、毛皮、羽毛及其制品业	133 085	133 085	5 886	3 490			40 484
木材加工及木、竹、藤、棕、草制	158 783	148 989	1 928				56 602
家具制造业	139 667	139 667					87 365
造纸及纸制品业	337 910	334 363					140 795
印刷业和记录媒介的复制	388 698	388 698	29 860	21 822	8 361		164 076
文教、美工、体育和娱乐用品制造业	108 236	102 194			4 760		64 280
石油加工、炼焦加工业	24 763	24 763	8 231				12 989
化学原料及化学制品制造业	466 119	463 204	5 620		2 820		213 508
医药制造业	414 611	412 169	20 652	2 755			260 421
橡胶和塑料制品业	270 532	270 531	2 938	7 685	5 451		152 417
非金属矿制品业	623 430	607 159	9 040		2 096		334 411
黑色金属冶炼和压延加工业	282 541	275 497		2 902			127 698
有色金属冶炼和压延加工业	80 106	70 907	4 224				50 506
金属制品业	804 845	798 825			2 530		297 483
通用设备制造业	851 141	844 133	83 995	5 661	28 131		393 949
专用设备制造业	1 096 667	1 051 256	70 252		2 913	2 380	527 323
汽车制造业	1 149 255	1 116 736	371 543				475 753
铁路、船舶、航空航天和其他运输设备制造业	409 319	409 319	149 923				154 049
电气机械及器材制造业	868 384	804 403	21 918				591 062
计算机、通信和其他电子设备制造业	824 997	700 566	20 526	5 800	1 451		571 423
仪器仪表制造业	230 093	230 093		1 963			180 250

5-5 续表 1　　（按登记注册类型分，2014 年）　　单位:万元

指　　标				港澳台投资	外商投资	个体经营
	股份有限	私　营	其　他			
总　　计	**1 138 618**	**8 196 878**	**959 038**	**799 042**	**525 937**	**349 608**
农、林、牧、渔业	4 920	251 308	24 285		4 000	9 400
工　　业	454 983	4 192 928	480 441	169 050	342 538	23 175
采 矿 业		31 243	2 835			
制 造 业	454 983	4 133 385	477 606	169 050	342 538	23 175
农副食品加工业	8 198	422 304	75 426	58 674	62 421	9 754
食品制造业	13 009	131 162	32 019			
酒、饮料和精制茶制造业	5 510	33 740	25 286	5 771	37 642	
烟草制品业						
纺织业	6 911	133 675	13 705	2 898		
纺织服装和服饰业	4 829	502 682	39 789	5 418	15 560	
皮革、毛皮、羽毛及其制品业		77 377	5 848			
木材加工及木、竹、藤、棕、草制		83 511	6 948	7 428	2 366	
家具制造业	5 747	46 555				
造纸及纸制品业	114 390	58 096	21 082		3 547	
印刷业和记录媒介的复制	2 810	146 832	14 937			
文教、美工、体育和娱乐用品制造业		32 164	990		6 042	
石油加工、炼焦加工业		3 543				
化学原料及化学制品制造业	27 944	194 115	19 197		2 915	
医药制造业	11 121	107 667	9 553	2 442		
橡胶和塑料制品业	2 900	91 266	7 874	1		
非金属矿制品业	7 300	224 728	29 584		16 271	
黑色金属冶炼和压延加工业	6 551	125 636	12 710		7 044	
有色金属冶炼和压延加工业		16 177			9 199	
金属制品业	23 420	458 742	16 650	30	3 078	2 912
通用设备制造业	39 386	260 594	32 417	5 446	1 562	
专用设备制造业	14 852	382 456	51 080	21 349	16 403	7 659
汽车制造业	17 639	249 871	1 930	18 705	13 814	
铁路、船舶、航空航天和其他运输设备制造业	64 579	37 888	2 880			
电气机械及器材制造业	52 327	117 264	21 832	3 808	57 323	2 850
计算机、通信和其他电子设备制造业	6 100	85 743	9 523	37 080	87 351	
仪器仪表制造业		29 130	18 750			

指　　标	总 计	内 资					
			国 有	集 体	股份合作	联 营	有 限 责任公司
其他制造业	87 663	87 663					49 723
废弃资源综合利用业	40 597	40 597	2 800				9 497
金属制品、机械和设备修理业	45 184	45 184					9 201
电力、热力、燃气及水的生产和供应业	608 619	601 419	305 787	37 578		2 606	121 129
电力、热力的生产和供应业	300 833	295 865	161 952	24 710			51 888
燃气生产和供应业	45 133	42 901	13 705				19 169
水的生产和供应业	262 653	262 653	130 130	12 868		2 606	50 072
建筑业	427 127	425 627	16 555	2 520			230 364
批发和零售业	3 375 310	3 257 737	31 243	13 759	8 430	22 785	1 753 175
交通运输、仓储和邮政业	1 198 732	1 164 305	241 129	15 100			832 915
铁路运输业	79 720	79 720	79 720				
道路运输业	922 823	891 396	107 694	9 862			731 810
水上运输业	26 614	26 614	26 614				
航空运输业	2 970	2 970		2 970			
装卸搬运和运输代理业	38 460	38 460	23 003				1 445
仓储业	119 236	116 236	4 098	2 268			94 386
邮政业	8 909	8 909					5 274
住宿和餐饮业	846 890	679 262	24 662	8 100		2 600	216 618
信息传输、软件和信息技术服务业	489 648	484 631	18 394		2 880		392 746
#电信、广播电视和卫星传输服务业	32 066	32 066	14 128				12 158
金融业	293 852	293 852	115 401		36 985	4 748	86 056
房地产业	5 333 304	4 912 103	843 398	53 219		2 660	3 012 182
租赁和商务服务业	1 487 797	1 240 740	38 264	1 925	2 650	11 000	829 397
科学研究和技术服务业	412 526	403 721	58 695				218 632
水利、环境和公共设施管理业	3 548 030	3 499 650	2 812 994	30 652	6 790	2 917	461 301
水利管理业	128 811	128 811	104 199	8 822			
生态保护和环境治理业	72 129	72 129	10 000				57 369
公共设施管理业	3 347 090	3 298 710	2 698 795	21 830	6 790	2 917	403 932
居民服务和其他服务业	427 932	399 818	3 543	11 825	50 900		118 636
教育	526 726	513 448	364 793	8 247	1 650	11 836	50 678
卫生和社会工作	398 669	388 772	310 558		2 860	2 750	23 029
#卫生	354 922	345 025	273 840		2 860	2 750	20 151
文化、体育和娱乐业	719 125	702 778	30 064	15 883			127 881
公共管理和社会组织	524 991	524 991	492 814	7 697			12 300

5-5 续表 2　　　　　　　　　　　　　（按登记注册类型分,2014 年）　　　　　　　　　　　　　单位:万元

指　　标				港澳台投资	外商投资	个体经营
	股份有限	私　营	其　他			
其他制造业	3 860	26 484	7 596			
废弃资源综合利用业		28 300				
金属制品、机械和设备修理业	15 600	20 383				
电力、热力、燃气及水的生产和供应业	76 544	33 395	24 380		4 968	2 232
电力、热力的生产和供应业	37 500	14 855	4 960		4 968	
燃气生产和供应业		10 027				2 232
水的生产和供应业	39 044	8 513	19 420			
建筑业	4 650	165 818	5 720			1 500
批发和零售业	194 930	1 103 390	130 025	5 929	5 295	106 349
交通运输、仓储和邮政业	6 321	59 205	9 635	28 083	3 664	2 680
铁路运输业						
道路运输业		39 207	2 823	28 083	664	2 680
水上运输业						
航空运输业						
装卸搬运和运输代理业	3 521	10 491				
仓储业	2 800	5 872	6 812		3 000	
邮政业		3 635				
住宿和餐饮业	4 110	386 103	37 069	57 634		109 994
信息传输、软件和信息技术服务业	7 750	48 278	14 583			5 017
#电信、广播电视和卫星传输服务业		2 910	2 870			
金融业	11 744	38 918				
房地产业	217 525	746 065	37 054	300 309	119 512	1 380
租赁和商务服务业	40 203	242 617	74 684	230 152		16 905
科学研究和技术服务业	12 352	95 833	18 209	2 970		5 835
水利、环境和公共设施管理业	84 014	66 517	34 465		45 960	2 420
水利管理业	5 460	2 790	7 540			
生态保护和环境治理业		4 760				
公共设施管理业	78 554	58 967	26 925		45 960	2 420
居民服务和其他服务业	5 852	199 119	9 943			28 114
教育		57 907	18 337			13 278
卫生和社会工作		26 310	23 265			9 897
#卫生		24 010	21 414			9 897
文化、体育和娱乐业	12 720	511 467	4 763	4 915		11 432
公共管理和社会组织			12 180			

5-6 各行业固定资产投资

（按技术构成分，2014 年）　　单位：万元

指　　标	本年完成投　资	建筑工程	安装工程	设备工器具购置	其他费用
总　计	**34 342 514**	**20 973 048**	**4 795 595**	**6 201 294**	**2 372 577**
农、林、牧、渔业	357 228	235 775	47 337	45 670	28 446
工　业	13 974 627	7 345 480	2 191 190	3 960 398	477 559
采矿业	53 081	23 558	24 005	5 018	500
制造业	13 312 927	6 937 315	2 070 657	3 850 151	454 804
农副食品加工业	1 082 257	649 135	184 893	223 717	24 512
食品制造业	471 605	275 321	67 103	117 662	11 519
酒、饮料和茶制造业	173 241	99 845	47 663	23 991	1 742
烟草制品业					
纺织业	322 567	143 861	60 771	103 408	14 527
纺织服装、服饰业	1 418 475	639 833	189 538	519 501	69 603
皮革、毛皮、羽毛(绒)及其制品业	133 085	68 005	22 085	41 391	1 604
木材加工及木、竹、藤、棕、草制	158 783	86 467	36 364	31 778	4 174
家具制造业	139 667	79 488	20 345	36 898	2 936
造纸及纸制品业	337 910	200 321	48 617	82 621	6 351
印刷业和记录媒介的复制	388 698	151 132	70 915	156 221	10 430
文教体育及娱乐用品制造业	108 236	69 413	12 686	22 920	3 217
石油加工、炼焦及核燃料加工业	24 763	17 026	6 977	760	
化学原料及化学制品制造业	466 119	254 238	105 169	95 768	10 944
医药制造业	414 611	202 684	48 124	114 537	49 266
橡胶及塑料制品业	270 532	145 873	27 466	93 779	3 414
非金属矿物制品业	623 430	360 037	93 910	159 229	10 254
黑色金属冶炼及压延加工业	282 541	189 948	56 636	31 857	4 100
有色金属冶炼及压延加工业	80 106	40 714	11 053	25 883	2 456
金属制品业	804 845	404 374	139 308	220 986	40 177
通用设备制造业	851 141	462 742	132 174	222 683	33 542
专用设备制造业	1 096 667	635 247	167 400	251 333	42 687
汽车制造业	1 149 255	499 667	124 428	512 350	12 810
铁路、船舶、航空和其他设备制造业	409 319	162 729	26 858	164 590	55 142
电气机械及器材制造业	868 384	446 588	132 650	265 632	23 514
通信设备、计算机及其他电子设备	824 997	393 826	166 686	254 914	9 571
仪器仪表制造	230 093	146 149	29 040	50 838	4 066

指　　标	本年完成投　资	建筑工程	安装工程	设备工器具购置	其他费用
其他制造业	87 663	51 760	23 447	12 088	368
废弃资源综合利用					
金属制品机械和设备修理					
电力、燃气及水的生产和供应业	608 619	384 607	96 528	105 229	22 255
电力、热力的生产和供应业	300 833	196 405	29 937	62 741	11 750
燃气生产和供应业	45 133	17 078	18 186	3 644	6 225
水的生产和供应业	262 653	171 124	48 405	38 844	4 280
建筑业	15 869 977	10 426 305	2 089 732	2 142 322	1 211 618
批发和零售业	15 442 850	10 159 043	2 041 612	2 035 841	1 206 354
交通运输、仓储和邮政业	12 067 540	8 272 311	1 356 822	1 366 770	1 071 637
铁路运输业	79 720	50 736	14 143	7 343	7 498
道路运输业	922 823	354 775	122 939	80 410	364 699
仓储业	119 236	72 827	23 120	21 656	1 633
邮政业	8 909	4 119	2 063	2 562	165
住宿和餐饮业	846 890	453 116	165 324	193 222	35 228
信息传输、软件和信息技术服务业					
#电信、广播电视和卫星传输服务	32 066	12 740	1 442	17 884	
金融业	9 532 270	7 116 607	956 134	806 642	652 887
房地产业	9 238 418	6 926 021	914 832	759 661	637 904
租赁和商务服务业	1 487 797	1 034 758	197 754	177 945	77 340
科学研究和技术服务业	412 526	258 166	58 550	89 796	6 014
水利、环境和公共设施管理业	3 548 030	2 865 695	236 583	69 345	376 407
水利管理业	128 811	116 138	5 632	4 406	2 635
生态保护和环境治理业	72 129	56 149	4 266	9 370	2 344
公共设施管理业	3 347 090	2 693 408	226 685	55 569	371 428
居民服务、修理和其他服务业	427 932	204 335	107 310	108 482	7 805
教育	526 726	323 788	81 593	108 783	12 562
卫生和社会工作	1 642 785	1 309 290	139 566	161 049	32 880
#卫生	354 922	278 370	21 123	50 806	4 623
文化、体育和娱乐业	719 125	575 752	38 148	87 112	18 113
公共管理、社会保障和社会组织	524 991	422 017	73 147	20 778	9 049

5-7 各行业固定资产投资

(按建设性质分,2014 年)　　单位:万元

指　　标	本年完成投资	# 新建	# 扩建	# 改建和技术改造
总　计	**34 342 514**	**10 754 777**	**1 678 867**	**15 507 282**
农、林、牧、渔业	357 228	238 390	25 669	88 009
工　业	13 974 627	3 691 796	625 026	8 226 007
采矿业	53 081	7 698	12 786	30 347
制造业	13 312 927	3 396 264	571 294	7 959 078
农副食品加工业	1 082 257	282 017	122 374	624 765
食品制造业	471 605	91 967	12 360	338 623
酒、饮料和茶制造业	173 241	19 085	9 500	139 357
烟草制品业				
纺织业	322 567	82 383	51 178	161 617
纺织服装、服饰业	1 418 475	98 169	97 291	1 035 384
皮革、毛皮、羽毛(绒)及其制品业	133 085	11 065	5 113	109 712
木材加工及木、竹、藤、棕、草制	158 783	12 627	1 064	139 901
家具制造业	139 667	11 550	5 557	119 676
造纸及纸制品业	337 910	148 274	9 936	165 047
印刷业和记录媒介的复制	388 698	2 302	2 638	324 231
文教体育及娱乐用品制造业	108 236	27 594	990	74 486
石油加工、炼焦及核燃料加工业	24 763			24 763
化学原料及化学制品制造业	414 611	161 934	15 877	211 197
医药制造业	8 156	5 300		2 856
橡胶及塑料制品业	270 532	48 542	16 297	182 137
非金属矿物制品业	623 430	158 781	35 591	373 390
黑色金属冶炼及压延加工业	282 541	119 656		159 930
有色金属冶炼及压延加工业	80 106	8 026	2 280	59 460
金属制品业	804 845	374 940	23 321	365 889
通用设备制造业	851 141	162 563	6 460	568 440
专用设备制造业	1 096 667	358 470	23 465	658 299
汽车制造业	1 149 255	433 334	5 020	344 925
铁路、船舶、航空和其他设备制造业	409 319	178 928	7 836	215 353
电气机械及器材制造业	868 384	251 805	25 488	478 258
通信设备、计算机及其他电子设备	824 997	147 162	69 729	496 757
仪器仪表制造	230 093	90 811		111 208
其他制造业	87 663	4 668		82 995
废弃资源综合利用				
金属制品机械和设备修理				

(按建设性质分,2014 年) 单位:万元

指　　标	本年完成投资	# 新建	# 扩建	# 改建和技术改造
电力、燃气及水的生产和供应业	608 619	287 834	40 946	236 582
电力、热力的生产和供应业	300 833	115 823	15 470	150 285
燃气生产和供应业	45 133	17 017	2 900	25 216
水的生产和供应业	262 653	154 994	22 576	61 081
建筑业	15 869 977	6 824 591	1 028 172	7 193 266
批发和零售业	15 442 850	6 810 929	999 550	6 868 076
交通运输、仓储和邮政业	12 067 540	6 377 775	636 008	4 399 866
铁路运输业	79 720	79 720		
道路运输业	922 823	805 383	12 657	49 124
仓储业	119 236	96 897		20 527
邮政业	8 909			8 909
住宿和餐饮业	846 890	159 485	76 271	601 584
信息传输、软件和信息技术服务业				
# 电信、广播电视和卫星传输服务	32 066	2 600		15 068
金融业	9 532 270	5 158 259	537 549	3 451 927
房地产业	9 238 418	5 051 038	513 428	3 302 064
租赁和商务服务业	1 487 797	599 815	71 330	752 025
科学研究和技术服务业	412 526	51 892	18 202	300 491
水利、环境和公共设施管理业	3 548 030	2 061 814	270 518	1 088 593
水利管理业	128 811	25 773	24 679	78 359
生态保护和环境治理业	72 129	7 260	5 359	53 980
公共设施管理业	3 347 090	2 028 781	240 480	956 254
居民服务、修理和其他服务业	427 932	72 622	32 618	303 704
教育	526 726	219 136	79 246	183 076
卫生和社会工作	1 642 785	1 245 213	15 194	329 887
# 卫生	354 922	232 962	2 610	101 325
文化、体育和娱乐业	719 125	488 934	7 098	188 627
公共管理、社会保障和社会组织	524 991	492 974	2 600	29 417

5-8 各行业新增固定资产和项目

(2014 年)

指　　标	本年完成投　资(万元)	本年新增固定资产(万元)	施工项目(个)	#本年新开工	本年投产项　目(个)
总　　计	**34 342 514**	**20 039 262**	**6 842**	**5 783**	**5 811**
农、林、牧、渔业	357 228				
工　业	13 974 627	8 972 149	3 374	2 877	2 838
采矿业	53 081	27 078	11	11	10
制造业	13 312 927	8 483 438	3 221	2 748	2 711
农副食品加工业	1 082 257	759 308	297	259	262
食品制造业	471 605	249 766	144	122	117
酒、饮料和茶制造业	173 241	100 111	38	36	35
烟草制品业					
纺织业	322 567	262 785	76	69	70
纺织服装、服饰业	1 418 475	1 300 372	460	394	419
皮革、毛皮、羽毛(绒)及其制品业	133 085	118 722	47	44	46
木材加工及木、竹、藤、棕、草制	158 783	106 308	55	47	52
家具制造业	139 667	95 140	51	47	48
造纸及纸制品业	337 910	183 223	72	69	64
印刷业和记录媒介的复制	388 698	314 102	118	114	102
文教体育及娱乐用品制造业	108 236	78 559	36	34	32
石油加工、炼焦及核燃料加工业	24 763	7 509	7	7	6
化学原料及化学制品制造业	414 611	244 426	93	77	68
医药制造业	8 156	2 856	2	1	1
橡胶及塑料制品业	270 532	221 602	92	82	83
非金属矿物制品业	623 430	442 083	186	161	168
黑色金属冶炼及压延加工业	282 541	99 084	71	37	59
有色金属冶炼及压延加工业	80 106	45 993	25	18	20
金属制品业	804 845	663 079	184	145	152
通用设备制造业	851 141	470 435	200	189	145
专用设备制造业	1 096 667	633 492	269	225	213
汽车制造业	1 149 255	884 907	173	140	136
铁路、船舶、航空和其他设备制造业	409 319	162 072	35	27	26
电气机械及器材制造业	868 384	490 727	196	166	163
通信设备、计算机及其他电子设备	824 997	174 502	85	63	62
仪器仪表制造	230 093	61 779	43	33	33
其他制造业	87 663	26 158	29	24	18
废弃资源综合利用					
金属制品机械和设备修理					

5-8 续表 (2014 年)

指　　标	本年完成投　资(万元)	本年新增固定资产(万元)	施工项目(个)	#本年新开工	本年投产项　目(个)
电力、燃气及水的生产和供应业	608 619	461 633	142	118	117
电力、热力的生产和供应业	300 833	233 062	58	53	47
燃气生产和供应业	45 133	13 756	11	8	8
水的生产和供应业	262 653	214 815	73	57	62
建筑业	15 869 977	9 022 447	3 361	2 822	2 877
批发和零售业	15 442 850	8 745 982	3 238	2 701	2 795
交通运输、仓储和邮政业	12 067 540	6 045 976	2 134	1 701	1 762
铁路运输业	79 720		1	1	
道路运输业	922 823	163 877	42	24	32
仓储业	119 236	98 455	21	14	15
邮政业	8 909	6 879	4	3	4
住宿和餐饮业	846 890	618 829	299	278	285
信息传输、软件和信息技术服务业					
#电信、广播电视和卫星传输服务	32 066	28 246	6	4	5
金融业	9 532 270	4 704 207	1 654	1 285	1 334
房地产业	9 238 418	4 494 481	1 583	1 223	1 271
租赁和商务服务业	1 487 797	721 450	314	279	250
科学研究和技术服务业	412 526	285 338	123	112	95
水利、环境和公共设施管理业	3 548 030	1 683 162	458	290	379
水利管理业	128 811	128 773	38	27	37
生态保护和环境治理业	72 129	54 490	12	11	8
公共设施管理业	3 347 090	1 499 899	408	252	334
居民服务、修理和其他服务业	427 932	269 388	147	139	127
教育	526 726	360 193	168	137	133
卫生和社会工作	1 642 785	699 352	226	172	183
#卫生	354 922	148 620	55	47	44
文化、体育和娱乐业	719 125	209 707	91	81	75
公共管理、社会保障和社会组织	524 991	313 762	65	36	51

5-9 各行业固定资产投资资金来源

(2014 年)

单位:万元

指　　标	本年累计资金来源	# 本年到位资金	国家预算内资金	国内贷款	债券	利用外资	自筹资金	其 他
总　　计	**34 559 195**	**34 139 202**	**747 880**	**2 754 007**		**284 137**	**29 827 761**	**525 417**
农、林、牧、渔业								
工　业	356 042	355 642	2 360				352 875	407
采矿业	53 728	53 728					53 105	623
制造业	15 001 864	14 922 178	1 016	928 653		264 666	13 629 036	98 807
农副食品加工业	1 143 571	1 137 989		39 734		52 075	1 024 928	21 252
食品制造业	521 654	521 384		54 446			464 810	2 128
酒、饮料和茶制造业	192 028	189 530		5 409			184 121	
烟草制品业								
纺织业	339 407	339 407		9 767		1 070	326 389	2 181
纺织服装、服饰业	1 475 254	1 469 640		64 405		2 500	1 398 389	4 346
皮革、毛皮、羽毛(绒)及其制品业	135 291	135 291		15 398			111 286	8 607
木材加工及木、竹、藤、棕、草制	165 825	165 825		21 378			143 232	1 215
家具制造业	152 451	151 454		20 846			129 072	1 536
造纸及纸制品业	440 277	440 237		46 265		2 872	371 100	20 000
印刷业和记录媒介的复制	436 069	436 049		19 578			415 696	775
文教体育及娱乐用品制造业	114 515	114 515		15 695		2 374	95 476	970
石油加工、炼焦及核燃料加工业	28 600	28 600		7 600			21 000	
化学原料及化学制品制造业	466 683	463 576		28 782			434 739	55
医药制造业	8 256	8 256					8 256	
橡胶及塑料制品业	301 851	293 902		20 650		2 895	269 053	1 304
非金属矿物制品业	668 236	667 486		53 852			607 150	6 484
黑色金属冶炼及压延加工业	345 485	342 085					341 029	1 056
有色金属冶炼及压延加工业	89 326	89 206		2 400			86 806	
金属制品业	884 650	884 590		95 649		5 000	780 486	3 455
通用设备制造业	967 344	966 644		26 832			936 533	3 279
专用设备制造业	1 238 404	1 234 394		79 662		3 725	1 143 162	7 845
汽车制造业	1 240 674	1 240 674		139 533		189 800	910 461	880
铁路、船舶、航空和其他设备制造业	453 452	449 452		8 232			437 198	4 022
电气机械及器材制造业	987 267	964 084	1 016	67 300			894 677	1 091
通信设备、计算机及其他电子设备	1 227 411	1 214 634		35 880			1 174 670	4 084
仪器仪表制造	259 459	259 391		14 136			245 255	
其他制造业	97 978	97 278		7 640		2 355	87 283	
废弃资源综合利用								
金属制品机械和设备修理								

指　　标	本年累计资金来源	#本年到位资金	国家预算内资金	国内贷款	债券	利用外资	自筹资金	其他
电力、燃气及水的生产和供应业	676 877	675 279	46 800	31 756			596 513	210
电力、热力的生产和供应业	343 349	343 349	33 443	7 830			302 076	
燃气生产和供应业	48 969	48 969		7 796			41 173	
水的生产和供应业	284 559	282 961	13 357	16 130			253 264	210
建筑业	18 470 684	18 132 375	697 704	1 793 598		19 471	15 196 232	425 370
批发和零售业	18 004 296	17 666 037	697 104	1 792 098		19 471	14 737 530	419 834
交通运输、仓储和邮政业	14 419 812	14 081 673	697 104	1 758 358		12 990	11 195 525	417 696
铁路运输业	100 000	100 000					100 000	
道路运输业	989 873	887 447	14 231	442 300			213 216	217 700
仓储业	136 078	113 839					113 839	
邮政业	8 804	8 804					8 804	
住宿和餐饮业	871 812	871 472	2 000	4 460		2 990	857 866	4 156
信息传输、软件和信息技术服务业								
#电信、广播电视和卫星传输服务	32 476	31 326					31 326	
金融业	11 715 971	11 506 308	629 603	1 306 998		9 000	9 364 867	195 840
房地产业	11 400 350	11 251 456	629 603	1 306 998		9 000	9 110 015	195 840
租赁和商务服务业	1 632 851	1 546 808	800	131 875		4 000	1 247 103	163 030
科学研究和技术服务业	463 063	462 563	1 271	51 000			407 892	2 400
水利、环境和公共设施管理业	4 800 648	4 781 478	342 880	788 173			3 646 822	3 603
水利管理业	133 418	133 418	6 777				123 089	3 552
生态保护和环境治理业	72 691	72 691	8 637	4 743			59 311	
公共设施管理业	4 594 539	4 575 369	327 466	783 430			3 464 422	51
居民服务、修理和其他服务业	476 639	476 639				3 000	473 636	3
教育	660 520	658 980	45 111	20 000			585 501	8 368
卫生和社会工作	2 081 848	2 080 818	65 212	199 500		2 000	1 808 870	5 236
#卫生	398 290	398 270	3 114	25 000			370 156	
文化、体育和娱乐业	1 019 723	1 018 883	30 824	174 500		2 000	811 559	
公共管理、社会保障和社会组织	618 478	618 358	31 274				582 148	4 936

5-10 各县区固定资产投资

(按技术构成分,2014年)

单位:万元

指　　标	合　计	建筑工程	安装工程	设备工器具购置	其他费用
全　　市	**34 342 514**	**20 973 048**	**4 795 595**	**6 201 294**	**2 372 577**
东 湖 区	1 373 432	879 401	99 103	347 343	47 585
西 湖 区	2 700 485	1 653 323	431 157	354 265	261 740
青云谱区	1 633 412	432 731	117 858	905 606	177 217
湾 里 区	379 521	286 816	33 278	49 354	10 073
青山湖区	4 997 886	2 499 250	966 719	1 233 565	298 352
南 昌 县	5 945 064	3 498 361	688 245	1 618 012	140 446
新 建 县	2 744 513	2 152 996	531 424	15 614	44 479
安 义 县	791 466	325 331	203 904	185 496	76 735
进 贤 县	1 088 645	740 847	26 506	202 270	119 022
经济开发区	4 502 495	3 279 772	1 145 404	65 971	11 348
高新开发区	4 001 170	1 866 941	251 011	1 167 523	715 695
红谷滩新区	3 538 855	3 168 103	273 651	5 020	92 081
桑海开发区	166 358	111 643	9 429	28 435	16 851

5-11 各县区固定资产投资

(按登记注册类型分,2014 年)

单位:万元

指 标	合 计	内 资					
			国 有	集 体	股份合作	联 营	有限责任公司
全 市	**28 968 649**	**26 848 066**	**4 533 022**	**538 929**	**186 133**	**74 530**	**11 890 274**
东 湖 区	1 142 741	1 084 177	184 288	15 394			611 409
西 湖 区	2 277 410	1 800 277	237 884	45 662	16 864	4 723	793 253
青云谱区	1 428 240	1 393 796	350 644				295 188
湾 里 区	300 678	296 528	121 517		4 930		48 279
青山湖区	4 303 374	4 067 545	29 290	164 605	43 433		2 557 922
南 昌 县	4 994 869	4 657 988	411 798	15 146		48 866	2 193 561
新 建 县	2 282 002	2 253 008	1 169 289	67 181	57 550		341 045
安 义 县	674 040	673 686	41 300		6 160		17 855
进 贤 县	907 532	839 884	166 660			5 364	288 511
经济开发区	3 690 596	3 362 673	193 954	31 916	36 231	15 577	1 887 832
高新开发区	3 278 753	3 050 136	755 375	169 115	2 750		1 910 146
红谷滩新区	2 955 889	2 648 045	620 993				519 465
桑海开发区	137 581	125 379	21 186				71 327

5-11 续表

单位:万元

指 标				港澳台投资	外商投资	个体经营
	股份有限	私 营	其 他			
全 市	**942 473**	**7 467 280**	**954 534**	**500 466**	**406 425**	**349 608**
东 湖 区	25 410	201 253	8 720	17 750		46 192
西 湖 区	77 575	354 647	116 691	15 512	5 815	257 304
青云谱区	103 374	260 700	269 178	18 857	5 299	2 840
湾 里 区	11 333	83 642	18 000	7 047		
青山湖区	43 332	1 222 161	20 496	30 332	10 164	13 288
南 昌 县	44 624	1 999 763	137 352	2 490	80 842	21 474
新 建 县	181 033	648 796	164 859		6 968	
安 义 县	28 130	548 265				
进 贤 县	26 230	439 624	1 600	46 350	30 188	8 510
经济开发区	214 963	824 468	214 788	58 925	172 291	
高新开发区	73 737	50 377		32 802	85 773	
红谷滩新区	92 256	784 397		270 401		
桑海开发区	3 062	49 187	2 850		9 085	

5-12 各县区工业投资

(2014 年)　　单位:万元

指　　标	合 计	采 矿 业	制 造 业	电力、燃气及水的生产和供应业
全　　市	**13 974 627**	**53 081**	**13 312 927**	**608 619**
东 湖 区	129 608	2 146	84 019	43 443
西 湖 区	60 582		55 750	4 832
青云谱区	821 184		821 184	
湾 里 区	114 219		113 219	1 000
青山湖区	2 311 025		2 300 738	10 287
南 昌 县	3 231 281	1 962	3 211 839	17 480
新 建 县	1 019 411	12 786	703 157	303 468
安 义 县	563 854	7 698	541 167	14 989
进 贤 县	603 155		583 749	19 406
经济开发区	3 459 914	26 239	3 403 786	29 889
高新开发区	1 446 620	2 250	1 326 517	117 853
红谷滩新区	73 826		62 285	11 541
桑海开发区	105 517		105 517	

5-13 各县区施工项目和资金到位情况

(2014 年)

指 标	本年新增固定资产（万元）	本年施工项目（个）	#本年新开工	本年投产项目（个）	本年累计到位资金（万元）	#本年实际到位
全 市	**20 039 262**	**6 842**	**5 783**	**5 811**	**49 754 838**	**34 139 202**
东湖区	1 287 635	371	365	354	1 608 557	1 354 693
西湖区	2 226 180	685	671	664	4 225 808	2 132 733
青云谱区	964 579	185	154	147	1 831 320	1 362 142
湾里区	142 830	38	7	27	457 685	353 989
青山湖区	4 118 011	1 492	1 215	1 320	5 744 936	4 829 230
南昌县	4 714 936	1 909	1 818	1 853	8 063 238	5 338 960
新建县	1 940 881	430	317	387	4 692 169	3 645 875
安义县	853 398	83	30	62	1 036 210	743 471
进贤县	909 305	161	107	127	1 322 125	996 356
经济开发区	62 413	911	725	558	6 831 269	6 154 650
高新开发区	2 044 389	386	256	274	5 505 021	3 098 820
红谷滩新区	721 507	141	104	24	7 113 745	3 045 427
桑海开发区	53 198	40	11	14	267 648	116 592

主要统计指标解释

全社会固定资产投资 固定资产投资额(又称固定资产投资完成额)是以货币形式表现的在一定时期内建造和购置固定资产的工作量以及与此有关的费用的总称。它是反映固定资产投资规模、结构和发展速度的综合性指标,又是观察工程进度和考核投资效果的重要依据。

全社会固定资产投资包括城镇500万元投资、房地产开发投资、农村非农户投资和农村农户投资。

固定资产按国民经济行业分 国民经济行业类别是按企业、事业、行政单位所从事的生产或其他社会经济活动性质的同一性进行的分类。固定资产投资统计中的国民经济行业分类,基本建设项目只能属于一种国民经济行业;更新改造、其他固定资产投资根据整个企、事业单位所属的行业来划分,一般情况下,一个企、事业单位只能属于一种国民经济行业。为了更准确地反映国民经济和行业之间的比例关系,联合企业(总厂)所属分厂属于不同行业的,原则上按分厂划分行业。

固定资产投资按建设性质分 建设项目的性质一般分为新建、扩建、改建、单纯建造生活设施、迁建、恢复、单位购置。是指固定资产再生产的性质。基本建设根据整个建设项目的情况确定;更新改造和其他固定资产投资按整个企业、事业、行政单位的情况确定。一般情况下,一个基本建设项目或企业、事业、行政单位只能有一种建设性质。目前基本建设和更新改造是根据我国现行的计划管理体制区分的,所以基本建设和更新改造都可以分别按新建、扩建和改建等划分。

(1)新建 一般是指从无到有,“平地起家”开始建设的企业、事业和行政单位或独立的工程。现有企业、事业、行政单位一般不属于新建。但如有的单位原有基础很小,经过建设后新增的固定资产价值超过该企业、事业、行政单位原有固定资产价值(原值)三倍以上的也应作为新建。

(2)扩建 是指在厂内或其他地点,为扩大原有产品的生产能力(或效益)或增加新的产品生产能力,而增建主要的生产车间(或主要工程)、分厂、独立的生产线的企业、事业单位。行政、事业单位在原单位增建业务用房(如学校增建建学用房、医院增建门诊部、病房等)也作为扩建。

(3)改建 是指原有设施进行技术改造或更新(包括相应配套的辅助性生产、生活福利设施),没有增建主要生产车间、分厂等的企业、事业单位。现有企业、事业单位为适应市场变化的需要,而改变企业的主要产品种类,或原有产品生产作业线由于各工序(车间)之间能力不平衡,为填平补充充分发挥原有生产能力而增建不增加本企业主要产品设计能力的车间,也应用为改建。

(4)单纯建造生活设施 是指在不扩建、改建生产性工程和业务用房的情况下,单纯建造职工住宅、托儿所、子弟学校、医务室、浴室、食堂等生活福利设施的企业、事业及行政单位。

(5) 迁建 是指为改变生产力布局或由于城市环境保护和安全生产的需要等原因而搬迁另地建设的企业、事业单位。在搬迁另地建设过程中,不论是维持原来规模还是扩大规模都按迁建统计。

(6)恢复 是指因自然灾害、战争等原因,使原有的固定资产全部或部分报废,以后又投资恢复建设的单位。不论是按原规模恢复还是在恢复的同时进行扩建的都按恢复统计。尚未建成投产的基本建设项目或企业、事业单位,因自然灾害而损坏的,不作为恢复项目,仍按原有建设性质划分。

(7)单纯购置 是指现有企业、事业、行政单位单纯购置不需要安装的设备、工具、器具、而不进行工程建设的单位。有些单位当年虽然只从事一些购置活动,但其设计中规定有建筑安装活动,应根据文件的内容来确定建设性质,不得作为单纯购置统计。

固定资产投资按构成分 固定资产投资活动按其工作内容和实现方式分为建筑工程、安装工程、设备、工具、器具购置、用于更新的设备、购置旧设备、其他费用、其中:土地购置费、旧建筑物购置费。

(1)建筑工程 是指各种房屋、建筑物的建造工程,又称建筑工作量。这部分投资额必须兴工动料,通过施工活动才能实现,是固定资产投资额的重要组成部分。

(2)安装工程 是指各种设备、装置的安装工程,又称安装工作量。安装工程包括:①生产、动力、起重、运输、传动和医疗、实验等各种需要安装设备的装配和安装，与设备相连的工作台、梯子、栏杆等装设工程，附属于被安装设备的管线敷设工程，被安装设备的绝缘、附腐、保温、油漆等工作；②为测定安装工程质量，对单个设备、系统设备进行单机试运、系统联动无负荷试运工作(投料试运工作台不包括在内)。在安装工程中，不包括被安装设备本身价值。

(3)设备、工具、器具购置　是指建设单位或企、事业单位购置或自制的，达到固定资产标准的设备、工具、器具的价值。①设备：指各种生产设备、传导设备、动力设备、运输设备等。分为需要安装的设备和不需要安装的设备两种。②工具、器具：是指具有独立用途的各种生产用具、工作工具的仪器。

(4)用于更新的设备　是指为更新陈旧设备而购置的设备。用于更新的设备与原有设备在台数和价值上不一定相等。

(5)购置旧设备　是指从外单位购入的，已经使用过的各种设备，不包括从国外购进的旧设备。

(6)其他费用　是指在固定资产建造和购置过程中发生的。

(7)其中：土地购置费　是指建设项目通过划拨方式或出让方式取得土地使用权而支付的各项费用。

(8)旧建筑物购置费　是指购置已使用过的各种旧房屋及其他建筑物的费用。

施工项目　是指报告期内进行过建筑或安装施工活动的项目。凡是报告期内施过工的建设项目，不论施工时间长短，均作为施工项目统计。施工项目个数可以反映一定时期固定资产投资的实际规模，与同期建成投产的建设项目个数相比，可以从建设速度的角度反映固定资产投资的效果。根据建设项目施工活动的不同性质，施工项目又分为：本年正式施工项目、本年收尾项目和以前年度全部停缓建项目。

全部建成投产项目　工业项目是指设计文件规定形式能力的主体工程及其相应配套的辅助设施全部建成，经负荷试运转，证明具备生产设计规定合格产品的条件，并经过验收鉴定合格或达到竣工验收标准，与生产性工程配套的生产福利设施可满足近期正常生产的需要，正式移交生产的建设项目；非工业项目是指设计文件规定的主体工程和相应配套工程全部建成，能够发挥设计规定的工程效益，经验收鉴定合格或达到竣工标准，正式移交使用的建设项目。

新增生产能力　是指通过固定资产投资活动而增加的设计能力(或工程效益)，是以实物形态表现的固定资产投资成果的指标，也是考核投资经济效果的重要依据之一。新增生产能力的计算，是以能独立发挥生产能力或效益的单项工程(或项目)为对象。当单项工程(或项目)建成，经有关部门鉴定合格、正式移交投入生产，即可计算新增生产能力。新增生产能力的数量一般按设计能力计算。设计文件中规定的在正常情况下能够达到的生产能力，而不论投产后的实际产量如何。以设备数量、建筑物容积、面积、长度等表示为新增生产能力(或效益)，则按建成的实际数量计算。

新增固定资产　新增固定资产(又称交付使用的固定资产)，是指已经完成建造和购置过程，并已交付生产或使用单位的固定资产的价值。新增固定资产是表示固定资产投资成果的价值指标，也是反映建设进度，计算固定资产投资效果的重要数据。

六、城市公用事业

URBAN PUBLIC UTKITIES

本篇内容包括：

1.城市自来水供应
2.市政公用设施
3.城市公共交通
4.园林绿化
5.环境保护、环境卫生
6.用电情况

市政道路面积

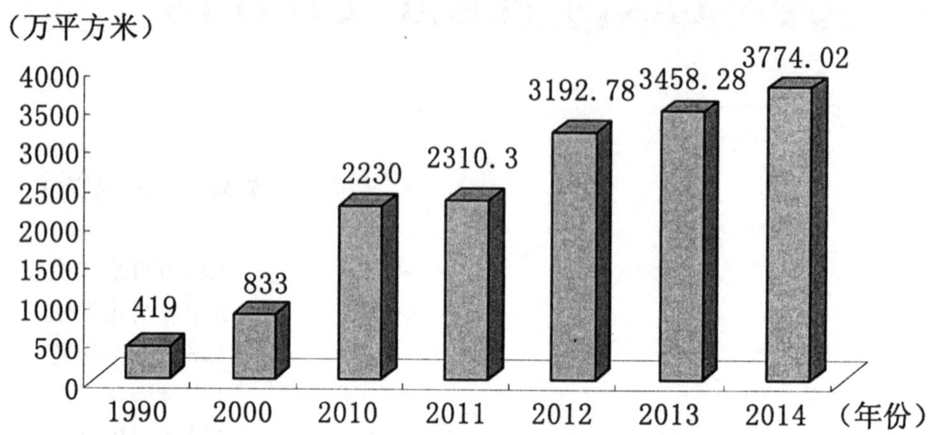

城市供水

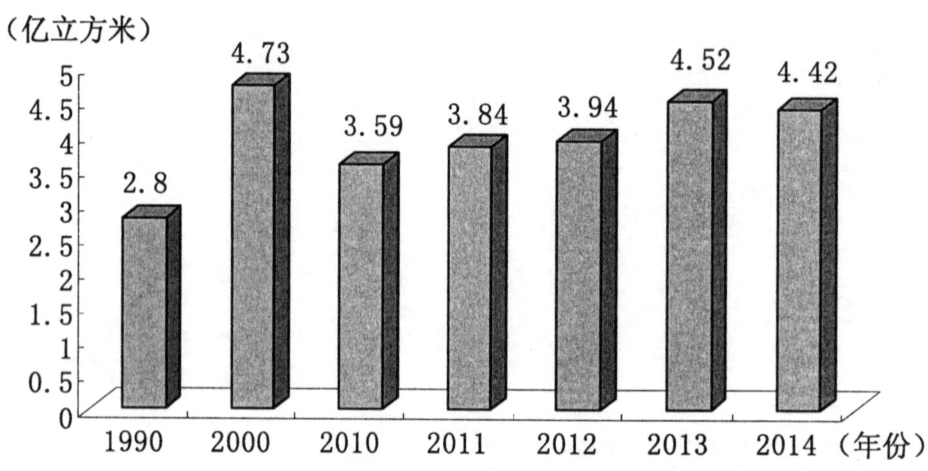

城市用电

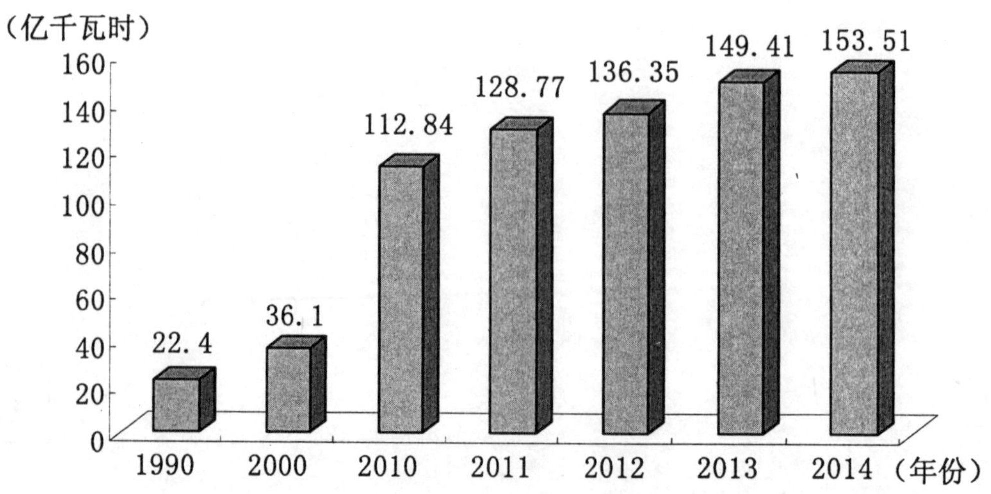

6-1　市政公用设施

项　　目	2013	2014
一、道路总长度(公里)	1 647.23	1 805.09
二、道路总面积(万平方米)	3 458.28	3 774.02
三、人行道总面积(万平方米)	676.49	732.12
四、桥梁(座)	179	217
#立交桥	21	31
五、排水管长度(公里)	2 259.35	2 355.23
六、城镇路灯盏数(盏)	130 921	144 193
七、液化气储气能力(吨)	1 784	1 784
八、液化气供应总量(吨)	61 358	66 044
#家庭用量	57 609	57 799
九、液化气用气数(万户)	31.65	29.46
#家庭用气数(万户)	31.38	29.32
用气人口(万人)	102.99	99.7
十、天然气用气户数(万户)	64.89	76.48
#家庭用气数(万户)	64.67	76.21
用气人口(万人)	183.33	190.79
十一、气化率(%)	91.27	90.82

6–2 城市自来水供应

项　　目	2013	2014
水厂个数(个)	14	15
综合生产能力(万立方米/日)	165.5	171
年末供水管长度(公里)	3 862.44	4 163.95
全年供水总量(万立方米)	45 170.56	44 231.38
#生产用水(万立方米)	5139	4 568.79
生活用水(万立方米)	14 157.57	14 475.39
用水人口(万人)	300.1	306.75
平均每人每天生活用水(升)	238.14	241.4
自来水普及率(%)	95.66	95.9

6–3 城市公共交通

项　　目	2013	2014
一、年末实有营运车辆(辆)	3 484	3 219
公共汽车	3 484	3 219
标台总数(标台)	4 260.2	3 945.3
二、运营线路网长度(公里)	1 430.45	1 609.1
三、全年客运量(万人次)	60 369.43	61 772.66
公共汽车	60 369.43	61 772.66
四、公交换乘系数	1.1	1.11
五、市民出行系数(次/天人)	2.49	2.49
六、全年实现利润总额(万元)	3 526.55	3 910.99
七、年末出租汽车营运车数(辆)	5 153	5 453

6-4　城市园林绿化

(2014 年)

项　　目	城　　区	城建系统内	城建系统外
城市园林绿地面积(公顷)	10 483	4 184	6 299
公共绿地面积(公顷)	3 005		
人均公园绿地面积(平方米)	12.04		
城市绿化覆盖面积(公顷)	11 027	4 586	6 441
建成区绿化覆盖率(%)	42.08		
建成区绿地率(%)	40.01		
苗圃面积(公顷)	80	80	
公园(含动物园,个)	26	19	7
公园面积(公顷)	752	752	

6-5 城市环境卫生

(2014 年)

项目	城区
全年清扫面积(万平方米)	2 942
全年清运生活垃圾(万吨)	58.03
生活垃圾无害化处理(万吨)	57.75
公共厕所数(座)	335
粪便无害化处理(万吨)	1.0
环卫机械数量(辆)	336
清洁卫生工作人员(人)	11 215
垃圾中转站(座)	105
果壳箱(个)	22 532

6-6 全社会用电量

单位:万千瓦小时

行业	2013	2014
全社会用电总计	**1 494 124**	**1 535 060**
全行业用电	1 180 598	1 232 097
第一产业	22 328	21 653
第二产业	808 273	839 146
工业	785 620	813 383
建筑业	22 655	25 764
第三产业	349 997	371 299
居民生活用电	313 524	302 962
城镇	245 829	228 047
乡村	67 698	74 918

6-7 环境保护

项目	2013	2014
一、“三废”排放、处理及综合利用情况		
污水集中处理率(%)	90	91
废水排放总量(万吨)	44 104	43 433
#工业废水(万吨)	10 602	8 656
工业废气排放总量(亿标立方米)	1 374	1 487
工业二氧化硫排放量(吨)	40 756	37 049
工业烟尘排放量(吨)	11 413	29 435
工业固废产生量(万吨)	224	195
工业固废综合利用量(万吨)	219	187
工业固废综合利用率(%)	97.8	95.9
工业危险废弃物处置利用率(%)	100	100
医疗废物处置率(%)	100	100
二、污染治理情况		
环境保护投资指数(%)	2.03	2.12
工业企业用于污染治理资金(万元)	26 872.3	21 767.5
#治理废水(万元)	9 221.5	854.3
治理固体废弃物(万元)	4 690.5	38.5

主要统计指标解释

年末自来水生产能力 指年末城建部门管理的自来水厂和社会单位自备水源的取水、净化、送水出厂输水干管等环节的实际生产能力。

年末供水管道长度 指从送水泵至用户水表之间所有管道的长度。

全年供水总量 指公用自来水厂和社会单位自备水源全年的供水总量,包括有效供水量及损失水量。

生活用水量 指居民日常生活与公共福利设施的用水量。包括饮食店、旅馆、医院、理发店、浴池、洗衣店、游泳池、商店、学校、机关、部队等单位的用水量。

年末实有铺装道路长度 指除土路外,路面经过铺装宽度在3.5米以上的道路,包括高级、次高级道路和普通道路。

城市下水道总长度 指所有排水总管、干管、支管及暗渠、检查井、连接井进出水口等长度之和。

年末实有公共汽(电)车辆 指年底可参加营运的全部车辆数。包括年底营运车辆数和库存查封未参加营运的车辆,不包括非营运车辆,如架线车、油罐车、工程车、货车及其他专用车辆和借入的客运车辆。

营运线路长度 指设置的固定营运线路长度,包括郊区营运线路长度。不包括临时行驶的线路长度。

燃气普及率 指报告期末城区内使用燃气的人口与总人口的比率。计算公式为:

$$燃气普及率=\frac{城区用气人口(含暂住人口)}{城区人口+城区暂住人口}\times100\%$$

供水综合生产能力 指按供水设施取水、净化、送水、出厂输水干管等环节设计能力计算的综合生产能力。包括在原设计能力的基础上,经挖、革、改增加的生产能力。

供水管道长度 指从送水泵至用户水表之间所有管道的长度。

供水总量 指供水企业(单位)供出的全部水量,包括有效供水量和漏损水量。有效供水量指水厂将水供出厂外后,各类用户实际使用到的水量,包括售水量和免费供水量。

用水人口 指由城市供水设施供给居民家庭用水的人口,包括农业用水人口、非农业用水人口等。

人均日生活用水量 指每一用水人口平均每天的生活用水量。计算公式:

$$人均日生活用水量=\frac{居民家庭用水量+公共服务用水量+免费供水量中的生活用水量}{用水人口}\div报告期日历日数\times1000升$$

用水普及率 指报告期末城市用水人口数与城区人口总数的比率。计算公式:

$$用水普及率=\frac{城区用水人口(含暂住人口)}{城区人口+城区暂住人口}\times100\%$$

绿化覆盖面积 指城市中的乔木、灌木、草坪等所有植被的垂直投影面积。包括公园绿地、防护绿地、生产绿地、附属绿地、其他绿地的绿化种植覆盖面积、屋顶绿化覆盖面积以及零散树木的覆盖面积,不含各类绿地中的水域面积以及没有被植被覆盖的面积(硬化道路、无屋顶绿化的建筑物等)。

绿地面积 指报告期末用作园林和绿化的各种绿地面积。包括公园绿地、生产绿地、防护绿地、附属绿地和其他绿地的面积。

公园绿地 城市中向公众开放的、以游憩为主要功能,有一定的游憩设施和服务设施,同时兼有健全生态、美化景观、防灾减灾等综合作用的绿化用地。

人均公园绿地面积 指报告期末区域内城区人口平均每人拥有的公园绿地面积。人口数采用年底人口数。计算公式为:

$$人均公园绿地面积=\frac{公园绿地面积}{城区人口+城区暂住人口}\times100\%$$

建成区绿地率 指报告期末建成区内绿地面积与建成区面积的比率。计算公式:

$$建成区绿地率=\frac{建成区绿地面积}{建成区面积}\times100\%$$

建成区绿化覆盖率 指报告期末建成区内绿化覆盖面积与建成区面积的比率。计算公式为：

$$建成区绿化覆盖率 = \frac{建成区绿化覆盖面积}{建成区面积} \times 100\%$$

生活垃圾清运量 指收集和运送到各生活垃圾处理场(厂)和生活垃圾最终消纳点的生活垃圾数量。生活垃圾指城市日常生活或为城市日常生活提供服务的活动中产生的固体废物以及法律行政规定的视为城市生活垃圾的固体废物。包括:居民生活垃圾、商业垃圾、集市贸易市场垃圾、街道清扫垃圾、公共场所垃圾和机关、学校、厂矿等单位的生活垃圾。

生活垃圾无害化处理量 指用卫生填埋、堆肥、焚烧等工艺方法处理生活垃圾的总量。即生活垃圾在无害化处理厂(场)处理的垃圾总量。

污水处理厂集中处理率 指报告期内通过污水处理厂处理的污水量与污水排放总量的比率。计算公式：

$$污水处理厂集中处理率 = \frac{污水处理厂处理的污水量}{污水排放总量} \times 100\%$$

工业废水处理量 指经各种水治理设施(含城镇污水处理厂、工业废水处理厂)实际处理的工业废水量，包括处理后外排的和处理后回用的工业废水量。虽经处理但未达到国家或地方排放标准的废水量也应计算在内。计算时,如遇有车间和厂排放口均有治理设施,并对同一废水分级处理时,不应重复计算工业废水处理量。

工业废水排放量 指经过企业厂区所有排放口排到企业外部的工业废水量。包括生产废水、外排的直接冷却水、废气治理设施废水、超标排放的矿井地下水和与工业废水混排的厂区生活污水,不包括独立外排的间接冷却水(清浊不分流的间接冷却水应计算在内)。

工业废气排放量 指企业厂区内燃料燃烧和生产工艺过程中产生的各种排入空气中含有污染物的气体的总量,以标准状态(273K,101325Pa)计算。

二氧化硫排放量 指企业在燃料燃烧和生产工艺过程中排入大气的二氧化硫总质量。工业中二氧化硫主要来源于化石燃料(煤、石油等)的燃烧,还包括含硫矿石的冶炼或含硫酸、磷肥等生产的工业废气排放。

烟(粉)尘排放量 指企业在燃料燃烧和生产工艺过程中排入大气的烟尘及工业粉尘的总质量之和。烟尘或工业粉尘排放量可以通过除尘系统的排风量和除尘设备出口烟尘浓度相乘求得。

一般工业固体废物产生量 指未被列入《国家危险废物名录》或者根据国家规定的危险废物鉴别标准(GB5085)、固体废物浸出毒性浸出方法(GB5086)及固体废物浸出毒性测定方法(GB/T 15555)鉴别方法判定不具有危险特性的工业固体废物。计算公式是：

一般工业固体废物产生量=(一般工业固体废物综合利用量–其中：综合利用往年贮存量)+ 一般工业固体废物贮存量+(一般工业固体废物处置量–其中:处置往年贮存量)+ 一般工业固体废物倾倒丢弃量

一般工业固体废物综合利用量 指通过回收、加工、循环、交换等方式,从固体废物中提取或者使其转化为可以利用的资源、能源和其他原材料的固体废物量(包括当年利用的往年工业固体废物累计贮存量)。如用作农业肥料、生产建筑材料、筑路等。综合利用量由原产生固体废物的单位统计。

一般工业固体废物综合利用率 指一般工业固体废物综合利用量占一般固体废物产生量与综合利用往年贮存量之和的百分率。计算公式为：

$$一般工业固体废物利用率 = \frac{一般工业固体废物综合利用量}{一般工业固体废物生产量+综合利用往年贮存量} \times 100\%$$

危险废弃物处置利用率 指危险废弃物处置量占危险废弃物产生量与处置往年贮存量之和的百分率。计算公式为：

$$危险废弃物处置利用率 = \frac{危险废弃物处置量}{危险废弃物生产量+综合利用往年贮存量} \times 100\%$$

环境保护投资指数 指一个地区用于环境保护的投资额占地区生产总值(按当年价格计算)的比重。计算公式为：

$$环境保护投资指数 = \frac{用于环境保护的投资额}{地区生产总值(当年价格)} \times 100\%$$

七、外贸和旅游

FORDIGN ECONOMIC TRANE AND TOURISM RELATIONS

本篇内容包括：

1.外贸进出口情况
2.利用外资情况
3.接待入境旅游、国内旅游情况
4.星级饭店接待入境旅游者等情况
5.星级饭店一览表

海关出口总值

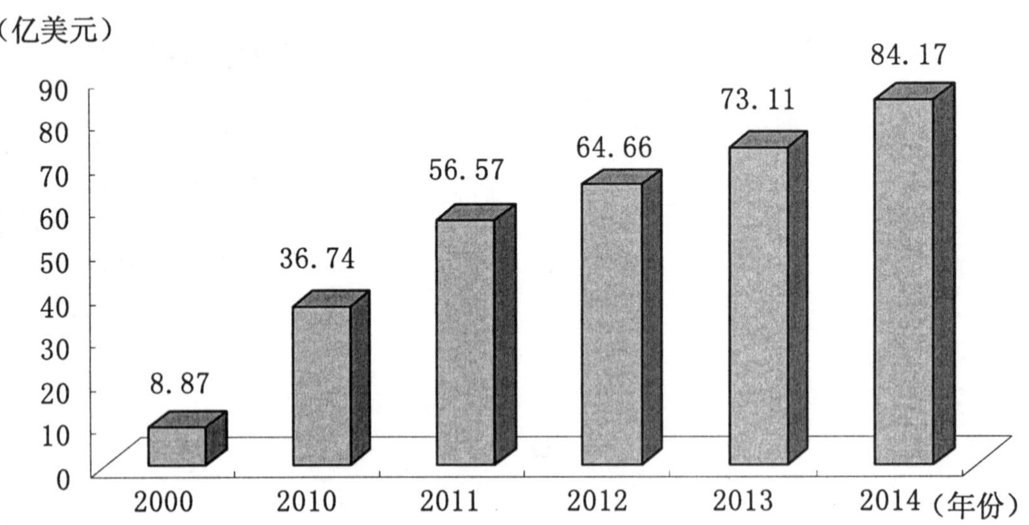

实际利用外资

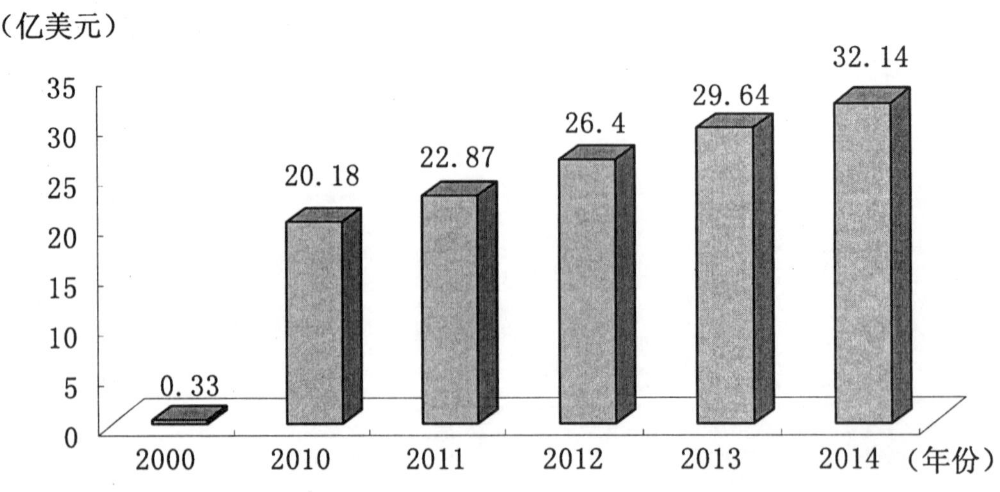

7-1 主要年份海关进出口总值

单位:万美元

年份	海关进出口总值		出口总值		进口总值	
	绝对量	比上年增长%	绝对量	比上年增长%	绝对量	比上年增长%
2000	111 555	13.0	88 728	24.3	22 827	-16.3
2010	530 364	52.4	367 427	72.5	162 937	20.8
2011	788 371	48.6	565 675	54.0	222 696	36.7
2012	828 743	5.2	646 556	14.4	182 187	-18.0
2013	972 232	17.3	731 112	13.1	241 121	32.2
2014	1 222 643	25.9	841 746	15.2	380 897	58.5

7-2 主要年份实际利用外资额

单位:万美元

项目	1990	2000	2010	2011	2012	2013	2014
合计	**1 129**	**3 288**	**201 800**	**228 737**	**263 988**	**296 437**	**321 418**
#外商直接投资	393	3 141	201 800	228 737	263 988	296 437	321 418
合资经营	149	2 654	26 640	39 248	21 670	33 248	61 125
合作经营	203	2	332	12 160	474		24
独资经营	41	485	174 607	177 329	241 844	263 189	260 269

7-3 主要年份签订利用外资协议(合同)

指 标		合计	外商直接投资	合资经营	合作经营	独资经营
2000	项目(个)	43	43	23	2	18
	金额(万美元)	2 856	2 856	1 932	42	882
2010	项目(个)	304	304	37		267
	金额(万美元)	235 619	235 619	25 657		209 620
2011	项目(个)	185	185	20	1	162
	金额(万美元)	319 599	319 599	27 563	2 570	287 939
2012	项目(个)	164	164	16		148
	金额(万美元)	249 575	249 575	24 865		224 710
2013	项目(个)	176	176	24	1	151
	金额(万美元)	246 918	246 918	37 247	–232	209 903
2014	项目(个)	189	189	13		175
	金额(万美元)	306 128	306 128	31 461		274 478

注:2014 年外商直接投资合计数,含一项投资性公司投资 189 万美元。

7-4 主要年份入境旅游和国内旅游情况

年 份	入境旅游情况				国内旅游情况			
	旅游外汇收入		接待海外旅游者人数		国内旅游收入		接待国内旅游人数	
	绝对值(万美元)	比上年增长%	绝对值(人次)	比上年增长%	绝对值(亿元)	比上年增长%	绝对值(万人次)	比上年增长%
2000	2 578	19.6	37 010	8.4	22.00		391.78	
2010	3 069	–3.1	120 524	15.8	98.00	17.1	1 498	22.1
2011	4 650	16.3	143 600	18.7	142.50	45.4	2 094	39.8
2012	5 300	14.0	184 466	28.5	198.60	39.3	2 519	20.3
2013	6 390	20.6	201 782	9.4	271.99	36.9	3 282	30.3
2014	6 802.91	6.5	207 830	3	382.03	40.45	4 266.02	29.98

7-5 星级饭店接待入境旅游者人数

项　　目	接待总人数(人次)	
	2013 年	2014 年
合　计	**201 782**	**207 830**
外国人	**95 082**	**97 268**
亚洲小计	**29 568**	**33 789**
日　本	3 180	4 180
韩　国	9 505	11 126
蒙　古	23	20
印度尼西亚	1 350	1 280
马来西亚	1 650	1 518
菲律宾	1 378	1 213
新加坡	2 659	2 553
泰　国	3 506	5 638
印　度	2 151	1 936
越　南	630	570
缅　甸	46	50
朝　鲜	90	
巴基斯坦	550	570
其　他	2 850	3 135
欧洲小计	**21 258**	**22 136**
英　国	3 580	4 296
法　国	2 680	2 814
德　国	3 049	2 896
意大利	2 037	1 833
瑞　士	308	323
瑞　典	350	368
俄罗斯	3 105	3 726
西班牙	2 309	2 424
其　他	3 840	3 456
美洲小计	**30 255**	**25 779**
美　国	24 125	19 203
加拿大	2 780	3 058
其　他	3 350	3 518
大洋洲小计	**3 358**	**3 271**
澳大利亚	1 950	2 145
新西兰	889	711
其　他	519	415
非洲小计	**10 563**	**12 195**
其他小计	**80**	**98**
港澳同胞	**80 325**	**69 250**
# 香港同胞	60 606	51 132
台湾同胞	**26 375**	**41 312**

7-6 星级饭店一览表

项　　目	客房数（间）	床位数（床）	电　话	地　　址	邮　编
五　星　级(8个)					
江西宾馆	228	407	86206666	八一大道368号	330006
凯莱大酒店	327	442	86738855	沿江北路88号	330003
锦峰大酒店	167	307	88867777	站前西路281号	330002
园中源酒店	189	283	88863333	火炬大街539号	330096
嘉来特和平	390	585	86111118	广场南路10号	330002
泰耐克酒店	209	299	88828899	红谷滩新府路28号	330038
东方豪景	346	519	86288888	民德路411号	330008
力高皇冠	380	530	86699999	沿江中大道266号	330009
四　星　级(22个)					
瑞都大酒店	115	212	86201888	广场南路399号	330002
赣江宾馆	312	589	86221159	八一大道138号	330006
锦都皇冠	214	353	86429999	南昌洪城路99号	330002
江西饭店	318	505	88858888	八一大道356号	330006
皇廷大酒店	212	358	86208888	站前路176号	330002
国贸酒店(停业)	243	364	88855555	洪城路2号	330002
白璐会所	87	164	88121888	师大瑶湖校区	330022
百瑞四季	224	430	88688198	洪都北大道10号	330046
京西宾馆	178	331	88850666	省府大院南一路	330046
玉泉岛酒店	106	212	88111111	南昌文博路33号	333200
七星商务	230	352	88866666	南京西路225号	330006
鄱阳湖酒店	270	432	88856666	井冈山大道1128号	330002
鑫峰假日	149	242	88827388	红谷滩会展路29号	330038
富庭苑	199	344	85236666	井冈山大道388号	330000
新吉花园	198	329	83822222	丰和北大道299号	330038
立生国际	214	371	88213076	解放东路1888号	330000
进贤皇庭	199	340	85539666	进贤胜利中路68号	331700
唯客丽晶	390	475	88599999	洛阳路70号	
军山湖酒店	150	258	85680888	进贤胜利中路	331700
君亭红牛	205	343	86160324	二七南路552号	330002
锦怡大酒店	220	386	86101416	洛阳路25号	330002
鼎昇大酒店	268	440	87788888	洪都南大道207号	330000
三　星　级(20个)					
铁路大酒店	129	218	86108108	南昌火车站	330002
明园大酒店	150	283	87038888	二七南路527号	330046
核工宾馆	132	271	86351118	北京西路134号	330046
金悦宾馆	88	170	86233333	系马桩326号	330003
东城宾馆	144	236	88355999	京东大道777号	330009
银龙大酒店	117	206	88456888	洪都大道312号	
体育宾馆	150	285	86203288	福州路28号	
华宇商务	167	280	88456666	井岗山大道685号	330002
春都商务	96	172	83729999	红谷滩丽景路666	330038
阳光假日	116	160	82108888	二七北路520号	330077
百胜宾馆	125	224	88226999	顺外路578号	330029
安义金鼎(停业)	69	130	83378888	安义前进大道709	
滕王阁宾馆	98	146	86651365	桃花北路1号	330025
绿洲假日	120	200	88113366	上海北路608号	
新都宾馆	126	235	87073999	新建县解放路	330000
古德宾馆	124	190	87566666	南京东路1007号	330029
豫章假日	45	63	83791888	湾里区兴湾大道222号	
城市花园酒店	100	160	88221222	二七北路328号	
北斗星商务酒店	100	169	83098888	红谷滩翠苑路802号	
东申商务宾馆	151	297	88356329	北京东路1225	330029
二　星　级(4个)					
江铃宾馆	122	214	85233348	迎宾北大道290号	330001
华昌宾馆	72	152	86120008	广场南路11号	330002
洪禾宾馆	100	196	87100538	站前路106号	330002
颂英宾馆	48	88	86301336	孺子路46号	330003

主要统计指标解释

进出口总额 是指从国外(境外)进入国境的进口商品和从国内运出国境的出口商品的总金额,包括一般贸易(含进料加工)、技术成套设备进口和出口、补偿贸易、加工装配、易货贸易以及中外合资、合作和外商独资企业的进口和出口等。我国规定进口按到岸价格(CIF)计算,出口按离岸价格(FOB)计算。

利用外资 是指我国各级政府、部门、企业、中国银行和其他单位通过对外借款、吸收外商直接投资和用其他方式的境外现汇、设备、技术等。

对外借款 是我国利用外资的主要部分,包括我国通过外国政府贷款、国际金融组织贷款、外国银行商业贷款、出口信贷以及对外发行证券等方式,从国外和港澳地区筹措的资金。

外商直接投资 是指外国企业和经济组织或个人(包括华侨、港澳同胞以及我国在境外注册的企业)按我国有关政策、法规,用现汇、实物、技术等在我国境内开办外商独资企业、与我国境内的企业或经济组织共同举办中外合资经营企业、合作经营企业或合作开发资源的投资(包括外商投资收益的再投资)以及政府有关部门批准的项目投资总额内,企业从境外借入的资金。

外商其他投资 指对外借款和外商直接投资以外,用其他方式吸收的外资,包括补偿贸易、加工装配以及国际租赁等。

入境旅游者 指来中国(大陆)观光、度假、探亲访友、就医疗养、购物、参加会议或从事经济、文化、体育、宗教活动的外国人、港澳台同胞等游客(即入境旅游人数)中在中国(大陆)的旅游住宿设施内至少停留一夜的外国人、港澳台同胞。

入境旅游者不包括下列人员:

(1)应邀来华访问的政府部长以上官员及其随行人员;

(2)外国驻华使领官员、外交人员以及随行的家庭服务人员和受瞻养者;

(3)常驻中国(大陆)一年以上的外国专家、留学生、记者、商务机构人员等;

(4)乘坐国际航班过境不需要通过护照检查进入中国(大陆)口岸的中转旅客;

(5)边境地区往来的边民;

(6)回大陆定居的港澳台同胞;

(7)已在中国(大陆)定居的外国人和原已出境又返回在中国(大陆)定居的外国侨民;

(8)归国的中国(大陆)出国人员。

国内旅游者 指中国(大陆)居民离开惯常居住地在境内其他地方的旅游住宿设施内至少停留一夜,最长不超过12个月的国内游客。

国内旅游者应包括在中国(大陆)境内常住一年以上的外国人、港澳台同胞。但不包括到各地巡视工作的部以上领导、驻外地办事机构的临时工作人员、调遣的武装人员、到外地学习的学生、到基层锻炼的干部、到境内其他地区定居的人员和无固定居住地的无业游民。

旅游收入 游客(入境游客和国内游客)在旅游过程中(由游客或游客的代表为游客)支付的一切旅游支出就是国家(省、区、市)的旅游收入。旅游支出应包括(过夜)旅游者和一日游游客在整个游程中食、住、行、游、购、娱,以及为亲友、家人购买纪念品、礼品等方面的旅游支出,不包括为商业目的购物、购买房、地、车、船等资本性或交易性的投资、馈赠亲友的现金及给公共机构的捐赠。旅游收入包括国际旅游(外汇)收入和国内旅游收入。

国际旅游(外汇)收入 入境游客在中国(大陆)境内旅行、游览过程中用于交通、参观游览、住宿、餐饮、购物、娱乐等全部花费。

国内旅游收入 指国内游客在国内旅行、游览过程中用于交通、参观游览、住宿、餐饮、购物、娱乐等全部花费。

人天数 指旅游者在旅游目的地停留天数之和,天数按过夜数统计。一个旅游者过一夜为一人天。计算公式为:人天数=人数 * 逗留(过夜)天数

星级宾馆 指符合中华人民共和国《旅游饭店星级的划分与评定国家标准》暨《旅游涉外饭店星级的划分与评定国家标准 1997 年版》并经过有关旅游管理权威部门评定(验收)后授予“星级”称号的宾馆、饭店。

八、财政·金融

PUBLIC FINANCE, BANKING AND INSURANCE

本篇内容包括：

1.财政收支
2.金融机构存贷款及居民储蓄
3.商业保险概况

财政总收入

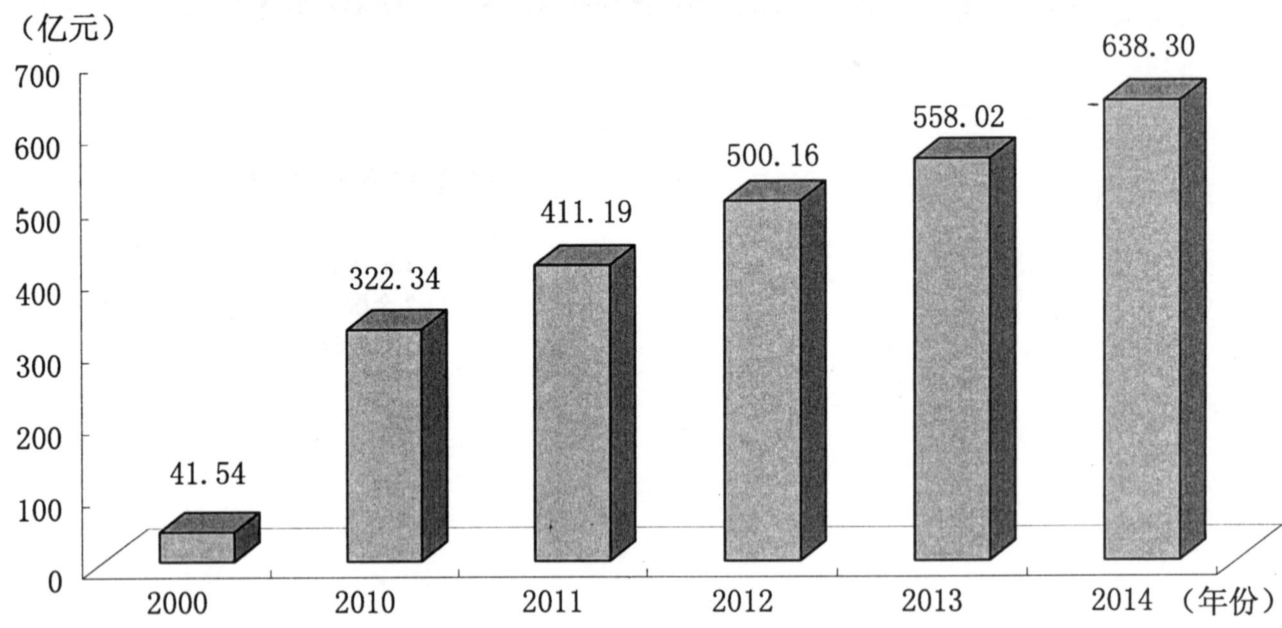

金融机构人民币存贷款余额

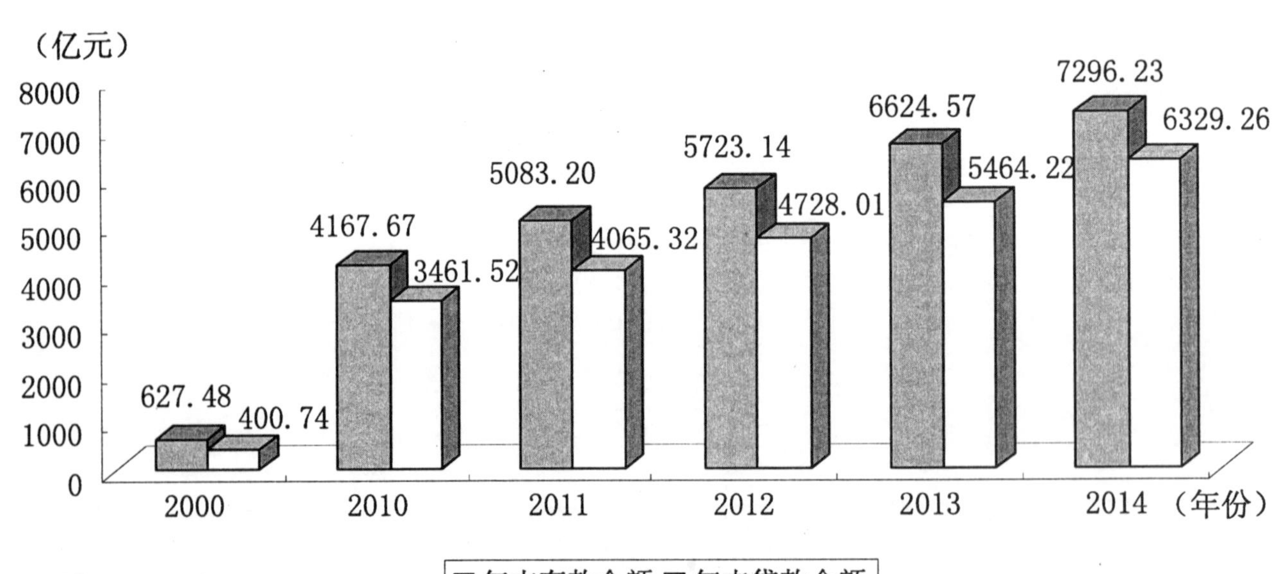

8-1 主要年份财政总收入和财政支出

单位:万元

年份	财政总收入	# 地方公共财政预算收入	# 各项税收	财政支出合计	# 科教文卫	# 一般公共服务
1980	33 283	33 283	23 509	11 411	3 563	1 040
1990	99 960	99 960	97 160	55 090	13 563	5 856
2000	415 414	183 011	149 313	237 928	54 255	21 499
2010	3 223 408	1 464 650	1 241 615	2 320 305	620 074	231 185
2011	4 111 937	1 870 273	1 584 510	2 988 005	862 270	269 884
2012	5 001 602	2 401 427	2 001 690	3 459 909	1 027 693	317 807
2013	5 580 245	2 919 097	2 453 517	4 193 652	1 204 335	372 832
2014	6 382 980	3 422 065	2 875 277	4 731 561	1 400 266	422 895

8-2 地方公共财政预算收入

(2014 年) 单位:万元

项　　目	实际收入	项　　目	实际收入
地方公共财政预算收入合计	**3 422 065**	车船税	18 041
税收收入	**2 875 277**	耕地占用税	18 889
增值税	305 189	契　税	315 393
营业税	1 122 252	**非税收入**	**546 788**
企业所得税	351 446	专项收入	87 444
个人所得税	129 136	行政事业性收费收入	293 600
资源税	3 176	罚没收入	56 546
城市维护建设税	173 129	国有资本经营收入	1 060
房产税	69 764	国有资本经营国有资源(资产)有偿使用收入	81 391
印花税	37 972	其他收入	26 747
城镇土地使用税	69 794	**基金收入**	**2 987 602**
土地增值税	261 096		

8-3 地方公共财政预算支出

(2014 年) 单位:万元

项　　目	实际支出数	项　　目	实际支出数
地方公共财政预算支出合计	**4 731 561**	农林水事务	354 848
一般公共服务	422 895	交 通 运 输	412 005
外　　交		资源勘探电力信息等事务	311 153
国　　防	5 828	商业服务业等事务	39 807
公共安全	245 040	金融监管等事务	663
教　　育	814 016	援助其他地区	
科学技术	79 045	国土资源气象等事务	15 707
文化体育与传媒	46 846	住房保障	169 327
社会保障和就业	463 715	粮油物资管理事务	11 702
医疗卫生与计划生育	460 359	国债还本付息	114 189
节能环保	39 817	其 他 支 出	51 748
城乡社区事务	672 851	**基金支出**	**3 058 463**

8-4 县区地方公共财政预算收入与支出

单位:万元

地　区	地方公共财政预算收入		地方公共财政预算支出	
	2013	2014	2013	2014
全　市	**2 919 097**	**3 422 065**	**4 193 652**	**4 731 561**
市本级	1 140 758	1 345 092	1 499 021	1 711 487
东湖区	101 004	110 096	140 297	152 241
西湖区	112 375	135 433	157 474	179 193
青云谱区	81 462	93 284	109 023	127 496
湾里区	49 523	61 575	88 590	103 282
青山湖区	124 380	150 088	181 872	213 111
南昌县	455 737	524 013	638 053	702 515
新建县	198 219	217 105	380 879	407 976
安义县	63 544	76 746	148 714	163 395
进贤县	113 884	131 187	283 519	310 355
经济开发区	100 454	116 072	130 158	131 918
高新开发区	135 230	167 233	186 977	227 524
红谷滩新区	227 173	282 959	230 922	285 032
桑海开发区	15 354	11 182	18 153	16 036

8-5　主要年份金融机构人民币存款、贷款与储蓄

单位:万元

年　　份	年末存款余　　额	年末贷款余　　额	城乡居民储蓄余额
1980	79 069	124 495	17 596
1990	547 088	821 966	321 481
2000	6 274 761	4 007 426	2 768 864
2010	41 676 676	34 615 208	14 175 807
2011	50 831 974	40 653 150	16 039 632
2012	57 231 423	47 280 066	18 535 679
2013	66 245 726	54 642 226	20 511 635
2014	72 962 276	63 292 628	21 493 277

注:1980 年、1990 年、2000 年数据为银行存款与贷款。

8-6 金融机构(含外资)人民币信贷资金(资金来源)

(年末余额)　　单位:万元

项　　目	2014	比年初增减额	
		2013	2014
各项存款	**72 962 276**	**8 987 473**	**6 716 550**
1.单位存款	44 016 582	5 998 336	4 915 099
# 活期存款	16 562 335	2 744 380	1 205 122
定期存款	13 206 480	604 290	1 631 292
通知存款	901 838	–760	–49 831
保证金存款	4 720 699	260 240	265 287
2.个人存款	22 918 354	2 794 376	1 208 812
# 储蓄存款	21 493 277	1 974 422	981 642
保证金存款	101 474	10 979	25 901
结构性存款	1 323 604	808 975	201 270
3.财政性存款	3 092 700	8 819	–353 907
4.临时性存款	57 702	4 081	8 005
5.委 托 存 款	179 620	60 022	29 087
6.其 他 存 款	2 697 318	121 839	909 454

8-7 金融机构(含外资)人民币信贷资金(资金运用)

(年末余额)

单位:万元

项　　目	2014	比年初增减额	
		2013	2014
各项贷款	**63 292 628**	**6 865 894**	**8 650 401**
(一)境内贷款	63 283 359	6 880 897	8 650 617
1.短期贷款	23 026 079	3 189 713	1 718 046
(1)个人贷款及透支	6 037 060	1 113 220	659 730
#个人消费贷款	822 159	-334 537	118 499
(2)单位普通贷款及透支	15 852 000	1 501 379	1 175 175
#经营贷款	15 733 471	1 409 760	1 225 081
固定资产贷款	117 075	107 618	-50 465
(3)普通并购贷款			
(4)银团贷款	10 500	-31 810	-15 000
(5)贸易融资	1 126 519	606 923	-101 859
(6)境外筹资转贷款			
2.中长期贷款	39 012 493	4 040 325	6 281 122
(1)个人贷款	9 683 194	1 577 515	1 575 926
#个人消费贷款	8 540 066	1 438 108	1 445 739
(2)单位普通贷款	22 351 491	1 797 933	3 639 002
#经营贷款	2 180 249	-74 513	585 728
固定资产贷款	20 171 242	1 872 446	3 053 274
(3)普通并购贷款	226 011	15 422	68 311
(4)银团贷款	6 636 953	647 129	887 476
(5)贸易融资	113 044	2 326	108 608
(6)境外筹资转贷款	1 800		1 800
3.融资租赁			
4.票据融资	1 151 444	-390 086	637 543
#贴现	1 151 444	-390 086	637 543
5.各项垫款	93 343	40 946	13 906
(二)境外贷款	9 269	-15 003	-215

8-8 农村合作金融机构人民币信贷收支表

（年末余额） 单位：万元

项　　目	2014	比年初增减额	
		2013	2014
一、各项存款	**6 761 282**	**1 234 270**	**1 441 313**
1.单位存款	3 204 973	734 418	938 307
#活期存款	1 772 207	672 247	160 998
定期存款	672 601	-38 119	346 959
通知存款	45 092	-2 420	25 812
保证金存款	707 073	102 710	399 538
2.个人存款	3 544 320	498 600	494 203
#储蓄存款	3 537 498	496 797	490 207
保证金存款	6 822	1 803	3 996
结构性存款			
3.临时性存款	11 989	1 252	8 803
4.其他存款			
代理财政性存款	**87**	**-156**	**21**
二、各项贷款	**4 329 936**	**673 346**	**963 557**
(一)境内贷款	4 329 936	673 346	963 557
1.短期贷款	3 712 615	673 574	874 771
(1)个人贷款及透支	2 032 382	412 928	395 850
#个人消费贷款	98 436	26 693	22 705
(2)单位普通贷款及透支	1 669 733	292 456	493 921
#经营贷款	1 665 333	297 456	491 021
固定资产贷款	4 400	-5 000	2 900
(3)普通并购贷款			
(4)银团贷款	10 500	-31 810	-15 000
(5)贸易融资			
(6)境外筹资转贷款			
2.中长期贷款	546 628	-7 696	44 905
(1)个人贷款	316 406	2 922	87 968
#个人消费贷款	255 734	69 207	92 716
(2)单位普通贷款	198 889	44 538	-30 682
#经营贷款	52 979	10 100	-69 033
固定资产贷款	145 910	34 438	38 351
(3)普通并购贷款			
(4)银团贷款	31 333	-55 156	-12 381
(5)贸易融资			
(6)境外筹资转贷款			
3.融资租赁			
4.票据融资	66 423	4 958	42 121
#贴现	66 423	4 958	42 121
5.各项垫款	4 270	2 510	1 760
(二)境外贷款			

8-9 南昌市金融机构(含外资)外汇信贷收支表

(年末余额)　　单位:万美元

项　　目	2014	比年初增减额	
		2013	2014
一、各项存款	**229 504**	**53 666**	**102 833**
1.单位存款	174 164	51 214	75 439
#活 期 存 款	46 819	-3 979	29 384
定 期 存 款	86 769	52 869	16 257
通 知 存 款		300	-300
保证金存款	40 576	524	31 598
2.个人存款	28 614	2 145	2 310
#储 蓄 存 款	27 818	2 017	2 067
保证金存款	151	12	-6
结构性存款	645	116	248
3.财政性存款			
4.临时性存款	1 641	348	49
5.委 托 存 款	4	6	-2
6.其 他 存 款	25 081	-46	25 037
二、各项贷款	**277 439**	**44 850**	**116 845**
(一)境内贷款	263 341	38 334	114 982
1.短期贷款	205 190	40 242	113 423
(1)个人贷款及透支	105	-65	15
#个人消费贷款	105	-65	15
(2)单位普通贷款及透支	103 205	5 690	85 389
#经营贷款	103 205	8 292	85 389
固定资产贷款		-2 602	
(3)普通并购贷款			
(4)银团贷款			
(5)贸易融资	101 880	34 616	28 020
(6)境外筹资转贷款			
2.中长期贷款	54 211	-2 995	1 917
(1)个人贷款	11	12	-1
#个人消费贷款	11	12	-1
(2)单位普通贷款	24 130	-5 033	-9 829
#经营贷款	2 230	-2 800	-8 011
固定资产贷款	21 900	-2 233	-1 818
(3)普通并购贷款			
(4)银团贷款		-2 672	
(5)贸易融资	28 454	4 896	11 906
(6)境外筹资转贷款	1 615	-199	-160
3.融资租赁			
4.票据融资			
#贴现			
5.各项垫款	3 939	1 087	-359
(二)境外贷款	14 098	6 517	1 863

8-10 商业保险业务概况

单位:万元

项　　目	2013	2014
保费收入	**774 897**	**1 023 458**
财 产 险	259 218	315 149
人 身 险	515 680	708 309
财产险赔款支出	**280 087**	**319 207**
财 产 险	144 982	162 278
人 身 险	135 105	156 928

主要统计指标解释

财政收入 国家财政参与社会产品分配所得的收入，是实现国家职能的财力保证。内容几经变化，目前主要包括：

(1)各项税收 包括增值税、营业税、消费税、土地增值税、城市维护建设税、资源税、城镇土地使用税、印花税、固定资产投资方向调节税、个人所得税、企业所得税、关税、农牧业税和耕地占用税等。

(2)专项收入 包括征收排污费、征收城市水资源收入、教育费附加收入等。

(3)其他收入 包括基本建设贷款归还收入、国家能源交通重点建设基金收入、国家预算调节基金收入等。

财政支出 国家财政将筹集起来的资金进行分配使用，以满足经济建设和各项事业的需要，主要包括：一般公共服务、外交、国防、公共安全、教育、科学技术、文化体育与传媒、社会保障和就业、医疗卫生、环境保护、城乡社区事务、农林水事务、交通运输、工业商业金融等事务和其他支出等科目。

中央财政收入和地方财政收入 按财政体制划分的中央本级收入和地方本级收入。1994 年分税制财政体制以后，属于中央财政的收入包括关税、海关代征消费税和增值税，消费税，中央企业所得税，地方银行和外资银行及非银行金融企业所得税，铁道、银行总行、保险总公司等集中缴纳的营业税、所得税和城市维护建设税，增值税的 75%部分，海洋石油资源税和证券(印花)税的 75%部分。属于地方财政的收入包括营业税，地方企业所得税，个人所得税，城镇土地使用税，固定资产投资方向调节税，土地增值税，城镇维护建设税，房产税，车船使用税，印花税，农牧业税，农业特产税，耕地占用税，契税，增值税，证券交易税(印花税)的 25%部分和除海洋石油资源税以外的其他资源税。

中央财政支出和地方财政支出 根据政府在经济和社会活动中的不同职责，划分中央和地方政府的事权，按照政府的事权划分确定的支出。中央财政支出包括国防支出，武装警察部队支出，中央级行政管理费和各项事业费，重点建设支出以及中央政府调整国民经济结构、协调地区发展，实施宏观调控的支出。地方财政支出主要包括地方行政管理和各项事业费，地方统筹的基本建设、技术改造支出，支援农村生产支出，城市维护，建设经费和价格补贴支出等。

信贷资金 国家银行用于发放贷款的资金叫信贷资金。中国人民银行信贷资金的来源有各项存款、对国际金融机构负债、流通中货币、银行自有资金及当年结益等。信贷资金的运用有各项贷款、黄金占款、外汇占款、财政借款及在国际金融机构中的资产等。

存款 企业、机关、团体或居民根据可以收回的原则，把货币资金存入银行或其他信用机构保管并取得一定利息的一种信用活动形式。根据存款对象的不同可划分：企业存款、财政存款、机关团体存款、对外贸易存款、城乡居民储蓄存款、农村存款等科目，它是银行信贷资金的主要来源。

贷款 银行或其他信用机构根据必须归还的原则，按一定利率，为企业、个人等提供资金的一种信用活动形式。我国银行贷款，分流动资金贷款、固定资产贷款、城乡个体工商户贷款以及农业贷款等科目。

九、农　　业

AGRICULTURE

本篇内容包括：

1.乡镇组织
2.农村劳动力分布
3.耕地面积变化
4.农林牧渔业生产
5.主要农产品产量
6.农业机械化、电气化
水利化、化学化水平

农林牧渔业总产值

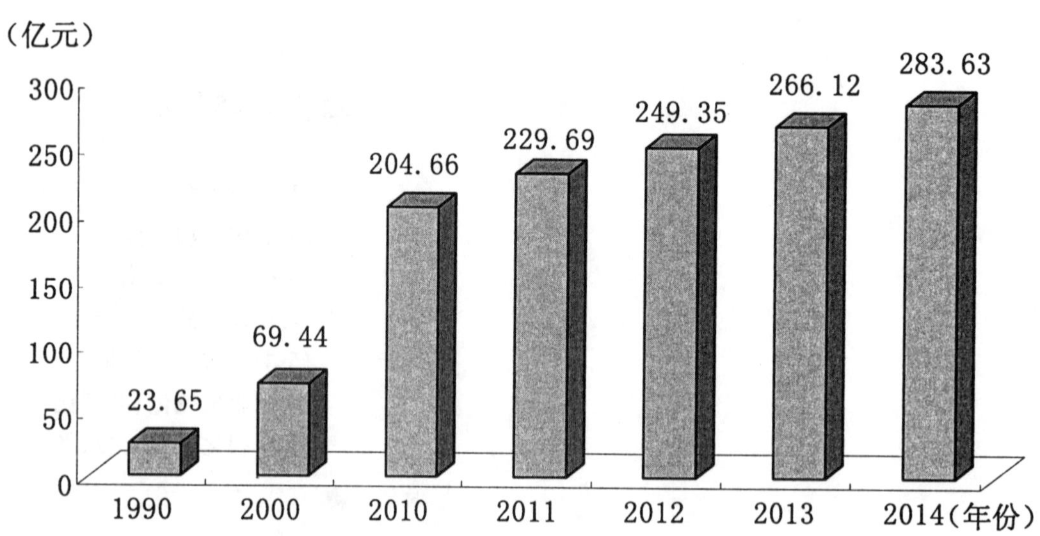

2014年农林牧渔业占总产值比重

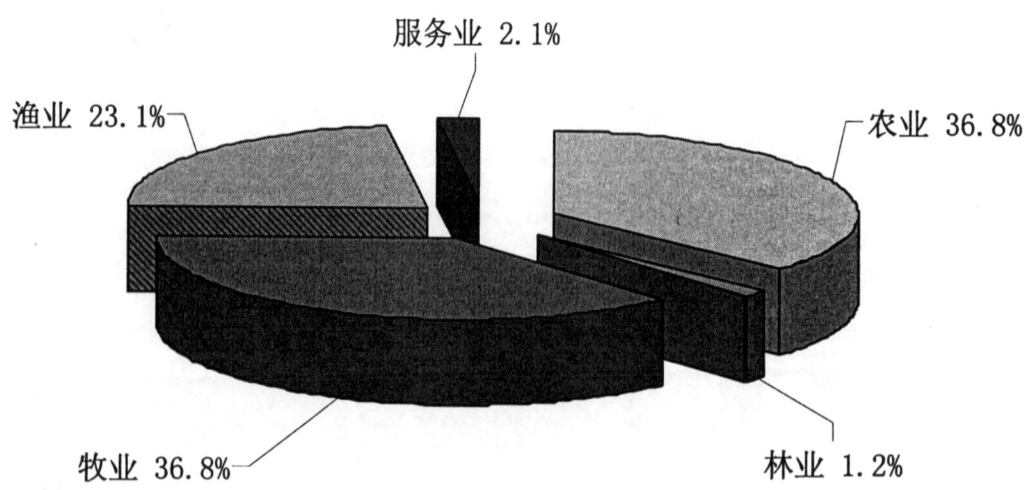

9-1 农村乡镇基本情况

项　　目	2013	2014	项　　目	2013	2014
一、乡镇政府(个)	80	78	五、自来水受益村委会个数(个)	428	498
#镇 政 府	51	49	占村委会总个数比重(%)	36.5	42.2
二、村民委员会(个)	1 174	1 181	六、通电话的村委会个数(个)		1 063
三、村民小组(个)	9 673	9 719	占村委会总个数比重(%)		90.0
四、通汽车的村委会个数(个)		1 070			
占村委会总个数比重(%)		90.6			

9-2 县区乡镇组织

(2014 年)

地　　区	乡镇政府(个)	#镇政府	村民委员会(个)	村民小组(个)
全　　市	**78**	**49**	**1 181**	**9 719**
东 湖 区	1	1	23	91
西 湖 区	1	1	13	67
青 云 谱 区	1	1	12	69
湾 里 区	4	4	40	250
青 山 湖 区	4	4	60	297
南 昌 县	16	9	264	2 345
新 建 县	18	11	287	1 890
安 义 县	9	6	105	1 228
进 贤 县	20	8	263	2 730
经济开发区	1	1	27	182
高新开发区	2	2	48	299
红谷滩新区	1	1	36	250
桑海开发区			3	21

9-3 耕地面积变化情况

单位:公顷

项目	2013 年	2014 年
年初面积	**278 870.42**	**279 120.51**
年内减少面积	1 413.19	1 750.69
年内增加面积	1 163.10	841.92
#土地整理	1 074.68	
土地复垦		122.45
土地开发		719.47
其他原因	88.42	
年末面积	**279 120.51**	**278 212**
水田	212 153.37	211 545
水浇地	6 177.57	6 061
旱地	60 789.57	60 606

注:2013 年为定稿数据,2014 年本表数据为市国土局变更调查"一上"数据,非国土资源部最终审定数。

9-4 县区年末耕地面积

(2014 年)

单位:公顷

地区	年末耕地面积	水田	水浇地	旱地
全市	**278 211.74**	**211 544.71**	**6 060.74**	**60 606.29**
东湖区	0.22		0.22	
西湖区	36.14	9.79	25.69	0.66
青云谱区	39.36	2.57	20.72	16.07
湾里区	3 151.93	2 878.44		273.49
青山湖区	3 339.89	2 224.78	860.07	255.04
南昌县	85 817.96	79 882.38	3 596.38	2 339.20
新建县	84 559.45	63 955.59	718.90	19 884.96
安义县	25 262.54	18 787.45	820.78	5 654.31
进贤县	76 004.25	43 803.71	17.98	32 182.56

注:本表数据为市国土局变更调查"一上"数据,非国土资源部最终审定数。

9-5 县区农村劳动力资源及乡村从业人员

(2014年)　　单位:人

项　　目	全 市	东湖区	西湖区	青云谱区	湾里区	青山湖区	南昌县
一、乡村劳动力资源总数	**1 787 385**	**22 049**	**15 971**	**29 316**	**25 821**	**82 506**	**487 567**
男　　性	954 381	11 688	8 765	15 816	13 665	43 079	262 566
女　　性	833 004	10 361	7 206	13 500	12 156	39 427	225 001
二、乡村从业人员合计	**1 518 459**	**18 650**	**13 935**	**25 703**	**23 075**	**71 412**	**429 746**
按性别分							
男　　性	818 348	9 897	7 624	13 937	12 556	37 765	231 562
女　　性	700 111	8 753	6 311	11 766	10 519	33 647	198 184
按产业分							
第一产业	701 317	11 379		857	12 259	1 391	222 379
第二、三产业	817 142	7 271	13 935	24 846	10 816	70 021	207 367

9-5 续表　　(2014年)　　单位:人

项　　目	新建县	安义县	进贤县	经　济 开发区	高　新 开发区	红谷滩 新　区	桑　海 开发区
一、乡村劳动力资源总数	**348 717**	**115 053**	**464 009**	**37 029**	**128 239**	**23 070**	**8 038**
男　　性	185 435	60 728	247 898	20 667	66 887	12 519	4 668
女　　性	163 282	54 325	216 111	16 362	61 352	10 551	3 370
二、乡村从业人员合计	**280 060**	**99 865**	**386 877**	**31 703**	**110 107**	**21 561**	**5 765**
按性别分							
男　　性	150 909	57 625	205 259	18 204	58 858	10 610	3 542
女　　性	129 151	42 240	181 618	13 499	51 249	10 951	2 223
按产业分							
第一产业	177 713	39 946	176 321	9 853	45 456		3 763
第二、三产业	102 347	59 919	210 556	21 850	64 651	21 561	2 002

9-6 主要年份农林牧渔业总产值

(按可比价格计算)

单位:万元

年　　份	农林牧渔业总产值	农 业	林 业	牧 业	渔 业	农林牧渔服务业
1980	39 708	33 738	384	4 869	717	
1990	107 574	73 863	1 323	25 591	6 797	
2000	451 772	167 752	7 696	154 143	122 181	
2010	1 982 207	718 149	23 221	781 207	421 127	38 503
2011	2 140 548	802 010	24 566	832 709	440 598	40 665
2012	2 402 782	876 609	27 510	962 178	489 989	46 496
2013	2 570 868	965 425	30 730	957 730	564 703	52 280
2014	2 786 412	1 021 766	34 068	1 038 242	634 844	57 492

9-7 县区农林牧渔业总产值

(2014 年,按当年价格计算)　　单位:万元

地　　区	农林牧渔业总产值	农业产值	林业产值	牧业产值	渔业产值	农林牧渔服务业产值
全　　市	**2 836 280**	**1 044 413**	**34 651**	**1 044 232**	**655 013**	**57 971**
东湖区	12 046	8 342	208	1 489	1 983	24
西湖区	237			237		
青云谱区	2 460	294		1 505	625	36
湾里区	43 238	15 093	4 329	19 949	740	3 127
青山湖区	13 330	5 614		5 457	2 129	130
南昌县	835 585	304 414	3 315	357 336	155 933	14 587
新建县	782 884	302 967	14 749	259 529	187 980	17 659
安义县	176 829	82 365	4 992	51 646	32 764	5 062
进贤县	810 990	260 342	6 288	291 668	238 843	13 849
经济开发区	27 515	4 108	491	21 290	818	808
高新开发区	70 527	35 155	262	17 327	15 984	1 799
红谷滩新区	56 272	23 378		15 220	16 784	890
桑海开发区	4 367	2 341	17	1 579	430	

9-8 县区农林牧渔业总产值

(2014 年,按可比价格计算)　　单位:万元

地　　区	农林牧渔业总产值	农业产值	林业产值	牧业产值	渔业产值	农林牧渔服务业产值
全　　市	**2 786 412**	**1 021 766**	**34 068**	**1 038 242**	**634 844**	**57 492**
东湖区	12 043	8 278	201	1 602	1 938	24
西湖区	233			233		
青云谱区	2 384	276		1 421	652	35
湾里区	41 428	14 404	4 213	19 035	708	3 068
青山湖区	12 812	5 132		5 525	2 040	115
南昌县	825 977	297 391	3 311	358 032	152 796	14 447
新建县	760 940	295 213	14 393	253 777	180 088	17 469
安义县	172 214	79 984	4 903	50 764	31 561	5 002
进贤县	801 733	257 139	6 282	292 572	231 893	13 847
经济开发区	27 222	4 048	490	21 073	806	805
高新开发区	69 597	34 491	259	17 364	15 692	1 791
红谷滩新区	55 529	23 101		15 289	16 250	889
桑海开发区	4 300	2 309	16	1 555	420	

9-9 农、林、牧、渔业总产值

单位:万元

项　　目	按当年价格计算		按可比价格计算		2014年比上年增长%
	2013年	2014年	2013年	2014年	
农林牧渔业总产值	**2 661 247**	**2 836 280**	**2 570 868**	**2 786 412**	**4.7**
一、农业产值	**983 203**	**1 044 413**	**965 425**	**1 021 766**	**3.9**
粮食作物	589 320	624 813	582 922	612 999	5.2
经济作物	81 476	86 004	78 695	84 399	7.2
蔬菜、食用菌及花卉盆景园艺	242 124	259 577	235 755	252 101	4.1
水果、坚果、茶、饮料和香料	30 121	30 845	28 786	30 510	1.3
中草药材	603	823	595	806	33.7
其他农作物	39 559	42 351	38 672	40 951	3.5
#饲料作物	532	623	517	618	16.2
二、林业产值	**31 880**	**34 651**	**30 730**	**34 068**	**6.9**
林木的培育和种植	20 102	20 990	19 216	20 415	1.6
林产品	5 957	7 240	5 870	7 354	23.5
竹木采运	5 821	6 421	5 644	6 299	8.2
三、牧业产值	**983 556**	**1 044 232**	**957 730**	**1 038 242**	**5.6**
牲畜饲养	61 630	65 153	58 616	63 653	3.3
#牛	46 865	50 310	44 098	49 336	5.3
羊	885	949	853	932	5.3
猪的饲养	631 371	670 604	614 731	673 687	6.7
家禽的饲养	289 448	306 553	283 285	299 006	3.3
狩猎和捕捉动物	15	15	15	15	
其他动物饲养	1 092	1 907	1 083	1 881	72.3
四、渔业产值	**609 314**	**655 013**	**564 703**	**634 844**	**4.2**
五、农林牧渔服务业产值	**53 294**	**57 971**	**52 280**	**57 492**	**7.9**

注:增长速度系按可比价格(即上年价格)计算。

9-10 主要年份农林牧渔业商品产值和商品率

年份	农林牧渔业商品产值(万元)	农业	林业	牧业	渔业	农林牧渔服务业	农林牧渔业商品率(%)
1990	142 005	75 753	595	52 649	13 008		59.8
2000	472 610	151 913	3 397	190 211	127 089		68.1
2010	1 580 847	487 820	7 512	679 069	389 627	16 819	77.2
2011	1 780 058	553 606	8 146	773 292	429 117	15 897	77.5
2012	1 942 797	605 566	9 264	802 242	508 696	17 029	77.9
2013	2 072 139	639 598	9 914	841 428	562 953	18 246	77.9
2014	2 206 524	678 114	11 593	893 998	602 783	20 036	77.8

9-11 农林牧渔业商品产值和商品率

(分县区，2014 年)

地区	农林牧渔业商品产值(万元)	农业	林业	牧业	渔业	农林牧渔服务业	农林牧渔业商品率(%)
全市	**2 206 524**	**678 114**	**11 593**	**893 998**	**602 783**	**20 036**	**77.8**
东湖区	8 050	5 673		1 013	1 348	16	66.8
西湖区	237			237			100.0
青云谱区	1 776	221		1 108	425	22	72.2
湾里区	29 890	8 690	838	17 758	580	2 024	69.1
青山湖区	12 591	5 053		5 409	2 129		94.5
南昌县	644 450	188 903	19	299 544	141 397	14 587	77.1
新建县	610 230	203 861	4 312	228 197	173 860		77.9
安义县	137 768	64 330	2 931	43 597	26 910		77.9
进贤县	637 917	157 538	3 289	249 107	227 983		78.7
经济开发区	22 729	3 746	188	17 535	455	805	82.6
高新开发区	52 026	22 878		14 068	13 388	1 692	73.8
红谷滩新区	45 221	15 293		15 155	13 883	890	80.4
桑海开发区	3 639	1 928	16	1 270	425		83.3

9-12 农林牧渔业总产出、中间消耗和增加值

项　　目	绝对数(万元)		构　成(%)	
	2013	2014	2013	2014
一、农林牧渔业总产出	**2 661 247**	**2 836 280**	**100.0**	**100.0**
农　　业	983 203	1 044 413	36.9	36.8
林　　业	31 880	34 651	1.2	1.2
牧　　业	983 556	1 044 232	37.0	36.8
渔　　业	609 314	655 013	22.9	23.1
农林牧渔服务业	53 294	57 971	2.0	2.0
二、农林牧渔业中间消耗	**1 088 866**	**1 175 318**	**100.0**	**100.0**
农　　业	367 287	398 006	33.7	33.9
林　　业	9 213	10 056	0.8	0.9
牧　　业	472 606	501 116	43.4	42.6
渔　　业	217 490	241 917	20.0	20.6
农林牧渔服务业	22 270	24 223	2.0	2.1
三、农林牧渔业增加值	**1 572 381**	**1 660 962**	**100.0**	**100.0**
农　　业	615 916	646 407	39.2	38.9
林　　业	22 667	24 595	1.4	1.5
牧　　业	510 950	543 116	32.5	32.7
渔　　业	391 824	413 096	24.9	24.9
农林牧渔服务业	31 024	33 748	2.0	2.0

9-13 农林牧渔业总产出、中间消耗和增加值

(分县区,2014 年)

地　　区	农林牧渔业总　产　出(万元)	农林牧渔业中 间 消 耗(万元)	农林牧渔业增　加　值(万元)	占总产出比重(%)	
				中间消耗	增加值
全　　市	**2 836 280**	**1 175 318**	**1 660 962**	**41.4**	**58.6**
东 湖 区	12 046	5 320	6 726	44.2	55.8
西 湖 区	237	114	123	48.1	51.9
青 云 谱 区	2 460	1 201	1 259	48.8	51.2
湾 里 区	43 238	16 394	26 844	37.9	62.1
青 山 湖 区	13 330	5 819	7 511	43.7	56.3
南 昌 县	835 585	355 959	479 626	42.6	57.4
新 建 县	782 884	320 017	462 867	40.9	59.1
安 义 县	176 829	72 027	104 802	40.7	59.3
进 贤 县	810 990	333 730	477 260	41.2	58.8
经 济 开 发 区	27 515	10 512	17 003	38.2	61.8
高 新 开 发 区	70 527	29 192	41 335	41.4	58.6
红 谷 滩 新 区	56 272	23 335	32 937	41.5	58.5
桑 海 开 发 区	4 367	1 698	2 669	38.9	61.1

9-14 农林牧渔业中间消耗

项 目	绝对数(万元)		构 成(%)	
	2013	2014	2013	2014
总 额	**1 088 866**	**1 175 318**	**100.0**	**100.0**
一、物质消耗	**981 427**	**1 055 826**	**90.1**	**89.8**
#用种量	143 603	156 179	13.2	13.3
饲料、饲草	496 796	530 795	45.6	45.2
肥料	109 987	117 164	10.1	10.0
燃料	53 758	58 549	4.9	5.0
农药	12 448	11 125	1.1	0.9
用电量	57 598	62 546	5.3	5.3
小农具购置	3 422	3 648	0.3	0.3
办公用品购置	1 031	1 149	0.1	0.1
其他物质消耗	102 784	114 671	9.4	9.8
二、生产服务支出	**107 439**	**119 492**	**9.9**	**10.2**

9-15 农林牧渔业中间消耗率

(分县区,2014年)

单位:%

地 区	农 业	林 业	牧 业	渔 业	农林牧渔服务业
全 市	**38.1**	**29.0**	**48.0**	**36.9**	**41.8**
东湖区	44.6	43.8	45.5	41.5	41.7
西湖区			48.1		
青云谱区	44.9		52.2	42.6	50.0
湾里区	38.6	28.1	40.2	37.6	33.4
青山湖区	44.5		43.4	42.2	42.3
南昌县	31.7	33.2	53.1	40.2	41.5
新建县	42.3	31.7	40.9	38.8	45.1
安义县	42.4	29.5	45.2	33.1	28.3
进贤县	38.3	19.1	50.1	33.7	44.7
经济开发区	28.2	32.0	40.6	38.9	30.3
高新开发区	40.5	53.8	44.5	39.1	47.0
红谷滩新区	44.0		44.2	35.5	41.3
桑海开发区	41.6	23.5	38.1	27.9	

9-16 农作物播种面积和产量

项目	播种面积(万公顷)		单产(千克/公顷)		总产量(万吨)		
	2013	2014	2013	2014	2013	2014	2014年比上年增长%
一、粮食作物	**37.00**	**36.87**	**6 649**	**6 777**	**246.07**	**249.87**	**1.5**
1、谷　物	35.46	35.36	6 801	6 936	241.18	245.27	1.7
稻　谷	35.26	35.15	6 808	6 944	240.06	244.04	1.7
早　稻	16.06	16.03	6 481	6 530	104.10	104.68	0.6
晚　稻	19.20	19.12	7 081	7 291	135.97	139.37	2.5
一　晚	2.09	2.12	7 662	7 748	16.01	16.44	2.7
二　晚	17.11	16.99	7 011	7 234	119.96	122.93	2.5
小　麦	0.02	0.03	2 518	2 769	0.06	0.08	31.9
杂　谷	0.18	0.18	5 908	6 224	1.06	1.14	8.1
2、豆　类	0.99	0.96	1 674	1 754	1.65	1.69	2.3
#大　豆	0.87	0.85	1 676	1 754	1.46	1.49	1.8
3、薯　类	0.55	0.55	5 826	26 598	3.23	14.54	
二、经济作物							
#棉　花	0.20	0.18	1 506	1 654	0.29	0.30	4.4
油料合计	8.77	8.80	1 482	1 513	13.00	13.32	2.4
花　生	1.73	1.73	3 256	3 305	5.62	5.73	2.0
油菜籽	6.42	6.44	1 064	1 091	6.83	7.03	3.0
芝　麻	0.62	0.62	880	893	0.55	0.55	0.8
甘　蔗	0.10	0.11	40 863	42 047	4.26	4.45	4.5
蔬　菜	4.13	4.23	29 963	30 235	123.75	127.84	3.3
瓜果类	0.38	0.39	24 249	24 104	9.07	9.37	3.3
其他类	4.20	3.97					

注:2014年薯类总产量按实际数上报,未折算成粮食产量。

9-17 农作物播种面积

(分县区,2014 年)　　　　单位:公顷

项　目	全市	东湖区	西湖区	青云谱区	湾里区	青山湖区	南昌县
一、粮食作物	**368 694**	**484**			**2 222**	**2 475**	**130 558**
1、谷　物	353 594	484			2 118	2 475	128 912
稻　谷	351 461	484			2 118	2 475	128 803
早　稻	160 311	129			334	1 376	61 317
晚　稻	191 150	355			1 784	1 099	67 486
一　晚	21 219	229			1 431		2 401
二　晚	169 931	126			353	1 099	65 085
小　麦	294						
杂　谷	1 838						109
2、豆　类	9 635				53		938
#大　豆	8 491				9		563
3、薯　类	5 466				51		708
二、经济作物							
#棉　花	1 827						
油料合计	87 983				95		12 601
花　生	17 342				32		841
油菜籽	64 436				49		11 672
芝　麻	6 205				14		88
药　材	131				10		
甘　蔗	1 059						379
蔬　菜	42 282	1 691		33	334	210	14 468
瓜果类	3 886				8		865
其他类	39 671				479		22 785

项　　目	新建县	安义县	进贤县	经济开发区	高新开发区	红谷滩新区	桑海开发区
一、粮食作物	**94 594**	**30 753**	**86 222**	**1 347**	**14 363**	**4 984**	**692**
1、谷　物	90 445	29025	79473	1302	14 264	4 430	665
稻　谷	90 110	28 461	78 349	1 302	14 264	4 430	665
早　稻	40 931	10 470	36 435	494	6 800	1 847	178
晚　稻	49 179	17 991	41 914	808	7 464	2 583	487
一　晚	6 145	6 388	3 624	304	76	282	339
二　晚	43 034	11 603	38 290	504	7 388	2301	148
小　麦	280	14					
杂　谷	55	550	1 124				
2、豆　类	1 928	522	5 888	20	64	210	12
#大　豆	1 611	314	5 772	6	12	196	8
3、薯　类	2 221	1 206	861	25	35	344	15
二、经济作物							
#棉　花	267	1 166	367				27
油料合计	22 429	14 245	34 858	1 056	455	2 033	211
花　生	4 667	1 391	9 322	403	48	591	47
油菜籽	17 318	12 711	20 141	647	380	1 361	157
芝　麻	444	143	5 395	6	27	81	7
药　材			76				45
甘　蔗	46	54	565		15		
蔬　菜	5 178	10 014	6 875	66	1 029	2 357	27
瓜果类	536	605	1 527	85	105	120	35
其他类	5 797	3 306	6 369	119	814		2

9-18 主要农作物总产量

(分县区,2014年) 单位:吨

项　　目	全市	东湖区	西湖区	青云谱区	湾里区	青山湖区	南昌县
一、粮食作物	**2 498 660**	**2 357**			**12 681**	**16 000**	**948 405**
1、谷　物	2 452 683	2 357			12 540	16 000	944 618
稻　谷	2 440 430	2 357			12 540	16 000	943 973
早　稻	1 046 772	284			1 754	8 256	412 123
晚　稻	1 393 658	2 073			10 786	7 744	531 850
一　晚	164 401	1 372			8 716		20 520
二　晚	1 229 257	701			2 070	7 744	511 330
小　麦	814						
杂　谷	11 439						645
2、豆　类	16 901				49		2 878
#大　豆	14 893				8		1 964
3、薯　类	145 382				460		4 544
二、经济作物							
#棉　花	3 021						
油料合计	133 157				89		15 994
花　生	57 320				30		3 464
油菜籽	70 298				45		12 309
芝　麻	5 539				14		221
药　材							
甘　蔗	44 528						18 354
蔬　菜	1 278 390	54 408		746	4 308	6 700	629 134
瓜果类	93 669				110		27 513
其他类							

9-18 续表 (分县区,2014年) 单位:吨

项　　目	新建县	安义县	进贤县	经济开发区	高新开发区	红谷滩新区	桑海开发区
一、粮食作物	**639 382**	**190 289**	**546 331**	**8 787**	**99 758**	**30 022**	**4 648**
1、谷　物	621 919	180 767	533 293	8 701	99 510	28 380	4 598
稻　谷	620 858	177 428	526 085	8 701	99 510	28 380	4 598
早　稻	265 978	57 790	238 948	2 578	44 369	13 590	1 102
晚　稻	354 880	119 638	287 137	6 123	55 141	14 790	3 496
一　晚	50 644	47 236	28 327	2 808	566	1 672	2 540
二　晚	304 236	72 402	258 810	3 315	54 575	13 118	956
小　麦	775	39					
杂　谷	286	3 300	7 208				
2、豆　类	3 436	1 183	8 907	24	107	291	26
#大　豆	3 021	813	8 760	9	20	278	20
3、薯　类	70 135	41 697	20 655	311	705	6 755	120
二、经济作物							
#棉　花	274	2 485	228				34
油料合计	30 957	29 594	50 579	1 714	811	3 113	306
花　生	17 260	3 678	29 466	1 225	90	2 015	92
油菜籽	13 196	25 770	16 551	487	705	1 028	207
芝　麻	501	146	4 562	2	16	70	7
药　材							
甘　蔗	1 855	4 547	19 231		541		
蔬　菜	110 876	208 990	170 600	1 190	26 319	64 749	370
瓜果类	14 681	18 493	27 845	1 020	2 880	215	912
其他类							

9-19 茶叶、水果生产情况

项　　目	2013	2014	2014 年比上年增长%
一、产　　量(吨)			
茶　叶	1 729	1 904	10.1
#红　茶	14	13	-7.1
绿　茶	1 706	1 881	10.3
园林水果	31 348	31 808	1.5
#柑　桔	23 618	23 358	-1.1
梨　子	2 458	2 451	-0.3
桃　子	1 570	1 128	-28.2
二、年末茶园面积(公顷)	**1 548**	**1 410**	**-8.9**
#当年采摘	1 478	1 309	-11.4
当年新增		5	
三、年末果园面积(公顷)	**6 206**	**6 565**	**5.8**
#当年新增	154	366	137.7

9-20 茶叶、水果产量

(分县区,2014 年)

单位:吨

地区	茶叶	#红茶	绿茶	园林水果	#柑桔	梨
全市	**1 904**	**13**	**1 881**	**31 808**	**23 358**	**2 451**
湾里区	36		36	1 445	273	
南昌县	744		744	6 858	5 740	598
新建县	9		1	2 052	1 800	132
安义县	4		2	9 344	5 836	1 104
进贤县	849	13	836	11 859	9 467	610
高新开发区				22	21	
桑海开发区	200		200	28	28	
红谷滩新区	62		62	200	193	7

9-21 茶园、果园面积

(分县区,2014 年)

单位:公顷

地区	茶园	果园	#柑桔	梨
全市	**1 410**	**6 565**	**4 282**	**798**
湾里区	373	120	29	
南昌县	161	525	384	49
新建县	38	478	292	33
安义县	3	1 668	757	429
进贤县	616	3 556	2 679	211
高新开发区		10	9	
桑海开发区	134	11	11	
红谷滩新区	85	197	121	76

9-22 林业生产情况

项　　目	2013	2014	2014年比上年增长%
一、当年荒山荒(沙)地造林面积(公顷)	**2 921**	**2 302**	**-21.2**
#用　材　林	1 600	795	-50.3
经　济　林	462	462	0.0
防　护　林	746	977	31.0
二、有林地造林面积(公顷)	**1 399**	**800**	**-42.8**
三、更新造林面积(公顷)	**15**	**102**	**580.0**
四、封山育林面积(公顷)	**18 743**	**30 276**	**61.5**
五、零星(四旁)植树(万株)	**799**	**421**	**-47.3**
六、育苗面积(公顷)	**5 102**	**7 075**	**38.7**
#本　年　新　增	515	733	42.3
七、未成林抚育作业面积(公顷次)	**5 004**	**2 250**	**-55.0**
八、成林抚育面积(公顷)	**1 900**	**1 584**	**-16.6**
九、低产低效林改造面积(公顷)	**50**	**250**	**400.0**
十、抚育改造出材量(万立方米)			
十一、主要产品产量			
油　桐　籽(吨)	10		-100.0
油　茶　籽(吨)	13 740	35 233	156.4
板　　栗(吨)	180	103	-42.8
棕　　片(吨)			
松　　脂(吨)	70	80	14.3
木材采伐(万立方米)	1.42	1.34	-5.6
竹材采伐(万根)	133.37	15.40	-88.5

9-23　牧业生产情况

项　　目	2013	2014	2014 年比上年增长%
一、肉猪出栏数(万头)	**349.80**	**358.63**	**2.5**
出售和自宰肉用牛(万头)	6.06	6.25	3.3
出售和自宰肉用羊(只)	21 658	22 457	3.7
出售和自宰肉用兔(只)	16 670	16 630	-0.2
出售和自宰肉用禽(万只)	4 859.06	5 034.09	3.6
二、肉类总产量(万吨)	**36.66**	**37.74**	**3.0**
猪　肉(万吨)	28.87	29.61	2.5
牛　肉(吨)	7 115	7 327	3.0
羊　肉(吨)	366	384	4.9
兔　肉(吨)	32	33	3.1
禽　肉(万吨)	6.76	7.07	4.6
三、牛奶产量(万吨)	**5.22**	**5.13**	**-1.7**
四、年底养蜂数(箱)	**3 034**	**5 042**	**66.2**
蜂蜜产量(吨)	227	384	69.2
五、禽蛋产量(万吨)	**16.66**	**17.00**	**2.0**
六、牛年底数(万头)	**22.28**	**21.02**	**-5.7**
# 能繁殖母牛	10.60	10.24	-3.3
# 肉　牛	4.29	4.22	-1.7
奶　牛	1.53	1.56	2.5
七、猪年底数(万头)	**214.42**	**210.90**	**-1.6**
# 能繁殖母猪	23.06	22.30	-3.3
八、羊年底数(只)	**20 617**	**21 778**	**5.6**
九、兔年底数(只)	**9 247**	**9 285**	**0.4**
十、家禽年底数(万只)	**3 373.36**	**3 437.99**	**1.9**
十一、蚕茧产量(吨)	**13**	**15**	**15.4**

9-24 牧业生产情况

(分县区,2014年)

项　　目	全　市	东湖区	西湖区	青云谱区	湾里区	青山湖区	南昌县
一、出栏肉猪头数(万头)	**358.63**	**1.15**	**0.12**	**0.26**	**6.96**	**3.92**	**127.08**
出售和自宰肉用牛(头)	62 548				249		20 242
出售和自宰肉用羊(只)	22 457				783		3 221
出售和自宰肉用兔(只)	16 630						3 830
出售和自宰肉用禽(万只)	5 034.09	2.34		8.23	9.81	9.28	2 555.97
二、肉类总产量(吨)	**377 444**	**943**	**120**	**362**	**5 935**	**3 251**	**141 666**
猪　　肉	296 081	915	120	246	5 720	3 139	106 290
牛　　肉	7 327				40		2 288
羊　　肉	384				16		48
兔　　肉	33						10
禽　　肉	70 736	28		116	149	112	31 723
三、牛奶产量(吨)	**51 269**			**640**		**179**	**18 064**
四、年底养蜂数(箱)	**5 042**						**625**
蜂蜜产量(吨)	384						60
五、禽蛋产量(吨)	**170 041**	**47**		**431**	**568**	**281**	**112 068**
六、牛年底数(头)	**210 217**	**150**		**47**	**1 109**	**557**	**38 383**
#能繁殖母牛	102 439			35	253		16 214
#肉　　牛	42 239				69		13 719
奶　　牛	15 634			47		176	8365
七、生猪年底数(万头)	**210.90**	**1.18**		**0.40**	**6.16**	**2.65**	**68.36**
#能繁殖母猪(头)	223 004	1 491		200	8 841	4 613	71 968
八、羊年底数(只)	**21 778**				**1 175**		**3 284**
九、兔年底数(只)	**9 285**						**2 710**
十、家禽年底数(万只)	**3 437.99**	**2.13**		**3.29**	**9.86**	**5.00**	**1 474.48**
十一、蚕茧产量(吨)	**15**						**15**

9-24 续表 (分县区,2014 年)

项目	新建县	安义县	进贤县	经济开发区	高新开发区	红谷滩新区	桑海开发区
一、出栏肉猪头数(万头)	**88.62**	**23.74**	**87.78**	**8.08**	**5.00**	**4.95**	**0.99**
出售和自宰肉用牛(头)	10 645	5 776	22 694	1146	1 491	275	30
出售和自宰肉用羊(只)	5 621	10 077	1 376	554	761		64
出售和自宰肉用兔(只)		12 800					
出售和自宰肉用禽(万只)	527.60	274.73	1 565.20	4.80	57.64	16.38	2.11
二、肉类总产量(吨)	**82 071**	**24 580**	**101 441**	**6 619**	**4 965**	**4 710**	**781**
猪肉	72 480	19 692	71 973	6 434	3 864	4 468	740
牛肉	1 473	657	2 494	114	217	38	6
羊肉	112	167	18	11	11		1
兔肉		23					
禽肉	6 493	3 998	26 946	60	873	204	34
三、牛奶产量(吨)	**10 670**		**14 372**	**6 845**	**499**		
四、年底养蜂数(箱)	**113**	**876**	**3 428**				
蜂蜜产量(吨)	1	131	192				
五、禽蛋产量(吨)	**13 024**	**9 155**	**29 611**	**95**	**4 447**	**269**	**45**
六、牛年底数(头)	**63 482**	**25 035**	**68 684**	**3 142**	**5 480**	**3 813**	**335**
#能繁殖母牛	37 635	10 301	34 436	1 298	807	1 370	90
#肉牛	8 831	5 100	11 653	256	1 150	1 461	
奶牛	1 954		2 467	1 588	1 037		
七、生猪年底数(万头)	**49.97**	**14.38**	**52.00**	**3.86**	**4.65**	**6.35**	**0.94**
#能繁殖母猪(头)	55 185	10 539	52 942	4 847	4 641	6 906	831
八、羊年底数(只)	**3 579**	**11 755**	**927**	**258**	**720**		**80**
九、兔年底数(只)		**6 575**					
十、家禽年底数(万只)	**429.86**	**168.61**	**1 238.23**	**5.28**	**69.68**	**26.52**	**5.05**
十一、蚕茧产量(吨)							

9-25 渔业生产情况

项　　目	2013	2014	2014年比上年增长%
一、渔业乡(个)	**3**	**3**	
二、渔业村(个)	**34**	**34**	
三、渔业户(万户)	**3.06**	**3.04**	**-0.7**
四、渔业人口(万人)	**13.11**	**12.92**	**-1.4**
五、渔业从业人员(万人)	**8.10**	**8.07**	**-0.4**
专业从业人员(万人)	4.54	4.49	-1.1
#捕　捞	0.76	0.75	-1.3
养　殖	3.29	3.24	-1.5
兼业从业人员(万人)	2.41	2.43	0.8
六、已养殖面积(万公顷)	**5.69**	**5.69**	**0.0**
#池　塘	1.64	1.64	
水　库	0.53	0.53	
湖　泊	3.15	3.15	
七、养殖单产(千克/公顷)	**6 624**	**6 940**	**4.8**
#池　塘	11 124	11 799	6.1
水　库	7 155	7 075	-1.1
湖　泊	2 288	2 438	6.5
八、水产品总产量(万吨)	**37.68**	**39.49**	**4.8**
#养　殖	31.83	33.62	5.6
#池　塘	18.28	19.35	5.9
水　库	3.82	3.75	-1.8
湖　泊	7.21	7.68	6.5
#鱼　类	31.85	33.50	5.2
甲壳类	2.84	2.93	3.2
贝　类	2.46	2.49	1.2
九、珍珠产量(吨)	**77**	**67**	**-13.0**
十、鱼苗产量(亿尾)	**31.01**	**31.86**	**2.7**
十一、鱼种产量(吨)	**35 156**	**35 541**	**1.1**

注:本表数据来源于农业部门。

9-26 渔业生产情况

(分县区,2014年)

项目	全市	青云谱区	湾里区	青山湖区	南昌县	新建县
一、渔业乡(个)	**3**					**1**
二、渔业村(个)	**34**	**3**		**1**	**1**	**7**
三、渔业户(户)	**30 365**	**310**	**45**	**294**	**13 777**	**4 050**
四、渔业人口(人)	**129 228**	**1 100**	**180**	**1 178**	**48 215**	**13 900**
五、渔业从业人员(人)	**80 715**	**180**	**150**	**1 062**	**35 988**	**8 432**
专业从业人员(人)	44 917	120	50	572	25 553	4 944
#捕　捞	7 567			166	1 927	1 500
养　殖	32 373	40	40	406	21 181	2 314
兼业从业人员(人)	24 255	60	80	490	7 919	3 000
六、已养殖面积(公顷)	**56 862**	**73**	**154**	**220**	**11 669**	**8 027**
#池　塘	16 405	73	22	220	8 270	2 559
水　库	5 334		132		105	2 225
湖　泊	31 490				1 247	2 112
七、养殖单产(千克/公顷)	**6 945**	**5 618**	**2 994**	**11 700**	**11 757**	**10 473**
#池　塘	11 796	5 618	7 318	11 268	11 864	12 229
水　库	7 031		2 242		5 203	8 840
湖　泊	2 439				5 541	5 069
八、水产品总产量(吨)	**394 888**	**412**	**461**	**2 574**	**137 187**	**84 063**
#养　殖	336 225	412	457	2 479	119 967	71 450
#池　塘	193 506	412	161	2 479	98 107	31 289
水　库	37 503		296		548	19 666
湖　泊	76 809				6 912	10 707
#鱼　类	334 980	412	452	2 568	117 855	68 787
甲壳类	29 333			6	10 194	10 551
贝　类	24 891				7 941	3 461
九、珍珠产量(吨)	**67**				**4**	**49**
十、鱼苗产量(亿尾)	**31.86**				**10.50**	**7.79**
十一、鱼种产量(吨)	**35 541**		**24**		**21 373**	**5 083**

注:本表数据来源于农业部门。

（分县区,2014年）

项　　目	安义县	进贤县	经　济 开发区	高　新 开发区	红谷滩 新　区	桑　海 开发区
一、渔业乡(个)		**2**				
二、渔业村(个)		**18**	**2**		**1**	**1**
三、渔业户(户)	**1 273**	**8 834**	**150**	**1 600**	**6**	**26**
四、渔业人口(人)	**5 916**	**54 138**	**613**	**3 850**	**30**	**108**
五、渔业从业人员(人)	**4 147**	**28 099**	**290**	**2 280**	**30**	**57**
专业从业人员(人)	2 077	9 992	250	1 280	12	57
#捕　捞	188	3 451	15	320		
养　殖	1 562	5 967	90	710	6	57
兼业从业人员(人)	1 847	10 139	30	680	10	
六、已养殖面积(公顷)	**3 110**	**30 770**	**320**	**2 410**	**30**	**80**
#池　塘	2 008	2 219	180	743	30	80
水　库	1 066	1 746	60			
湖　泊		26 464		1 667		
七、养殖单产(千克/公顷)	**10 697**	**4 027**	**7 216**	**4 062**	**9 933**	**7 600**
#池　塘	12 157	13 022	9 311	6 943	9 933	7 600
水　库	5 883	6 019	3 550			
湖　泊						
八、水产品总产量(吨)	**33 263**	**123 924**	**2 309**	**9 789**	**298**	**608**
#养　殖	30 855	98 835	2 210	8 654	298	608
#池　塘	24 415	28 900	1 676	5 161	298	608
水　库	6 269	10 511	213			
湖　泊		55 697		3 493		
#鱼　类	29 444	102 537	2 308	9 711	298	608
甲壳类	543	7 970	1	68		
贝　类	2 352	11 137				
九、珍珠产量(吨)	**5**	**9**				
十、鱼苗产量(亿尾)	**2.19**	**11.38**				
十一、鱼种产量(吨)	**3 327**	**5 734**				

注:本表数据来源于农业部门。

9-27　农业经济效益

（2014 年）

项　　目	全市	东湖区	西湖区	青云谱区	湾里区	青山湖区	南昌县
农业劳动力创造农林牧渔业总产值(元/人)	40 442	10 586		28 705	35 270	95 830	37 575
农业劳动力创造农林牧渔业增加值(元/人)	23 683	5 911		14 691	21 897	53 997	21 568
农业劳动力创造农林牧渔业商品产值(元/人)	31 463	7 074		20 723	24 382	90 518	28 980
农业劳动力生产农产品（千克/人）							
粮　　食	3 563	207			1 034	11 503	4 265
棉　　花	4						
油　　料	190				7		72
肉　　类	377 444	943	120	362	5 935	3 251	141 666
水 产 品	563.07			480.75	37.61	1 850.47	616.91

9-27　续表

项　　目	新建县	安义县	进贤县	经　济 开发区	高　新 开发区	红谷滩 新　区	桑　海 开发区
农业劳动力创造农林牧渔业总产值(元/人)	44 053	44 267	45 995	27 926	15 515		11 605
农业劳动力创造农林牧渔业增加值(元/人)	26 046	26 236	27 068	17 257	9 093		7 093
农业劳动力创造农林牧渔业商品产值(元/人)	34 338	34 489	36 179	23 068	11 445		9 670
农业劳动力生产农产品（千克/人）	473	833	703	234	215		162
粮　　食	3 598	4 764	3 099	892	2 195		1 235
棉　　花	2	62	1				9
油　　料	174	741	287	174	18		81
肉　　类	82 071	24 580	101 441	6 619	4 965	4 710	781
水 产 品	473.03	832.70	702.83	234.34	215.35		161.57

9-28　主要农业机械年末拥有量

项　　目	2013	2014	2014年比上年增长%
一、农业机械总动力（万千瓦）	**215.51**	**226.71**	**5.20**
#柴油发动机动力	157.29	166.11	5.61
汽油发动机动力	16.31	19.64	20.39
电动机动力	40.93	40.09	-2.04
二、主要农业机械与设备			
大中型拖拉机(混合台)	3 558	4 606	29.45
(万千瓦)	16.72	21.62	29.26
小型拖拉机(混合台)	64 502	59 608	-7.59
(万千瓦)	70.95	65.54	-7.63
大中型拖拉机配套农具(部)	5 224	6 888	31.85
小型拖拉机配套农具(部)	56 827	52 525	-7.57
农用排灌动力机械(台)	71 460	70 724	-1.03
(万千瓦)	162.70	50.98	-68.67
#柴　油　机(台)	49 800	48 132	-3.35
(万千瓦)	22.32	21.30	-4.56
电　动　机(台)	21 660	22 024	1.68
(万千瓦)	28.50	29.27	2.70
农　用　水　泵(台)	37 740	36 320	-3.76
节水灌溉类机械(万套)	211	225	6.64
联合收获机(台)	3 320	3 899	17.44
机动割晒机(台)	2	2	
机动脱粒机(台)	7 930	6 360	-19.80
农用运输车(台)	11 587	13 095	13.01

9-29　农业机耕、水电、化肥、水利情况

项　　目	2013	2014	2014年比上年增长%
一、农业机械化情况			
当年实际机耕面积(千公顷)	379.51	370.64	-2.3
当年实际机播面积(千公顷)	89.84	82.49	-8.2
当年实际机收面积(千公顷)	308.84	339.98	10.1
当年实际机电灌溉面积(千公顷)	153.20	142.31	-7.1
二、农业化学化情况			
化肥施用量(实物量)(万吨)	38.49	38.81	0.8
氮　　肥	11.27	10.82	-3.9
磷　　肥	8.40	8.44	0.4
钾　　肥	5.28	5.78	9.5
复 合 肥	13.55	13.77	1.6
化肥施用量(折纯量)(万吨)	14.89	15.05	1.1
氮　　肥	3.67	3.53	-3.7
磷　　肥	2.53	2.54	0.6
钾　　肥	2.53	2.78	10.2
复 合 肥	6.16	6.18	0.4
农用塑料薄膜使用量(吨)	2 228	2 258	1.3
# 地膜使用量(吨)	1 284	1 244	-3.1
地膜覆盖面积(公顷)	9 991	9 523	-4.7
农药使用量(吨)	8 173	4 278	-47.7
农用柴油使用量(吨)	33 609	33 825	0.6
三、农业水利化情况			
总灌溉面积(千公顷)	189.46	195.67	3.3

9-30 农业电气化情况

(分县区,2014 年)

地区	农村用电量（万千瓦小时）	乡镇村办水电站个数（个）	水电站发电能力（千瓦）
全市	**131 335**	**12**	
东湖区	1 676		
西湖区			
青云谱区	2 346		
湾里区	1 832		
青山湖区	21 500		
南昌县	42 917	1	
新建县	17 020	1	
安义县	4 660	8	
进贤县	26 121	2	
经济开发区	1 789		
高新开发区	10 127		
红谷滩新区	1 051		
桑海开发区	296		

9-31 农业水利化情况

(分县区,2014 年)

地区	总灌溉面积（千公顷）	耕地灌溉面积（有效灌溉面积）（千公顷）	林地灌溉面积（千公顷）	园地灌溉面积（千公顷）
合计	**195.67**	**188.99**	**4.52**	**2.16**
湾里区	2.53	2.53		
青山湖区	9.75	8.24		1.51
南昌县	73.64	69.77	3.87	
新建县	38.34	37.04	0.65	0.65
安义县	18.82	18.82		
进贤县	52.59	52.59		

9-32 农业化学化情况

(分县区,2014年)

单位:吨

地区	化肥施用量(实物量)	氮肥	磷肥	钾肥	复合肥
全市	**388 088**	**108 242**	**84 386**	**57 761**	**137 699**
东湖区	2 146	458	468	588	632
西湖区					
青云谱区	9				9
湾里区	1 980	381	364	258	977
青山湖区	810	375	100	119	216
南昌县	132 646	29 409	18 963	19 926	64 348
新建县	100 981	32 467	27 687	16 487	24 340
安义县	35 311	9 365	9 301	6 430	10 215
进贤县	87 452	27 975	18 568	10 236	30 674
经济开发区	5 672	894	3 047	560	1 171
高新开发区	9 000	2 494	2 200	1 204	3 102
红谷滩新区	6 031	2 109	2 010	1 072	840
桑海开发区	6 050	2 316	1 678	881	1 175

9-32 续表

单位:吨

地区	化肥施用量(折纯量)	氮肥	磷肥	钾肥	复合肥
全市	**150 482**	**35 374**	**25 442**	**27 845**	**61 821**
东湖区	920	195	216	284	225
西湖区					
青云谱区	3				3
湾里区	821	129	79	126	487
青山湖区	300	113	21	59	107
南昌县	59 017	8 822	8 818	9 962	31 415
新建县	33 616	9 222	5 900	7 338	11 156
安义县	16 913	4 408	4 212	3 194	5 099
进贤县	29 613	9 905	3 971	5 116	10 621
经济开发区	1 754	258	679	280	537
高新开发区	3 386	886	683	563	1 254
红谷滩新区	2 071	641	527	483	420
桑海开发区	2 068	795	336	440	497

9-33　水利灌溉设施

（年末数）

项　　目	2013	2014
一、水利工程数量		
水库数量(座)	493	493
其　中:大(1)型		
大(2)型		
中　型	8	8
小(1)型	68	68
小(2)型	417	417
塘坝数量(座)	11 148	11 148
窖池数量(座)	282	282
水电站数量(座)	13	12
泵站数量(处)	3 168	3 168
水闸数量(座)	2 659	2 661
农村集中式供水工程数量(处)	428	435
机电井数量(眼)	173 964	173 964
二、灌溉面积(千公顷)		
总灌溉面积	189.46	195.67
其中:耕地灌溉面积(有效灌溉面积)	186.65	188.99
新增耕地灌溉面积	0.29	2.33
减少耕地灌溉面积	1.41	
实际耕地灌溉面积	178.11	180.88

注:本表数据来源于水务部门。

9-34 主要年份农作物受灾情况

单位:公顷

年 份	受灾面积	旱 灾	水 灾	病虫灾	其 他
1990	212 673	115 160	70 073	4 767	22 673
2000	36 968	13 403	4 917		18 648
2010	189 127		127 492		61 635
2011	91 065	33 590	53 163		4 312
2012	23 356		22 460		896
2013	35 048	21 295	13 506		269
2014	22 028		18 934		3 094

9-34 续表

单位:公顷

年 份	成灾面积	旱 灾	水 灾	病虫灾	其 他
1990	105 327	62 280	33 860	2 287	6 900
2000	30 974	11 402	3 044		16 528
2010	100 526		72 549		27 977
2011	37 456	13 200	21 816		2 440
2012	11 657		10 861		791
2013	9 906	7 134	2 794		
2014	8 003		6 826		1 177

注:本表数据来源于市民政部门。

主要统计指标解释

农林牧渔业总产值 指以货币表现的农、林、牧、渔业全部产品和对农林牧渔业生产活动进行的各种支持性服务活动的价值总量，它反映一定时期内农林牧渔业生产总规模和总成果。1957 年以前的农林牧渔业总产值中包括了厩肥和农民自给性手工业(如农民自制衣服、鞋、袜， 自己从事粮食初步加工等)。1958 年及以后，林业中增加了村及村以下竹木采伐产值；牧业中取消丁厩肥产值；副业中取消了农民自给性手工业产值，增加了村及村以下办的工业产值；渔业中增加丁海洋捕捞水产品产值。1980 年及以后，在副业中增加了农民家庭兼营下业商品部分的产值。从 1984 年起村及村以下丁业产值划归下业。从 1993 年起取消副业，将野生动物的捕猎划人牧业、野生植物采集和农民家庭兼营商品性工业划归农业。从 2003 年起，执行新的国民经济行业分类标准，农林牧渔业总产值中包括了农林牧渔服务业产值。林业中增加了森林采运业产值。农业中取消了家庭兼营商品性工业产值，将野生林产品的采集划归林业。

农林牧渔业总产值的计算机方法通常是按农、林、牧、渔业产品及其副产品的产量分别乘以各自单位产品价格求得；少数生产周期较长，当年没有产品或产品产量不易统计的，则采用间接方法匡算其产值；然后将四业产品产值相加即为农林牧渔业总产值。

农林牧渔业中间消耗 指各种经济类型的农业生产单位和农户， 在农业生产经营过程中消耗的各种物质产品和劳务价值的总和。包括物质消耗和生产服务支出两个部分。计人中间消耗必须具备以下两个条件：一是与总产值相对应的生产过程中所消耗的物质产品和劳务；二是本期消耗的不属于固定资产的低值易耗品。

农林牧渔业增加值 指各种经济类型的农业生产单位和农户从事农业生产经营活动所提供的社会最终产品的货币表现。增加值的计算方法有两种，一是生产法：农林牧渔业增加值二农林牧渔业总产值一农林牧渔业中间消耗；二是分配法：农林牧渔业增加值：固定资产折 IR+劳动者报酬+生产税净额+营业盈余。

粮食产量 指全社会的产量。包括国有经济经营的、集体统一经营的和农民家庭经营的粮食产量，还包括工矿企业办的农场和其他生产单位的产量。粮食除包括稻谷、小麦、玉米、高粱、谷子及其他杂粮外，还包括薯类和豆类。其产量计算方法，豆类按占豆荚后的干豆计算；薯类(包括甘薯和马铃薯，不包括芋头和木薯)1963 年以前按每 4 公斤鲜薯折 1 公斤粮食汁算，从 1964 年开始改为按 5 公斤鲜薯折 1 公斤粮食计算。城市郊区作为蔬菜的薯类(如马铃薯等)按鲜品计算，并且不作粮食统计。其他粮食一律按脱粒后的原粮计算。

油料产量 指全部油料作物的生产量。包括花生、油菜籽、芝麻、向日葵籽、胡麻籽(亚麻籽)和其他油料。不包括大豆、木本油料和野生油料。花生以带壳干花生汁算。

水产品产量 指人工养殖的水产品和天然生长的水产品的捕捞量。包括海水的鱼类、虾蟹类、贝类和藻类以及内陆水域的鱼类、虾蟹类和贝类，不包括淡水生植物。水产品产量是通过各级水产和统计部门逐级上报取得数据。1995 年及以前，贝类中牡蛎按鲜肉汁算；蚶、蛤、蛙 5 公斤鲜品折 1 斤计算。1996 年以后则统一按鲜品计算。

猪、牛、羊肉产量 指当年出栏并已屠宰、除去头蹄下水后带骨肉(即胴体重)的重量。包括全社会范围内的产量。

期初(末)畜禽存栏头(只)数 指报告期初(末)农村各种合作经济组织和国营农场、农民个人、机关、团体、学校、工矿企业、部队等单位以及城镇居民饲养的大牲畜、猪、羊、家禽等畜禽的存栏数。

耕地面积 指可以用来种植农作物、经常进行耕锄的田地，包括熟地、当年新开荒地、连续撂荒未满三年的耕地和当年的休闲地(轮歇地)，还包括以种植农作物为主并附带种植桑树、茶树、果树和其他林木的土地，以及沿海、沿湖地区已围垦利用的“海涂”、“湖田”等面积。但不包括属于专业性的桑园、茶园、果园、果木苗圃、林地、芦苇地、天然或人工草地面积。

农作物播种面积 指实际播种或移植有农作物的面积。凡是实际种植有农作物的面积，不论种植在耕地上还是种植在非耕地上，均包括在农作物播种面积中。在播种季节基本结束后，因遭灾而重新改种和补种的农作物面积，也包括在内。它是反映耕地面积利用情况的一个重要指标。

有效灌溉面积 指具有一定的水源，地块比较平整，灌溉丁程或设备已经配套，在一般年景下当年能够进行正常灌溉的耕地面积。在一般情况下，有效灌溉面积应等于灌溉工程或设备已经配套，能够进行正常灌溉的水田和水浇地面积之和。它是反映耕地抗旱能力的一个重要指标。

农用化肥施用量 指本年内实际用于农业生产的化肥数量，包括氮肥、磷肥、钾肥和复合肥。化肥施用量要求按折纯量计算数量。折纯量是指把氮肥、磷肥、钾肥分别按含氮、含五氧化二磷、含氧化钾的百分之一百成份进行折算后的数量。复合肥按其所含主要成分折算。公式为：

折纯量=实物量×某种化肥有效成分含量的百分比

农业机械总动力 指主要用于农、林、牧、渔业的各种动力机械的动力总和。包括耕作机械、排灌机械、收获机械、农用运输机械、植物保护机械、牧业机械、林业机械、渔业机械和其他农业机械[内燃机按引擎马力折成瓦(特)计算、电动机按功率折成瓦(特)计算]。不包括专门用于乡、镇、村、组办工业、基本建设、非农业运输、科学试验和教学等非农业生产方面用的动力机械与作业机械。这个指标的统计数据主要来源于农机部门。

乡村从业人员 指乡村人口中劳动年龄(16周岁)以上实际参加十产经营活动并取得实物或货币收入的人员，包括劳动年龄内经常参加劳动的人员，也包括超过劳动年龄但经常参加劳动的人员。但不包括户口在家的在外学生、现役军人和丧失劳动能力的人，也不包括待业人员和家务劳动者。从业人员按从事主业时间最长(时间相同按收入)分为农业从业人员、工业从业人员、建筑业从业人员、交运仓储及邮政业从业人员、批零贸易和餐饮业从业人员、其他从业人员。

十、工　　业

INDUSTRY

本篇内容包括：

1.工业总产值、增加值
2.支柱行业主要指标
3.主要工业产品产量
4.规模以上工业企业主要经济指标
5.规模以上工业企业主要能源指标
6.工业园区主要指标

2014年规模以上工业增加值构成

按企业规模分

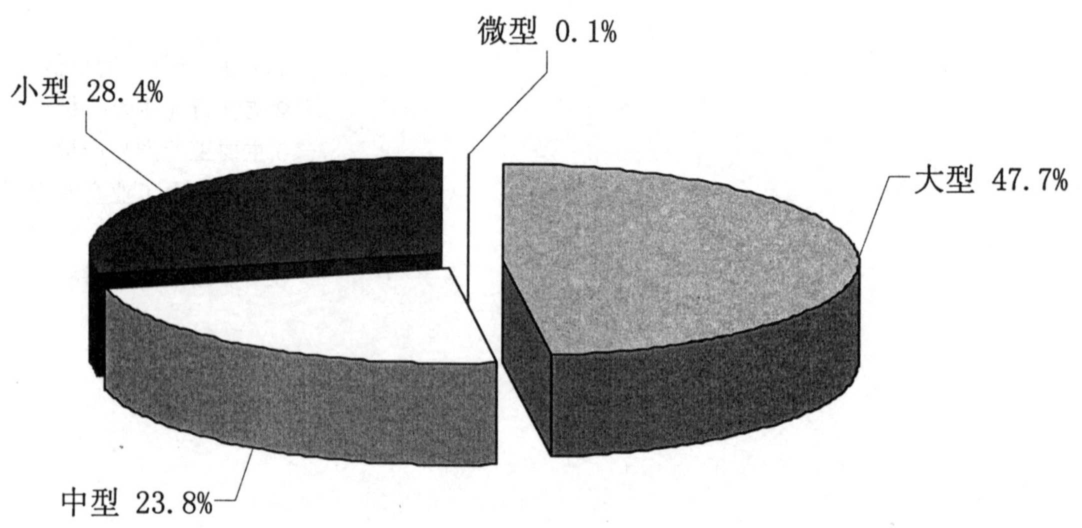

按轻、重工业分

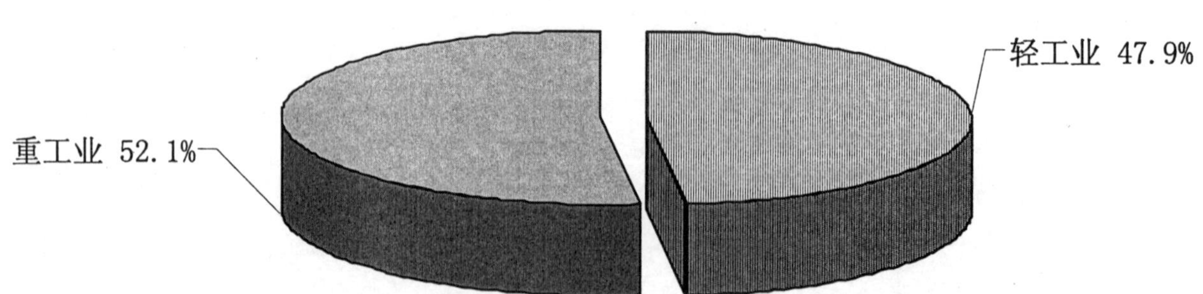

10-1 规模以上工业总产值和增加值

（2014 年）

单位：万元

分类	总产值		增加值	
	绝对数	比上年增长%	绝对数	比上年增长%
规模以上工业	**50 749 558**	**12.9**	**13 806 376**	**11.9**
1.按经济类型分				
#国有企业	4 470 479	20.3	1 082 632	16.0
集体企业	60 200	24.9	18 696	20.4
股份合作企业	193 817	14.5	48 830	12.1
有限责任公司企业	20 822 543	14.7	6 363 011	14.6
股份有限企业	4 762 552	6.6	1 148 076	6.8
私营企业	10 558 562	12.6	2 564 534	10.6
港澳台及外商企业	9 879 364	10.5	2 578 683	9.1
2.按轻、重工业分				
轻 工 业	22 620 909	14.2	6 616 506	11.4
重 工 业	28 128 649	11.7	7 189 870	12.5
3.大中型工业	35 747 344	11.1	9 867 632	11.1

10-2 2010-2014 年规模以上工业总产值

单位：万元

指 标	2010	2011	2012	2013	2014
工业总产值	**27 732 021**	**33 168 658**	**38 565 032**	**44 375 203**	**50 749 558**
国有经济	1 958 703	2 537 789	5 473 136	3 722 758	4 470 479
集体经济	145 386	54 379	49 296	48 147	60 200
其他经济	25 627 933	30 576 490	33 042 601	40 604 298	46 218 879
#港澳台及外商企业	7 312 545	9 075 185	7 855 624	8 846 831	9 879 364

10-3 2010-2014年规模以上工业企业主要指标

单位:万元

指标	2010	2011	2012	2013	2014
单位数(个)	1 154	968	1 015	1 078	1 211
从业人员(人)	301 514	374 042	405 540	418 944	446 633
工业总产值	27 732 021	33 168 658	38 565 032	44 375 203	50 749 558
主营业务收入	27 685 238	33 436 557	38 646 913	44 950 898	51 397 103
利润总额	1 387 275	1 683 301	2 113 992	2 507 625	3 167 045
税金总额	1 397 506	1 644 138	1 898 633	2 208 126	2 612 361
固定资产原价	11 922 211	14 251 476	16 362 995	18 508 881	22 377 207
固定资产净值	7 171 823			11 598 957	13 675 065
工业销售产值	27 188 727	32 473 729	38 041 446	43 641 228	49 839 749
出口交货值	1 940 961	2 564 336	2 776 121	3 030 853	3 934 772
工业增加值	6 509 202	7 612 345	9 672 609	11 594 763	13 806 376
流动资产合计	9 064 364	10 339 923	12 112 575	13 162 371	17 202 585
年末资产总计	19 615 369	22 846 285	26 023 037	28 594 476	36 277 945
年末负债合计	11 389 304	13 001 559	14 358 282	15 663 786	19 206 522
流动负债合计	8 890 642	9 508 350	11 242 442	12 157 446	14 899 794
年末所有者权益	7 988 382	9 784 213	11 583 912	12 791 768	16 877 068
成本费用总额	25 457 738	30 955 132	36 252 670	41 367 806	47 556 468

注:2011年起,规模以上工业的统计口径调整为年主营业务收入2000万元以上工业企业。

10-4 县区规模以上工业主要指标

(2014年)

项　　目	企业数(个)	#大中型	工业总产值(现价,万元)	工业增加值(现价,万元)
全　　市	**1 211**	**297**	**50 749 558**	**13 806 376**
东湖区	5		46 571	13 005
西湖区	3	1	149 106	82 330
青云谱区	34	10	3 463 379	877 623
湾里区	17	1	188 669	36 016
青山湖区	222	39	6 003 794	1 438 908
南昌县	266	34	8 848 926	2 211 215
新建县	147	40	5 308 632	1 245 889
安义县	80	4	1 478 397	318 442
进贤县	124	89	2 994 029	704 057
经济开发区	159	51	8 181 721	2 112 837
高新开发区	152	13	8 928 405	3 330 326
桑海开发区	27	25	524 390	127 240

10-4 续表　　单位:万元

项　　目	年平均从业人员(人)	负债合计	主营业务收入	利税总额
全　　市	**446 633**	**19 206 522**	**51 397 103**	**5 779 406**
东湖区	673	7 868	44 813	2 620
西湖区	3 836	436 208	152 247	26 374
青云谱区	22 542	1 126 528	3 509 541	539 304
湾里区	1 755	60 718	184 032	9 695
青山湖区	51 801	1 185 879	5 864 646	683 474
南昌县	73 238	2 281 662	8 830 902	787 181
新建县	43 113	874 238	5 326 397	517 299
安义县	12 829	444 803	1 470 588	108 798
进贤县	31 602	578 615	2 896 120	166 850
经济开发区	73 118	3 330 201	8 395 327	887 525
高新开发区	58 929	4 068 485	8 966 142	1 603 841
桑海开发区	7 541	193 221	516 749	70 581

注:本表总计数为集团公司按总部所在地统计,县区数据为集团公司按子公司所在地统计。

10-5　规模以上工业支柱行业主要指标

（2014 年）

指 标 名 称	企业单位数（个）	工业总产值（万元）	工业增加值（万元）	工业销售产值（万元）	#出口交货值
总　　计	**1 211**	**50 749 558**	**13 806 376**	**49 839 749**	**3 934 772**
农副食品加工业	101	6 876 656	1 500 354	6 713 056	137 553
食品制造业	35	1 166 001	282 298	1 157 349	12 034
方便食品制造	5	83 683	10 064	93 539	
乳制品制造	3	87 908	25 511	88 859	
酒、饮料和精制茶制造业	20	689 887	195 687	674 852	12 153
烟草制品业	1	1 735 754	1 350 937	1 604 600	
纺织业	43	533 413	191 131	524 768	2 900
纺织服装、服饰业	178	3 027 645	680 041	2 965 152	625 556
造纸和纸制品业	21	795 558	242 246	786 943	133 789
印刷和记录媒介复制业	44	1 106 881	324 437	1 054 952	40 494
化学原料和化学制品制造业	62	1 451 299	472 088	1 429 861	6 236
医药制造业	77	2 902 046	801 142	2 821 821	12 600
化学药品原料药制造	4	127 096	122 081	125 574	8 411
中成药生产	17	1 150 685	262 385	1 118 736	1 582
橡胶和塑料制品业	37	1 025 911	258 210	1 020 339	31 536
非金属矿物制品业	100	2 341 323	506 487	2 309 266	11 557
水泥、石灰和石膏制造	12	348 079	48 485	342 005	
黑色金属冶炼和压延加工业	15	1 289 815	214 512	1 283 241	41 889
钢压延加工	13	1 276 406	210 269	1 271 012	33 532
有色金属冶炼和压延加工业	47	1 469 362	306 748	1 414 649	39 883
有色金属合金制造	7	208 306	25 177	199 736	31 864
有色金属压延加工	38	1 234 926	261 576	1 187 920	4 422
通用设备制造业	51	1 264 594	450 304	1 261 569	95 604
锅炉及原动设备制造	10	145 113	110 393	146 900	12 070
专用设备制造业	47	1 634 986	396 551	1 578 232	107 914
汽车制造业	52	6 026 600	1 451 106	6 004 968	447 548
铁路、船舶、航空航天和其他运输设备制造业	9	205 955	46 207	206 592	
电气机械和器材制造业	68	3 038 692	621 180	2 987 626	335 603
电机制造	7	391 045	118 529	389 643	38 325
输配电及控制设备制造	27	1 068 321	238 100	1 030 131	269 808
电线、电缆、光缆及电工器材制造	20	865 921	108 479	858 742	9 268
家用电力器具制造	3	477 333	101 531	479 827	16 826
计算机、通信和其他电子设备制造业	51	3 432 805	1 095 079	3 372 759	1 241 116
电子器件制造	19	2 175 879	623 668	2 112 486	699 294
电子元件制造	12	409 251	280 176	408 290	81 805
电力、热力生产和供应业	12	4 846 077	160 529	4 845 549	
水的生产和供应业	7	243 036	116 450	242 769	

10-5 续表

(2014 年)

指 标 名 称	资产总计（万元）	主营业务收入（万元）	利税总额（万元）	本年应交增值税（万元）	全部从业人员年平均人数（人）
总　　计	**36 277 945**	**51 397 103**	**5 779 406**	**1 450 493**	**446 633**
农副食品加工业	2 434 379	6 897 451	438 026	55 520	28 424
食品制造业	529 824	1 170 854	132 236	33 939	9 394
方便食品制造	77 717	115 530	12 120	4 577	1 875
乳制品制造	87 378	87 598	15 628	2 574	1 232
酒、饮料和精制茶制造业	572 971	676 291	52 291	15 174	8 007
烟草制品业	1 281 402	1 604 070	1 169 507	181 362	4 777
纺织业	299 277	541 840	40 282	15 589	9 442
纺织服装、服饰业	1 722 199	2 955 949	324 149	111 680	43 610
造纸和纸制品业	763 765	793 309	86 594	27 193	3 935
印刷和记录媒介复制业	853 128	1 078 315	135 217	37 798	9 227
化学原料和化学制品制造业	605 521	1 438 619	152 179	34 834	11 569
医药制造业	1 995 801	2 975 459	316 615	100 006	28 057
化学药品原料药制造	130 445	124 881	9 805	3 281	1 693
中成药生产	823 058	1 261 805	165 570	60 859	13 393
橡胶和塑料制品业	417 283	1 024 895	101 198	16 195	6 877
非金属矿物制品业	1 532 534	2 322 580	294 581	72 624	15 988
水泥、石灰和石膏制造	483 580	335 341	72 136	5 537	1 474
黑色金属冶炼和压延加工业	1 122 626	1 296 654	135 252	50 079	10 272
钢压延加工	1 112 232	1 284 425	134 989	49 953	10 062
有色金属冶炼和压延加工业	902 970	1 430 902	40 952	7 928	9 859
有色金属合金制造	143 298	208 692	6 936	1 091	1 836
有色金属压延加工	734 358	1 195 253	31 255	6 210	7 831
通用设备制造业	1 003 501	1 293 732	151 584	40 623	12 220
锅炉及原动设备制造	387 570	153 101	14 504	4 780	3 221
专用设备制造业	1 112 060	1 621 190	156 375	39 775	20 464
汽车制造业	4 902 352	6 779 375	898 408	236 099	45 765
铁路、船舶、航空航天和其他运输设备制造业	267 300	206 608	15 577	3 106	1 990
电气机械和器材制造业	2 282 916	3 046 322	207 990	70 059	20 438
电机制造	733 622	393 975	24 562	6 130	3 670
输配电及控制设备制造	957 689	1 077 099	50 824	19 185	7 047
电线、电缆、光缆及电工器材制造	274 598	869 033	61 840	15 907	3 832
家用电力器具制造	187 690	477 450	50 717	21 841	3 602
计算机、通信和其他电子设备制造业	3 568 389	3 470 586	184 455	28 304	49 543
电子器件制造	2 613 205	2 199 748	131 204	17 401	33 803
电子元件制造	415 557	420 094	36 124	6 057	10 104
电力、热力生产和供应业	5 296 881	4 845 896	359 383	194 588	63 273
水的生产和供应业	821 853	250 040	53 112	5 881	4 302

10-6 主要工业产品生产量与销售量

(2014 年)

产品名称	计量单位	生产量	销售量
精制食用植物油	吨	199 685	201 126
饲料	吨	10 750 023	10 573 739
乳制品	吨	150 863	150 806
白酒(折 65 度 商品量)	千升	31 980	35 395
啤酒	千升	359 427	359 467
软饮料	吨	2 143 141	2 130 618
卷烟	万支	6 765 000	6 412 929
纱	吨	43 994	42 561
布	万米	8 713	8 724
棉布	万米	6 413	6 406
棉混纺布(混纺交织布)	万米	2 227	2 245
化学纤维布(纯化纤布)	万米	72	72
服装	万件	40 793	40 705
机制纸及纸板	吨	354 369	354 346
化学药品原药(化学原料药)	吨	16 317	16 111
橡胶轮胎外胎(轮胎外胎)	条	2 484 432	2 508 520
塑料制品	吨	13 967	13 885
水泥	吨	6 844 905	6 813 728
发动机	千瓦	193 308	186 918
交流电动机	千瓦	535 822	788 368
移动通信手持机(手机)	台	14 099 533	14 099 533

(2014 年)

产品名称	计量单位	生产量	销售量
生铁	吨	3 054 852	
粗钢	吨	3 526 646	
钢材	吨	3 736 732	3 720 751
棒材	吨	728 823	716 672
钢筋	吨	2 286 189	2 283 560
热轧窄钢带	吨	14 875	1 117
无缝钢管	吨	50 533	50 649
焊接钢管	吨	42 446	37 191
铝材	吨	134 993	134 537
工业锅炉	蒸发量吨	386	386
金属切削机床	台	1 533	1 540
数控机床	台	43	43
大中型拖拉机	台	422	423
小型拖拉机	台	10 787	11 550
汽车	辆	316 564	320 054
载货汽车	辆	187 290	187 945
公路客车	辆	70 751	71 009
家用电冰箱	台	230 920	228 449
冷柜(含冷冻箱、冷藏箱、展示柜)	台	56 945	58 547
房间空气调节器	台	3 284 302	3 284 174
彩色电视机	台	195 745	195 745

10-7　全市规模以上工业主要经济指标

(2014 年)

项目	企业单位数(个)	#亏损企业	工业总产值(现价,万元)	工业销售产值(现价,万元)	#出口交货值	全部从业人员年平均人数(人)
总计	**1 211**	**120**	**50 749 558**	**49 839 749**	**3 934 772**	**446 633**
一、按登记注册类型分						
内资企业	1 060	98	40 870 195	40 085 091	1 948 174	376 483
国有企业	14	5	4 470 479	4 420 784	298 796	35 362
集体企业	7	1	60 200	56 765	22	872
股份合作企业	9		193 817	188 781	11 618	837
联营企业						
集体联营企业						
其他联营企业						
有限责任公司	579	59	20 822 543	20 454 862	999 880	222 963
国有独资公司	18	1	6 942 267	6 787 320	133 538	75 770
其他有限责任公司	561	58	13 880 277	13 667 543	866 343	147 193
股份有限公司	53	10	4 762 552	4 717 718	185 768	39 751
私营企业	397	23	10 558 562	10 244 170	452 090	76 680
私营独资企业	6		229 983	227 001	10 775	1 168
私营合伙企业	3		25 147	25 280		212
私营有限责任公司	348	21	9 030 907	8 750 650	310 279	66 481
私营股份有限公司	40	2	1 272 525	1 241 239	131 036	8 819
港、澳、台商投资企业	66	9	3 503 357	3 433 657	1 230 521	26 291
合资经营企业(港或澳、台资)	39	2	2 005 204	1 954 178	194 333	14 569
合作经营企业(港或澳、台资)	1		79 601	79 601		281
港澳台商独资企业	26	7	1 418 552	1 399 878	1 036 188	11 441
港澳台商投资股份有限公司						
外商投资企业	85	13	6 376 007	6 321 001	756 078	43 859
中外合资经营企业	51	9	4 678 497	4 645 828	339 982	28 781
中外合作经营企业	3		101 281	95 917	2 163	851
外资企业	30	3	1 566 198	1 549 422	413 933	13 841
外商投资股份有限公司	1	1	30 030	29 833		386
二、按经济组织类型分						
独资企业	83	16	7 745 413	7 653 851	1 759 714	62 684
国有企业	14	5	4 470 479	4 420 784	298 796	35 362
集体企业	7	1	60 200	56 765	22	872
私营独资企业	6		229 983	227 001	10 775	1 168
港澳台商独资经营企业	26	7	1 418 552	1 399 878	1 036 188	11 441
外资企业	30	3	1 566 198	1 549 422	413 933	13 841
合作、合伙企业	17		401 888	391 588	13 781	2 199
股份合作企业	9		193 817	188 781	11 618	837
集体联营企业						
其他联营企业						
私营合伙企业	3		25 147	25 280		212
港或澳、台资合作经营企业	1		79 601	79 601		281
中外合作经营企业	3		101 281	95 917	2 163	851
股份有限公司	94	13	6 065 107	5 988 790	316 804	48 956
股份有限公司(内资)	53	10	4 762 552	4 717 718	185 768	39 751
私营股份有限公司	40	2	1 272 525	1 241 239	131 036	8 819
港澳台商投资股份有限公司						
外商投资股份有限公司	1	1	30 030	29 833		386
有限责任公司	1 017	91	36 537 151	35 805 519	1 844 474	332 794
国有独资公司	18	1	6 942 267	6 787 320	133 538	75 770

项　　目	企　业单位数(个)	#亏损企业	工业总产值(现价,万元)	工业销售产值(现价,万元)	#出口交货值	全部从业人员年平均人数(人)
私营有限责任公司	348	21	9 030 907	8 750 650	310 279	66 481
港澳台合资经营企业	39	2	2 005 204	1 954 178	194 333	14 569
中外合资经营企业	51	9	4 678 497	4 645 828	339 982	28 781
其他有限责任公司	561	58	13 880 277	13 667 543	866 343	147 193
三、总计中						
亏损企业	120	120	1 820 419	1 802 540	423 638	27 807
国有控股企业	97	18	14 966 246	14 710 385	544 352	149 920
农村工业	7		119 350	116 867		1 492
四、按轻重工业分						
轻工业	633	43	22 620 909	22 012 630	1 587 457	188 989
重工业	578	77	28 128 649	27 827 118	2 347 315	257 644
五、按企业规模分						
大型企业	42	1	21 104 735	20 787 634	1 336 075	211 862
中型企业	255	21	14 642 609	14 339 677	1 191 946	123 406
小型企业	861	89	14 368 329	14 080 716	1 213 553	111 082
微型企业	53	9	633 885	631 721	193 198	283
六、按工业行业大类分						
非金属矿采选业	2		58 313	57 946		302
农副食品加工业	101	13	6 876 656	6 713 056	137 553	28 424
食品制造业	35	5	1 166 001	1 157 349	12 034	9 394
酒、饮料和精制茶制造业	20	4	689 887	674 852	12 153	8 007
烟草制品业	1		1 735 754	1 604 600		4 777
纺织业	43	3	533 413	524 768	2 900	9 442
纺织服装、服饰业	178	3	3 027 645	2 965 152	625 556	43 610
皮革、毛皮、羽毛及其制品和制鞋业	11	1	404 769	403 895	314 525	5 134
木材加工和木、竹、藤、棕、草制品业	12		390 290	392 506	123 582	2 162
家具制造业	7		113 151	112 764		1 027
造纸和纸制品业	21	1	795 558	786 943	133 789	3 935
印刷和记录媒介复制业	44	3	1 106 881	1 054 952	40 494	9 227
文教、工美、体育和娱乐用品制造业	15	1	478 092	463 119	100 933	4 597
石油加工、炼焦和核燃料加工业						
化学原料和化学制品制造业	62	4	1 451 299	1 429 861	6 236	11 569
医药制造业	77	3	2 902 046	2 821 821	12 600	28 057
橡胶和塑料制品业	37	7	1 025 911	1 020 339	31 536	6 877
非金属矿物制品业	100	9	2 341 323	2 309 266	11 557	15 988
黑色金属冶炼和压延加工业	15	6	1 289 815	1 283 241	41 889	10 272
有色金属冶炼和压延加工业	47	8	1 469 362	1 414 649	39 883	9 859
金属制品业	65	10	1 799 541	1 749 265	59 432	12 862
通用设备制造业	51	7	1 264 594	1 261 569	95 604	12 220
专用设备制造业	47	4	1 634 986	1 578 232	107 914	20 464
汽车制造业	52	2	6 026 600	6 004 968	447 548	45 765
铁路、船舶、航空航天和其他运输设备制造业	9	1	205 955	206 592		1 990
电气机械和器材制造业	68	10	3 038 692	2 987 626	335 603	20 438
计算机、通信和其他电子设备制造业	51	13	3 432 805	3 372 759	1 241 116	49 543
仪器仪表制造业	14	2	77 267	76 392	336	1 373
废弃资源综合利用业	2		55 509	55 532		393
电力、热力生产和供应业	12		4 846 077	4 845 549		63 273
燃气生产和供应业	5		268 333	267 416		1 350
水的生产和供应业	7		243 036	242 769		4 302

10-7 续表 2-1　　(2014 年)　　单位:万元

项　　目	工业增加值(现价)	流动资产合　计	固定资产合　计	固定资产原　价
总　计	**13 806 376**	**17 202 585**	**13 675 065**	**22 377 207**
一、按登记注册类型分				
内资企业	11 227 693	14 032 985	11 076 139	17 655 120
国有企业	1 082 632	2 985 551	916 055	1 320 891
集体企业	18 696	11 668	31 922	37 832
股份合作企业	48 830	7 785	58 612	67 931
联营企业				
集体联营企业				
其他联营企业				
有限责任公司	6 363 011	6 828 466	6 848 835	11 014 662
国有独资公司	2 995 831	2 601 436	3 303 988	6 056 594
其他有限责任公司	3 367 180	4 227 029	3 544 847	4 958 068
股份有限公司	1 148 076	2 458 855	944 320	2 130 650
私营企业	2 564 534	1 739 875	2 276 298	3 083 000
私营独资企业	47 403	9 651	20 263	33 748
私营合伙企业	5 509	2 566	1 376	2 596
私营有限责任公司	2 149 853	1 567 833	1 996 976	2 654 320
私营股份有限公司	361 770	159 826	257 684	392 336
港、澳、台商投资企业	956 235	1 350 179	1 139 423	1 942 660
合资经营企业(港或澳、台资)	532 393	770 789	662 297	1 068 057
合作经营企业(港或澳、台资)	36 943	955	15 134	9 457
港澳台商独资企业	386 899	578 435	461 993	865 147
港澳台商投资股份有限公司				
外商投资企业	1 622 448	1 819 421	1 459 503	2 779 427
中外合资经营企业	1 152 637	1 389 219	981 780	2 034 599
中外合作经营企业	29 217	50 129	66 364	107 222
外资企业	429 460	370 338	379 629	586 669
外商投资股份有限公司	11 135	9 735	31 729	50 936
二、按经济组织类型分				
独资企业	1 965 089	3 955 643	1 809 862	2 844 287
国有企业	1 082 632	2 985 551	916 055	1 320 891
集体企业	18 696	11 668	31 922	37 832
私营独资企业	47 403	9 651	20 263	33 748
港澳台商独资经营企业	386 899	578 435	461 993	865 147
外资企业	429 460	370 338	379 629	586 669
合作、合伙企业	122 414	62 220	141 583	187 360
股份合作企业	48 830	7 785	58 612	67 931
集体联营企业				
其他联营企业				
私营合伙企业	5 509	2 566	1 376	2 596
港或澳、台资合作经营企业	36 943	955	15 134	9 457
中外合作经营企业	29 217	50 129	66 364	107 222
股份有限公司	1 520 980	2 628 417	1 233 733	2 573 923
股份有限公司(内资)	1 148 076	2 458 855	944 320	2 130 650
私营股份有限公司	361 770	159 826	257 684	392 336
港澳台商投资股份有限公司				
外商投资股份有限公司	11 135	9 735	31 729	50 936
有限责任公司	10 197 893	10 556 306	10 489 887	16 771 638
国有独资公司	2 995 831	2 601 436	3 303 988	6 056 594

项　　目	工业增加值（现价）	流动资产合　计	固定资产合　计	固定资产原　价
私营有限责任公司	2 149 853	1 567 833	1 996 976	2 654 320
港澳台合资经营企业	532 393	770 789	662 297	1 068 057
中外合资经营企业	1 152 637	1 389 219	981 780	2 034 599
其他有限责任公司	3 367 180	4 227 029	3 544 847	4 958 068
三、总计中				
亏损企业	433 081	1 326 382	528 898	1 048 799
国有控股企业	3 521 734	7 644 733	5 782 275	9 567 140
农村工业	25 454	23 460	10 973	17 809
四、按轻重工业分				
轻工业	6 616 506	5 363 605	5 490 651	8 866 334
重工业	7 189 870	11 838 980	8 184 414	13 510 873
五、按企业规模分				
大型企业	6 579 211	10 216 675	6 103 427	11 283 850
中型企业	3 288 421	3 021 386	3 588 500	5 363 057
小型企业	3 926 820	3 769 844	3 763 738	5 396 445
微型企业	11 925	194 680	219 400	333 855
六、按工业行业大类分				
非金属矿采选业	20 603	3 241	9 842	10 095
农副食品加工业	1 500 354	1 125 128	953 712	1 992 238
食品制造业	282 298	189 447	283 158	368 836
酒、饮料和精制茶制造业	195 688	221 429	262 022	444 227
烟草制品业	1 350 937	928 213	268 458	498 813
纺织业	191 131	150 883	110 691	203 491
纺织服装、服饰业	680 041	347 404	1 215 716	1 567 810
皮革、毛皮、羽毛及其制品和制鞋业	124 287	113 208	266 394	413 966
木材加工和木、竹、藤、棕、草制品业	82 716	29 200	65 179	89 736
家具制造业	23 336	12 798	6 675	8 492
造纸和纸制品业	242 246	260 482	323 369	502 622
印刷和记录媒介复制业	324 437	226 766	532 939	816 355
文教、工美、体育和娱乐用品制造业	146 446	48 406	50 754	75 839
石油加工、炼焦和核燃料加工业				
化学原料和化学制品制造业	472 089	300 040	210 734	309 671
医药制造业	801 142	1 011 750	704 757	1 085 819
橡胶和塑料制品业	258 210	164 805	219 932	352 007
非金属矿物制品业	506 487	658 639	564 939	769 814
黑色金属冶炼和压延加工业	234 799	521 914	347 034	770 658
有色金属冶炼和压延加工业	306 748	547 905	308 845	395 115
金属制品业	303 052	336 848	254 522	462 298
通用设备制造业	450 304	563 399	307 714	474 193
专用设备制造业	396 551	576 992	342 039	551 049
汽车制造业	1 451 106	3 153 255	1 277 247	1 830 409
铁路、船舶、航空航天和其他运输设备制造业	48 558	175 328	65 289	104 385
电气机械和器材制造业	624 688	1 235 268	663 857	1 254 995
计算机、通信和其他电子设备制造业	1 095 079	2 658 105	552 044	991 116
仪器仪表制造业	39 392	78 716	26 237	38 802
废弃资源综合利用业	9 670	24 920	10 686	12 053
电力、热力生产和供应业	160 529	1 273 199	3 037 520	5 384 036
燃气生产和供应业	29 955	78 589	244 019	275 520
水的生产和供应业	116 450	186 311	188 739	322 748

(2014 年)

单位:万元

项　　目	资产总计	流动负债合计	负债合计	所有者权益合计
总　　计	**36 277 945**	**14 899 794**	**19 206 522**	**16 877 068**
一、按登记注册类型分				
内资企业	29 615 353	11 852 020	15 548 298	13 987 750
国有企业	4 305 502	2 396 996	2 668 627	1 636 874
集体企业	43 874	10 401	10 783	33 086
股份合作企业	79 001	6 268	6 678	60 296
联营企业				
集体联营企业				
其他联营企业				
有限责任公司	16 397 958	6 339 287	9 075 509	7 365 593
国有独资公司	7 455 393	2 619 444	4 672 244	2 783 148
其他有限责任公司	8 942 566	3 719 843	4 403 265	4 582 445
股份有限公司	4 326 888	1 937 050	2 248 814	2 074 627
私营企业	4 461 218	1 161 633	1 537 502	2 816 748
私营独资企业	30 555	4 574	5 309	25 246
私营合伙企业	3 946	1 730	1 730	2 216
私营有限责任公司	3 944 690	1 071 297	1 425 400	2 436 375
私营股份有限公司	482 027	84 033	105 063	352 911
港、澳、台商投资企业	2 876 834	1 245 655	1 432 666	1 370 575
合资经营企业(港或澳、台资)	1 666 603	787 749	917 287	743 056
合作经营企业(港或澳、台资)	16 168	964	2 015	14 075
港澳台商独资企业	1 194 064	456 942	513 364	613 445
港澳台商投资股份有限公司				
外商投资企业	3 785 759	1 802 119	2 225 559	1 518 742
中外合资经营企业	2 783 722	1 423 633	1 817 764	961 132
中外合作经营企业	122 511	58 597	60 460	62 051
外资企业	835 920	255 639	283 085	513 485
外商投资股份有限公司	43 607	64 250	64 250	–17 926
二、按经济组织类型分				
独资企业	6 409 914	3 124 551	3 481 168	2 822 137
国有企业	4 305 502	2 396 996	2 668 627	1 636 874
集体企业	43 874	10 401	10 783	33 086
私营独资企业	30 555	4 574	5 309	25 246
港澳台商独资经营企业	1 194 064	456 942	513 364	613 445
外资企业	835 920	255 639	283 085	513 485
合作、合伙企业	222 537	67 944	71 268	139 163
股份合作企业	79 001	6 268	6 678	60 296
集体联营企业				
其他联营企业				
私营合伙企业	3 946	1 730	1 730	2 216
港或澳、台资合作经营企业	16 168	964	2 015	14 075
中外合作经营企业	122 511	58 597	60 460	62 051
股份有限公司	4 852 522	2 085 333	2 418 127	2 409 613
股份有限公司(内资)	4 326 888	1 937 050	2 248 814	2 074 627
私营股份有限公司	482 027	84 033	105 063	352 911
港澳台商投资股份有限公司				
外商投资股份有限公司	43 607	64 250	64 250	–17 926
有限责任公司	24 792 973	9 621 966	13 235 960	11 506 155
国有独资公司	7 455 393	2 619 444	4 672 244	2 783 148

项目	资产总计	流动负债合计	负债合计	所有者权益合计
私营有限责任公司	3 944 690	1 071 297	1 425 400	2 436 375
港澳台合资经营企业	1 666 603	787 749	917 287	743 056
中外合资经营企业	2 783 722	1 423 633	1 817 764	961 132
其他有限责任公司	8 942 566	3 719 843	4 403 265	4 582 445
三、总计中				
亏损企业	2 299 852	1 649 354	1 852 661	581 226
国有控股企业	16 131 686	6 884 394	9 733 271	6 528 958
农村工业	35 008	13 620	16 281	18 631
四、按轻重工业分				
轻工业	12 902 160	3 909 051	4 969 693	7 862 968
重工业	23 375 785	10 990 744	14 236 829	9 014 100
五、按企业规模分				
大型企业	19 480 249	9 231 046	12 200 938	7 259 253
中型企业	7 579 177	2 669 076	3 459 085	4 233 074
小型企业	8 496 551	2 928 264	3 368 178	5 100 450
微型企业	721 968	71 408	178 322	284 291
六、按工业行业大类分				
非金属矿采选业	13 107	3 733	3 733	9 374
农副食品加工业	2 434 379	1 096 353	1 316 783	1 092 580
食品制造业	529 824	122 967	185 689	340 326
酒、饮料和精制茶制造业	572 971	216 726	352 802	221 682
烟草制品业	1 281 402	275 795	275 795	1 005 607
纺织业	299 277	160 743	207 468	207 405
纺织服装、服饰业	1 722 199	203 488	258 635	1 424 025
皮革、毛皮、羽毛及其制品和制鞋业	405 954	61 578	79 741	326 116
木材加工和木、竹、藤、棕、草制品业	154 540	14 403	37 768	70 784
家具制造业	36 643	5 973	6 372	29 337
造纸和纸制品业	763 765	284 593	390 841	371 924
印刷和记录媒介复制业	853 128	111 679	126 150	726 100
文教、工美、体育和娱乐用品制造业	106 815	19 746	26 524	77 557
石油加工、炼焦和核燃料加工业				
化学原料和化学制品制造业	605 521	146 987	235 686	355 772
医药制造业	1 995 801	679 059	790 130	1 188 309
橡胶和塑料制品业	417 283	94 555	109 531	307 074
非金属矿物制品业	1 532 534	477 181	650 607	879 203
黑色金属冶炼和压延加工业	1 122 626	730 616	743 397	378 882
有色金属冶炼和压延加工业	902 970	469 788	564 839	336 181
金属制品业	660 360	233 903	262 910	369 581
通用设备制造业	1 003 501	522 216	599 433	396 462
专用设备制造业	1 112 060	492 922	534 326	504 096
汽车制造业	4 902 352	2 531 088	2 861 583	2 037 926
铁路、船舶、航空航天和其他运输设备制造业	267 300	55 398	59 397	207 903
电气机械和器材制造业	2 282 916	1 183 875	1 379 064	900 610
计算机、通信和其他电子设备制造业	3 568 389	2 250 018	2 371 536	1 156 119
仪器仪表制造业	132 225	36 607	41 189	93 012
废弃资源综合利用业	45 667	27 965	34 375	11 291
电力、热力生产和供应业	5 296 881	1 960 593	3 928 850	1 368 031
燃气生产和供应业	433 703	184 377	301 659	131 735
水的生产和供应业	821 853	244 871	469 709	352 066

10-7 续表 4-1

(2014 年)

单位:万元

项　　目	实收资本	国家资本	集体资本	法人资本	个人资本	港澳台资本	外商资本
总　　计	**6 230 871**	**1 341 163**	**38 609**	**2 875 002**	**1 155 310**	**348 870**	**472 113**
一、按登记注册类型分							
内资企业	4 766 455	1 062 302	32 047	2 575 831	1 081 770	13 600	1 100
国有企业	224 786	219 891		986	3 910		
集体企业	2 407		1 822	585			
股份合作企业	8 341		1 954	5 289	1 099		
联营企业							
集体联营企业							
其他联营企业							
有限责任公司	3 123 394	634 575	26 221	1 918 467	543 131		1 000
国有独资公司	899 565	135 658	68	761 727	2 112		
其他有限责任公司	2 223 829	498 917	26 153	1 156 740	541 019		1 000
股份有限公司	674 217	207 786		315 889	140 542	10 000	
私营企业	732 810	50	2 050	334 116	393 090	3 600	100
私营独资企业	6 455			3 401	3 054		
私营合伙企业	1 325			1 225	100		
私营有限责任公司	616 626	50	2 050	295 637	316 685	2 300	100
私营股份有限公司	108 403			33 852	73 251	1 300	
港、澳、台商投资企业	636 711	175 290	2 624	61 139	41 656	280 194	75 808
合资经营企业(港或澳、台资)	395 876	175 290	2 624	37 545	29 396	75 213	75 808
合作经营企业(港或澳、台资)	3 500					3 500	
港澳台商独资企业	237 335			23 595	12 260	201 481	
港澳台商投资股份有限公司							
外商投资企业	827 705	103 572	3 939	238 031	31 883	55 076	395 204
中外合资经营企业	513 449	103 572	3 939	222 448	30 313	10 400	142 778
中外合作经营企业	23 959			2 973		7 946	13 040
外资企业	281 297			12 610	1 570	36 730	230 387
外商投资股份有限公司	9 000						9 000
二、按经济组织类型分							
独资企业	752 280	219 891	1 822	41 177	20 793	238 211	230 387
国有企业	224 786	219 891		986	3 910		
集体企业	2 407		1 822	585			
私营独资企业	6 455			3 401	3 054		
港澳台商独资经营企业	237 335			23 595	12 260	201 481	
外资企业	281 297			12 610	1 570	36 730	230 387
合作、合伙企业	37 625		1 954	9 987	1 199	11 446	13 040
股份合作企业	8 341		1 954	5 289	1 099		
集体联营企业							
其他联营企业							
私营合伙企业	1 325			1 225	100		
港或澳、台资合作经营企业	3 500					3 500	
中外合作经营企业	23 959			2 973		7 946	13 040
股份有限公司	791 620	207 786		349 741	213 793	11 300	9 000
股份有限公司(内资)	674 217	207 786		315 889	140 542	10 000	
私营股份有限公司	108 403			33 852	73 251	1 300	
港澳台商投资股份有限公司							
外商投资股份有限公司	9 000						9 000
有限责任公司	4 649 345	913 487	34 834	2 474 097	919 525	87 913	219 686
国有独资公司	899 565	135 658	68	761 727	2 112		

项　目	实收资本	国家资本	集体资本	法人资本	个人资本	港澳台资本	外商资本
私营有限责任公司	616 626	50	2 050	295 637	316 685	2 300	100
港澳台合资经营企业	395 876	175 290	2 624	37 545	29 396	75 213	75 808
中外合资经营企业	513 449	103 572	3 939	222 448	30 313	10 400	142 778
其他有限责任公司	2 223 829	498 917	26 153	1 156 740	541 019		1 000
三、总计中							
亏损企业	762 783	310 906	16 913	224 173	47 402	88 503	74 887
国有控股企业	2 316 652	1 147 178	1 539	1 056 445	88 896	11 966	10 628
农村工业	8 553		1 000	3 967	3 586		
四、按轻重工业分							
轻工业	2 340 784	266 403	17 997	1 162 619	622 090	115 329	156 342
重工业	3 890 087	1 074 760	20 612	1 712 382	533 220	233 541	315 771
五、按企业规模分							
大型企业	2 227 666	325 647	68	1 537 236	208 185	37 251	119 279
中型企业	1 824 770	702 775	10 122	399 338	327 858	97 498	287 180
小型企业	2 117 950	312 492	28 420	908 291	611 097	194 272	63 375
微型企业	60 486	250		30 137	8 170	19 850	2 278
六、按工业行业大类分							
非金属矿采选业	1 435			50	1 385		
农副食品加工业	509 878	12 683	7 370	293 251	148 644	6 202	41 727
食品制造业	127 467	2 684		74 548	20 226	26 070	3 940
酒、饮料和精制茶制造业	103 128	493		77 072	473	4 810	20 280
烟草制品业	132 734			132 734			
纺织业	43 310	3 451		28 270	10 605	980	
纺织服装、服饰业	218 242	33 741	2 627	81 765	96 853	2 200	1 056
皮革、毛皮、羽毛及其制品和制鞋业	42 894			1 751	2 300	36 843	2 000
木材加工和木、竹、藤、棕、草制品业	6 096			3 310	1 890		896
家具制造业	5 280			3 512	1 768		
造纸和纸制品业	173 095	72 632	2 624	22 469	4 532	1 054	69 784
印刷和记录媒介复制业	316 394	61 191	1 114	185 668	66 322	2 099	
文教、工美、体育和娱乐用品制造业	8 181			3 106	4 775		300
石油加工、炼焦和核燃料加工业							
化学原料和化学制品制造业	131 487	18 004	80	44 023	33 246	36 134	
医药制造业	408 049	27 836		174 042	191 535	2 460	12 176
橡胶和塑料制品业	123 817	742	255	32 637	36 186	100	53 897
非金属矿物制品业	336 719	51 440	1 000	198 215	78 389	7 676	
黑色金属冶炼和压延加工业	218 032	15 488	363	192 768	5 879	3 535	
有色金属冶炼和压延加工业	277 673	201 760	980	12 400	44 617	7 188	10 728
金属制品业	174 920	1 907	87	82 360	28 253	36 980	25 333
通用设备制造业	250 763	86 146	9 845	116 233	27 730		10 810
专用设备制造业	211 112	34 612		20 569	151 210	1 500	3 220
汽车制造业	316 807	236 126	41	35 105	11 111		34 624
铁路、船舶、航空航天和其他运输设备制造业	144 154	124 310		10 178	5 292	3 666	709
电气机械和器材制造业	347 986	13 371	4 156	185 067	86 286	7 506	51 600
计算机、通信和其他电子设备制造业	748 988	29 090		369 135	82 233	150 421	118 110
仪器仪表制造业	42 959	500		33 462	8 972		25
废弃资源综合利用业	9 000		8 000	1 000			
电力、热力生产和供应业	617 185	178 292		436 894	1 000		1 000
燃气生产和供应业	92 900	87 300		2 000	3 600		
水的生产和供应业	90 188	47 367	68	21 409		11 446	9 898

10-7 续表 5-1 (2014 年) 单位:万元

项目	主营业务收入	主营业务成本	主营业务税金及附加	营业费用	管理费用	财务费用
总计	**51 397 103**	**43 641 129**	**1 159 140**	**1 423 181**	**1 885 802**	**422 526**
一、按登记注册类型分						
内资企业	41 421 373	34 937 239	1 116 772	1 087 847	1 569 724	355 312
国有企业	5 212 486	4 135 570	120 298	270 010	399 200	-4 788
集体企业	56 904	46 869	162	2 349	3 809	766
股份合作企业	189 832	163 956	917	7 175	8 057	2 493
联营企业						
集体联营企业						
其他联营企业						
有限责任公司	20 652 603	17 355 868	916 130	386 617	641 780	227 638
国有独资公司	6 806 443	5 341 530	834 745	70 589	172 525	133 136
其他有限责任公司	13 846 160	12 014 338	81 384	316 028	469 255	94 502
股份有限公司	4 860 316	4 092 140	23 322	173 169	222 558	63 265
私营企业	10 447 221	9 140 853	55 943	248 522	294 305	65 935
私营独资企业	229 012	203 113	1 381	6 188	6 236	357
私营合伙企业	25 459	23 687	152	544	603	100
私营有限责任公司	8 951 807	7 829 304	48 505	211 975	248 511	57 930
私营股份有限公司	1 240 943	1 084 748	5 904	29 815	38 955	7 549
港、澳、台商投资企业	3 548 069	3 031 046	12 941	208 390	100 279	18 300
合资经营企业(港或澳、台资)	2 060 969	1 677 134	8 666	180 845	65 277	13 017
合作经营企业(港或澳、台资)	80 570	61 081	806	623	914	256
港澳台商独资企业	1 406 530	1 292 832	3 469	26 922	34 088	5 027
港澳台商投资股份有限公司						
外商投资企业	6 427 661	5 672 845	29 426	126 944	215 799	48 914
中外合资经营企业	4 726 209	4 275 932	16 218	82 091	154 775	34 850
中外合作经营企业	96 671	55 258	522	10 227	8 169	1 435
外资企业	1 575 161	1 320 293	8 569	32 995	46 978	11 545
外商投资股份有限公司	29 621	21 362	4 117	1 630	5 877	1 085
二、按经济组织类型分						
独资企业	8 480 092	6 998 677	133 880	338 464	490 310	12 907
国有企业	5 212 486	4 135 570	120 298	270 010	399 200	-4 788
集体企业	56 904	46 869	162	2 349	3 809	766
私营独资企业	229 012	203 113	1 381	6 188	6 236	357
港澳台商独资经营企业	1 406 530	1 292 832	3 469	26 922	34 088	5 027
外资企业	1 575 161	1 320 293	8 569	32 995	46 978	11 545
合作、合伙企业	394 543	305 964	2 399	18 574	17 760	4 287
股份合作企业	189 832	163 956	917	7 175	8 057	2 493
集体联营企业						
其他联营企业						
私营合伙企业	25 459	23 687	152	544	603	100
港或澳、台资合作经营企业	80 570	61 081	806	623	914	256
中外合作经营企业	96 671	55 258	522	10 227	8 169	1 435
股份有限公司	6 130 879	5 198 251	33 343	204 615	267 389	71 898
股份有限公司(内资)	4 860 316	4 092 140	23 322	173 169	222 558	63 265
私营股份有限公司	1 240 943	1 084 748	5 904	29 815	38 955	7 549
港澳台商投资股份有限公司						
外商投资股份有限公司	29 621	21 362	4 117	1 630	5 877	1 085
有限责任公司	36 391 588	31 138 237	989 519	861 529	1 110 343	333 435
国有独资公司	6 806 443	5 341 530	834 745	70 589	172 525	133 136

项　　目	主营业务收　入	主营业务成　本	主营业务税金及附加	营业费用	管理费用	财务费用
私营有限责任公司	8 951 807	7 829 304	48 505	211 975	248 511	57 930
港澳台合资经营企业	2 060 969	1 677 134	8 666	180 845	65 277	13 017
中外合资经营企业	4 726 209	4 275 932	16 218	82 091	154 775	34 850
其他有限责任公司	13 846 160	12 014 338	81 384	316 028	469 255	94 502
三、总计中						
亏损企业	1 836 918	1 748 505	6 405	50 767	75 767	29 664
国有控股企业	15 669 462	12 561 948	969 779	483 797	726 843	175 849
农村工业	118 130	110 116	458	1 410	2 746	350
四、按轻重工业分						
轻工业	22 443 250	18 311 623	936 574	848 324	793 310	148 006
重工业	28 953 853	25 329 506	222 565	574 857	1 092 493	274 520
五、按企业规模分						
大型企业	21 841 352	17 918 202	1 001 705	723 247	964 738	219 451
中型企业	14 627 385	12 671 098	89 720	339 868	412 938	94 890
小型企业	14 273 920	12 462 386	64 488	347 347	486 795	104 495
微型企业	654 445	589 443	3 227	12 719	21 331	3 690
六、按工业行业大类分						
非金属矿采选业	60 833	52 843	545	1 402	1 176	514
农副食品加工业	6 897 451	6 258 420	17 214	130 758	168 015	27 258
食品制造业	1 170 854	956 724	6 745	71 420	40 774	6 111
酒、饮料和精制茶制造业	676 291	541 811	13 092	57 796	29 648	15 523
烟草制品业	1 604 070	504 378	814 018	21 829	86 426	436
纺织业	541 840	492 299	1 763	9 140	13 928	3 475
纺织服装、服饰业	2 955 949	2 471 760	13 701	98 302	138 345	25 795
皮革、毛皮、羽毛及其制品和制鞋业	406 519	353 726	1 346	5 843	15 075	1 626
木材加工和木、竹、藤、棕、草制品业	394 127	338 787	4 017	5 870	11 214	1 729
家具制造业	115 476	101 585	956	2 577	2 379	542
造纸和纸制品业	793 309	677 524	4 317	15 160	27 407	9 187
印刷和记录媒介复制业	1 078 315	882 432	7 443	29 677	64 391	6 302
文教、工美、体育和娱乐用品制造业	481 989	425 075	3 997	9 395	10 634	787
石油加工、炼焦和核燃料加工业						
化学原料和化学制品制造业	1 438 619	1 243 898	29 797	25 589	41 623	8 059
医药制造业	2 975 459	2 260 589	15 725	350 613	125 051	22 374
橡胶和塑料制品业	1 024 895	892 385	3 818	18 465	22 643	5 776
非金属矿物制品业	2 322 580	2 017 634	11 345	59 055	58 449	12 125
黑色金属冶炼和压延加工业	1 296 654	1 102 018	6 902	13 365	73 935	25 150
有色金属冶炼和压延加工业	1 430 902	1 314 140	2 924	12 810	25 005	14 336
金属制品业	1 795 323	1 598 229	15 135	30 137	47 064	8 138
通用设备制造业	1 293 732	1 085 146	8 331	26 500	60 614	12 243
专用设备制造业	1 621 190	1 411 241	8 533	29 060	48 954	12 840
汽车制造业	6 779 375	5 477 208	126 758	292 566	463 132	-1 516
铁路、船舶、航空航天和其他运输设备制造业	206 608	183 127	1 819	3 564	9 128	-1 469
电气机械和器材制造业	3 046 322	2 721 619	12 111	60 206	93 420	34 114
计算机、通信和其他电子设备制造业	3 470 586	3 160 377	5 011	28 662	143 062	24 527
仪器仪表制造业	75 912	52 522	615	2 663	9 458	-107
废弃资源综合利用业	63 752	56 909	90	869	2 037	1 693
电力、热力生产和供应业	4 845 896	4 583 571	18 460	615	27 379	123 634
燃气生产和供应业	282 235	251 022	931	1 843	9 423	5 851
水的生产和供应业	250 040	172 130	1 684	7 431	16 019	15 473

项目	营业利润	投资收益	补贴收入	营业外收入	利润总额	应交所得税
总计	**2 970 598**	**84 584**	**153 024**	**275 170**	**3 167 045**	**506 547**
一、按登记注册类型分						
内资企业	2 456 889	82 387	133 107	237 352	2 631 871	417 914
国有企业	292 218	-7 509	95 733	109 900	392 748	62 839
集体企业	2 834	4			2 663	219
股份合作企业	7 220	-5			7 220	883
联营企业						
集体联营企业						
其他联营企业						
有限责任公司	1 190 200	42 746	26 965	94 124	1 249 568	236 304
国有独资公司	270 548	8 431	5 214	56 550	308 584	75 287
其他有限责任公司	919 652	34 315	21 752	37 574	940 985	161 017
股份有限公司	354 939	71 835	7 322	27 896	368 672	50 371
私营企业	609 477	-24 684	3 086	5 430	610 997	67 299
私营独资企业	11 736				11 736	1 745
私营合伙企业	373				372	73
私营有限责任公司	523 611	-24 693	2 339	4 854	524 505	56 816
私营股份有限公司	73 756	9	747	576	74 384	8 666
港、澳、台商投资企业	179 751	753	2 284	8 301	182 231	35 836
合资经营企业(港或澳、台资)	118 790	756	233	3 253	117 090	23 352
合作经营企业(港或澳、台资)	16 891			97	16 988	4 247
港澳台商独资企业	44 071	-3	2 051	4 951	48 152	8 236
港澳台商投资股份有限公司						
外商投资企业	333 958	1 445	17 633	29 517	352 943	52 797
中外合资经营企业	156 706	972	7 065	18 307	168 187	25 965
中外合作经营企业	21 089			126	21 099	2 647
外资企业	158 786	473	10 463	10 974	166 376	24 185
外商投资股份有限公司	-2 623		105	110	-2 718	
二、按经济组织类型分						
独资企业	509 646	-7 035	108 247	125 825	621 676	97 224
国有企业	292 218	-7 509	95 733	109 900	392 748	62 839
集体企业	2 834	4			2 663	219
私营独资企业	11 736				11 736	1 745
港澳台商独资经营企业	44 071	-3	2 051	4 951	48 152	8 236
外资企业	158 786	473	10 463	10 974	166 376	24 185
合作、合伙企业	45 574	-5		224	45 681	7 850
股份合作企业	7 220	-5			7 220	883
集体联营企业						
其他联营企业						
私营合伙企业	373				372	73
港或澳、台资合作经营企业	16 891			97	16 988	4 247
中外合作经营企业	21 089			126	21 099	2 647
股份有限公司	426 072	71 843	8 174	28 583	440 338	59 037
股份有限公司(内资)	354 939	71 835	7 322	27 896	368 672	50 371
私营股份有限公司	73 756	9	747	576	74 384	8 666
港澳台商投资股份有限公司						
外商投资股份有限公司	-2 623		105	110	-2 718	
有限责任公司	1 989 307	19 781	36 603	120 538	2 059 350	342 437
国有独资公司	270 548	8 431	5 214	56 550	308 584	75 287

项　目	营业利润	投资收益	补贴收入	营业外收入	利润总额	应交所得税
私营有限责任公司	523 611	-24 693	2 339	4 854	524 505	56 816
港澳台合资经营企业	118 790	756	233	3 253	117 090	23 352
中外合资经营企业	156 706	972	7 065	18 307	168 187	25 965
其他有限责任公司	919 652	34 315	21 752	37 574	940 985	161 017
三、总计中						
亏损企业	-77 874	-64	3 536	7 385	-72 559	3 498
国有控股企业	818 924	49 694	107 227	185 588	967 315	175 987
农村工业	3 024			125	3 104	610
四、按轻重工业分						
轻工业	1 468 338	48 466	20 546	45 215	1 471 432	241 196
重工业	1 502 260	36 119	132 479	229 954	1 695 613	265 351
五、按企业规模分						
大型企业	1 095 530	73 280	125 118	223 052	1 279 849	220 558
中型企业	1 026 932	-31 267	13 308	26 844	1 026 701	143 744
小型企业	824 871	42 562	14 599	25 240	837 261	140 706
微型企业	23 264	10		33	23 233	1 538
六、按工业行业大类分						
非金属矿采选业	4 320			175	4 494	698
农副食品加工业	350 707	45 173	10 736	18 677	365 279	46 759
食品制造业	90 681	1 549	587	808	91 345	11 323
酒、饮料和精制茶制造业	21 283		384	3 924	24 025	5 815
烟草制品业	180 214	2 750	4 455	4 508	174 128	43 562
纺织业	22 336	272	331	690	22 930	2 846
纺织服装、服饰业	208 036	-76	811	1 409	198 758	37 210
皮革、毛皮、羽毛及其制品和制鞋业	28 903		423	1 424	30 324	4 615
木材加工和木、竹、藤、棕、草制品业	32 428			36	31 932	6 213
家具制造业	7 450			1	7 451	1 156
造纸和纸制品业	59 626			5	55 084	9 540
印刷和记录媒介复制业	89 436	250	170	890	89 976	18 325
文教、工美、体育和娱乐用品制造业	32 545	-3 569			32 367	1 335
石油加工、炼焦和核燃料加工业						
化学原料和化学制品制造业	90 415	9	997	1 933	87 526	11 885
医药制造业	193 806	-2 549	693	8 723	200 653	34 502
橡胶和塑料制品业	81 699	-68	213	236	81 181	15 636
非金属矿物制品业	209 477	44 800	2 298	3 655	210 471	27 518
黑色金属冶炼和压延加工业	75 567	710	32	9 903	78 262	20 696
有色金属冶炼和压延加工业	29 642	-201	813	1 843	30 078	3 091
金属制品业	96 385	-20 219	861	1 060	96 790	11 894
通用设备制造业	101 066	-1 579	294	5 083	102 630	15 900
专用设备制造业	108 999	1	1 403	2 519	108 068	18 671
汽车制造业	421 171	-7 584	95 714	117 036	534 920	78 672
铁路、船舶、航空航天和其他运输设备制造业	10 339	396		322	10 651	2 986
电气机械和器材制造业	124 318	4 030	4 441	6 776	125 286	17 913
计算机、通信和其他电子设备制造业	124 555	14 032	26 138	27 941	151 141	19 844
仪器仪表制造业	10 582	12	353	747	10 881	1 221
废弃资源综合利用业	2 154		22	218	2 372	839
电力、热力生产和供应业	102 987	680	858	51 085	145 713	24 732
燃气生产和供应业	14 941	972		2 279	16 804	4 247
水的生产和供应业	44 530	4 793		1 264	45 529	6 903

(2014 年)

单位:万元

项　目	亏损企业亏损总额	利税总额	本年应付工资总额	本年应交增值税
总　计	**72 559**	**5 779 406**	**2 413 809**	**1 450 493**
一、按登记注册类型分				
内资企业	38 292	5 016 676	2 044 981	1 265 304
国有企业	342	703 286	338 419	189 606
集体企业	14	4 319	2 549	1 490
股份合作企业		11 802	3 298	3 665
联营企业				
集体联营企业				
其他联营企业				
有限责任公司	28 710	2 876 993	1 163 968	709 900
国有独资公司	7 842	1 525 480	467 578	381 488
其他有限责任公司	20 867	1 351 513	696 390	328 412
股份有限公司	6 273	522 134	239 196	129 734
私营企业	2 954	898 117	297 499	230 889
私营独资企业		19 321	4 546	6 204
私营合伙企业		951	877	426
私营有限责任公司	2 563	769 631	254 846	196 332
私营股份有限公司	391	108 215	37 231	27 926
港、澳、台商投资企业	10 833	275 778	136 913	80 606
合资经营企业(港或澳、台资)	6 114	184 026	76 767	58 269
合作经营企业(港或澳、台资)		20 808	1 068	3 015
港澳台商独资企业	4 720	70 944	59 078	19 322
港澳台商投资股份有限公司				
外商投资企业	23 433	486 952	231 915	104 683
中外合资经营企业	20 282	253 566	158 804	69 161
中外合作经营企业		26 326	8 328	4 705
外资企业	433	204 307	64 617	29 361
外商投资股份有限公司	2 718	2 754	166	1 355
二、按经济组织类型分				
独资企业	5 508	1 002 176	469 209	245 983
国有企业	342	703 286	338 419	189 606
集体企业	14	4 319	2 549	1 490
私营独资企业		19 321	4 546	6 204
港澳台商独资经营企业	4 720	70 944	59 078	19 322
外资企业	433	204 307	64 617	29 361
合作、合伙企业		59 911	13 623	11 832
股份合作企业		11 802	3 298	3 665
集体联营企业				
其他联营企业				
私营合伙企业		951	877	426
港或澳、台资合作经营企业		20 808	1 068	3 015
中外合作经营企业		26 326	8 328	4 705
股份有限公司	9 382	633 103	276 592	159 015
股份有限公司(内资)	6 273	522 134	239 196	129 734
私营股份有限公司	391	108 215	37 231	27 926
港澳台商投资股份有限公司				
外商投资股份有限公司	2 718	2 754	166	1 355
有限责任公司	57 669	4 084 216	1 654 385	1 033 663
国有独资公司	7 842	1 525 480	467 578	381 488

项　　目	亏损企业亏损总额	利税总额	本年应付工资总额	本年应交增值税
私营有限责任公司	2 563	769 631	254 846	196 332
港澳台合资经营企业	6 114	184 026	76 767	58 269
中外合资经营企业	20 282	253 566	158 804	69 161
其他有限责任公司	20 867	1 351 513	696 390	328 412
三、总计中				
亏损企业	72 559	−47 186	95 353	18 943
国有控股企业	30 683	2 617 030	1 006 517	678 244
农村工业		6 934	7 118	3 372
四、按轻重工业分				
轻工业	13 872	3 083 110	865 673	674 608
重工业	58 687	2 696 296	1 548 136	775 885
五、按企业规模分				
大型企业	9 865	3 053 282	1 357 874	770 066
中型企业	30 399	1 465 512	549 208	348 755
小型企业	31 757	1 219 824	499 534	317 348
微型企业	538	40 787	7 193	14 324
六、按工业行业大类分				
非金属矿采选业		6 721	2 134	1 682
农副食品加工业	5 089	438 026	129 012	55 520
食品制造业	690	132 236	39 032	33 939
酒、饮料和精制茶制造业	3 472	52 291	36 203	15 174
烟草制品业		1 169 507	65 598	181 362
纺织业	2 866	40 282	36 169	15 589
纺织服装、服饰业	126	324 149	162 331	111 680
皮革、毛皮、羽毛及其制品和制鞋业	360	44 247	24 424	12 578
木材加工和木、竹、藤、棕、草制品业		45 302	10 487	9 354
家具制造业		10 882	4 285	2 475
造纸和纸制品业	3	86 594	21 506	27 193
印刷和记录媒介复制业	218	135 217	46 417	37 798
文教、工美、体育和娱乐用品制造业	214	45 510	19 604	9 146
石油加工、炼焦和核燃料加工业				
化学原料和化学制品制造业	1 840	152 179	53 435	34 834
医药制造业	508	316 615	157 152	100 006
橡胶和塑料制品业	361	101 198	34 997	16 195
非金属矿物制品业	1 216	294 581	77 550	72 624
黑色金属冶炼和压延加工业	3 342	135 252	64 295	50 079
有色金属冶炼和压延加工业	21 964	40 952	34 968	7 928
金属制品业	1 262	144 270	53 028	32 103
通用设备制造业	3 790	151 584	60 372	40 623
专用设备制造业	2 428	156 375	77 068	39 775
汽车制造业	101	898 408	416 054	236 099
铁路、船舶、航空航天和其他运输设备制造业	777	15 577	10 652	3 106
电气机械和器材制造业	15 529	207 990	103 768	70 059
计算机、通信和其他电子设备制造业	6 043	184 455	268 386	28 304
仪器仪表制造业	359	14 387	8 763	2 890
废弃资源综合利用业		3 233	1 774	771
电力、热力生产和供应业		359 383	361 156	194 588
燃气生产和供应业		18 890	10 601	1 138
水的生产和供应业		53 112	22 589	5 881

10-8 规模以上工业企业经济效益指数

(2014 年)

项目	工业经济效益综合指数(%)	总资产贡献率(%)	资本保值增值率(%)	资产负债率(%)	流动资产周转率(次)	成本费用利润率(%)	全员劳动生产率(元/人)	工业产品销售率(%)
总计	**315.23**	**16.94**	**131.94**	**52.94**	**3.00**	**6.66**	**309 121**	**98.21**
一、按登记注册类型分								
内资企业	311.55	17.99	135.11	52.50	2.97	6.91	298 226	98.08
国有企业	305.03	16.16	116.90	61.98	1.78	8.04	306 157	98.89
集体企业	275.73	11.19	302.23	24.58	4.89	4.94	214 398	94.29
股份合作企业	689.25	17.86	238.81	8.45	24.38	3.97	583 391	97.40
联营企业								
集体联营企业								
其他联营企业								
有限责任公司	306.85	18.82	143.70	55.35	3.03	6.70	285 384	98.23
国有独资公司	368.07	22.21	111.71	62.67	2.63	5.38	395 385	97.77
其他有限责任公司	274.78	15.99	173.95	49.24	3.28	7.29	228 760	98.47
股份有限公司	288.77	13.27	113.27	51.97	1.99	8.05	288 817	99.06
私营企业	364.81	21.38	143.92	34.46	6.01	6.26	334 446	97.02
私营独资企业	666.81	64.39	217.05	17.37	23.73	5.44	405 847	98.70
私营合伙企业	341.93	24.24	99.22	43.85	9.92	1.49	259 863	100.53
私营有限责任公司	355.20	20.73	150.50	36.13	5.71	6.28	323 378	96.90
私营股份有限公司	426.16	23.92	108.76	21.80	7.76	6.41	410 216	97.54
港、澳、台商投资企业	324.58	10.08	117.80	49.80	2.63	5.41	363 712	98.01
合资经营企业(港或澳、台资)	331.85	11.70	112.82	55.04	2.69	6.02	365 429	97.46
合作经营企业(港或澳、台资)	2 007.67	130.28	128.79	12.46	84.33	27.02	1 314 690	100.00
港澳台商独资企业	292.36	6.18	124.19	42.99	2.43	3.54	338 169	98.68
港澳台商投资股份有限公司								
外商投资企业	348.20	13.92	119.11	58.79	3.55	5.80	369 924	99.14
中外合资经营企业	352.69	10.19	126.34	65.30	3.41	3.69	400 485	99.30
中外合作经营企业	411.40	22.63	99.39	49.35	1.93	28.10	343 321	94.70
外资企业	356.65	25.33	109.29	33.87	4.30	11.68	310 281	98.93
外商投资股份有限公司	245.11	8.76	100.00	147.34	3.23	-9.07	288 472	99.35
二、按经济组织类型分								
独资企业	310.39	15.69	118.25	54.31	2.18	7.83	313 491	98.82
国有企业	305.03	16.16	116.90	61.98	1.78	8.04	306 157	98.89
集体企业	275.73	11.19	302.23	24.58	4.89	4.94	214 398	94.29
私营独资企业	666.81	64.39	217.05	17.37	23.73	5.44	405 847	98.70
港澳台商独资经营企业	292.36	6.18	124.19	42.99	2.43	3.54	338 169	98.68
外资企业	356.65	25.33	109.29	33.87	4.30	11.68	310 281	98.93
合作、合伙企业	540.96	28.71	135.09	32.03	6.34	13.18	556 680	97.44
股份合作企业	689.25	17.86	238.81	8.45	24.38	3.97	583 391	97.40
集体联营企业								
其他联营企业								
私营合伙企业	341.93	24.24	99.22	43.85	9.92	1.49	259 863	100.53
港或澳、台资合作经营企业	2 007.67	130.28	128.79	12.46	84.33	27.02	1 314 690	100.00
中外合作经营企业	411.40	22.63	99.39	49.35	1.93	28.10	343 321	94.70
股份有限公司	305.35	14.29	112.70	49.83	2.35	7.63	310 683	98.74
股份有限公司(内资)	288.77	13.27	113.27	51.97	1.99	8.05	288 817	99.06
私营股份有限公司	426.16	23.92	108.76	21.80	7.76	6.41	410 216	97.54
港澳台商投资股份有限公司								
外商投资股份有限公司	245.11	8.76	100.00	147.34	3.23	-9.07	288 472	99.35
有限责任公司	318.76	17.68	140.94	53.39	3.45	6.15	306 433	98.00
国有独资公司	368.07	22.21	111.71	62.67	2.63	5.38	395 385	97.77

项　目	工业经济效益综合指数（%）	总资产贡献率（%）	资本保值增值率（%）	资产负债率（%）	流动资产周转率（次）	成本费用利润率（%）	全员劳动生产率（元/人）	工业产品销售率（%）
私营有限责任公司	355.20	20.73	150.50	36.13	5.71	6.28	323 378	96.90
港澳台合资经营企业	331.85	11.70	112.82	55.04	2.69	6.02	365 429	97.46
中外合资经营企业	352.69	10.19	126.34	65.30	3.41	3.69	400 485	99.30
其他有限责任公司	274.78	15.99	173.95	49.24	3.28	7.29	228 760	98.47
三、总计中								
亏损企业	151.24	-0.83	221.02	80.56	1.39	-3.79	155 745	99.02
国有控股企业	262.58	17.26	121.34	60.34	2.07	6.88	234 908	98.29
农村工业	243.97	20.64	146.00	46.51	5.04	2.71	170 602	97.92
四、按轻重工业分								
轻工业	367.45	24.87	142.28	38.52	4.19	7.31	350 100	97.31
重工业	282.32	12.56	124.07	60.90	2.46	6.18	279 062	98.93
五、按企业规模分								
大型企业	306.12	16.68	115.27	62.63	2.16	6.41	310 542	98.50
中型企业	315.78	20.44	128.71	45.64	4.86	7.57	266 472	97.93
小型企业	346.41	15.34	160.11	39.64	3.79	6.24	353 506	98.00
微型企业	524.80	6.03	1444.46	24.70	3.36	3.70	421 375	99.66
六、按工业行业大类分								
非金属矿采选业	763.23	54.09	104.83	28.48	18.77	8.03	682 225	99.37
农副食品加工业	477.43	18.80	126.36	54.09	6.14	5.54	527 848	97.62
食品制造业	358.94	26.04	109.69	35.05	6.18	8.50	300 508	99.26
酒、饮料和精制茶制造业	257.65	11.34	137.71	61.57	3.09	3.69	244 396	97.82
烟草制品业	2 042.11	91.30	123.64	21.52	1.73	28.39	2 828 003	92.44
纺织业	284.67	14.14	421.54	69.32	3.60	4.41	202 427	98.38
纺织服装、服饰业	296.79	20.21	276.19	15.02	8.51	7.27	155 937	97.94
皮革、毛皮、羽毛及其制品和制鞋业	270.66	11.08	149.65	19.64	3.59	8.06	242 086	99.78
木材加工和木、竹、藤、棕、草制品业	482.87	30.26	67.54	24.44	13.50	8.93	382 592	100.57
家具制造业	372.91	31.17	335.16	17.39	9.02	6.96	227 220	99.66
造纸和纸制品业	492.59	12.32	106.79	51.17	3.05	7.55	615 619	98.92
印刷和记录媒介复制业	360.84	16.53	146.03	14.79	4.76	9.15	351 617	95.31
文教、工美、体育和娱乐用品制造业	434.91	43.28	128.82	24.83	9.96	7.26	318 568	96.87
石油加工、炼焦和核燃料加工业								
化学原料和化学制品制造业	406.54	26.10	126.99	38.92	4.80	6.63	408 063	98.52
医药制造业	300.34	16.89	136.36	39.59	2.94	7.27	285 541	97.24
橡胶和塑料制品业	404.92	25.19	131.80	26.25	6.22	8.64	375 468	99.46
非金属矿物制品业	350.03	19.80	205.08	42.45	3.54	9.78	316 792	98.63
黑色金属冶炼和压延加工业	254.35	13.89	106.89	66.22	2.51	6.39	228 582	99.49
有色金属冶炼和压延加工业	269.73	5.92	80.34	62.55	2.58	2.22	311 135	96.28
金属制品业	293.23	22.95	90.37	39.81	5.34	5.74	235 618	97.21
通用设备制造业	350.33	16.14	119.99	59.73	2.30	8.66	368 497	99.76
专用设备制造业	239.94	14.96	127.46	48.05	2.81	7.19	193 780	96.53
汽车制造业	320.84	18.20	119.59	58.37	2.19	8.46	317 078	99.64
铁路、船舶、航空航天和其他运输设备制造业	223.12	5.24	113.15	22.22	1.18	5.48	244 010	100.31
电气机械和器材制造业	287.03	10.44	121.64	60.41	2.48	4.29	305 650	98.32
计算机、通信和其他电子设备制造业	220.09	5.67	143.09	66.46	1.32	4.46	221 036	98.25
仪器仪表制造业	309.86	10.97	170.66	31.15	0.96	16.86	286 905	98.87
废弃资源综合利用业	249.84	10.10	100.60	75.27	2.56	3.86	246 048	100.04
电力、热力生产和供应业	124.49	9.10	108.39	74.17	3.82	3.07	25 371	99.99
燃气生产和供应业	282.01	5.70	376.25	69.55	3.65	6.17	221 890	99.66
水的生产和供应业	313.80	8.24	113.61	57.15	1.37	21.39	270 687	99.89

10-9 规模以上工业企业能源购进、消费与库存

(2014 年)

单位:吨

项 目	年初库存	购进量		消费量					年末库存
		实物量	金额(万元)	消费合计	工业生产消费	#用于原材料	非工业生产消费	合计中:运输工具消费	
原煤	270 078	3 547 085	173 248	3 533 277	3 533 168	3 168	108		291 027
洗精煤	31 220	1 199 103	151 230	1 200 776	1 200 776				29 546
其他洗煤	23 713	462 609	49 962	462 439	462 439				23 884
焦炭	35 783	552 280	99 504	1 381 619	1 381 619				36 085
焦炉煤气(万立方米)		292	175	35 385	35 385				
液化天然气		129	67	129	129				
天然气(气态)(万立方米)	208	7 736	27 019	7 702	7 698	6	4		236
汽油	54	13 414	11 355	13 421	12 432	829	989	6 722	47
煤油	4	65	54	66	65		1	23	
柴油	1 538	33 335	24 408	33 458	29 224	224	4 234	8 059	1 431
燃料油	372	10 053	3 913	10 562	10 562				418
液化石油气	110	4 016	2 596	4 084	4 084				42
热力(百万千焦)		562 642	4 045	562 642	476 772		85 870		
电力(万千瓦小时)		9 093 590	3 805 766	1 205 092	1 198 262		6 830	21 585	
生物质废料用于燃料		131 745	14 123	132 579	132 446		133		
其他燃料(吨标准煤)	184	1 006	38	19 902	19 902				174

10-10 规模以上工业企业水消费量

(2014 年)

单位:万立方米

项 目	取水量	外供水量
合 计	**53 736**	**43 395**
地表淡水	47 677	
地下淡水	550	
自来水	5 491	43 314
雨水	8	
其他水	11	81
补充资料:		
外排水量	70 844	
重复用水量	113 432	
直流冷却水量(河湖水)	4 560	
污水处理企业污水处理量	67 190	

10-11 规模以上工业企业主要能源库存量

(2014 年末,按行业分)

单位:吨

项 目	原煤	洗精煤	其他洗煤	焦炭	汽油	柴油	燃料油	液化石油气
总 计	**291 027**	**29 546**	**23 884**	**36 085**	**47**	**1 431**	**418**	**42**
农副食品加工业	255				5	5		
食品制造业	3 129				8	69		
酒、饮料和精制茶制造业	3 149							
烟草制品业								
纺织业					3	68		
纺织服装、服饰业	15							
皮革、毛皮、羽毛及其制品和制鞋业							37	
木材加工和木、竹、藤、棕、草制品业	36					1		
家具制造业								
造纸及纸制品业	71 949				4	170		2
印刷和记录媒介复制业					1	1		
文教、工美、体育和娱乐用品制造业								
石油加工、炼焦和核燃料加工业								
化学原料及化学制品制造业	270							
医药制造业	284					7		
化学纤维制造业								
橡胶和塑料制品业					1		374	
非金属矿物制品业	4 214					684		
黑色金属冶炼及压延加工业	55	29 546	23 884	35 921	22	352		
有色金属冶炼及压延加工业	160			15	3	44	7	39
金属制品业								
通用设备制造业								
专用设备制造业						1		
汽车制造业	10			149		10		
铁路、船舶、航空航天和其他运输设备制造业								
电气机械和器材制造业	100					1		
计算机、通信和其他电子设备制造业						17		
仪器仪表制造业								
其他制造业								
废弃资源综合利用业								
金属制品、机械和设备修理业								
电力、热力生产和供应业	207 400							
燃气生产和供应业								
水的生产和供应业								

10-12 规模以上工业企业主要能源消费量

(2014 年,按行业分)

单位:吨

项目	原煤	洗精煤	其他洗煤	焦炭	焦炉煤气(万立方米)	天然气(气态)(万立方米)	液化天然气
总计	**3 533 277**	**1 200 776**	**462 439**	**1 381 619**	**35 385**	**7 702**	**129**
农副食品加工业	101 363					72	
食品制造业	12 242					303	12
酒、饮料和精制茶制造业	26 886					496	
烟草制品业		5 573				464	
纺织业	1 562						
纺织服装、服饰业	4 175						
皮革、毛皮、羽毛及其制品和制鞋业	1 491						
木材加工和木、竹、藤、棕、草制品业	1 235						
家具制造业							
造纸及纸制品业	450 444					729	
印刷和记录媒介复制业	1 025					79	
文教、工美、体育和娱乐用品制造业	3 682						
石油加工、炼焦和核燃料加工业							
化学原料及化学制品制造业	19 650						
医药制造业	70 911					131	
化学纤维制造业							
橡胶和塑料制品业						131	
非金属矿物制品业	46 929					10	
黑色金属冶炼及压延加工业	2 547	1 195 203	462 439	1 379 446	35 385	577	
有色金属冶炼及压延加工业	12 483			1 981		1 577	
金属制品业	2 429					145	117
通用设备制造业	2 604			122		371	
专用设备制造业	5 825						
汽车制造业	47 732			70		2 419	
铁路、船舶、航空航天和其他运输设备制造业	585						
电气机械和器材制造业	3 685					192	
计算机、通信和其他电子设备制造业							
仪器仪表制造业	164						
其他制造业							
废弃资源综合利用业							
金属制品、机械和设备修理业							
电力、热力生产和供应业	2 713 627						
燃气生产和供应业						4	
水的生产和供应业							

（2014 年，按行业分）　　单位：吨

项　　目	汽油	煤油	柴油	燃料油	液化石油气	热力（百万千焦）	电力（万千瓦时）	生物质废料用于燃料
总　计	**13 421**	**66**	**33 458**	**10 562**	**4 084**	**562 642**	**1 205 092**	**132 579**
农副食品加工业	1 260	11	503	45		24 017	52 024	1 621
食品制造业	398		559				13 165	
酒、饮料和精制茶制造业	132		98			49 556	16 449	1 644
烟草制品业	177		1 838				6 692	
纺织业	158		218	12		123 081	21 081	25 275
纺织服装、服饰业	1 725		681				27 466	
皮革、毛皮、羽毛及其制品和制鞋业	61		6	1 021			7 159	
木材加工和木、竹、藤、棕、草制品业	196		653	69			2 906	
家具制造业	17		6				855	
造纸及纸制品业	24		326				87 921	757
印刷和记录媒介复制业	600	2	166				12 318	
文教、工美、体育和娱乐用品制造业	130		2				3 472	
石油加工、炼焦和核燃料加工业								
化学原料及化学制品制造业	290		636			365 988	18 494	3 635
医药制造业	379		1 061				32 194	34 062
化学纤维制造业								
橡胶和塑料制品业	290		143	4 083			22 933	26 863
非金属矿物制品业	859		12 872				65 645	
黑色金属冶炼及压延加工业	186		1 778		476		133 588	
有色金属冶炼及压延加工业	226		1 342	5 331	3 478		55 726	
金属制品业	463	17	512				27 511	
通用设备制造业	267		301				24 148	
专用设备制造业	481	11	311				26 182	
汽车制造业	1 151	11	6 219		130		77 397	
铁路、船舶、航空航天和其他运输设备制造业	61		227				2 061	
电气机械和器材制造业	596	2	387				37 216	
计算机、通信和其他电子设备制造业	429		218				81 312	
仪器仪表制造业	6						824	
其他制造业								
废弃资源综合利用业	95						610	
金属制品、机械和设备修理业								
电力、热力生产和供应业	2 446		1 780				323 787	38 722
燃气生产和供应业	96	12	88				141	
水的生产和供应业	219		153				23 119	

10-13 工业园区主要经济指标

（2014 年）

项目	开发面积(平方公里)	投产工业企业数(个)	招商实际到位资金		工业增加值		出口交货值	
			本年(万元)	比上年增长%	本年(万元)	比上年增长%	本年(万元)	比上年增长%
总计	**53.38**	**1 418**	**4 927 775**	**17.5**	**10 148 835**	**9.7**	**3 511 550**	**31.1**
南昌昌南工业园区	2.00	17	44 486	12.8	88 689	6.8	31 879	6.7
南昌昌东工业园区	9.58	248	448 926	7.8	847 550	5.7	354 720	21.1
江西南昌桑海经济开发区	6.80	40	107 952	-9.0	111 795	6.0	1 653	97.5
南昌小蓝经济技术开发区	6.60	342	630 077	6.3	1 973 646	12.5	645 533	44.0
江西新建长堎工业园区	3.50	120	414 157	240.5	1 077 968	11.2	161 223	-1.5
江西安义工业园区	4.00	81	472 726	-6.7	271 831	10.4	76	-82.0
江西进贤经济开发区	10.25	59	201 576	52.4	247 064	9.3	19 904	175.0
南昌经济技术开发区	16.00	268	1 731 050	18.2	2 172 024	12.1	1 134 374	38.0
南昌高新技术产业开发区	11.70	342	1 186 353	12.5	3 717 128	8.6	1 183 746	27.1

10-13 续表

项目	主营业务收入		利润总额		税金总额		从业人员	
	本年(万元)	比上年增长%	本年(万元)	比上年增长%	本年(万元)	比上年增长%	本年(人)	比上年增长%
总计	**37 182 419**	**12.0**	**2 516 984**	**28.8**	**2 063 914**	**23.4**	**317 826**	**11.4**
南昌昌南工业园区	338 506	8.8	11 995	31.0	3 487	1.9	2 874	-1.5
南昌昌东工业园区	3 507 207	6.3	265 772	45.6	178 987	58.3	36 916	20.3
江西南昌桑海经济开发区	489 285	14.0	49 762	33.5	18 306	11.9	8 232	9.8
南昌小蓝经济技术开发区	7 818 481	18.3	642 525	49.6	320 758	38.9	73 036	10.3
江西新建长堎工业园区	4 780 194	14.1	349 562	26.1	144 240	35.3	32 270	25.2
江西安义工业园区	1 185 945	11.6	78 296	6.4	5 829	7.0	13 183	31.7
江西进贤经济开发区	916 749	11.7	35 517	11.2	17 790	10.2	14 469	0.5
南昌经济技术开发区	8 515 207	14.7	624 832	20.9	265 092	26.2	81 694	12.5
南昌高新技术产业开发区	11 036 879	6.7	544 002	17.6	1 145 522	14.6	77 853	3.0

主要统计指标解释

工业 指从事自然资源的开采，对采掘品和农产品进行加工再加工的物质生产部门，具体包括：(1)对自然资源的开采，如采矿、晒盐、森林采伐等(但不包括禽兽捕猎和水产捕捞)；(2)对农副产品的加工、再加工，如粮油加工、食品加工、轧花、缫丝、纺织、制革等；(3)对采掘品的加工、再加工，如炼铁、炼钢、炼焦、化工生产、机器制造、木材加工以及自来水、煤气的生产和电力的生产及供应；(4)对工业品的修理、翻新，如修理机械设备、交通运输工具等。

1984年以前农村的村及村以下办工业归属农业，1984年及以后划归工业。

工业统计调查单位 工业统计调查单位分为两类：独立核算法人工业企业和工业活动单位。

(1)独立核算法人工业企业 是指从事工业生产经营活动的单位。独立核算法人工业应同时具备以下条件：①依法成立，有自己的名称、组织机构和场所，能够承担民事责任；②独立拥有和使用资产，承担负债，有权与其他单位签订合同；③独立核算盈亏，并能够编制资产负债表。

(2)工业活动单位是指在一个场所从事一种或主要从事一种工业生产活动的经济单位。它包括独立核算工业企业按主营业务活动(即工业生产活动)划分的主营业务活动单位和非工业企业所属的工业生产活动单位(即原非独立核算工业生产单位)。工业活动单位，一般应同时具备以下三个条件：①具有一个场所，从事一种或主要从事一种工业活动；②单独组织工业生产、经营或业务活动；③单独核算收入和支出。

工业企业经济类型 是按企业生产资料和产品归属对象划分企业类型。1992年以前，执行的是由国家统计局和国家工商行政管理局于1980年联合颁发的《关于统计上划分经济类型的暂行规定》及近几年来的补充规定，将我国经济类型划分为：全民所有制、集体所有制、全民与集体合营、全民与大陆私人合营、全民与华侨或港澳台工商业者合营、集体与大陆私人合营、集体与华侨或港澳台工商业者合营、中外合营、华侨或港澳台工商业者经营、外资经营、个体经营、其他等十二种。随着经济体制改革的不断深化和社会经济的发展，我国国民经济结构发生了新的变化，出现了一些新的经济成份，原有的分类已不能反映我国体制格局发展变化的新情况。为此，国家统计局和国家工商行政管理局在调查研究的基础上，联合颁发了修订后的《关于经济类型划分暂行规定》，将我国经济成份划分为九种类型。

1.国有经济工业 是指生产资料归国家所有的一种经济类型，是社会主义公有制经济的重要组成部分。包括中央和地方各级国家机关、事业单位和社会团体使用国有资产投资举办的企业，也包括实行企业化经营，国家不再核拨经费或核拨部分经费的事业单位和从事经营性活动的社会团体，以及上述企业、事业单位和社会团体使用自有资金投资举办的企业。

2.集体经济工业 是指生产资料归公民集体所有的一种经济类型，是社会主义公有制经济的组成部分。包括城乡所有用集体投资举办的企业，以及部分个人通过集资自愿放弃所有权并依法经工商行政管理机关认定为集体所有制的企业。

3.私营经济工业 是生产资料归公民私人所有，以雇佣劳动力为基础的一种经济类型。包括所有按国家法律、规定登记注册的私营独资企业、私营合伙企业和私营有限责任公司。

4.个体经济工业 是指生产资料归劳动者个人所有，以个体劳动为基础，劳动成果归劳动者个人占有和支配的一种经济类型。包括所有按国家有关规定登记注册的个体工商户和个人合伙经营者。

5.联营经济工业 是指不同所有制性质的企业之间或者企业、事业单位之间共同投资组成新的经济实体的一种经济类型。联营经济只包括具备法人条件的紧密型联营企业。

6.股份制经济工业 是指全部注册资本由全体股东共同出资，并以股份形式投资举办企业而形成的一种经济类型。股份制经济主要有股份有限公司和有限责任公司两种组织形式。国有、集体、联营、私营企业等经济组织虽然以股份制形式经营，但不以股份有限公司或有限责任公司登记注册的，仍按原有所有制性质划归经济类型。

7.外商投资经济工业　是指国外投资者根据我国有关涉外经济的法律、法规，以合资、合作或独资的形式在大陆境内开办企业而形成的一种经济类型。外商投资经济包括中外合资经营企业、中外合作经营企业和外资企业的三种形式。

8.港、澳、台投资经济工业　是指港、澳、台地区投资者依照中华人民共和国有关涉外经济的法律、法规，以合资、合作或独资的形式在大陆举办企业而形成的一种经济类型。港、澳、台投资经济参照外商投资经济，可分为合资经营企业、合作经营企业和独资企业三种形式。

9.其他经济工业　是指以上八种类型之外的其他经济类型。随着经济体制改革的深化，可能会出现新的经济形式，或遇到不易划清的，可列入其他经济类型。

轻工业　指主要提供生活消费品和制作手工工具的工业。按其所使用的原料不同，可分为两大类：(1)以农产品为原料的轻工业，是指直接或间接以农产品为基本原料的轻工业。主要包括食品制造、饮料制造、烟草加工、纺织、缝纫、皮革和毛皮制作、造纸以及印刷等工业；(2)以非农产品为原料的轻工业，是指以工业品为原料的轻工业。主要包括文教体育用品、化学药品制造、合成纤维制造、日用化学制品、日用玻璃制品、日用金属制品、手工工具制造、医疗器械制造、文化和办公用机械制造等工业。

重工业　是指为国民经济各部门提供物质技术基础的主要生产资料的工业。按其生产性质和产品用途，可以分为下列三类：(1)采掘(伐)工业，是指对自然资源的开采，包括石油开采、煤炭开采、金属矿开采、非金属矿开采和木材采伐等工业；(2)原材料工业，指向国民经济各部门提供基本材料、动力和燃料的工业。包括金属冶炼及加工、炼焦及焦炭化学、化工原料、水泥、人造板以及电力、石油和煤炭加工等工业；(3)加工工业，是指对工业原材料进行再加工制造的工业。包括装备国民经济各部门的机械设备制造工业、金属结构、水泥制品等工业，以及为农业提供的生产资料如化肥、农药等工业。

根据上述划分原则，修理业中以重工业产品为修理作业对象的划为重工业，反之划为轻工业。

大、中、小、微型企业划分　根据工业信息化部、国家统计局、国家发展改革委、财政部《关于印发中小企业划型标准规定的通知》(工信部联企业[2011]300 号)，结合统计工作的实际情况，2011 年制定了统计上大中小微型企业划分办法。它以法人企业或单位作为对企业规模的划分对象，以从业人员数、营业收入两项指标为划分标准。企业规模的具体划分标准见下表。

指标名称	计算单位	大型	中型	小型	微型
从业人员数(X) 营业收入(Y)	人 万元	X≥1000 Y≥40000	300≤X<1000 2000≤Y<40000	20≤X<300 300≤Y<2000	X<20 Y<300

1.表中的“工业企业”包括采矿业，制造业，电力、热力、燃气及水的生产和供应业三个行业的企业。

2.企业划分指标以现行统计制度为准。(1)从业人员，是指期末从业人员，没有期末从业人员数的，采用全年平均人员数代替。(2)营业收入，工业采用主营业务收入。

3.大型、中型和小型企业须同时满足所列指标的下限，否则下划一档；微型企业只须满足所列指标中的一项即可。

4.企业划分由政府综合统计部门根据统计年报每年确定一次。定报统计原则上不进行调整。

工业总产值　是以货币表现的工业企业在一定时期内生产的已出售或可供出售工业产品总量，它反映一定时间内工业生产的总规模和总水平。它包括：在本企业内不再进行加工，经检验、包装入库(规定不需包装的产品除外)的成品价值，工业性作业价值，自制半成品、在产品期末初差额价值。工业总产值采用“工厂法”计算，即以工业企业作为一个整体，按企业工业生产活动的最终成果来计算，企业内部不允许重复计算，不能把企业内部各个车间(分厂)生产的成果相加。但在企业之间、行业之间、地区之间存在着重复计算。

轻重工业总产值的划分也是按“工厂法”计算的，即一个工业企业在正常情况下生产的主要产品的性质属于轻工业，则该企业的全部总产值作为轻工业总产值；一个工业企业生产的主要产品的性质属于重工业，则该企业的全部总产值作为重工业总产值。

工业销售产值 是以货币表现的工业企业是一定时期内销售的本企业生产的工业产品总量。包括已销售的成品、半成品价值，对外提供的工业性作业价值和对本企业基本建设部门、生活福利部门等提供的产品和工业性作业及自制设备的价值。

工业增加值 是指工业企业在报告期内以货币形式表现的工业生产活动的最终成果，是企业全部生产活动的总成果扣除了在生产过程中消耗或转换的物质产品和劳务价值后的余额，即企业生产过程中新增加的价值。

所有者权益 是指企业投资人对企业净资产的所有权，包括企业投资者对企业的投入资本以及形成的资本公积金、盈余公积金和未分配利润等的所有权。

固定资产原值 指企业在建造、购置、安装、改建、扩建、技术改造某项固定资产时所支出的全部货币总额。它一般包括买价、包装费、运杂费和安装费等。

固定资产净值 是指固定资产原价减去历年已提折旧额后的净额。

流动资产 是指可以在一年或者超过一年的一个营业周期内变现或者耗用的资产，包括现金及各种存款、短期投资、应收及预付货款、存货等。

流动负债 是指将在一年或者超过一年的一个营业周期内偿还的债务。包括短期借款、应付票据、应付帐款、预收货款、应付工资、应交税金、应付利润、其他应付款、预提费用等。

主营业务收入 指企业销售产品的销售收入和提供劳务等主要经营业务取得的业务总额。1994 年实施新的税制后，取消了产品税，开征消费税，增值税由价内税改为价外税，因此，主营业务收入中不再含增值税。

利润总额 是指企业实现的利润总额，等于盈利企业的利润额减亏损企业的亏损额。

利税总额 指企业利润总额、产品销售税金及附加和应交增值税之和。

工业经济效益综合指数 是综合衡量工业经济效益各方面在数量上总体水平的一种特殊相对数，是反映工业经济运行质量的总量指标。它是以各项工业经济效益指标实际数值分别除以该项指标的全国标准值并乘以各自权数，加总后除以总权数求得。

工业经济效益综合指数的计算方法：

$$\text{工业经济效益综合指数}=\Sigma\left(\frac{\text{某项经济效益指标报告期数值}}{\text{该项指标全国标准值}}\times\text{权数}\right)\div\text{总权数}$$

权数是根据上述各项工业经济效益指标在综合经济效益中的重要程度，由专家调查确定的，各项权数之和即是总权数。

工业产品销售率 指报告期销售产值与同期全部工业总产值之比，反映工业产品生产已实现销售的程度。计算公式为：

$$\text{工业产品销售率}(\%)=\frac{\text{报告期现价工业销售产值}}{\text{报告期现价工业总产值}}\times100\%$$

工业资金利税率 指报告期已实现的利润、税金总额与同期的资产(流动资产和固定资产净值)之比，反映企业资金运用的经济效益指标。

计算公式为：

$$\text{工业资金利税率}(\%)=\frac{\text{报告期累计实现利税总额}}{\text{报告期平均流动资产}+\text{固定资产净值平均余额}}\times\frac{12}{\text{累计数}}\times100\%$$

工业增加值率 指报告期工业增加值与同期工业总产值之比，反映降低中间消耗的经济效益指标。

计算公式为：

$$\text{工业增加值率}(\%)=\frac{\text{报告期工业增加值}}{\text{报告期现价工业总产值(新规定)}+\text{报告期销项税额}}\times100\%$$

工业成本费用利润率 指报告期实现利润与成本费用之比，反映降低成本的经济效益的指标。计算公式为

$$工业成本费用利润率(\%)=\frac{利润总额}{成本费用总额}\times100\%$$

成本费用总额 指企业的产品销售成本、产品销售费用、管理费用和财务费用之和。由于1994年工业财务统计年报中没有财务费用指标，故用利息支出代替(1993年全省利息支出占财务费用的91.7%)。

工业全员劳动生产率 指根据产品的价值量指标计算的平均每一个职工在单位时间内的产品生产量。是考核企业经济活动的重要指标，是企业生产技术水平、经营管理水平、职工技术熟练程度和劳动积极性的综合表现。目前我国的全员劳动生产率是将工业企业的工业增加值除以同一时期全部职工的平均人数来计算的。计算公式：

$$全员劳动生产率(元/人)=\frac{工业增加值}{全部职工平均人数}\times\frac{12}{累计月数}$$

流动资产周转次数 指一定时期内流动资产完成的周转次数，是反映工业企业投入流动资产的周转速度的指标。计算公式为：

$$流动资产周转次数(次)=\frac{报告期累计产品销售收入}{报告期流动资产平均余额}\times\frac{12}{累计月数}$$

资本金 指企业在工商行政管理部门登记的注册资金合计。企业资本金按投资主体可分为国家资本金、法人资本金、个人资本金和外商资本金等。资本金会计包括企业各种投资主体注册的全部资本金。

总资产 指企业拥有或控制的全部资产。包括流动资产、长期投资、固定资产、无形及递延资产、其他长期资产、递延税项等，即为企业资产负债表的资产总计项。

(1)流动资产 指企业可以在一年内或者超过一年的一个生产周期内变现或耗用的资产合计。包括现金及各种存款、短期投资、应收及预付款项、存货等。

(2)固定资产 指企业固定资产净值、固定资产清理、在建工程、待处理固定资产损失所占用的资金合计。

(3)无形资产 指企业长期使用而没有实物形态的资产。包括专利权、非专利技术、商标权、著作权、土地使用权、商誉等。

总负债 指企业承担并需要偿还的全部债务。包括流动负债和长期负债、递延税项等，即为企业资产负债表的负债合计项。

(1)流动负债 指企业在一年内或者超过一年的一个营业周期内需要偿还的债务合计，其中包括短期借款、应付及预收款项、应付工资、应交税金和应交利润等。

(2)长期负债 指企业在一年以上或者超过一年的一个生产周期以上需要偿还的债务合计，其中包括长期借款、应付债务、长期应付款项等。

所有者权益 指企业投资人对企业净资产的所有权。企业净资产等于企业全部资产减去全部负债后的余额，其中包括投资者对企业的最初投人，以及资本公积金、盈余公积金和未分配利润。对股份制企业即为股东权益。

工业企业能源消费 工业企业能源消费指独立核算的法人工业企业在报告期内实际使用的能源数量。能源消费数量分别用价值量和实物量表示。

能源消费 能源消费指独立核算的法人企业在报告期内实际使用的能源的数量，包括主营活动和附营活动实际使用能源数量；并包括由本企业(作为投资单位)代填的乡镇建筑企业为完成本企业建筑项目而实际使用的能源数量。能源消费数量用价值量和实物量表示。

消费的核算原则："谁消费谁统计"，即能源在哪个企业使用，就由哪个企业统计消费。

消费的核算方法：能源进入第一道生产工序，改变了原来的形态或性能，或者已经实际投入使用，即作消

费统计。

能源库存 能源库存是指独立核算法人企业在报告期初、期末实际结存的能源的数量和价值。

库存的核算原则:“谁支配谁统计”,即凡是本企业有权支配动用的能源,不论存放何处,都应作本企业库存统计;反之,本企业无权支配动用的能源,即使存在本企业仓库,也不能作为本企业库存统计。

库存的核算方法:凡属本企业有权支配动用的某一时点实际结存的能源,都应作本企业库存统计。

全国工业经济效益综合指数标准

单位:%

总资产贡献率	资本保值增值率	资产负债率	流动资产周转率(次)	成本费用利润率	劳动生产率(元/人)	产品销售率
10.7	120	≤60	1.52	3.71	16500	96.0

十一、建 筑 业

CONSTRUCTION

本篇内容包括：

1.建筑业主要经济指标
2.建筑业企业生产情况
3.建筑业企业财务情况
4.各县区建筑业主要经济指标

11-1 建筑业主要经济指标

指标	2013	2014	增速%
企业个数(个)	**477**	**498**	**4.4**
#有工作量的企业个数	458	480	4.8
建筑业合同情况(万元)			
签订的合同额	34 515 739	41 608 874	20.6
上年结转合同额	11 576 649	16 199 082	39.9
本年新签合同额	22 939 091	25 409 793	10.8
承包工程完成情况(万元)			
直接从建设单位承揽工程完成的产值	16 932 941	21 255 742	25.5
自行完成施工产值	16 690 600	21 109 714	26.5
分包出去工程的产值	242 341	146 028	-39.7
从建设单位以外承揽工程完成的产值	385 632	222 319	-42.3
建筑业总产值(万元)	**17 076 231**	**21 332 033**	**24.9**
#装饰装修产值	1 625 524	1 881 700	15.8
在外省完成的产值	6 291 556	6 757 330	7.4
建筑工程产值	14 625 977	18 058 244	23.5
安装工程产值	1 204 879	1 492 838	23.9
其他产值	1 245 376	1 780 952	43.0
竣工产值(万元)	**9 406 775**	**10 390 035**	**10.5**
房屋建筑施工及竣工面积(万平方米)			
房屋建筑施工面积	11 152.12	14 035.58	25.9
#本年新开工面积	5 651.64	6 371.47	12.7
实行投标承包面积	8 554.69	10 586.14	23.7
#本年新开工	4 396.60	4 622.36	5.1
房屋建筑竣工面积	4 041.62	4 523.18	11.9
住宅房屋	2 556.66	2 978.53	16.5
商业及服务用房屋	214.79	284.41	32.4
商厦房屋(批发和零售用房)	38.63	140.29	263.1
宾馆用房屋(住宿用房)	37.36	35.18	-5.8
餐饮用房屋(餐饮用房)	4.78	14.58	204.9
商务会展用房屋	18.39	3.50	-81.0
其他商业及服务用房屋(居民服务业用房)	115.63	90.87	-21.4
办公用房屋	327.23	510.52	56.0
科研、教育、医疗用房屋	236.37	168.20	-28.8
科学研究用房屋	28.76	15.21	-47.1
教育用房屋	168.46	120.48	-28.5
医疗用房屋(卫生医疗用房)	39.16	32.51	-17.0
文化、体育、娱乐用房屋	70.69	42.07	-40.5
厂房及建筑物	485.94	409.39	-15.8
厂房	307.24	168.34	-45.2
仓库	14.04	32.63	132.5
其他未列明的房屋建筑物	135.90	97.43	-28.3

注:建筑业统计范围为具有建筑业资质等级的独立核算建筑业企业。

指　　标	2013	2014	增速%
竣工房屋价值(万元)	**5 448 358**	**6 261 152**	**14.9**
住宅房屋	3 306 581	3 981 191	20.4
商业及服务用房屋	352 785	443 495	25.7
商厦房屋(批发和零售用房)	50 714	202 267	298.8
宾馆用房屋(住宿用房)	83 238	48 490	-41.7
餐饮用房屋(餐饮用房)	6 515	24 333	273.5
商务会展用房屋	17 867	7 687	-57.0
其他商业及服务用房屋	194 452	160 719	-17.3
(居民服务业用房)			
办公用房屋	508 398	740 963	45.7
科研、教育、医疗用房屋	361 071	311 892	-13.6
科学研究用房屋	47 299	20 015	-57.7
教育用房屋	239 061	198 880	-16.8
医疗用房屋(卫生医疗用房)	74 711	92 996	24.5
文化、体育、娱乐用房屋	120 066	58 239	-51.5
厂房及建筑物	642 424	519 360	-19.2
厂房	420 764	239 110	-43.2
仓库	13 277	57 044	329.6
其他未列明的房屋建筑物	143 754	148 969	3.6
年末资产负债(万元)			
流动资产合计	8 178 260	9 838 768	20.3
#存　货	1 811 760	1 886 318	4.1
固定资产合计	1 059 100	999 748	-5.6
固定资产原值	1 236 280	1 271 629	2.9
累计折旧	455 764	458 194	0.5
#本年折旧	95 429	91 053	-4.6
在建工程	169 492	130 447	-23.0
资产合计	10 166 836	12 412 166	22.1
流动负债合计	6 012 865	6 917 732	15.0
#应付账款	1 214 450	1 284 821	5.8
非流动负债合计	401 998	612 480	52.4
负债合计	6 589 807	7 715 254	17.1

11-1 续表 2

指　　标	2013	2014	增速%
所有者权益合计(万元)	**3 577 029**	**4 696 913**	**31.3**
#实收资本	2 229 805	2 581 307	15.8
国家资本	612 808	617 509	0.8
集体资本	161 070	242 733	50.7
法人资本	457 049	616 441	34.9
个人资本	985 325	1 075 408	9.1
港澳台资本	3 164	3 299	4.3
外商资本	10 390	25 917	149.4
损益及分配(万元)			
营业收入	16 459 524	20 136 636	22.3
工程结算收入	16 340 819	19 863 094	21.6
营业成本	14 739 303	17 992 217	22.1
工程结算成本	14 634 975	17 684 851	20.8
营业税金及附加	600 242	690 006	15.0
工程结算税金及附加	585 323	640 394	9.4
其他业务利润	18 178	12 978	-28.6
销售费用	38 453	89 833	133.6
管理费用	384 047	454 757	18.4
#税金	27 459	28 846	5.0
财务费用	75 560	127 565	68.8
#利息收入	11 590	6 724	-42.0
#利息支出	67 364	109 956	63.2
营业利润	644 637	801 998	24.4
营业外收入	8 699	12 521	43.9
#补贴收入	1 459	3 015	106.7
营业外支出	7 480	10 530	40.8
利润总额	647 239	804 616	24.3
#应交所得税	150 776	172 714	14.6
工资、福利费(万元)			
应付职工薪酬	1 963 633	2 079 826	5.9

11-2　建筑业企业生产情况

(总承包和专业承包资质企业,2014 年)

项　　目	企业个数(个)	#有工作量的企业	建筑业合同情况		
			签订的合同额(万元)	上年结转	本年新签
总　计	**498**	**480**	**41 608 874**	**16 199 082**	**25 409 793**
一、按登记注册类型分					
内资企业	492	474	39 510 371	15 011 630	24 498 741
国有企业	30	29	3 493 980	1 728 512	1 765 468
集体企业	37	36	2 511 954	1 105 077	1 406 877
股份合作企业	7	7	111 408	58 955	52 453
有限责任公司	230	220	24 352 311	9 307 272	15 045 039
国有独资公司	12	12	2 428 503	806 941	1 621 563
其他有限责任公司	218	208	21 923 807	8 500 331	13 423 477
股份有限公司	30	30	3 271 355	1 153 038	2 118 317
私营企业	156	151	5 758 535	1 650 949	4 107 587
其他企业	2	1	10 828	7 828	3 000
港、澳、台商投资企业	5	5	2 097 303	1 187 190	910 113
与港澳台商合资经营	4	4	2 091 803	1 183 190	908 613
港、澳、台商投资股份有限公司	1	1	5 500	4 000	1 500
外商投资企业	1	1	1 200	262	938
中外合资经营企业	1	1	1 200	262	938
二、按国民经济行业分					
房屋建筑业	205	199	28 321 306	11 589 641	16 731 665
土木工程建筑业	121	116	9 035 122	3 656 452	5 378 670
铁路、道路、隧道和桥梁工程建筑	74	72	7 269 030	2 990 666	4 278 364
水利和内河港口工程建筑	16	16	935 289	372 806	562 483
工矿工程建筑	4	4	401 520	198 808	202 712
架线和管道工程建筑	12	12	240 033	69 479	170 554
其他土木工程建筑	15	12	189 251	24 693	164 558
建筑安装业	60	58	1 721 004	566 808	1 154 196
电气安装	18	17	218 755	63 042	155 713
管道和设备安装	8	8	16 327	2 396	13 931
其他建筑安装业	34	33	1 485 922	501 370	984 552
建筑装饰和其他建筑业	112	107	2 531 441	386 180	2 145 262
建筑装饰业	82	79	2 173 409	325 492	1 847 917
工程准备活动	3	3	29 931	2 595	27 336
提供施工设备服务	1	1	693		693
其他未列明建筑业	26	24	327 408	58 093	269 315

项　目	企业个数(个)	#有工作量的企业	建筑业合同情况		
			签订的合同额(万元)	上年结转	本年新签
三、按隶属关系分					
中央	10	10	1 821 795	605 809	1 215 986
省	65	64	18 183 931	7 761 025	10 422 905
市	68	65	4 569 168	2 076 665	2 492 503
县	50	49	3 073 811	1 436 334	1 637 477
街道	1	1	120		120
镇	13	13	761 402	282 188	479 214
乡	1	1	420 723	114 257	306 466
其他	290	277	12 777 925	3 922 804	8 855 121
四、按企业资质等级分					
施工总承包	322	312	39 038 764	15 735 909	23 302 855
特级	1	1	1 882 285	994 156	888 129
一级	76	76	30 696 142	12 503 105	18 193 037
二级	136	133	4 959 456	1 615 953	3 343 504
三级及以下	109	102	1 500 881	622 695	878 186
专业承包	174	166	2 567 661	463 116	2 104 545
一级	30	30	1 923 823	254 755	1 669 068
二级	55	55	398 451	156 312	242 139
三级及以下	89	81	245 388	52 049	193 338
五、按营业状态分					
营业	491	474	41 548 173	16 183 500	25 364 673
停业(歇业)	1	1	535	315	220
当年关闭	4	3	47 543	13 190	34 353
其他	2	2	12 624	2 077	10 547
六、按控股情况分					
国有控股	84	83	19 784 882	8 851 420	10 933 462
集体控股	57	55	3 145 630	1 261 589	1 884 041
私人控股	316	304	17 214 045	5 633 751	11 580 294
港澳台商控股	4	4	215 018	193 033	21 985
外商控股	1	1	1 200	262	938
其他	36	33	1 248 100	259 027	989 073

项目	承包工程完成情况			
	直接从建设单位承揽工程产值			从建设单位以外承揽工程完成的产值
		自行完成施工产值	分包出去工程产值	
总计	**21 255 742**	**21 109 714**	**146 028**	**222 319**
一、按登记注册类型分				
内资企业	20 518 747	20 372 719	146 028	222 319
国有企业	1 899 442	1 883 770	15 672	957
集体企业	1 474 484	1 473 984	500	
股份合作企业	78 330	78 230	100	50
有限责任公司	11 296 409	11 216 637	79 772	108 754
国有独资公司	937 167	935 147	2 020	2 020
其他有限责任公司	10 359 242	10 281 490	77 752	106 734
股份有限公司	1 311 296	1 310 216	1 080	252
私营企业	4 448 484	4 399 581	48 904	112 305
其他企业	10 302	10 302		
港、澳、台商投资企业	736 146	736 146		
与港澳台商合资经营	732 146	732 146		
港、澳、台商投资股份有限公司	4 000	4 000		
外商投资企业	850	850		
中外合资经营企业	850	850		
二、按国民经济行业分				
房屋建筑业	14 382 045	14 284 957	97 087	153 684
土木工程建筑业	4 184 321	4 141 064	43 258	50 178
铁路、道路、隧道和桥梁工程建筑	3 227 925	3 205 081	22 844	35 086
水利和内河港口工程建筑	458 626	456 606	2 020	15 092
工矿工程建筑	178 943	163 271	15 672	
架线和管道工程建筑	201 065	198 344	2 721	
其他土木工程建筑	117 763	117 763		
建筑安装业	968 323	968 260	63	5 310
电气安装	150 805	150 803	2	1 714
管道和设备安装	13 156	13 095	61	3 597
其他建筑安装业	804 362	804 362		
建筑装饰和其他建筑业	1 721 053	1 715 433	5 620	13 147
建筑装饰业	1 568 704	1 563 845	4 860	10 455
工程准备活动	24 607	24 607		
提供施工设备服务				416
其他未列明建筑业	127 742	126 982	761	2 276

项　　目	承包工程完成情况			
	直接从建设单位承揽工程产值	自行完成施工产值	分包出去工程产值	从建设单位以外承揽工程完成的产值
三、按隶属关系分				
中央	1 163 580	1 163 580		
省	6 365 985	6 293 245	72 740	77 015
市	2 353 858	2 350 643	3 215	20 305
县	1 870 318	1 862 951	7 367	11 256
街道	120	120		
镇	452 452	452 452		
乡	360 303	360 303		
其他	8 689 127	8 626 420	62 707	113 742
四、按企业资质等级分				
施工总承包	19 527 700	19 392 916	134 784	200 700
特级	656 359	656 359		
一级	14 824 028	14 720 660	103 368	131 910
二级	3 196 239	3 166 462	29 776	66 151
三级及以下	851 074	849 434	1 640	2 639
专业承包	1 721 433	1 710 190	11 244	21 619
一级	1 306 998	1 305 812	1 186	1 760
二级	216 928	211 170	5 758	16 278
三级及以下	197 507	193 207	4 300	3 582
五、按营业状态分				
营业	21 211 019	21 064 991	146 028	222 319
停业(歇业)	279	279		
当年关闭	32 973	32 973		
其他	11 472	11 472		
六、按控股情况分				
国有控股	7 410 858	7 376 699	34 159	42 285
集体控股	1 923 983	1 922 923	1 060	50
私人控股	11 041 823	10 933 346	108 476	178 448
港澳台商控股	79 787	79 787		
外商控股	850	850		
其他	798 443	796 110	2 333	1 537

项　　目	建筑业总产值	按　构　成　分			#装饰装修产值	#在外省完成产值	竣工产值
		建筑工程	安装工程	其他产值			
总　　计	**21 332 033**	**1 881 700**	**6 757 330**	**18 058 244**	**1 492 838**	**1 780 952**	**10 390 035**
一、按登记注册类型分							
内资企业	20 595 038	1 873 849	6 473 582	17 326 054	1 488 032	1 780 952	9 973 135
国有企业	1 884 727	26 567	702 176	1 632 485	229 204	23 038	717 349
集体企业	1 473 984	23 559	316 639	1 351 477	57 280	65 227	680 597
股份合作企业	78 280	3 863	4 616	75 657	25	2 599	52 212
有限责任公司	11 325 391	1 126 194	4 063 138	9 189 894	819 740	1 315 757	5 552 702
国有独资公司	937 167	250	398 379	860 497	69 389	7 280	554 491
其他有限责任公司	10 388 224	1 125 944	3 664 759	8 329 397	750 350	1 308 477	4 998 211
股份有限公司	1 310 468	48 106	519 156	1 172 752	43 426	94 290	573 089
私营企业	4 511 886	645 560	867 856	3 893 488	338 357	280 041	2 390 190
其他企业	10 302			10 302			6 996
港、澳、台商投资企业	736 146	7 850	283 748	732 190	3 956		416 900
与港澳台商合资经营	732 146	3 850	283 748	728 190	3 956		413 971
港、澳、台商投资股份有限公司	4 000	4 000		4 000			2 929
外商投资企业	850				850		
中外合资经营企业	850				850		
二、按国民经济行业分							
房屋建筑业	14 438 641	539 884	4 322 351	12 877 873	627 205	933 563	7 224 683
土木工程建筑业	4 191 242	72 100	1 600 174	3 700 989	333 479	156 774	2 130 472
铁路、道路、隧道和桥梁工程建筑	3 240 167	65 119	1 255 698	3 049 458	83 410	107 299	1 843 027
水利和内河港口工程建筑	471 698	2 716	201 814	399 665	50 933	21 100	85 404
工矿工程建筑	163 271	554	88 838	37 132	117 257	8 882	36 886
架线和管道工程建筑	198 344	2 089	44 598	121 671	76 480	192	81 662
其他土木工程建筑	117 763	1 623	9 226	93 063	5 399	19 301	83 493
建筑安装业	973 570	7 879	305 737	592 729	320 503	60 339	367 994
电气安装	152 517		4 112	7 084	145 057	376	23 260
管道和设备安装	16 691	2 619		3 757	12 837	97	8 088
其他建筑安装业	804 362	5 260	301 625	581 889	162 608	59 865	336 647
建筑装饰和其他建筑业	1 728 580	1 261 836	529 067	886 653	211 651	630 276	666 885
建筑装饰业	1 574 300	1 254 544	516 272	754 428	193 467	626 404	577 805
工程准备活动	24 607			24 535		72	8 172
提供施工设备服务	416			416			
其他未列明建筑业	129 258	7 292	12 795	107 274	18 184	3 800	80 908

(总承包和专业承包资质企业,2014 年)

单位:万元

项目	建筑业总产值	按构成分			#装饰装修产值	#在外省完成产值	竣工产值
		建筑工程	安装工程	其他产值			
三、按隶属关系分							
中央	1 163 580	3 716	472 848	991 454	144 319	27 807	561 713
省	6 370 261	259 576	2 596 770	5 943 028	275 559	151 674	2 835 289
市	2 370 948	101 340	476 582	1 935 764	275 380	159 805	996 940
县	1 874 208	43 762	474 953	1 682 726	52 230	139 251	978 864
街道	120	120			120		120
镇	452 452	16 790	164 246	273 599	13 308	165 544	283 306
乡	360 303	12 448	152 436	360 303			152 071
其他	8 740 162	1 443 949	2 419 495	6 871 370	731 922	1 136 870	4 581 733
四、按企业资质等级分							
施工总承包	19 593 616	705 054	6 136 554	17 096 814	1 280 208	1 216 594	9 575 400
特级	656 359		234 836	656 359			364 559
一级	14 852 570	455 563	5 667 848	13 012 463	854 462	985 645	6 539 632
二级	3 232 614	141 374	179 949	2 809 080	242 496	181 038	2 132 944
三级及以下	852 073	108 117	53 920	618 912	183 250	49 911	538 264
专业承包	1 731 809	1 176 646	620 776	955 119	212 630	564 060	808 325
一级	1 307 572	1 096 262	562 845	703 446	83 330	520 796	581 667
二级	227 448	50 294	42 671	127 123	76 374	23 951	115 446
三级及以下	196 789	30 089	15 261	124 550	52 926	19 313	111 212
五、按营业状态分							
营业	21 287 310	1 866 321	6 750 830	18 018 399	1 487 959	1 780 952	10 344 282
停业(歇业)	279				279		
当年关闭	32 973	15 379	6 000	28 373	4 600		34 592
其他	11 472		500	11 472			11 162
六、按控股情况分							
国有控股	7 418 984	245 976	2 765 511	6 730 231	528 055	160 698	3 345 385
集体控股	1 922 973	49 661	348 326	1 766 693	87 440	68 840	932 419
私人控股	11 111 794	1 557 630	3 234 527	8 736 162	834 343	1 541 289	5 341 382
港澳台商控股	79 787	7 850	48 912	75 831	3 956		52 341
外商控股	850				850		
其他	797 647	20 583	360 054	749 327	38 194	10 126	718 508

11-2 续表 4 (总承包和专业承包资质企业,2014 年)

项目	房屋建筑施工面积(平方米)	#本年新开工面积	#实行投标承包面积	#本年新开工	房屋竣工面积(万平方米)	房屋竣工价值(万元)
总计	**14 036**	**6 371**	**10 586**	**4 622**	**4 523**	**6 261 152**
一、按登记注册类型分						
内资企业	12 888	5 852	9 438	4 102	4 340	5 967 871
国有企业	573	117	491	84	100	131 519
集体企业	1 044	451	968	406	368	615 829
股份合作企业	116	25	34	23	41	47 126
有限责任公司	7 146	3 228	5 454	2 336	2 322	3 240 924
国有独资公司	367	127	171	127	80	159 792
其他有限责任公司	6 779	3 101	5 283	2 209	2 242	3 081 132
股份有限公司	951	390	830	361	200	317 062
私营企业	3 059	1 641	1 661	892	1 310	1 615 411
其他企业						
港、澳、台商投资企业	1 148	520	1 148	520	183	293 281
与港澳台商合资经营	1 148	520	1 148	520	183	293 281
港、澳、台商投资股份有限公司						
外商投资企业						
中外合资经营企业						
二、按国民经济行业分						
房屋建筑业	12 940	5 739	10 106	4 242	4 098	5 755 668
土木工程建筑业	802	421	429	347	286	353 884
铁路、道路、隧道和桥梁工程建筑	731	401	359	330	266	325 943
水利和内河港口工程建筑	32	5	31	4	4	10 062
工矿工程建筑	25	5	25	5	8	11 300
架线和管道工程建筑	4	3	4	3	3	1 370
其他土木工程建筑	10	7	10	6	4	5 208
建筑安装业	234	181	16	5	107	123 052
电气安装	3	2				1
管道和设备安装						
其他建筑安装业	230	179	16	5	107	123 051
建筑装饰和其他建筑业	60	31	35	29	33	28 549
建筑装饰业	7	1	6	1		
工程准备活动						
提供施工设备服务						
其他未列明建筑业	54	30	29	28	33	28 549

11-2 续表 4-1　　(总承包和专业承包资质企业,2014 年)

项　　目	房屋建筑施工面积(平方米)	# 本年新开工面积	# 实行投标承包面积	# 本年新开工	房屋竣工面积(万平方米)	房屋竣工价值(万元)
三、按隶属关系分						
中央	106	19	90	18	15	40 113
省	5 451	2 176	4 951	2 082	964	1 423 323
市	1 654	702	997	532	477	608 877
县	1 601	487	1 473	429	497	836 346
街道						
镇	360	184	260	169	202	277 805
乡	185	167	185	167	79	152 071
其他	4 678	2 637	2 630	1 224	2 288	2 922 617
四、按企业资质等级分						
施工总承包	13 788	6 240	10 407	4 505	4 424	6 167 373
特级	1 077	461	1 077	461	183	293 281
一级	9 899	4 133	7 788	3 186	2 623	3 988 710
二级	2 389	1 392	1 343	723	1 364	1 573 721
三级及以下	423	254	198	135	253	311 661
专业承包	243	128	175	114	99	93 779
一级	2					
二级	181	93	126	83	58	49 750
三级及以下	59	34	49	31	41	44 030
五、按营业状态分						
营业	14 011	6 350	10 561	4 600	4 523	6 261 152
停业(歇业)						
当年关闭	15	13	15	13		
其他	10	9	10	9		
六、按控股情况分						
国有控股	6 139	2 335	5 364	2 132	1 086	1 610 914
集体控股	1 336	514	997	423	476	760 800
私人控股	6 063	3 161	4 129	1 996	2 553	3 387 428
港澳台商控股	71	59	71	59		
外商控股						
其他	427	303	25	13	408	502 010

11-3 建筑业企业财务状况

(总承包和专业承包资质企业,2014年)

单位:万元

项　　目	流动资产合　计	#应收工程款	#存货	固定资产合　计	固定资产原　价	累计折旧	#本年折旧
总　　计	**9 838 768**	**2 457 683**	**1 886 318**	**999 748**	**1 271 629**	**458 194**	**91 053**
一、按登记注册类型分							
内资企业	8 944 016	2 068 031	1 862 322	987 853	1 259 562	455 941	90 802
国有企业	1 170 449	251 434	167 091	122 813	195 439	79 132	10 891
集体企业	463 345	85 377	102 042	97 393	65 149	15 997	2 343
股份合作企业	53 229	5 548	31 094	8 086	11 036	3 490	212
有限责任公司	5 490 504	1 255 843	1 140 388	510 316	712 487	273 686	59 273
国有独资公司	801 087	158 820	193 336	54 072	81 550	32 065	3 832
其他有限责任公司	4 689 417	1 097 023	947 052	456 244	630 937	241 621	55 441
股份有限公司	401 014	158 113	49 099	35 489	46 871	15 410	2 029
私营企业	1 365 475	311 716	372 608	213 757	228 579	68 226	16 054
港、澳、台商投资企业	894 125	389 653	23 997	11 791	11 880	2 171	243
与港澳台商合资经营	888 421	389 408	18 883	11 244	11 082	1 919	224
港、澳、台商投资股份有限公司	5 704	245	5 113	546	798	252	19
外商投资企业	627			105	188	83	9
中外合资经营企业	627			105	188	83	9
二、按国民经济行业分							
房屋建筑业	5 096 049	1 230 340	1 139 755	563 733	632 386	180 086	38 891
土木工程建筑业	3 570 715	860 509	529 801	292 012	465 209	214 830	40 005
铁路、道路、隧道和桥梁工程建筑	2 624 072	580 179	376 652	198 250	311 950	147 555	32 290
水利和内河港口工程建筑	493 102	178 039	32 122	42 003	70 690	35 194	4 600
工矿工程建筑	190 720	41 385	37 748	10 510	23 320	12 809	1 128
架线和管道工程建筑	178 641	40 020	61 571	21 327	35 422	14 490	1 197
其他土木工程建筑	84 180	20 886	21 709	19 921	23 827	4 782	790
建筑安装业	508 818	148 430	56 416	54 189	69 871	26 858	3 688
电气安装	154 747	34 213	15 958	19 459	29 857	13 710	1 622
管道和设备安装	51 243	29 039	6 599	6 790	4 769	1 714	162
其他建筑安装业	302 827	85 179	33 860	27 941	35 246	11 434	1 904
建筑装饰和其他建筑业	663 186	218 403	160 347	89 815	104 163	36 420	8 469
建筑装饰业	525 769	160 498	133 566	61 572	66 571	21 937	5 116
工程准备活动	10 005	335	4 528	1 693	2 114	1 231	94
提供施工设备服务	4 394	1 244	299	5 271	5 416	1 977	524
其他未列明建筑业	123 018	56 327	21 955	21 280	30 063	11 274	2 736

项目	流动资产合计	#应收工程款	#存货	固定资产合计	固定资产原价	累计折旧	#本年折旧
三、按隶属关系分							
中央	736 723	188 277	248 211	40 329	78 729	38 865	4 125
省	3 941 647	1 240 895	399 210	271 593	446 763	196 361	42 921
市	1 526 103	320 604	339 500	96 696	121 629	45 160	7 593
县	637 935	85 510	134 055	117 130	82 709	19 640	4 245
街道	80			11	17	6	
镇	100 600	29 837	10 180	26 911	25 998	4 783	601
乡	87 395	12 671	37 228	9 808	13 280	3 472	499
其他	2 808 283	579 890	717 934	437 272	502 506	149 907	31 070
四、按企业资质等级分							
施工总承包	8 892 898	2 158 192	1 688 063	840 664	1 118 370	401 861	79 168
特级	818 046	380 410	6 145	4 487	4 487	873	
一级	5 766 302	1 351 390	1 253 248	508 771	773 847	310 966	61 355
二级	1 710 774	336 609	330 653	232 124	245 676	71 106	13 671
三级及以下	597 777	89 783	98 018	95 281	94 360	18 916	4 143
专业承包	945 870	299 491	198 255	159 085	153 260	56 334	11 885
一级	421 000	145 544	75 291	33 440	49 353	19 914	3 756
二级	281 862	84 034	53 279	73 594	39 885	14 253	2 171
三级及以下	243 008	69 913	69 685	52 051	64 021	22 166	5 957
五、按营业状态分							
营业	9 820 170	2 456 159	1 876 653	999 283	1 270 678	457 709	91 026
停业(歇业)							
当年关闭	12 725	1 405	7 369	181	615	433	24
其他	5 873	120	2 296	284	336	52	4
六、按控股情况分							
国有控股	5 399 383	1 438 075	780 355	314 922	511 139	234 663	45 038
集体控股	733 204	202 356	155 384	120 538	98 196	26 628	3 606
私人控股	3 348 518	736 040	876 890	516 142	599 238	174 309	39 515
港澳台商控股	76 079	9 242	17 852	7 304	7 393	1 297	243
外商控股	627			105	188	83	9
其他	280 957	71 970	55 838	40 737	55 475	21 214	2 644

项　　目	在建工程	资产总计	流动负债合　计	#应付账款	非流动负债合计	负债合计
总　计	**130 447**	**12 412 166**	**6 917 732**	**1 284 821**	**612 480**	**7 715 254**
一、按登记注册类型分						
内资企业	129 239	11 344 054	6 127 148	1 270 958	514 197	6 826 386
国有企业	3 904	1 402 352	981 762	297 955	145 346	1 129 827
集体企业	47 435	593 331	339 957	36 664	3 678	344 003
股份合作企业	45	66 771	49 922	3 933		51 422
有限责任公司	45 088	7 021 678	3 942 649	813 787	338 298	4 398 669
国有独资公司	208	1 003 709	775 891	230 884	23 165	804 056
其他有限责任公司	44 880	6 017 969	3 166 759	582 903	315 133	3 594 614
股份有限公司	713	498 996	250 696	39 565	13 000	266 241
私营企业	32 055	1 760 927	562 162	79 055	13 875	636 224
港、澳、台商投资企业	1 208	1 067 381	790 360	13 863	98 283	888 644
与港澳台商合资经营	1 208	1 059 368	783 390	13 168	98 283	881 673
港、澳、台商投资股份有限公司		8 013	6 970	694		6 970
外商投资企业		732	224			224
中外合资经营企业		732	224			224
二、按国民经济行业分						
房屋建筑业	79 298	6 365 871	3 264 028	306 079	419 228	3 780 483
土木工程建筑业	29 895	4 644 106	3 013 640	785 741	170 773	3 255 169
铁路、道路、隧道和桥梁工程建筑	24 229	3 469 547	2 138 232	507 735	141 688	2 349 032
水利和内河港口工程建筑	4 896	569 932	437 909	129 447	10 429	448 439
工矿工程建筑		215 322	180 402	77 849	12 996	193 398
架线和管道工程建筑	377	250 913	210 301	62 725	1 439	213 282
其他土木工程建筑	392	138 393	46 796	7 985	4 221	51 018
建筑安装业	9 394	596 064	347 167	119 312	12 159	366 511
电气安装	2 591	194 803	107 579	37 972	11 102	118 680
管道和设备安装	3 566	58 635	37 035	27 813	813	40 447
其他建筑安装业	3 237	342 626	202 553	53 527	244	207 383
建筑装饰和其他建筑业	11 861	806 125	292 898	73 689	10 321	313 092
建筑装饰业	10 629	620 812	213 978	35 488	2 536	224 827
工程准备活动	551	13 459	4 806	731	61	6 428
提供施工设备服务	15	9 781	1 113	373	7 674	8 787
其他未列明建筑业	665	162 074	73 000	37 097	50	73 051

项　　目	在建工程	资产总计	流动负债合计	#应付账款	非流动负债合计	负债合计
三、按隶属关系分						
中央		819 167	709 785	334 345	1 548	716 215
省	16 516	4 723 797	3 266 681	408 177	379 043	3 705 396
市	13 458	2 107 652	1 000 265	273 196	162 329	1 175 001
县	50 208	853 356	456 440	23 245	34 292	508 085
街道		91	1			1
镇	5 561	134 655	35 211	7 755	460	35 767
乡		98 979	52 118	1 165		52 118
其他	44 704	3 674 469	1 397 232	236 938	34 808	1 522 671
四、按企业资质等级分						
施工总承包	81 768	11 131 519	6 331 449	1 183 171	594 871	7 062 405
特级		981 772	722 015	4 295	97 500	819 515
一级	29 171	7 251 776	4 376 672	992 566	441 375	4 892 121
二级	41 524	2 147 314	864 575	132 600	48 168	958 206
三级及以下	11 073	750 656	368 188	53 710	7 828	392 563
专业承包	48 679	1 280 648	586 283	101 650	17 609	652 849
一级	850	484 025	192 465	27 727	6 165	223 920
二级	44 247	437 668	253 759	39 844	11 191	267 370
三级及以下	3 582	358 956	140 059	34 078	253	161 559
五、按营业状态分						
营业	130 447	12 388 006	6 909 752	1 284 758	612 320	7 702 690
停业(歇业)		45				
当年关闭		13 937	6 745	63	160	6 905
其他		10 178	1 235			5 659
六、按控股情况分						
国有控股	26 888	6 685 549	4 713 317	942 595	562 400	5 307 738
集体控股	47 482	940 950	546 364	62 662	3 955	592 213
私人控股	50 447	4 308 339	1 377 414	240 724	33 605	1 517 909
港澳台商控股	1 208	85 609	68 346	9 567	783	69 129
外商控股		732	224			224
其他	4 422	390 989	212 068	29 272	11 737	228 041

项　　目	所有者权益合计	# 实收资本	国家资本	集体资本	法人资本	个人资本	港澳台资本	外商资本
总　　计	**4 696 913**	**2 581 307**	**617 509**	**242 733**	**616 441**	**1 075 408**	**3 299**	**25 917**
一、按登记注册类型分								
内资企业	4 517 668	2 460 245	554 228	242 228	608 941	1 054 538	300	10
国有企业	272 526	169 754	148 952	3 613	16 440	749		
集体企业	249 328	132 827	10 510	119 310	3 007			
股份合作企业	15 349	13 605		4 214	828	8 563		
有限责任公司	2 623 008	1 384 333	372 828	43 689	383 375	584 141	300	
国有独资公司	199 653	191 505	149 093	135	42 277			
其他有限责任公司	2 423 355	1 192 828	223 735	43 554	341 099	584 141	300	
股份有限公司	232 754	140 929	19 696	12 123	38 041	71 070		
私营企业	1 124 702	618 796	2 241	59 279	167 250	390 016		10
港、澳、台商投资企业	178 737	120 557	63 281		7 500	20 870	2 999	25 907
与港澳台商合资经营	177 694	119 514	63 281		7 500	20 870	1 956	25 907
港、澳、台商投资股份有限公司	1 043	1 043					1 043	
外商投资企业	508	505		505				
中外合资经营企业	508	505		505				
二、按国民经济行业分								
房屋建筑业	2 585 389	1 371 935	243 398	174 856	363 713	567 798	1 500	20 670
土木工程建筑业	1 388 938	871 620	338 495	51 361	137 250	338 894	374	5 247
铁路、道路、隧道和桥梁工程建筑	1 120 515	693 977	272 326	35 413	99 526	281 091	374	5 247
水利和内河港口工程建筑	121 494	86 155	41 835	12 315	17 081	14 925		
工矿工程建筑	21 924	15 719	2 051		13 668			
架线和管道工程建筑	37 631	20 710	8 450	3 633	3 808	4 820		
其他土木工程建筑	87 375	55 059	13 833		3 168	38 058		
建筑安装业	229 553	142 304	25 900	13 948	47 961	54 495		
电气安装	76 123	50 285	11 500	7 305	12 501	18 979		
管道和设备安装	18 188	15 629		4 000	2 839	8 790		
其他建筑安装业	135 243	76 390	14 400	2 643	32 621	26 726		
建筑装饰和其他建筑业	493 034	195 448	9 716	2 568	67 517	114 221	1 425	
建筑装饰业	395 985	129 513	2 352	2 567	43 605	79 563	1 425	
工程准备活动	7 031	4 284	2 464			1 820		
提供施工设备服务	995	900				900		
其他未列明建筑业	89 023	60 751	4 900	1	23 912	31 938		

项　　目	所有者权益合计	# 实收资本	国家资本	集体资本	法人资本	个人资本	港澳台资本	外商资本
三、按隶属关系分								
中央	102 952	94 364	48 468	400	43 496	2 000		
省	1 018 401	671 828	407 103	26 512	132 719	84 752	82	20 660
市	932 651	345 843	98 261	27 968	53 880	165 733		
县	345 271	191 669	51 867	43 467	48 336	47 999		
街道	89	86		46		40		
镇	98 888	64 332	2	43 379	15 632	5 319		
乡	46 862	7 080		7 080				
其他	2 151 798	1 206 106	11 807	93 880	322 379	769 565	3 217	5 257
四、按企业资质等级分								
施工总承包	4 069 114	2 292 244	584 984	220 699	505 113	953 658	1 874	25 917
特级	162 257	104 350	62 820			20 870		20 660
一级	2 359 655	1 328 116	480 577	154 567	218 994	473 977		
二级	1 189 107	621 968	22 886	49 092	230 780	312 088	1 874	5 247
三级及以下	358 094	237 810	18 700	17 039	55 339	146 722		10
专业承包	627 799	289 063	32 525	22 034	111 328	121 750	1 425	
一级	260 105	88 541	15 877	2 424	38 218	30 979	1 043	
二级	170 298	92 098	8 899	13 885	15 632	53 301	382	
三级及以下	197 397	108 424	7 750	5 725	57 478	37 471		
五、按营业状态分								
营业	4 685 316	2 576 136	617 509	240 727	616 441	1 072 243	3 299	25 917
停业(歇业)	45	45				45		
当年关闭	7 033	3 006		2 006		1 000		
其他	4 519	2 120				2 120		
六、按控股情况分								
国有控股	1 377 811	829 444	599 529	9 048	142 885	57 322		20 660
集体控股	348 736	196 968	15 246	133 612	21 662	26 448		
私人控股	2 790 430	1 436 007	2 273	94 888	387 497	951 339		10
港澳台商控股	16 480	16 207	461		7 500		2 999	5 247
外商控股	508	505		505				
其他	162 948	102 176		4 680	56 898	40 298	300	

11-3 续表 4　　(总承包和专业承包资质企业,2014 年)　　单位:万元

项　　目	营业收入	# 主营业务收　入	营业成本	# 主营业务成　本	营业税金及附加	# 主营业务税金及附加	其他业务利润
总　计	**20 136 636**	**19 863 094**	**17 992 217**	**17 684 851**	**690 006**	**640 394**	**12 978**
一、按登记注册类型分							
内资企业	19 357 104	19 090 562	17 300 500	16 993 259	664 124	638 131	12 978
国有企业	1 454 237	1 307 846	1 304 520	1 174 954	48 301	40 402	-366
集体企业	1 216 460	1 208 946	1 105 829	1 101 859	43 656	43 349	2 398
股份合作企业	49 530	45 209	42 998	39 498	2 051	1 831	13
有限责任公司	10 679 422	10 623 175	9 598 465	9 473 125	351 260	344 937	9 698
国有独资公司	877 725	874 154	817 159	736 320	22 932	20 429	2 013
其他有限责任公司	9 801 697	9 749 021	8 781 306	8 736 805	328 328	324 508	7 684
股份有限公司	1 624 554	1 622 194	1 502 550	1 500 821	50 246	50 241	638
私营企业	4 332 901	4 283 191	3 746 139	3 703 003	168 610	157 371	596
港、澳、台商投资企业	778 349	771 350	690 621	690 497	25 877	2 259	
与港澳台商合资经营	774 349	767 350	687 421	687 297	25 812	2 194	
港、澳、台商投资股份有限公司	4 000	4 000	3 200	3 200	65	65	
外商投资企业	1 183	1 183	1 095	1 095	4	4	
中外合资经营企业	1 183	1 183	1 095	1 095	4	4	
二、按国民经济行业分							
房屋建筑业	13 026 247	12 815 582	11 727 971	11 469 663	458 516	413 002	3 910
土木工程建筑业	4 400 317	4 364 821	3 932 968	3 905 296	133 117	132 036	6 084
铁路、道路、隧道和桥梁工程建筑	3 412 689	3 384 829	3 061 577	3 041 772	104 340	103 302	6 468
水利和内河港口工程建筑	456 642	455 446	406 874	405 936	15 042	15 034	257
工矿工程建筑	160 692	156 287	142 169	137 837	5 123	5 117	69
架线和管道工程建筑	209 031	207 050	184 722	182 136	3 862	3 832	-754
其他土木工程建筑	161 265	161 209	137 626	137 615	4 751	4 751	45
建筑安装业	1 089 956	1 086 499	969 612	967 659	37 700	35 928	789
电气安装	164 749	162 751	138 532	137 310	6 011	5 856	714
管道和设备安装	50 696	50 665	45 038	45 016	1 566	301	
其他建筑安装业	874 511	873 084	786 042	785 333	30 123	29 771	75
建筑装饰和其他建筑业	1 620 115	1 596 192	1 361 665	1 342 234	60 672	59 429	2 194
建筑装饰业	1 457 410	1 449 465	1 226 930	1 221 730	55 884	55 450	1 844
工程准备活动	31 180	18 580	28 379	17 079	1 224	544	
提供施工设备服务	3 336		2 932		130		308
其他未列明建筑业	128 190	128 147	103 425	103 425	3 435	3 435	42

项目	营业收入	#主营业务收入	营业成本	#主营业务成本	营业税金及附加	#主营业务税金及附加	其他业务利润
三、按隶属关系分							
中央	1 038 346	911 146	937 430	751 558	30 747	21 276	-812
省	6 168 221	6 135 940	5 648 690	5 631 288	197 349	173 589	7 219
市	2 298 419	2 262 100	2 060 640	2 024 359	74 083	70 709	3 227
县	1 749 868	1 744 812	1 596 313	1 592 902	63 165	62 229	1 571
街道	120	120	108	108	4	4	
镇	444 489	443 858	407 202	406 938	17 381	17 373	
乡	360 914	360 303	327 843	327 843	11 890	11 890	611
其他	8 076 259	8 004 815	7 013 991	6 949 856	295 387	283 324	1 162
四、按企业资质等级分							
施工总承包	17 518 224	17 274 426	15 700 440	15 419 251	595 867	549 230	10 248
特级	709 822	702 822	631 758	631 634	23 618		
一级	12 963 304	12 804 375	11 796 219	11 587 034	423 592	403 653	8 044
二级	3 009 339	2 952 129	2 574 953	2 528 423	112 996	110 998	1 138
三级及以下	835 760	815 100	697 510	672 160	35 660	34 578	1 066
专业承包	2 618 412	2 588 668	2 291 776	2 265 600	94 139	91 164	2 730
一级	1 315 681	1 295 158	1 133 085	1 115 041	52 231	50 902	1 550
二级	329 965	322 874	267 414	260 775	10 377	8 769	661
三级及以下	972 766	970 636	891 277	889 784	31 531	31 493	519
五、按营业状态分							
营业	20 108 944	19 835 402	17 968 032	17 661 167	688 724	639 112	12 978
停业(歇业)	211	211	133	133	21	21	
当年关闭	16 389	16 389	14 105	14 105	918	918	
其他	11 092	11 092	9 946	9 446	343	343	
六、按控股情况分							
国有控股	7 229 706	7 053 886	6 622 026	6 398 649	222 827	187 389	7 817
集体控股	1 758 717	1 744 470	1 595 208	1 587 022	65 834	65 225	2 628
私人控股	10 237 159	10 155 154	8 966 533	8 891 882	367 908	355 126	2 292
港澳台商控股	68 527	68 527	58 863	58 863	2 259	2 259	
外商控股	1 183	1 183	1 095	1 095	4	4	
其他	841 344	839 874	748 491	747 341	31 174	30 390	241

项　　目	销售费用	管理费用	#税　金	#差财务费用	#利息收入	#利息支出
总　　计	**89 833**	**454 757**	**28 846**	**127 565**	**6 724**	**109 956**
一、按登记注册类型分						
内资企业	89 802	443 634	26 742	111 133	5 582	93 667
国有企业	840	68 106	3 518	18 609	740	17 928
集体企业	1 142	16 247	1 098	3 336	423	1 617
股份合作企业	394	2 382	175	216	7	186
有限责任公司	33 084	245 636	11 868	64 977	3 220	57 434
国有独资公司	981	23 929	289	3 772	303	2 759
其他有限责任公司	32 103	221 707	11 578	61 205	2 917	54 676
股份有限公司	162	21 786	629	3 467	453	3 510
私营企业	54 179	89 478	9 455	20 527	739	12 993
港、澳、台商投资企业	30	11 041	2 103	16 432	1 142	16 289
与港澳台商合资经营	30	10 625	2 064	16 139	1 139	15 998
港、澳、台商投资股份有限公司		416	40	293	2	290
外商投资企业	1	82				
中外合资经营企业	1	82				
二、按国民经济行业分						
房屋建筑业	63 527	209 795	18 890	86 488	4 024	76 949
土木工程建筑业	13 825	143 745	3 008	34 578	1 285	27 650
铁路、道路、隧道和桥梁工程建筑	10 851	93 240	2 117	24 243	1 333	19 029
水利和内河港口工程建筑	88	19 683	132	2 919	315	3 365
工矿工程建筑		7 051	168	2 762	-249	3 046
架线和管道工程建筑	898	17 349	376	4 179	-111	1 743
其他土木工程建筑	1 988	6 423	216	475	-3	467
建筑安装业	1 084	34 880	842	1 738	965	1 260
电气安装	285	12 709	367	-261	229	179
管道和设备安装	222	1 286	138	55	12	51
其他建筑安装业	576	20 886	338	1 944	725	1 030
建筑装饰和其他建筑业	11 398	66 337	6 106	4 761	450	4 098
建筑装饰业	9 031	55 328	5 483	3 423	89	3 259
工程准备活动	30	1 225	139	-40		1
提供施工设备服务		181	5	32	1	32
其他未列明建筑业	2 338	9 604	479	1 345	360	806

项　　目	销售费用	管理费用				
			# 税　金	# 差财务费用	# 利息收入	# 利息支出
三、按隶属关系分						
中央	1 267	48 135	3 061	8 605	242	7 840
省	7 673	111 356	5 160	47 253	3 110	45 920
市	4 509	51 896	2 817	13 575	1 048	14 144
县	5 115	27 653	2 480	13 773	589	13 992
街道	3	5				
镇	2 430	4 718	760	1 042	29	710
乡		3 134	14	1 905		
其他	68 836	207 861	14 555	41 413	1 707	27 350
四、按企业资质等级分						
施工总承包	75 912	378 997	22 347	107 118	5 846	92 744
特级		8 708	1 905	15 198	1 136	15 998
一级	44 226	246 389	10 450	72 283	3 629	64 144
二级	20 746	90 224	8 048	17 262	712	11 292
三级及以下	10 939	33 677	1 944	2 375	370	1 310
专业承包	13 921	75 760	6 499	20 447	878	17 212
一级	7 171	47 517	5 471	3 673	110	3 225
二级	3 445	11 711	686	4 078	5	1 231
三级及以下	3 306	16 532	343	12 696	763	12 756
五、按营业状态分						
营业	89 647	454 119	28 574	127 361	6 724	109 762
停业(歇业)		14		10		
当年关闭	90	472	261	182		182
其他	96	152	10	13		13
六、按控股情况分						
国有控股	3 653	167 909	7 184	60 144	4 243	60 218
集体控股	5 153	23 963	1 838	6 339	436	3 414
私人控股	76 849	232 720	19 105	53 469	1 911	44 636
港澳台商控股	30	2 333	199	1 234	6	290
外商控股	1	82				
其他	4 148	27 750	520	6 379	128	1 398

11-3 续表 6 (总承包和专业承包资质企业,2014 年) 单位:万元

项目	营业利润	营业外收入	补贴收入	营业外支出	利润总额	应交所得税	工资福利费
总计	801 998	12 521	3 015	10 530	804 616	172 714	2 079 826
一、按登记注册类型分							
内资企业	747 176		2 940	9 697	750 542	164 331	1 847 663
国有企业	13 091		1 343	1 595	13 169	4 826	170 267
集体企业	48 677		150	517	48 978	12 855	133 734
股份合作企业	1 499			11	1 489	450	4 464
有限责任公司	385 084		1 329	3 062	388 642	83 748	1 185 000
国有独资公司	8 817			182	9 611	2 297	38 646
其他有限责任公司	376 267		1 329	2 879	379 031	81 451	1 146 354
股份有限公司	46 735			143	46 759	8 522	107 033
私营企业	252 089		118	4 370	251 505	53 930	247 166
港、澳、台商投资企业	54 822		76	833	54 074	8 383	232 103
与港澳台商合资经营	54 795		76	833	54 047	8 377	231 741
港、澳、台商投资股份有限公司	27				27	7	362
外商投资企业							61
中外合资经营企业							61
二、按国民经济行业分							
房屋建筑业	513 961	6 287	2 292	4 528	516 468	110 647	1 657 151
土木工程建筑业	140 912	3 911	611	2 504	142 359	31 686	242 986
铁路、道路、隧道和桥梁工程建筑	117 738	2 413	604	1 679	118 498	25 751	151 265
水利和内河港口工程建筑	9 721	109		94	9 786	2 610	36 547
工矿工程建筑	2 611	350	2	273	2 689	563	15 974
架线和管道工程建筑	841	1 028		424	1 409	453	30 223
其他土木工程建筑	10 002	10	5	35	9 977	2 309	8 977
建筑安装业	45 928	627	83	452	46 103	9 920	109 108
电气安装	8 832	158		93	8 898	1 466	17 229
管道和设备安装	2 329			45	2 284	600	3 935
其他建筑安装业	34 767	469	83	315	34 922	7 854	87 944
建筑装饰和其他建筑业	101 197	1 696	30	3 045	99 685	20 462	70 582
建筑装饰业	92 770	1 508	30	2 893	91 260	18 669	58 293
工程准备活动	363				363	92	1 110
提供施工设备服务	61			61		9	443
其他未列明建筑业	8 003	188		91	8 062	1 693	10 737

项　　目	营业利润	营业外收　入	补贴收入	营业外支　出	利润总额	应　交所得税	工　资福利费
三、按隶属关系分							
中央	13 039	50		447	12 642	2 567	89 080
省	171 632	5 258	2 747	3 837	173 066	34 091	1 047 885
市	97 695	178		712	97 436	20 107	142 276
县	45 281	817	150	258	45 855	10 342	135 952
街道							28
镇	11 716	112		171	11 657	3 561	77 979
乡	16 142			3	16 140	4 040	18 616
其他	446 492	6 106	118	5 102	447 820	98 006	568 011
四、按企业资质等级分							
施工总承包	694 061	9 599	2 980	6 631	697 845	148 447	1 969 671
特级	51 013	81	76	832	50 262	7 496	221 857
一级	388 991	5 785	2 663	4 558	390 493	91 130	1 422 371
二级	195 991	2 930	233	921	198 019	42 599	254 435
三级及以下	58 066	804	9	320	59 071	7 222	71 008
专业承包	107 937	2 922	35	3 899	106 770	24 268	110 156
一级	71 789	732	30	355	72 219	16 106	61 191
二级	18 774	1 789		2 766	17 765	4 048	25 176
三级及以下	17 374	401	5	778	16 787	4 114	23 789
五、按营业状态分	801 998	12 521	3 015	10 530	804 616	172 714	
营业	800 799	12 521	3 015	10 530	803 417	172 529	2 074 019
停业(歇业)	33				33	1	21
当年关闭	622				622	41	2 139
其他	543				543	145	3 648
六、按控股情况分							
国有控股	172 516	5 296	2 747	4 695	173 416	38 182	1 152 553
集体控股	64 813	1 016	150	581	65 248	17 982	193 718
私人控股	537 498	5 628	118	5 205	538 245	109 875	691 901
港澳台商控股	3 809			1	3 812	887	10 245
外商控股							61
其他	23 363	580		48	23 895	5 789	31 348

11–4 各县区建筑业企业主要经济指标

(2014 年)

指　　　标	全　市	东湖区	西湖区	青云谱区	湾里区	青山湖区
企业个数(个)	**511**	**70**	**96**	**46**	**6**	**50**
建筑业合同情况(万元)						
签订的合同额	41 608 874	2 197 606	9 160 354	9 023 073	421 598	1 831 883
上年结转合同额	16 199 082	817 278	4 135 958	3 669 327	228 937	638 508
本年新签合同额	25 409 793	1 380 329	5 024 396	5 353 746	192 661	1 193 374
承包工程完成情况(万元)						
直接从建设单位承揽工程完成的产值	21 255 742	1 318 788	4 136 262	2 923 740	387 845	1 021 963
自行完成施工产值	21 109 714	1 314 271	4 131 375	2 907 921	387 845	982 456
分包出去工程的产值	146 028	4 517	4 887	15 819		39 507
从建设单位以外承揽工程完成的产值	222 319	14 081	12 850	22 343		79 890
建筑业总产值(万元)	**21 332 033**	**1 328 352**	**4 144 225**	**2 930 264**	**387 845**	**1 062 346**
#装饰装修产值	1 881 700	681 097	127 705	293 085		20 657
在外省完成的产值	6 757 330	131 893	1 230 736	1 345 628	115 322	257 821
建筑工程产值	18 058 244	653 074	3 803 555	2 688 783	329 400	830 701
安装工程产值	1 492 838	177 435	133 415	142 498		171 002
其他产值	1 780 952	497 842	207 256	98 984	58 445	60 643
竣工产值(万元)	**10 390 035**	**503 033**	**2 179 547**	**1 513 447**	**143 144**	**302 946**
房屋建筑施工及竣工面积(万平方米)						
房屋建筑施工面积	14 035.6	364.7	3 104.9	2 948.0	656.2	652.2
#本年新开工面积	6 371.5	196.3	1 332.5	1 048.1	181.5	387.9
实行投标承包面积	10 586.1	232.6	2 621.0	2 782.7	655.1	361.4
#本年新开工	4 622.4	129.9	1 176.7	943.2	181.4	219.5
房屋建筑竣工面积	4 523.2	141.5	738.0	526.2	90.7	155.7
住宅房屋	2 978.5	108.2	523.1	347.6	57.6	88.1
商业及服务用房屋	284.4		63.7	22.8	1.2	36.7
商厦房屋(批发和零售用房)	140.3		39.6	13.6		26.2
宾馆用房屋(住宿用房)	35.2		10.8			1.3
餐饮用房屋(餐饮用房)	14.6		3.1	7.3		0.1
商务会展用房屋	3.5		0.1			0.2
其他商业及服务用房屋	90.9		10.1	1.9	1.2	8.8
办公用房屋	510.5	30.7	45.5	80.5	3.6	4.0
科研、教育、医疗用房屋	168.2	1.3	40.9	15.6	1.1	6.5
科学研究用房屋	15.2		7.1	1.0		
教育用房屋	120.5	1.3	27.0	1.6	1.1	6.5
医疗用房屋(卫生医疗用房)	32.5		6.8	13.0		
文化、体育、娱乐用房屋	42.1		7.3	2.7		
厂房及建筑物	409.4	1.3	44.6	39.0	27.1	20.1
厂房	168.3	1.3	15.7	38.2	27.1	5.5
仓库	32.6		1.2	15.0		0.4
其他未列明的房屋建筑物	97.4		11.8	2.9		

南昌县	新建县	安义县	进贤县	经济开发区	高新开发区	红谷滩新区	桑海开发区
86	**26**	**11**	**26**	**15**	**40**	**38**	**1**
8 604 546	708 527	108 326	1 253 946	1 721 211	2 636 715	3 579 989	361 100
2 923 052	210 072	28 831	340 744	772 736	1 272 228	804 375	357 035
5 681 494	498 455	79 495	913 202	948 474	1 364 488	2 775 614	4 065
5 827 020	456 565	82 317	859 031	815 138	1 286 217	2 134 966	5 890
5 767 382	455 478	82 317	855 311	799 812	1 286 217	2 133 439	5 890
59 638	1 087		3 720	15 327		1 527	
57 654	1 569		12 857	17 333	2 161	1 581	
5 825 036	**457 047**	**82 317**	**868 168**	**817 144**	**1 288 379**	**2 135 020**	**5 890**
231 300	25 139	4 830	14 794	35 999	27 795	419 298	
1 927 798	93 165		125 988	285 320	508 785	734 875	
4 934 383	346 404	78 784	712 866	793 721	1 123 772	1 759 124	3 679
510 752	9 158	2 555	23 695	2 170	126 117	194 041	
379 902	101 486	978	131 607	21 254	38 490	181 855	2 211
3 126 875	**157 173**	**65 805**	**830 790**	**348 376**	**322 677**	**889 622**	**6 602**
3 749.2	218.1	85.8	743.5	167.4	607.8	733.1	4.7
1 830.8	85.9	55.1	504.6	109.0	260.6	379.1	
2 659.5	203.4	56.8	153.5	167.1	308.2	384.8	
1 130.3	81.5	47.1	113.3	109.0	230.1	260.4	
1 668.1	70.9	60.9	654.8	34.3	107.7	269.7	4.7
1 183.0	42.1	48.6	362.6	18.3	38.8	156.5	3.9
71.5	7.1	0.4	8.3		22.6	49.4	0.7
29.0	2.6		2.3		3.7	23.2	
11.2	2.4		0.8			8.0	0.7
2.1			0.5			1.4	
2.8						0.4	
26.4	2.1	0.4	4.8		18.9	16.3	
186.3	3.2		118.5	5.4	7.3	25.6	
64.2	6.9	0.3	6.8	9.1	2.9	12.7	
0.3	3.5				1.9	1.4	
54.0	3.4	0.3	6.2	9.1	0.6	9.5	
9.9			0.6		0.4	1.8	
5.5	5.0		13.4		4.9	3.3	
113.1	6.4	3.1	120.2	1.5	21.6	11.2	0.1
44.3	0.3	2.1	13.7		15.7	4.4	0.1
3.0			3.0		0.0	10.1	
41.5	0.2	8.5	22.0		9.7	0.8	

11-4 续表 1 (2014 年)

指　　标	全　市	东湖区	西湖区	青云谱区	湾里区	青山湖区
竣工房屋价值(万元)	**6 261 152**	**127 026**	**1 072 703**	**768 566**	**110 265**	**201 321**
住宅房屋	3 981 191	112 461	701 881	415 710	77 513	111 284
商业及服务用房屋	443 495		84 053	51 532	12 829	45 169
商厦房屋(批发和零售用房)	202 267		54 847	33 961		32 583
宾馆用房屋(住宿用房)	48 490		10 719			4 606
餐饮用房屋(餐饮用房)	24 333		5 177	10 497		265
商务会展用房屋	7 687		217			397
其他商业及服务用房屋	160 719		13 093	7 074	12 829	7 317
办公用房屋	740 963	10 166	69 105	164 156	9 265	8 316
科研、教育、医疗用房屋	311 892	2 251	78 860	60 549	1 858	8 776
科学研究用房屋	20 015		10 124	1 743		
教育用房屋	198 880	2 251	55 642	2 319	1 858	8 776
医疗用房屋(卫生医疗用房)	92 996		13 095	56 487		
文化、体育、娱乐用房屋	58 239		10 193	5 661		
厂房及建筑物	519 360	2 148	95 703	49 005	8 800	27 087
厂房	239 110	2 148	55 147	46 753	8 800	12 908
仓库	57 044		3 504	15 549		690
其他未列明的房屋建筑物	148 969		29 403	6 405		
年末资产负债(万元)						
流动资产合计	9 838 768	1 017 522	2 406 009	1 617 308	89 988	374 535
# 存　货	1 886 318	197 416	391 399	221 099	23 849	81 764
固定资产合计	999 748	113 861	164 449	96 480	14 963	50 099
固定资产原值	1 271 629	126 222	174 781	152 732	2 236	53 464
累计折旧	458 194	37 581	68 552	75 295	135	16 963
# 本年折旧	91 053	7 367	11 008	9 492	13	3 171
在建工程	130 447	14 954	48 958	18 653	1 341	10 406
资产合计	12 412 166	1 525 013	2 998 387	1 828 399	104 962	446 632
流动负债合计	6 917 732	733 441	1 929 531	1 309 721	6 453	194 900
# 应付账款	1 284 821	167 621	362 722	196 831	2 599	24 127
非流动负债合计	612 480	73 234	256 364	140 595		7 722
负债合计	7 715 254	828 029	2 188 305	1 475 632	37 680	204 629

(2014 年)

南昌县	新建县	安义县	进贤县	经济开发区	高新开发区	红谷滩新区	桑海开发区
2 451 532	**73 443**	**65 332**	**789 875**	**72 928**	**152 002**	**369 969**	**6 192**
1 716 051	44 441	51 322	444 182	33 833	51 753	215 535	5 226
124 101	7 397	333	9 259		51 677	56 325	824
41 709	2 589		1 857		6 317	28 404	
18 571	2 309		912			10 549	824
3 548	0		626			4 221	
6 223	0					850	
54 050	2 499	333	5 863		45 360	12 302	
277 354	4 505		145 303	13 975	11 169	27 649	
100 914	7 705	227	10 223	22 363	2 246	15 920	
619	3 782				917	2 831	
80 475	3 923	227	9 804	22 363	851	10 392	
19 821			420		478	2 696	
10 466	1 840		23 464		2 209	4 406	
144 353	7 371	2 714	138 733	2 757	22 015	18 534	142
62 830	291	1 794	22 585		18 266	7 447	142
3 870			5 050		1	28 380	
74 424	186	10 736	13 661		10 934	3 221	
1 454 469	207 577	36 443	170 148	557 598	785 958	1 119 979	1 233
455 463	101 414	15 246	72 848	59 527	175 150	90 325	820
259 211	22 471	5 090	50 956	24 561	83 726	113 749	132
325 985	31 858	2 810	59 872	39 739	149 305	152 625	
88 724	9 597	936	13 914	21 897	69 132	55 469	
20 432	2 154	64	2 348	13 869	13 864	7 274	
14 568	83	1 573	2 647	2 175	3 349	11 742	
1 936 072	297 519	49 950	284 450	620 472	911 796	1 405 611	2 903
776 951	128 587	23 929	56 754	456 895	606 574	693 997	
150 034	38 739	5 240	16 091	92 466	122 346	106 003	
19 707	730	4 413	31	21 700	43 846	44 138	
834 289	132 297	30 044	59 592	481 828	654 833	785 387	2 709
2 451 532	73 443	65 332	789 875	72 928	152 002	369 969	6 192

11-4 续表 2 (2014 年)

指　　　标	全　市	东湖区	西湖区	青云谱区	湾里区	青山湖区
所有者权益合计	**4 696 913**	**696 984**	**810 083**	**352 767**	**67 282**	**242 004**
#实收资本	2 581 307	232 509	545 674	239 525	62 170	139 531
国家资本	617 509	67 129	170 317	71 590	600	8 633
集体资本	242 733	16 359	27 397	5 341	46 214	42 289
法人资本	616 441	39 319	120 667	83 780	10 126	21 800
个人资本	1 075 408	103 038	206 333	78 815	5 230	66 727
港澳台资本	3 299	1 417	300			82
外商资本	25 917	5 247	20 660			
损益及分配(万元)						
营业收入	20 136 636	1 283 664	3 500 831	2 806 580	344 350	865 752
工程结算收入	19 863 094	1 266 253	3 335 925	2 795 070	344 350	856 910
营业成本	17 992 217	1 070 003	3 140 536	2 581 027	291 412	773 643
工程结算成本	17 684 851	1 057 764	2 928 680	2 568 867	291 412	765 856
营业税金及附加	690 006	43 830	116 966	91 288	20 319	28 982
工程结算税金及附加	640 394	43 006	81 287	91 265	20 319	18 724
其他业务利润	12 978	3 156	1 038	4 150		357
销售费用	89 833	5 538	6 453	2 666	5 116	2 260
管理费用	454 757	73 545	86 311	46 580	8 784	15 271
#税金	28 846	2 790	6 202	1 231	437	854
财务费用	127 565	9 365	35 593	12 399	4 987	1 336
#利息收入	6 724	718	1 836	1 075	14	58
#利息支出	109 956	10 078	35 892	12 432	74	1 125
营业利润	801 998	80 180	136 754	71 108	26 496	30 176
营业外收入	12 521	1 608	782	2 752	1 521	269
#补贴收入	3 015	1 505	76	597		
营业外支出	10 530	700	1 983	3 223	802	226
利润总额	804 616	81 089	135 470	70 647	27 216	30 286
#应交所得税	172 714	19 217	27 930	17 884	395	12 166
工资、福利费(万元)						
应付职工薪酬	2 079 826	53 782	450 870	581 496	15 398	86 418

11-4 续表 2-1 (2014 年)

南昌县	新建县	安义县	进贤县	经济开发区	高新开发区	红谷滩新区	桑海开发区
1 101 783	**165 223**	**19 906**	**224 858**	**138 644**	**256 962**	**620 223**	**195**
557 751	129 885	13 600	102 960	109 292	151 747	296 469	195
30 481	1 636	4 141	2 018	62 875	65 454	132 441	195
84 004	2 000	2 570	1 083		2 146	13 330	
112 479	18 383	3 037	64 773	40 638	37 291	64 151	
330 788	107 866	3 842	35 086	5 779	45 357	86 548	
					1 500		
		10					
6 008 156	365 989	67 215	851 676	662 023	1 375 430	1 999 211	5 760
5 995 010	365 268	62 922	809 095	661 863	1 371 406	1 993 262	5 760
5 385 494	301 040	60 843	745 987	599 707	1 242 267	1 795 511	4 747
5 372 322	300 335	57 434	710 071	598 957	1 240 228	1 792 526	400
204 409	14 580	3 100	27 569	23 228	38 188	77 147	400
203 553	14 511	2 819	26 674	23 223	38 071	76 935	6
1 087	64	60		57	607	2 404	
51 311	2 441	325	3 608	246	2 908	6 961	1
107 022	18 808	1 114	8 711	14 964	30 796	42 731	121
7 361	568	289	1 123	563	1 361	6 067	
32 338	2 700	384	1 992	6 110	12 376	7 558	428
513	356		73	199	1 024	858	1
25 581	2 086	228	861	5 466	11 918	4 217	
230 328	26 432	1 374	63 810	17 502	45 098	72 675	64
1 848	487	220	8	84	1 198	1 743	
					725	113	
1 078	26	20	362	475	1 363	272	
231 099	26 893	2 059	63 505	17 110	44 760	74 419	64
51 542	3 118	406	11 273	4 047	9 460	15 271	6
420 528	61 446	5 191	86 600	52 368	144 079	118 095	3 556

11-5 劳务分包建筑业企业主要指标

(2014 年)

单位:万元

指　　标	2013	2014	2014 年比上年增长%
企业个数(个)	18	13	-27.8
建筑业总产值(万元)	8 114	9 851	21.4
固定资产原值(万元)	1 731	1 858	7.3
#本年折旧	141	119	-15.0
资产总计(万元)	8 937	7 387	-17.3
负债合计(万元)	4 372	4 364	-0.2
实收资本(万元)	742	2 186	194.8
营业收入(万元)	10 452	6 300	-39.7
#工程结算收入	10 452	5 507	-47.3
营业成本(万元)	9 552	5 842	-38.8
#工程结算成本	9 142	4 982	-45.5
营业税金及附加(万元)	352	603	71.2
#工程结算税金及附加	327	569	74.2
营业利润(万元)	107	-133	-224.4
利润总额(万元)	107	-134	-225.0
销售费用(万元)	4	4	-2.6
管理费用(万元)	449	250	-44.3
财务费用(万元)	22	33	52.1

主要统计指标解释

建筑施工企业 指从事房屋、构筑物和设备安装生产活动的独立施工单位，分为建筑安装企业和自营施工单位两种组织形式。建筑安装企业是指行政上有独立组织、经济上实行独立核算的企业。一般称为建筑公司、安装公司、工程公司、工程局(处)等。自营施工单位是指附属于现有生产企业、事业内部或行政单位的，为建造和修理本单位固定资产而自行组织的。并同时具备下述条件:(1)对内独立核算;(2)有固定组织和施工队伍;(3)全年施工期在半年以上。

建筑业总产值 建筑总产值是货币表现的建筑安装企业在一定时期内生产的建筑业产品的总和。按现行报表制度规定，具体包括:建筑工程产值、设备安装工程产值和其他产值。

建筑业增加值 是建筑业企业在报告期内以货币表现的建筑业生产经营活动的最终成果。建筑业增加值有两种计算方法:一是生产法，即建筑业总产出减去建筑业中间消耗后的余额;二是分配法(收入法)，即从收入的角度出发，根据生产要素在生产过程中应得到的收入份额计算，具体构成项目有固定资产折旧、劳动者报酬、生产税净额、营业盈余。

利润总额 指建筑业企业在一定时期内所实现的利润。包括营业利润、投资收益和营业外收入与营业外支出的差额。

工程结算收入 指本企业承包实现的工程价额结算收入以及向发包单位收取的除工程价款以外按规定列作营业收入的各种款项，如临时设施费、劳动保险费、施工机构调迁等以及向发包单位收取的各种索赔款。

十二、运输和邮电

TRANSPORTATION,POSTS AND TELECOMMUNICATIONS SERVICES

本篇内容包括：

1.交通运输业资料
2.邮电通信业资料

货物运输量

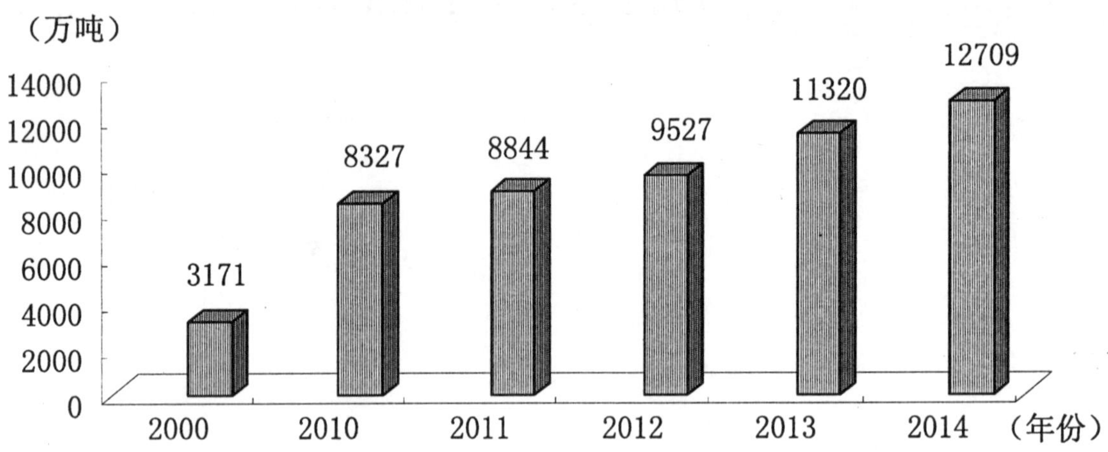

邮电业务总量

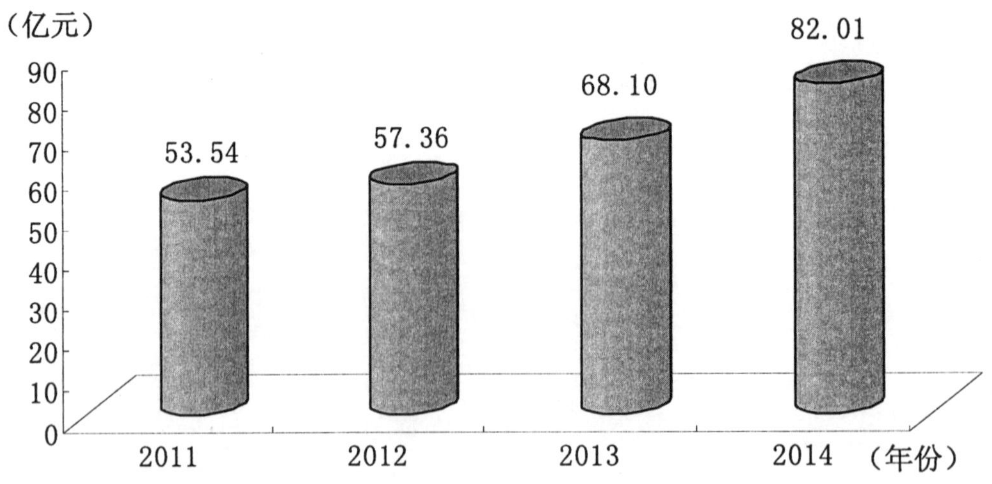

12-1 主要年份交通运输工具拥有量

项　目	1990	2000	2010	2012	2013	2014
一、汽　车(辆)	**21 050**	**41 707**	**362 098**	**476 780**	**560 779**	**618 086**
#载货汽车	11 150	20 827	65 080	60 259	62 822	58 564
载客汽车	8 051	18 280	287 341	409 402	492 367	554 951
其他汽车	1 849	2 600	9 677	7 119	5 590	4 571
二、摩托车(辆)	**7 202**	**102 505**	**120 963**	**92 278**	**69 502**	**20 563**
三、拖拉机(辆)	**4 681**	**9 314**	**68 205**	**93 193**	**68 060**	**64 214**
四、船　舶(艘)						
#机动船	771	334	258	274	261	246
客货轮	11	6				
推拖船		29	9	60	1	1
驳　船	211	141	10	6	2	2
五、汽车挂车(辆)		**114**	**988**	**892**	**787**	**912**
附:年末汽车驾驶员(万人)		13.7	82.95	109.47	121.76	139.85

注:2002 年民用车辆指标解释进行重新制定,故特种汽车数量变动较大。2007 年起,民用汽车拥有量全部划入南昌市车管所统计,口径改变。

12-2 主要年份旅客运输量及周转量

项　目	1990	2000	2010	2012	2013	2014
一、旅客运输总量(万人)	**3 289**	**3 904**	**10 971**	**11 006**	**6 772**	**6 970**
1.民　航			475	602	681	724
2.铁　路	517	906	1 977	1 401	2 373	2 415
3.公　路	2 720	2 978	8 519	9 003	3 718	3 831
4.水　运	52	20				
二、旅客运输周转量(万人公里)	**232 175**	**522 747**	**1 251 025**	**1 027 204**	**972 404**	**984 486**
1.民　航						
2.铁　路	113 319	325 371	534 216	285 095	544 900	544 798
3.公　路	115 521	195 477	716 809	742 109	427 504	439 688
4.水　运	3 335	1 899				

注:1、2009 年起公路数据口径改变,故数据变动较大;2013 年全国开展了交通运输业经济统计专项调查,调整了公路 2013 年数据。

2、民航数据为昌北机场旅客吞吐量。

12-3 主要年份货物运输量及周转量

项 目	1990	2000	2010	2012	2013	2014
一、货物运输总量(万吨)	**2 820**	**3 171**	**8 327**	**9 527**	**11 320**	**12 709**
1.民 航			3.2	3.8	4	4.6
2.铁 路	221	224	412	297	239	183
3.公 路	2 298	2 784	7 244	8 510	10 328	11 734
4.水 运	301	163	668	716	749	787
二、货物运输周转量(万吨公里)	**218 102**	**280 433**	**3 011 648**	**3 765 239**	**3 144 687**	**3 336 601**
1.民 航						
2.铁 路	65 573	99 691	1 157 131	1 040 916	588 656	573 258
3.公 路	96 686	148 211	1 751 164	2 616 075	2 378 140	2 583 611
4.水 运	55 843	32 531	103 353	108 248	177 891	179 732

注:1、2009 年起公路数据口径改变,故数据变动较大;2013 年全国开展了交通运输业经济统计专项调查,调整了公路 2013 年数据。

2、民航数据为昌北机场货邮吞吐量。

3、水运 2014 年无海运业务。

12-4 电信网络及主要设备拥有量

项　　目	2013	2014
年末邮政局(所)数	157	161
光缆线路长度(公里)	31 897	33 326
市内电话交换机总容量(万门)	120	107
固定电话年末用户数(万户)	127	112
小灵通用户数(万户)	1 489	1 401
移动电话交换机容量(万户)	542	601
移动电话用户数(万户)	111	120
互联网宽带接入用户(万户)	153	161

注:2013 年开始市内电话交换机总容量只包括局用交换机容量,不包括用户交换机容量。

12-5 主要年份邮电业务量

项　　目	1990	2000	2010	2012	2013	2014
一、邮电业务总量(万元)	**8 252**	**218 524**	**467 178**	**573 643**	**681 000**	**820 100**
二、邮电业务量						
函件(万件)	4 781	3 016	7 516	2 743	2 054	1 100
包裹(万件)	85	60	84	42	41	34
汇票(万件)	74	57	40	17	19	19
订销报刊累计数(万份)					9 873	9 238
快递(万件)					4 773	8 252
# 国内同城快递(万件)					802	1 324
国内异地快递(万件)					3 945	6 891
国际及港澳台快递(万件)					25	37
固定电话年末用户数(万户)	3	74	162	138	127	112
# 市话年末到达户数	3	60	85	75	80	71
# 农话年末到达户数	0	14	23	20	18	15

注:1、1998 年起,市辖县的邮政业务统计由市电信局转为市邮政局。2002 由于移动通讯统计口径发生变化,故数据调整较大。2010 年邮政系统改革,数据口径缩小,因此邮电业务总量较上年有所减少。

2、邮政业务总量从 2013 开始口径变化,包含快递业务量。

3、统计报表方法制度发生变换,指标更新,快递和订销报刊累计数 2012 年无基数。

12-6 主要年份邮电邮路

项　　目	1990	2000	2010	2012	2013	2014
一、邮路总条数(条)		100	111	73	59	79
二、铁路邮路总长度(公里)	4 174	3 351	3 813	2 390	3 905	1 775
三、汽车邮路总长度(公里)	1 092	8 470	15 692	10 893	11 218	14 073
四、农村投递路线单程长度(公里)	8 110	8 564	8 687	8 974	8 040	8 040

主要统计指标解释

货(客)运量 指运输业实际运送的货物(旅客)数量。货运按吨计算,客运按人计算。货物不论运输距离长短,货物类别,均按实际重量统计:旅客不论行程远近或票价多少、均按一人一次作为客运量统计。半价票、小孩票,也按一人统计。货(客)运量是反映运输业国民经济和人民生活服务的数量指标,也是制定和检查运输生产计划、研究运输发展规模和速度的重要指标。

货物(旅客)周转量 指运输业运送的货物(旅客)数量与其相应运输距离的乘积之总和,常以吨公里(人公里)为计算单位。计算货物周转量通常按发出站与到达站之间的最短距离,也就是计费距离计算。它是反映运输业生产总成果的重要指标,也是编制和检查运输生产计划、计算运输效率、劳动生产率以及核算运输单位成本的主要基础资料。

邮电业务总量 指以货币表现的邮电部门为用户传递信息和提供其他邮电服务的总量。它用各种邮电分类业务量,如函件件数、电报份数、长话张数、市内电话和农村电话年均户数、订销报刊累计份数等,分别乘以相应的平均单价(不变价格)加总后再加上出租电路和设备的收入、代用户维护电话交换机和线路等设备的收入、其它业务收入求得。邮电业务量综合反映了一定时期邮电工作的总成果,是研究邮电业务量构成和发展趋势的重要指标。

十三、国内贸易

DOMESTIC TRADE

本篇内容包括：

1. 社会消费品零售总额情况
2. 批发和零售业商品销售情况
3. 住宿和餐饮业经营情况
4. 重要商品购进、销售、库存情况
5. 限额以上批发和零售法人企业商品购销存及主要财务状况
6. 限额以上住宿和餐饮法人企业经营情况及主要财务状况
7. 批发和零售业及住宿和餐饮业连锁经营情况
8. 成品油批发企业能源商品购进、销售、库存
9. 成品油零售企业(单位)能源商品销售与库存
10. 亿元以上商品交易市场主要经济指标
11. 零售企业(单位)排位和亿元以上市场排位
12. 个体工商业基本情况
13. 私营企业基本情况
14. 商品交易市场分类情况

社会消费品零售总额

（法人口径）

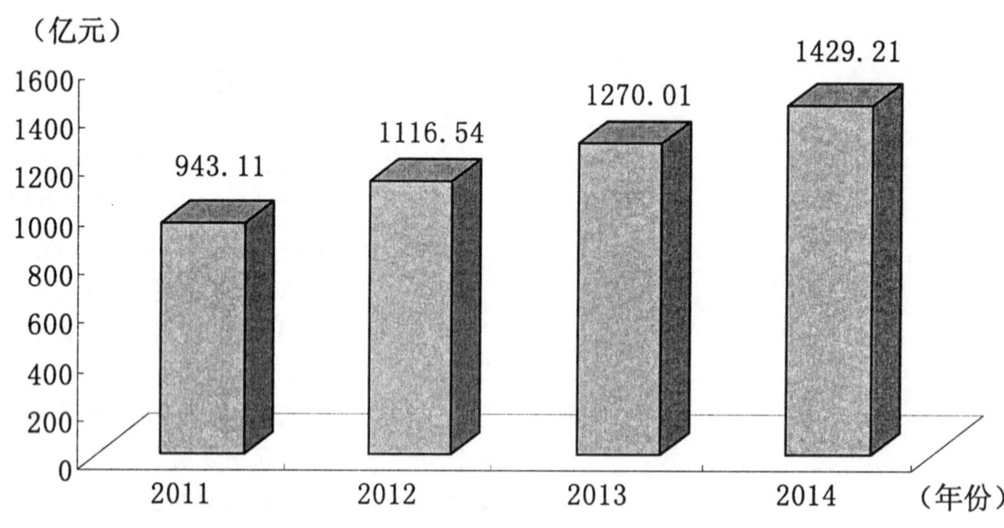

2014年社会消费品零售总额构成

（法人口径）

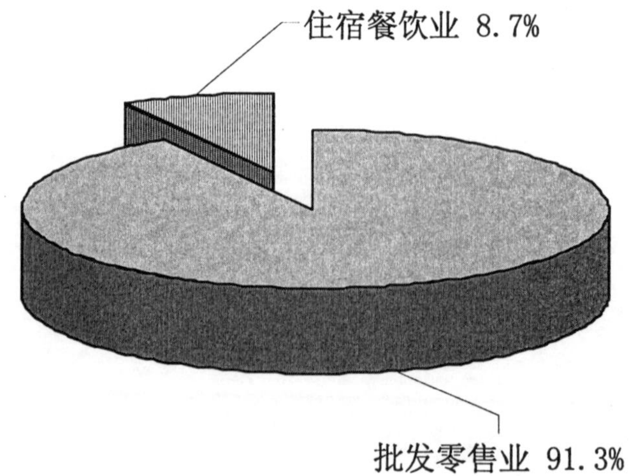

13-1 社会消费品零售总额

单位:万元

项　　目	2013 年 (全口径)	2014 年 (全口径)	比上年增长% (同口径)
社会消费品零售总额	**12 700 063**	**14 292 121**	**12.5**
按销售地区分			
城镇	11 923 363	13 397 988	12.4
#城区	9 188 843	10 324 670	12.4
乡村	776 700	894 133	15.1
按行业分			
批发和零售业	11 611 434	13 048 814	12.4
#限额以上	7 378 007	8 450 851	14.5
限额以下	4 233 427	4 597 963	8.6
住宿和餐饮业	1 088 629	1 243 307	14.2
#限额以上	346 962	353 489	1.9
限额以下	741 667	889 817	19.9
按地区分			
东　湖　区	2 284 649	2 419 357	5.9
西　湖　区	2 496 475	2 680 605	7.4
青 云 谱 区	1 438 050	1 667 369	15.9
湾　里　区	48 764	55 660	14.1
青 山 湖 区	1 383 412	1 599 285	15.6
南　昌　县	915 068	1 061 042	16.0
新　建　县	462 362	538 857	16.5
安　义　县	127 114	145 359	14.4
进　贤　县	464 286	532 843	14.8
经济开发区	579 656	703 803	21.4
高新开发区	1 149 378	1 337 252	16.3
红谷滩新区	1 335 461	1 532 865	14.8
桑海开发区	15 388	17 824	15.8

注:1、2014 年数据为快报数。

2、本表数据为法人口径、不含其他行业。

3、2013 年数据为 2014 年上报数。

4、江西省统计局反馈 2014 年法人口径年报数为 14747472.9 万元,2013 年为 12769539.7 万元,增长 12.5%。

13-2 各县区社会消费品零售总额

（2014 年）　　　　　　单位：万元

项　　目	社会消费品零售总额	按销售地区分			按行业分	
		城镇	#城 区	乡村	批发和零售业	住宿和餐饮业
全　　市	**14 292 121**	**13 397 988**	**10 324 670**	**894 133**	**13 048 814**	**1 243 307**
东 湖 区	2 419 357	2 418 912	2 418 913	445	2 094 148	325 208
西 湖 区	2 680 605	2 680 605	2 680 605		2 250 947	429 658
青云谱区	1 667 369	1 667 369	1 600 037		1 592 808	74 560
湾 里 区	55 660	42 996	36 631	12 664	41 578	14 081
青山湖区	1 599 285	1 308 648	1 161 106	290 637	1 521 475	77 811
南 昌 县	1 061 042	824 990	18 478	236 052	959 413	101 629
新 建 县	538 857	388 404	1 432	150 453	454 619	84 238
安 义 县	145 359	124 679		20 680	122 299	23 059
进 贤 县	532 843	350 252	164	182 591	481 722	51 121
经济开发区	703 803	703 714	1 096	89	690 949	12 855
高新开发区	1 337 252	1 337 252	1 213 859		1 330 717	6 535
红谷滩新区	1 532 865	1 532 865	1 192 350		1 491 686	41 180
桑海开发区	17 824	17 302		522	16 453	1 371

注：本表数据为法人口径快报数。

13-3 主要年份社会消费品零售总额

单位:万元

项　　目	社会消费品零售总额	比上年增长%	按销售地区分		按　行　业　分		
			市区或城镇	县及县以下或乡村	批发和零售业	住宿和餐饮业	其　它
1990	294 909	1.2	179 447	115 462	280 964	12 866	1 079
2000	1 616 548	10.4	1 236 238	380 310	1 476 586	133 778	6 184
2010（在地口径）	7 649 438	20.8	7 232 206	417 232	6 971 944	677 494	
2011（在地口径）	9 507 374	18.5	8 994 330	513 044	8 442 920	1 064 454	
2011（法人口径）	9 283 438	18.5	8 773 566	509 872	8 285 440	997 999	
2012（法人口径）	11 165 436	18.4	10 516 576	648 861	9 950 970	1 214 467	
2013（法人口径）	12 700 063	13.7	12 003 238	696 825	11 327 693	1 372 370	
2014（法人口径）	14 292 121	12.5	13 397 988	894 133	13 048 814	1 243 307	

13-4 社会消费品零售总额分月数

(2014 年)

单位:万元

	一 月	二 月	三 月	四 月	五 月	六 月
社会消费品零售总额	**1 354 089**	**1 150 774**	**1 278 460**	**1 006 338**	**991 289**	**1 090 371**
按销售地区分						
城镇	1 296 504	1 101 290	1 223 485	955 015	941 725	1 036 118
#城区	1 042 489	885 647	983 880	751 617	741 158	815 449
乡村	57 585	49 484	54 975	51 323	49 564	54 253
按行业分						
批发和零售业	1 221 087	1 025 528	1 156 987	903 127	888 222	981 191
限额以上	727 901	532 342	663 800	635 738	620 832	713 801
限额以下	493 186	493 186	493 187	267 389	267 390	267 390
住宿和餐饮业	133 002	125 246	121 473	103 211	103 067	109 180
限额以上	35 793	28 037	24 264	26 965	26 821	32 934
限额以下	97 209	97 209	97 209	76 246	76 246	76 246

注:本表数据为 2014 年法人口径快报数。

13-4 续表

单位:万元

	七 月	八 月	九 月	十 月	十一月	十二月	全 年
社会消费品零售总额	**1 030 893**	**1 048 146**	**1 131 965**	**1 309 785**	**1 428 529**	**1 471 482**	**14 292 121**
按销售地区分							
城镇	969 040	985 258	1 065 526	1 185 355	1 298 532	1 340 139	13 397 987
#城区	748 780	761 284	823 325	858 958	940 956	971 127	10 324 670
乡村	61 853	62 888	66 439	124 430	129 997	131 343	894 134
按行业分							
批发和零售业	933 027	952 696	1 037 624	1 223 039	1 341 058	1 385 229	13 048 814
限额以上	630 631	650 300	735 228	753 357	871 376	915 546	8 450 851
限额以下	302 396	302 396	302 396	469 682	469 682	469 683	4 597 963
住宿和餐饮业	97 868	95 450	94 341	86 746	87 471	86 254	1 243 307
限额以上	31 299	28 881	27 772	30 165	30 889	29 671	353 489
限额以下	66 569	66 569	66 569	56 581	56 582	56 583	889 818

注:本表数据为 2014 年法人口径快报数。

13-5 批发和零售业商品销售情况及限额以上企业(单位)分类销售

单位:万元

指标名称	销售额		批发额		零售额	
	2013年	2014年	2013年	2014年	2013年	2014年
合计	**40 601 306**	**45 663 268**	**28 989 872**	**32 614 454**	**11 611 434**	**13 048 814**
一、按行业分组						
批发业	26 603 625	29 491 473	24 690 923	27 404 469	1 912 702	2 087 004
#限额以上	10 284 519	10 308 703	9 030 553	8 939 827	1 253 966	1 368 876
限额以下及个体户	16 319 107	19 182 770	15 660 370	18 464 642	658 737	718 128
零售业	13 997 681	16 171 795	4 298 949	5 209 985	9 698 732	10 961 810
#限额以上	6 983 357	7 988 512	859 316	906 537	6 124 041	7 081 975
限额以下及个体户	7 014 323	8 183 284	3 439 633	4 303 448	3 574 691	3 879 836
二、按规模分组						
限额以上法人企业	17 267 876	18 297 215	9 889 869	9 846 364	7 378 007	8 450 851
粮油、食品、饮料、烟酒类	1 472 785	1 692 910	930 596	1 016 831	542 189	676 079
服装、鞋帽、针纺织品类	722 987	835 752	170 693	187 603	552 294	648 149
化妆品类	59 251	88 141	4 852	4 526	54 399	83 615
金银珠宝类	140 393	140 066	1 824	1 208	138 570	138 858
日用品类	240 144	252 406	36 333	25 177	203 811	227 229
五金、电料类	8 670	34 962	2 471	28 044	6 199	6 918
体育、娱乐用品类	19 978	25 198	6 952	10 037	13 026	15 160
书报杂志类	532 699	550 210	247 444	242 972	285 255	307 238
电子出版物及音像制品类	64 242	81 512	24	5 967	64 218	75 545
家用电器和音像器材类	1 254 883	1 306 556	821 560	735 369	433 324	571 187
中西药品类	1 710 549	2 118 408	1 010 234	1 297 968	700 315	820 440
文化办公用品类	263 463	254 434	125 087	130 056	138 376	124 378
家具类	256 567	287 414			256 567	287 414
通讯器材类	150 999	171 510	26 604	28 581	124 395	142 929
煤炭及制品类	1 410 266	1 447 660	1 410 266	1 447 660		
木材及制品类	261 837	180 630	261 837	180 630		
石油及制品类	1 648 958	1 633 592	464 882	378 241	1 184 076	1 255 351
化工材料及制品类	104 545	135 954	104 545	135 954		
金属材料类	3 172 178	2 670 524	3 172 178	2 670 524		
建筑及装潢材料类	217 848	286 220	95 381	117 092	122 468	169 128
机电产品及设备类	285 400	290 063	275 662	284 416	9 737	5 647
汽车类	2 977 132	3 366 341	480 282	520 534	2 496 850	2 845 807
种子饲料类	2 564		2 564			
棉麻类	21 893	29 741	21 893	29 741		
其他类	267 647	417 012	215 708	367 231	51 940	49 781
限额以下企业(单位)及个体户	23 333 430	27 366 053	19 100 003	22 768 090	4 233 427	4 597 963

注:1、本表数据为法人口径快报数(含附营产业、个体户)。

2、2013年数据为2014年快报上报同期数。

13-6 住宿和餐饮业经营情况

单位:万元

指 标 名 称	住宿业		餐饮业	
	2013 年	2014 年	2013 年	2014 年
营业额总计	**356 965**	**392 853**	**1 357 076**	**1 572 194**
一、限额以上营业额	**157 795**	**149 698**	**283 055**	**295 160**
1.客房收入	90 547	85 485	3 813	7 498
2.餐费收入	51 434	50 164	229 245	240 148
3.商品销售额	6 618	5 949	49 203	46 574
4.其他收入	9 196	8 101	794	940
二、限额以下营业额	**199 170**	**243 154**	**1 074 021**	**1 277 034**
#餐费收入和商品销售额	61 544	71 202	963 732	818 616

注:1、本表数据为法人口径快报数(含附营产业、个体户)。

2、2013 年数据为 2014 年快报上报同期数。

13-7 重要商品购进、销售和库存

指标名称	计量单位	购进量		销售量		期末库存量	
		2013 年	2014 年	2013 年	2014 年	2013 年	2014 年
大米(稻米)	千克	177 655 058	157 466 919	171 536 695	153 864 216	6 644 097	3 914 612
面粉(小麦面)	千克	22 936 068	19 993 699	22 186 834	19 324 478	805 434	715 755
杂粮	千克	20 907 666	19 488 125	20 113 567	18 186 351	847 761	1 359 928
食用植物油	千克	8 937 097	13 405 770	8 792 182	13 018 242	798 708	609 481
猪肉	千克	20 739 987	10 554 346	20 796 643	10 555 390	95 813	165 213
牛肉	千克	866 384	1 008 765	932 034	1 020 807	267 995	51 793
羊肉	千克	490 260	440 771	492 160	513 470	112 489	39 446
禽肉	千克	795 547	1 092 989	817 729	1 137 821	105 509	80 047
鲜蛋	千克	2 132 809	2 557 301	2 150 359	2 547 637	32 841	54 998
彩色电视机	台	793 032	869 008	889 584	856 820	57 356	71 690
家用电冰箱	台	508 863	718 434	550 010	685 611	25 223	53 846
房间空调器	台	1 518 592	1 680 561	1 540 207	1 624 788	57 281	110 257
电脑(微型计算机)	台	459 384	410 512	480 467	406 524	23 785	30 927
汽车	辆	233 852	234 519	228 185	231 065	32 296	11 958
# 轿车	辆	123 525	123 681	122 725	122 390	7 038	7 363
煤炭	吨	11 698 122	21 407 908	11 817 167	21 350 086	65 403	143 571
汽油	吨	543 716	638 335	627 112	675 159	37 211	309 338
柴油	吨	1 510 330	1 604 732	1 139 532	1 052 893	41 508	293 863
钢材	吨	1 043 352	848 576	1 046 281	844 453	22 435	17 894
铜	吨	249 323	263 328	249 068	262 394	1 372	2 284
铝	吨	5 420	2 096	5 417	2 096	3	
化学肥料	吨	201 234	197 642	166 952	190 455	96 975	103 799
化学农药	吨	51 897	21 332	53 384	63 384	13 270	6 275

注:1、本表数据为法人口径快报数。

2、2013 年数据为 2014 年快报上报数。

13-8　限额以上批发和零售业法人商品购销存

(2014年)

指标名称	法人企业数(个)	从业人员期末人数(人)	商品购进额(万元)	#进口
总　　计	**580**	**84 178**	**17 989 256**	**248 767**
一、批发业	249	39 421	11 078 354	148 629
1.按批发行业小类分				
农、林、牧产品批发	3	73	36 997	
谷物、豆及薯类批发	1	14	3 697	
饲料批发	1	11	3 315	
棉、麻批发	1	48	29 986	
食品、饮料及烟草制品批发	28	5 010	786 391	5 637
米、面制品及食用油批发	6	300	45 256	
糕点、糖果及糖批发	2	37	8 367	
果品、蔬菜批发	3	95	16 057	5 629
肉、禽、蛋、奶及水产品批发	5	396	31 992	
盐及调味品批发	2	199	25 709	
酒、饮料及茶叶批发	3	400	32 543	
烟草制品批发	1	927	420 113	
其他食品批发	6	2 656	206 355	8
纺织、服装及家庭用品批发	32	1 085	734 895	7 040
纺织品、针织品及原料批发	8	144	112 769	3 343
服装批发	15	350	135 473	3 697
化妆品及卫生用品批发	1	4	3 754	
家用电器批发	6	569	471 759	
其他家庭用品批发	2	18	11 140	
文化、体育用品及器材批发	7	296	90 526	
文具用品批发	1	32	39 216	
体育用品及器材批发	2	134	22 009	
图书批发	2	49	19 308	
其他文化用品批发	2	81	9 992	
医药及医疗器材批发	55	11 005	1 244 531	
西药批发	28	1 828	531 433	
中药批发	16	8 965	624 492	
医疗用品及器材批发	11	212	88 607	
矿产品、建材及化工产品批发	67	19 165	6 845 252	122 076
煤炭及制品批发	16	16 392	1 625 458	
石油及制品批发	8	1 671	1 814 585	
非金属矿及制品批发	2	110	12 688	
金属及金属矿批发	24	388	2 628 806	122 076
建材批发	5	384	54 527	
化肥批发	4	42	35 077	
农药批发	1	30	6 508	
其他化工产品批发	7	148	667 604	
机械设备、五金产品及电子产品批发	47	2 475	1 256 053	12 829
农业机械批发	1	60	8 050	
汽车批发	7	577	704 096	12 829
汽车零配件批发	5	75	38 884	
摩托车及零配件批发	2	72	54 673	
五金产品批发	1	5	2 362	
电气设备批发	1	37	53 825	
计算机、软件及辅助设备批发	7	168	36 833	
通讯及广播电视设备批发	4	106	54 160	
其他机械设备及电子产品批发	19	1 375	303 170	
贸易经纪与代理	3	117	14 615	
贸易代理	3	117	14 615	
其他批发业	7	195	69 094	1 047
再生物资回收与批发	3	150	47 129	
其他未列明批发业	4	45	21 965	1 047
2.按登记注册类型分				
内资企业	247	39 000	10 753 024	135 801
国有企业	8	1 428	477 714	
有限责任公司	175	34 038	8 327 351	135 801
国有独资公司	7	652	1 558 656	
其他有限责任公司	168	33 386	6 768 695	135 801
股份有限公司	12	1 673	1 308 510	
私营企业	52	1 861	639 449	
私营独资企业	1	32	10 990	

注：本表数据为2014年法人口径年报数据。

(2014 年)

指 标 名 称	法人企业数（个）	从业人员期末人数（人）	商品购进额（万元）	#进口
私营有限责任公司	47	1 532	592 778	
私营股份有限公司	4	297	35 681	
港、澳、台商投资企业	1	123	7 953	
与港澳台商合资经营企业	1	123	7 953	
外商投资企业	1	298	317 378	12 829
中外合资经营企业	1	298	317 378	12 829
3.按控股情况分				
国有控股	42	30 844	7 726 580	117 102
集体控股	1	11	3 509	
私人控股	176	6 878	2 425 784	28 427
其他	30	1 688	922 482	3 100
4.按经营形式分				
独立门店	89	18 614	2 249 251	5 629
连锁总店	4	2 302	748 027	
其他	156	18 505	8 081 077	143 000
5.按单位规模分				
大型	12	29 548	2 520 536	12 829
中型	98	7 528	6 838 397	124 562
小型	129	2 288	1 603 573	11 196
微型	10	57	115 849	43
二、零售业	331	44 757	6 910 902	100 138
1.按零售行业小类分				
综合零售	30	12 376	906 906	
百货零售	12	9 633	761 722	
超级市场零售	16	2 678	141 570	
其他综合零售	2	65	3 613	
食品、饮料及烟草制品专门零售	18	3 395	203 816	
粮油零售	2	51	2 061	
果品、蔬菜零售	1	7	550	
肉、禽、蛋、奶及水产品零售	4	1 452	83 066	
营养和保健品零售	1	9	3 003	
酒、饮料及茶叶零售	4	74	8 704	
烟草制品零售	2	33	25 886	
其他食品零售	4	1 769	80 548	
纺织、服装及日用品专门零售	31	2 394	142 115	1 382
纺织品及针织品零售	1	25	8 244	
服装零售	16	1 320	63 765	
鞋帽零售	2	30	3 824	532
化妆品及卫生用品零售	3	611	34 619	850
钟表、眼镜零售	4	297	19 229	
其他日用品零售	5	111	12 435	
文化、体育用品及器材专门零售	20	5 591	657 569	
文具用品零售	2	54	2 337	
图书、报刊零售	4	4 755	550 540	
音像制品及电子出版物零售	4	466	61 858	
珠宝首饰零售	7	232	37 829	
工艺美术品及收藏品零售	2	80	4 122	
乐器零售	1	4	882	
医药及医疗器材专门零售	23	5 635	961 049	
药品零售	18	5 583	950 887	
医疗用品及器材零售	5	52	10 161	
汽车、摩托车、燃料及零配件专门零售	140	8 512	3 030 086	98 756
汽车零售	123	7 562	2 738 672	98 756
汽车零配件零售	2	27	10 144	
摩托车及零配件零售	1	20	3 344	
机动车燃料零售	14	903	277 927	
家用电器及电子产品专门零售	46	5 518	718 225	
家用视听设备零售	1	1 057	152 994	
日用家电设备零售	15	1 639	315 888	
计算机、软件及辅助设备零售	10	971	156 979	
通信设备零售	14	251	60 577	
其他电子产品零售	6	1 600	31 787	
五金、家具及室内装饰材料专门零售	11	382	154 796	
灯具零售	1	6	116	

注：本表数据为 2014 年法人口径年报数据。

（2014 年）

指 标 名 称	法人企业数（个）	从业人员期末人数（人）	商品购进额（万元）	#进口
家具零售	3	248	119 742	
涂料零售	1	22	3 042	
卫生洁具零售	1	50	712	
陶瓷、石材装饰材料零售	4	46	30 699	
其他室内装饰材料零售	1	10	484	
货摊、无店铺及其他零售业	12	954	136 340	
互联网零售	10	135	5 763	
邮购及电视、电话零售	1	793	127 364	
其他未列明零售业	1	26	3 212	
2.按登记注册类型分				
内资企业	311	37 937	6 154 891	100 138
国有企业	6	363	59 412	
集体企业	1	46	1 004	
股份合作企业	1	34	4 184	
有限责任公司	200	24 937	4 248 981	95 425
国有独资公司	1	25	4 990	
其他有限责任公司	199	24 912	4 243 990	95 425
股份有限公司	20	7 802	722 027	
私营企业	82	4 741	1 113 084	4 713
私营独资企业	2	81	2 216	
私营有限责任公司	75	4 438	1 082 816	4 713
私营股份有限公司	5	222	28 052	
其他企业	1	14	6 199	
港、澳、台商投资企业	8	3 462	428 768	
与港澳台商合资经营企业	2	152	34 545	
港澳台商独资企业	5	3 295	393 773	
港澳台商投资股份有限公司	1	15	451	
外商投资企业	12	3 358	327 242	
中外合资经营企业	3	606	105 001	
外资企业	7	2 672	184 756	
其他外商投资企业	2	80	37 485	
3.按控股情况分				
国有控股	26	10 260	1 612 685	
集体控股	2	54	1 963	
私人控股	242	19 313	4 059 262	72 208
港澳台商控股	9	3 656	543 871	
外商控股	8	3 052	199 327	
其他	44	8 422	493 794	27 930
4.按经营形式分				
独立门店	245	16 254	3 511 225	99 288
连锁总店	38	22 891	2 110 436	
连锁门店	4	917	24 041	
其他	44	4 695	1 265 200	850
5.按单位规模分				
大型	19	25 202	2 771 920	
中型	126	15 805	3 213 852	70 716
小型	139	3 429	870 707	29 422
微型	47	321	54 423	
6.按零售业态分				
有店铺零售	307	41 846	6 252 383	99 288
便利店	1	6	541	
超市	16	1 222	128 230	
大型超市	11	3 940	182 792	
仓储会员店	1	27	450	
百货店	17	8 478	899 484	
专业店	112	17 855	2 476 325	6 033
专卖店	134	9 788	2 401 928	93 254
家居建材商店	4	256	117 145	
购物中心	1	92	13 747	
厂家直销中心	10	182	31 743	
无店铺零售	24	2 911	658 519	850
电视购物	1	793	127 364	
邮购	2	28	1 213	
网上商店	9	610	5 790	850
电话购物	9	1 295	494 878	

注：本表数据为 2014 年法人口径年报数据。

指标名称	商品销售额	批发额	# 出口	零售额	期末商品库存额	年末零售营业面积(平方米)
总　　计	**19 113 256**	**10 984 551**	**706 605**	**8 128 705**	**1 308 185**	**2 196 434**
一、批发业	11 244 707	10 023 911	701 316	1 220 796	509 547	293 503
1.按批发行业小类分						
农、林、牧产品批发	37 500	37 500			2 125	200
谷物、豆及薯类批发	4 292	4 292			1 681	
饲料批发	3 467	3 467			129	200
棉、麻批发	29 741	29 741			314	
食品、饮料及烟草制品批发	955 285	910 656		44 628	92 538	57 254
米、面制品及食用油批发	46 936	32 840		14 095	4 178	40 610
糕点、糖果及糖批发	7 993	7 250		743	640	500
果品、蔬菜批发	17 263	17 263			416	700
肉、禽、蛋、奶及水产品批发	41 221	35 767		5 454	1 038	1 812
盐及调味品批发	32 668	32 668			592	2 000
酒、饮料及茶叶批发	37 869	34 023		3 846	1 820	350
烟草制品批发	572 658	570 918		1 740	17 700	632
其他食品批发	198 677	179 928		18 749	66 154	10 650
纺织、服装及家庭用品批发	728 868	718 036	202 931	10 831	45 465	5 379
纺织品、针织品及原料批发	115 391	106 415	83 818	8 976	968	700
服装批发	146 564	145 577	111 211	987	4 555	1 720
化妆品及卫生用品批发	3 701	3 701			622	200
家用电器批发	451 920	451 052		868	37 077	2 599
其他家庭用品批发	11 292	11 292	7 902		2 243	160
文化、体育用品及器材批发	94 864	90 995	6 256	3 869	4 468	2 050
文具用品批发	40 485	40 485			511	
体育用品及器材批发	23 078	23 078			2 953	550
图书批发	21 176	21 176			730	
其他文化用品批发	10 125	6 256	6 256	3 869	274	1 500
医药及医疗器材批发	1 373 895	1 287 593	37 143	86 302	58 193	86 332
西药批发	556 681	511 736	24 400	44 945	41 041	31 280
中药批发	691 881	665 864		26 018	15 195	53 532
医疗用品及器材批发	125 333	109 994	12 743	15 340	1 957	1 520
矿产品、建材及化工产品批发	6 578 649	5 560 357	126 031	1 018 292	254 004	128 790
煤炭及制品批发	1 728 810	1 715 926		12 884	10 588	1 320
石油及制品批发	1 364 233	381 026		983 208	119 466	89 916
非金属矿及制品批发	12 663	12 663	8 137		25	800
金属及金属矿批发	2 681 182	2 675 602	76 191	5 580	90 540	6 091
建材批发	59 577	46 672	2 229	12 905	1 567	3 050
化肥批发	37 913	37 913			15 621	2 400
农药批发	6 338	6 338			391	150
其他化工产品批发	687 933	684 217	39 474	3 716	15 806	25 063
机械设备、五金产品及电子产品批发	1 376 156	1 320 752	301 500	55 404	51 952	12 998
农业机械批发	8 024	8 024			1 625	1 152
汽车批发	755 770	745 283	274 215	10 487	10 583	4 463
汽车零配件批发	44 277	34 495	3 759	9 782	1 638	500
摩托车及零配件批发	53 901	49 770		4 131	7 497	230
五金产品批发	2 362	1 547		815	3	150
电气设备批发	57 260	57 260			2 917	
计算机、软件及辅助设备批发	39 850	32 403		7 448	3 470	1 963
通讯及广播电视设备批发	58 041	54 227		3 815	3 879	1 390
其他机械设备及电子产品批发	356 669	337 742	23 527	18 927	20 340	3 150
贸易经纪与代理	17 244	16 524	6 464	720	237	
贸易代理	17 244	16 524	6 464	720	237	
其他批发业	82 247	81 497	20 991	750	567	500
再生物资回收与批发	56 085	56 085			495	500
其他未列明批发业	26 163	25 413	20 991	750	72	
2.按登记注册类型分						
内资企业	10 902 828	9 683 865	427 101	1 218 963	506 365	293 403
国有企业	637 552	635 811	16 165	1 740	20 598	5 032
有限责任公司	8 689 810	8 228 358	381 673	461 452	343 706	160 918
国有独资公司	1 578 822	1 299 223		279 598	16 092	20 620
其他有限责任公司	7 110 988	6 929 135	381 673	181 854	327 614	140 298
股份有限公司	849 926	193 285		656 641	116 948	70 363
私营企业	725 541	626 411	29 263	99 130	25 114	57 090
私营独资企业	21 613	21 369		245	1 239	120

注:本表数据为 2014 年法人口径年报数据。

指标名称	商品销售额	批发额	# 出口	零售额	期末商品库存额	年末零售营业面积(平方米)
私营有限责任公司	660 172	562 819	29 263	97 353	22 334	52 020
私营股份有限公司	43 756	42 223		1 533	1 541	4 950
港、澳、台商投资企业	9 933	8 100		1 833	2 951	100
与港澳台商合资经营企业	9 933	8 100		1 833	2 951	100
外商投资企业	331 946	331 946	274 215		232	
中外合资经营企业	331 946	331 946	274 215		232	
3.按控股情况分						
国有控股	7 638 146	6 596 876	182 093	1 041 270	337 397	107 897
集体控股	3 682	3 682			365	2 000
私人控股	2 657 598	2 499 325	514 098	158 273	118 435	117 980
其他	945 281	924 027	5 126	21 254	53 349	65 626
4.按经营形式分						
独立门店	2 406 252	2 314 746	67 063	91 506	86 310	84 648
连锁总店	1 587 550	650 984		936 565	44 023	89 948
其他	7 250 906	7 058 181	634 253	192 725	379 214	118 907
5.按单位规模分						
大型	3 463 802	2 778 645	274 215	685 157	153 582	79 496
中型	5 944 992	5 462 659	231 678	482 332	271 713	177 270
小型	1 695 389	1 644 670	185 441	50 719	81 505	36 037
微型	140 525	137 937	9 983	2 589	2 748	700
二、零售业	7 868 549	960 640	5 289	6 907 909	798 638	1 902 931
1.按零售行业小类分						
综合零售	1 284 803	60 952		1 223 851	117 927	755 571
百货零售	1 105 784	51 976		1 053 807	94 893	589 767
超级市场零售	175 000	8 976		166 024	22 552	163 866
其他综合零售	4 019			4 019	482	1 938
食品、饮料及烟草制品专门零售	207 921	67 469		140 452	5 965	17 752
粮油零售	2 796	916		1 880	278	1 000
果品、蔬菜零售	531			531	19	120
肉、禽、蛋、奶及水产品零售	86 011	65 180		20 831	116	5 306
营养和保健品零售	3 643			3 643	9	220
酒、饮料及茶叶零售	9 018	854		8 164	860	1 340
烟草制品零售	29 169			29 169	450	1 869
其他食品零售	76 755	520		76 235	4 234	7 897
纺织、服装及日用品专门零售	197 036	15 017	5 289	182 019	29 859	50 353
纺织品及针织品零售	8 221			8 221	23	400
服装零售	93 079	5 289	5 289	87 790	18 630	38 829
鞋帽零售	5 663	2 191		3 471	1 603	1 030
化妆品及卫生用品零售	51 753			51 753	4 313	4 170
钟表、眼镜零售	25 502	1 952		23 550	4 650	4 590
其他日用品零售	12 819	5 585		7 233	640	1 334
文化、体育用品及器材专门零售	664 344	218 228		446 115	45 142	136 534
文具用品零售	3 118			3 118	127	602
图书、报刊零售	549 826	217 782		332 043	23 921	111 771
音像制品及电子出版物零售	63 683			63 683	924	15 000
珠宝首饰零售	41 000	446		40 555	11 364	4 604
工艺美术品及收藏品零售	5 665			5 665	8 693	4 407
乐器零售	1 052			1 052	114	150
医药及医疗器材专门零售	1 019 461	263 874		755 587	183 213	97 723
药品零售	1 012 005	262 197		749 808	179 679	97 253
医疗用品及器材零售	7 455	1 677		5 779	3 534	470
汽车、摩托车、燃料及零配件专门零售	3 395 049	133 830		3 261 219	351 946	394 551
汽车零售	3 085 769	108 814		2 976 955	348 389	347 542
汽车零配件零售	10 264			10 264	224	1 350
摩托车及零配件零售	3 520	3 420		100	156	2 000
机动车燃料零售	295 496	21 596		273 900	3 178	43 659
家用电器及电子产品专门零售	765 544	197 735		567 809	58 624	130 557
家用视听设备零售	164 890			164 890	4 979	42 817
日用家电设备零售	338 399	75 295		263 104	32 816	64 086
计算机、软件及辅助设备零售	157 913	70 892		87 021	11 369	15 006
通信设备零售	64 689	50 860		13 829	6 979	7 070
其他电子产品零售	39 653	688		38 965	2 482	1 578
五金、家具及室内装饰材料专门零售	155 670			155 670	1 664	318 480
灯具零售	503			503	152	200

注:本表数据为 2014 年法人口径年报数据。

(2014 年)

单位:万元

指标名称	商品销售额	批发额		零售额	期末商品库存额	年末零售营业面积(平方米)
			#出口			
家具零售	118 665			118 665	162	304 677
涂料零售	3 465			3 465	575	300
卫生洁具零售	608			608	103	10 000
陶瓷、石材装饰材料零售	31 947			31 947	669	2 903
其他室内装饰材料零售	481			481	3	400
货摊、无店铺及其他零售业	178 723	3 535		175 188	4 300	1 410
互联网零售	6 360			6 360	372	1 230
邮购及电视、电话零售	168 828			168 828	3 463	
其他未列明零售业	3 535	3 535			465	180
2.按登记注册类型分						
内资企业	6 988 463	905 374	5 289	6 083 090	757 073	1 580 708
国有企业	66 887	19 576		47 311	3 813	16 940
集体企业	1 120			1 120	28	943
股份合作企业	3 702	233		3 469	482	1 120
有限责任公司	4 739 499	432 389	5 289	4 307 109	429 155	1 094 537
国有独资公司	6 940	6 940			618	450
其他有限责任公司	4 732 559	425 450	5 289	4 307 109	428 537	1 094 087
股份有限公司	838 731	124 821		713 909	201 128	314 479
私营企业	1 332 457	328 354		1 004 103	122 337	151 589
私营独资企业	2 020			2 020	281	3 400
私营有限责任公司	1 305 326	328 354		976 972	113 689	140 129
私营股份有限公司	25 111			25 111	8 367	8 060
其他企业	6 069			6 069	130	1 100
港、澳、台商投资企业	433 910	36 866		397 044	10 127	129 847
与港澳台商合资经营企业	31 112	1 753		29 359	4 488	2 250
港澳台商独资企业	402 287	35 113		367 174	5 118	127 357
港澳台商投资股份有限公司	511			511	521	240
外商投资企业	446 177	18 401		427 776	31 438	192 376
中外合资经营企业	112 743	9 020		103 723	8 889	24 933
外资企业	293 248	9 381		283 867	14 966	164 743
其他外商投资企业	40 186			40 186	7 583	2 700
3.按控股情况分						
国有控股	1 740 003	331 406		1 408 597	184 661	274 893
集体控股	2 140			2 140	163	1 243
私人控股	4 518 009	554 508	5 289	3 963 501	403 869	978 931
港澳台商控股	552 178	35 113		517 065	23 632	137 214
外商控股	312 751	9 381		303 369	17 452	182 709
其他	743 469	30 232		713 237	168 862	327 941
4.按经营形式分						
独立门店	4 094 779	203 969		3 890 809	429 639	971 743
连锁总店	2 368 417	390 294		1 978 123	281 265	829 720
连锁门店	38 767			38 767	3 523	36 640
其他	1 366 587	366 377	5 289	1 000 210	84 212	64 828
5.按单位规模分						
大型	3 081 266	625 766		2 455 499	310 964	792 721
中型	3 747 407	193 935		3 553 472	405 004	959 847
小型	982 852	122 853	5 289	860 000	73 018	135 569
微型	57 024	18 087		38 938	9 652	14 794
6.按零售业态分						
有店铺零售	7 136 729	713 565	5 289	6 423 164	756 343	1 898 201
便利店	514			514	27	55
超市	132 714	64 833		67 881	31 559	28 318
大型超市	221 359	10 322		211 037	30 902	243 900
仓储会员店	521			521	71	900
百货店	1 257 639	69 011		1 188 628	108 143	525 620
专业店	2 590 495	381 902	5 289	2 208 593	275 222	618 202
专卖店	2 761 946	177 930		2 584 017	304 698	330 029
家居建材商店	117 060			117 060	279	144 797
购物中心	16 354			16 354	3 007	1 700
厂家直销中心	38 127	9 568		28 560	2 436	4 680
无店铺零售	731 821	247 075		484 745	42 295	4 730
电视购物	168 828			168 828	3 463	
邮购	1 443			1 443	116	140
网上商店	26 789			26 789	286	3 690
电话购物	501 915	237 461		264 455	36 743	

注:本表数据为 2014 年法人口径年报数据。

13-9 限额以上住宿餐饮法人企业经营情况

（2014 年）　　　　单位：万元

指标名称	法人企业数（个）	从业人员期末人数（人）	客房数（间）	床位数（个）	餐位数（位）	年末餐饮营业面积（平方米）
总　计	**149**	**17 844**	**17 463**	**28 568**	**65 489**	**267 858**
一、住宿业	88	10 465	15 755	25 870	29 207	128 385
1.按住宿业行业小类分						
旅游饭店	51	7 036	9 848	15 694	22 186	100 191
一般旅馆	35	3 360	5 689	9 851	6 961	27 694
其他住宿业	2	69	218	325	60	500
2.按登记注册类型分						
内资企业	80	9 417	14 147	23 378	27 092	118 879
国有企业	13	2 408	2 240	3 934	6 510	20 032
有限责任公司	36	4 791	7 189	12 018	13 370	68 491
国有独资公司	1	17	40	70	6	600
其他有限责任公司	35	4 774	7 149	11 948	13 364	67 891
股份有限公司	3	266	426	638	1 094	4 200
私营企业	27	1 944	4 222	6 658	6 118	26 156
私营有限责任公司	24	1 798	3 975	6 214	6 050	26 036
私营股份有限公司	3	146	247	444	68	120
其他企业	1	8	70	130		
港、澳、台商投资企业	2	273	310	445	570	1 900
与港澳台商合资经营企业	1	80	45	70	150	1 400
与港澳台商合作经营企业	1	193	265	375	420	500
外商投资企业	6	775	1 298	2 047	1 545	7 606
中外合资经营企业	3	239	463	724	455	1 060
外资企业	2	453	542	779	790	4 546
外商投资股份有限公司	1	83	293	544	300	2 000
3.按控股情况分						
国有控股	20	3 415	3 336	5 593	10 031	35 613
集体控股	2	150	212	395	200	4 000
私人控股	50	4 573	8 922	14 418	12 022	64 536
港澳台商控股	1	193	265	375	420	500
外商控股	5	758	1 192	1 911	1 545	7 606
其他	10	1 376	1 828	3 178	4 989	16 130
4.按经营形式分						
独立门店	80	9 073	12 804	20 766	26 703	122 440
连锁总店	2	743	1 712	3 093	104	275
连锁门店	3	105	442	634	72	820
其他	3	544	797	1 377	2 328	4 850
5.按单位规模分						
中型	20	6 279	6 906	11 489	16 425	56 876
小型	65	4 101	8 759	14 221	12 772	69 149
微型	3	85	90	160	10	2 360
6.按星级分						
五星	6	2 090	1 792	2 731	5 302	25 089
四星	18	2 774	3 630	6 127	8 582	33 675
三星	14	783	1 799	2 996	3 053	27 340
二星	1	17	78	156		
其他	49	4 801	8 456	13 860	12 270	42 281

注：本表数据为 2014 年法人口径年报数据。

指 标 名 称	法人企业数(个)	从业人员期末人数(人)	客房数(间)	床位数(个)	餐位数(位)	年末餐饮营业面积(平方米)
二、餐饮业	61	7 379	1 708	2 698	36 282	139 473
1.按餐饮业行业小类分						
正餐服务	57	5 744	1 708	2 698	28 956	112 296
快餐服务	4	1 635			7 326	27 177
2.按登记注册类型分						
内资企业	54	5 207	1 708	2 698	24 956	92 545
国有企业	1	278	124	250	900	1 700
集体企业	1	13	40	40	350	700
股份合作企业	3	232			512	4 280
有限责任公司	30	3 083	1 057	1 663	12 176	42 066
国有独资公司						
其他有限责任公司	30	3 083	1 057	1 663	12 176	42 066
股份有限公司	1	33			200	800
私营企业	18	1 568	487	745	10 818	42 999
私营独资企业	1	24			280	410
私营有限责任公司	16	1 514	487	745	10 188	41 089
私营股份有限公司	1	30			350	1 500
港、澳、台商投资企业	4	668			3 726	19 908
与港澳台商合资经营企业	3	592			3 296	16 708
港澳台商投资股份有限公司	1	76			430	3 200
外商投资企业	3	1 504			7 600	27 020
中外合资经营企业	1	16			200	300
外资企业	1	1 445			6 800	25 920
外商投资股份有限公司	1	43			600	800
3.按控股情况分						
国有控股	2	357	175	354	1 048	2 300
集体控股	1	13	40	40	350	700
私人控股	47	4 402	1 157	1 754	21 614	81 168
港澳台商控股	3	341			1 660	8 160
外商控股	2	1 488			7 400	26 720
其他	6	778	336	550	4 210	20 425
4.按经营形式分						
独立门店	51	3 557	1 708	2 698	19 080	81 659
连锁总店	7	3 534			15 656	55 257
连锁门店	1	115			346	457
其他	2	173			1 200	2 100
5.按单位规模分						
大型	2	2 214			7 300	26 609
中型	8	1 851	647	956	8 346	27 882
小型	49	2 905	599	1 057	20 330	82 182
微型	2	409	462	685	306	2 800

注:本表数据为 2014 年法人口径年报数据。

13-9 续表 2 (2014 年)

指标名称	营业额	# 使用银行卡支付的营业额	客房收入	# 通过公共网络实现的客房收入	餐费收入	# 通过公共网络实现的餐费收入	商品销售收入	其他收入
总计	**290 865**	**57 931**	**91 392**	**3 916**	**172 937**	**1 946**	**15 103**	**11 433**
一、住宿业	146 682	45 298	84 049	3 873	48 374	532	5 044	9 216
1.按住宿业行业小类分								
旅游饭店	102 640	34 876	57 190	2 701	35 066	357	3 218	7 166
一般旅馆	43 351	10 421	26 365	1 172	13 127	175	1 809	2 050
其他住宿业	691		494		180		17	
2.按登记注册类型分								
内资企业	128 662	37 410	73 643	3 518	43 317	514	4 420	7 282
国有企业	30 750	9 909	18 138	1 087	8 794	10	1 249	2 569
有限责任公司	63 421	16 781	35 751	1 227	21 668	240	1 974	4 028
国有独资公司	266	25	175	5	3		11	77
其他有限责任公司	63 155	16 756	35 576	1 222	21 665	240	1 963	3 951
股份有限公司	2 602	385	1 398	9	1 157	2	20	27
私营企业	31 669	10 336	18 136	1 195	11 699	262	1 177	657
私营有限责任公司	30 069	10 336	16 728	1 195	11 549	262	1 134	657
私营股份有限公司	1 600		1 407		150		43	
其他企业	221		221					
港、澳、台商投资企业	3 726	820	1 342	5	1 212	5	45	1 128
与港澳台商合资经营企业	1 985	820	405	5	566	5		1 014
与港澳台商合作经营企业	1 741		937		646		45	114
外商投资企业	14 295	7 068	9 065	350	3 845	13	579	806
中外合资经营企业	5 032	296	3 256	350	947		570	260
外资企业	8 301	6 772	4 931		2 817	13	7	546
外商投资股份有限公司	962		879		81		2	
3.按控股情况分								
国有控股	49 198	15 740	27 400	1 412	15 166	64	2 370	4 262
集体控股	972		730		211		22	9
私人控股	65 630	18 190	40 621	2 023	21 211	448	1 832	1 966
港澳台商控股	1 741		937		646		45	114
外商控股	13 760	6 907	8 560	136	3 845	13	559	796
其他	15 383	4 460	5 802	302	7 295	7	217	2 069
4.按经营形式分								
独立门店	130 717	43 240	72 537	3 815	44 572	532	4 862	8 747
连锁总店	7 127	169	6 927		161		37	1
连锁门店	2 398	121	1 879		459		26	34
其他	6 441	1 769	2 707	58	3 182		119	433
5.按单位规模分								
中型	92 355	31 581	49 025	2 964	33 214	451	3 086	7 030
小型	54 037	13 717	34 744	909	15 152	81	1 955	2 186
微型	290		280		8		3	
6.按星级分								
五星	32 934	9 817	14 444	1 037	14 288	300	1 051	3 152
四星	40 196	15 243	23 564	1 566	12 260	127	1 507	2 866
三星	9 115	1 589	5 788	240	3 123	2	173	31
二星	253		253					
其他	64 183	18 650	40 001	1 030	18 703	103	2 313	3 167

注:本表数据为 2014 年法人口径年报数据。

(2014 年)

指标名称	营业额	# 使用银行卡支付的营业额	客房收入	# 通过公共网络实现的客房收入	餐费收入	# 通过公共网络实现的餐费收入	商品销售收入	其他收入
二、餐饮业	144 183	12 633	7 342	43	124 564	1 414	10 059	2 218
1.按餐饮业行业小类分								
正餐服务	85 027	12 571	7 342	43	65 524	1 414	9 943	2 218
快餐服务	59 155	62			59 040		116	
2.按登记注册类型分								
内资企业	79 359	10 879	7 342	43	61 114	1 414	8 685	2 218
国有企业	2 644		575		1 659		410	
集体企业	180	55	35		116		29	
股份合作企业	2 405	121			1 877		528	
有限责任公司	49 285	8 204	3 144	7	41 104	116	4 230	807
国有独资公司								
其他有限责任公司	49 285	8 204	3 144	7	41 104	116	4 230	807
股份有限公司	142				111		31	
私营企业	24 703	2 499	3 588	36	16 247	1 298	3 456	1 411
私营独资企业	700				500		200	
私营有限责任公司	21 099	2 499	3 588	36	13 335	1 263	2 765	1 411
私营股份有限公司	2 903				2 412	36	491	
港、澳、台商投资企业	8 155	1 556			7 056		1 099	
与港澳台商合资经营企业	7 731	1 386			6 633		1 099	
港澳台商投资股份有限公司	424	170			424			
外商投资企业	56 669	199			56 393		275	
中外合资经营企业	419	100			251		168	
外资企业	55 817				55 817			
外商投资股份有限公司	433	99			325		108	
3.按控股情况分								
国有控股	3 382	258	722	6	2 099		561	
集体控股	180	55	35		116		29	
私人控股	67 930	10 402	4 376	37	53 616	1 414	8 007	1 931
港澳台商控股	3 155	1 556			2 422		733	
外商控股	56 250	99			56 142		108	
其他	13 286	264	2 209		10 169		622	287
4.按经营形式分								
独立门店	54 481	9 497	7 342	43	38 578	1 342	7 733	827
连锁总店	83 212	3 136			79 831	72	1 991	1 391
连锁门店	2 467				2 351		116	
其他	4 023				3 803		220	
5.按单位规模分								
大型	67 367				67 367			
中型	34 544	4 685	5 638		25 700		2 899	307
小型	41 297	7 400	1 527	43	31 037	1 414	7 026	1 707
微型	974	548	177		459		134	204

注:本表数据为 2014 年法人口径年报数据。

13-10　限额以上批发零售法人企业财务状况

（2014 年）

单位：万元

指标名称	法人企业数（个）	#执行《2006 年企业会计准则》企业数（个）	年初存货	流动资产合计	#应收帐款	#存货	固定资产合计	固定资产原价
总计	**580**	**504**	**1 269 876**	**6 211 541**	**1 215 465**	**1 045 639**	**839 348**	**1 230 441**
一、批发业	249	213	639 716	3 692 360	789 883	499 345	450 982	654 753
1.按批发行业小类分								
农、林、牧产品批发	3	2	25 073	23 944	18 519	2 056	1 659	3 821
谷物、豆及薯类批发	1	1	2 859	3 008	1 001	1 681	16	21
饲料批发	1		102	1 394	976	129	42	54
棉、麻批发	1	1	22 111	19 541	16 541	246	1 601	3 747
食品、饮料及烟草制品批发	28	24	86 744	506 058	58 461	102 498	86 889	135 557
米、面制品及食用油批发	6	5	5 293	11 777	4 156	4 569	3 477	4 690
糕点、糖果及糖批发	2	2	227	3 195	1 228	1 097	31	37
果品、蔬菜批发	3	3	399	6 108	2 287	415	2 232	2 717
肉、禽、蛋、奶及水产品批发	5	2	1 050	6 342	2 750	1 038	1 038	1 305
盐及调味品批发	2	2	1 415	33 802	2 758		2 127	6 077
酒、饮料及茶叶批发	3	3	922	7 563	3 741	1 809	80	207
烟草制品批发	1	1	21 702	189 173	311	24 624	25 723	38 799
其他食品批发	6	6	55 737	248 099	41 230	68 946	52 181	81 725
纺织、服装及家庭用品批发	32	29	10 680	406 738	25 741	46 052	3 087	4 809
纺织品、针织品及原料批发	8	8	886	32 024	1 886	1 696	832	1 110
服装批发	15	13	5 742	67 488	15 794	7 510	1 981	3 058
化妆品及卫生用品批发	1	1	480	1 175	547	622	17	52
家用电器批发	6	5	1 623	302 089	6 056	34 240	212	509
其他家庭用品批发	2	2	1 949	3 963	1 458	1 983	45	80
文化、体育用品及器材批发	7	5	4 712	51 305	32 129	2 082	340	971
文具用品批发	1	1	564	9 372	3 489	511	32	65
体育用品及器材批发	2	1	3 162	29 056	24 516	30	115	536
图书批发	2	1	758	9 244	2 706	1 267	122	194
其他文化用品批发	2	2	228	3 634	1 418	274	71	176
医药及医疗器材批发	55	47	50 786	488 815	209 866	60 127	20 003	27 852
西药批发	28	25	33 398	253 157	104 832	36 129	11 114	15 971
中药批发	16	13	14 294	199 144	80 443	17 808	6 171	8 479
医疗用品及器材批发	11	9	3 094	36 514	24 591	6 190	2 718	3 402
矿产品、建材及化工产品批发	67	57	407 978	1 804 168	297 201	225 493	323 496	459 675
煤炭及制品批发	16	14	23 190	658 728	163 359	33 288	256 981	362 504
石油及制品批发	8	7	95 074	297 787	16 014	88 734	52 621	77 223
非金属矿及制品批发	2	2	30	9 274	75	118	379	655
金属及金属矿批发	24	20	253 959	485 321	71 535	74 014	11 032	15 721
建材批发	5	4	2 644	21 161	3 652	1 563	841	1 493
化肥批发	4	4	17 211	24 273	2 641	16 270	998	1 178
农药批发	1	1	133	1 899	97	390	8	62
其他化工产品批发	7	5	15 737	305 725	39 827	11 115	636	839
机械设备、五金产品及电子产品批发	47	43	52 086	391 237	144 877	60 467	14 943	20 823
农业机械批发	1	1	1 599	2 750	507	1 625	517	853
汽车批发	7	6	16 671	207 777	75 422	17 130	1 804	3 230
汽车零配件批发	5	5	930	6 031	2 844	1 439	534	851
摩托车及零配件批发	2	2	6 608	9 831	737	7 398	1 125	1 540
五金产品批发	1	1	1	60	57	3		
电气设备批发	1	1	1 786	35 417	23 760	2 917	913	1 482
计算机、软件及辅助设备批发	7	7	3 445	24 214	9 758	4 974	646	916
通讯及广播电视设备批发	4	3	1 699	18 212	2 503	4 537	1 829	2 930
其他机械设备及电子产品批发	19	17	19 348	86 946	29 290	20 445	7 576	9 022
贸易经纪与代理	3	1	178	1 943	935	231	65	127
贸易代理	3	1	178	1 943	935	231	65	127
其他批发业	7	5	1 481	18 153	2 155	340	501	1 118
再生物资回收与批发	3	3	894	9 414	1 853	268	422	672
其他未列明批发业	4	2	587	8 739	302	72	79	446
2.按登记注册类型分								
内资企业	247	211	636 607	3 554 713	761 137	496 162	448 628	650 406
国有企业	8	6	23 189	251 761	12 685	26 997	31 716	50 603
有限责任公司	175	150	508 883	2 980 374	668 653	352 674	371 762	536 012
国有独资公司	7	7	23 830	237 823	29 099	14 496	25 242	35 661
其他有限责任公司	168	143	485 053	2 742 552	639 554	338 178	346 519	500 351
股份有限公司	12	11	74 950	135 628	18 313	86 616	33 856	48 205
私营企业	52	44	29 586	186 949	61 486	29 876	11 295	15 586
私营独资企业	1	1	4 125	8 578	2 069	4 125	38	111

注：本表数据为 2014 年法人口径年报数。

13-10 续表 1　　(2014 年)　　单位:万元

指标名称	法人企业数(个)	#执行《2006年企业会计准则》企业数(个)	年初存货	流动资产合计	#应收帐款	#存货	固定资产合计	固定资产原价
私营有限责任公司	47	39	23 859	169 231	55 573	24 113	9 779	13 196
私营股份有限公司	4	4	1 602	9 140	3 844	1 638	1 479	2 279
港、澳、台商投资企业	1	1	2 251	5 291	748	2 951	768	1 645
与港澳台商合资经营企业	1	1	2 251	5 291	748	2 951	768	1 645
外商投资企业	1	1	858	132 356	27 998	232	1 586	2 702
中外合资经营企业	1	1	858	132 356	27 998	232	1 586	2 702
3.按控股情况分								
国有控股	42	39	482 453	2 202 843	401 643	319 899	402 549	586 228
集体控股	1	1	386	369	2	365	84	94
私人控股	176	146	130 437	993 377	302 347	121 909	37 558	53 668
其他	30	27	26 441	495 771	85 891	57 171	10 791	14 762
4.按经营形式分								
独立门店	89	71	91 331	1 071 913	266 292	112 718	270 705	384 127
连锁总店	4	4	73 087	404 512	530	89 047	59 789	86 337
其他	156	138	475 299	2 215 934	523 061	297 580	120 488	184 288
5.按单位规模分								
大型	12	12	157 755	1 423 148	220 776	217 478	362 713	522 468
中型	98	86	241 043	1 534 550	402 786	202 265	72 244	108 383
小型	129	105	238 813	693 534	163 019	77 368	15 908	23 616
微型	10	10	2 106	41 128	3 303	2 234	118	285
二、零售业	331	291	630 159	2 519 181	425 582	546 294	388 366	575 688
1.按零售行业小类分								
综合零售	30	26	150 540	374 356	5 578	64 444	168 837	255 271
百货零售	12	12	136 336	338 857	3 584	52 034	150 378	224 395
超级市场零售	16	13	13 742	34 748	1 957	11 951	18 258	30 375
其他综合零售	2	1	462	752	37	459	200	501
食品、饮料及烟草制品专门零售	18	17	25 169	123 058	6 798	20 658	13 292	19 569
粮油零售	2	1	427	1 373	258	515	132	198
果品、蔬菜零售	1	1	27				35	57
肉、禽、蛋、奶及水产品零售	4	4	22 945	108 636	2 007	16 137	8 066	12 876
营养和保健品零售	1	1	135	616	323	293	74	110
酒、饮料及茶叶零售	4	4	512	2 977	981	845	781	1 150
烟草制品零售	2	2	100	1 898	879	450	19	70
其他食品零售	4	4	1 023	7 560	2 349	2 418	4 185	5 107
纺织、服装及日用品专门零售	31	24	30 273	71 546	12 801	25 648	2 410	4 177
纺织品及针织品零售	1	1	10	813		10	22	30
服装零售	16	12	18 595	38 881	7 946	16 525	411	1 079
鞋帽零售	2	2	2 284	2 505	530	1 897	100	122
化妆品及卫生用品零售	3	3	2 843	7 399	137	2 006	1 407	1 895
钟表、眼镜零售	4	3	5 900	14 517	3 050	4 490	336	794
其他日用品零售	5	3	641	7 431	1 139	720	134	258
文化、体育用品及器材专门零售	20	17	48 387	429 802	11 326	58 803	73 807	101 386
文具用品零售	2	1	168	808	253	97	73	89
图书、报刊零售	4	4	20 065	363 284	5 004	31 592	55 264	74 627
音像制品及电子出版物零售	4	4	6 016	27 844	4 175	8 072	3 841	6 162
珠宝首饰零售	7	6	17 312	27 444	1 677	10 236	14 406	19 780
工艺美术品及收藏品零售	2	1	4 705	10 122	39	8 693	221	723
乐器零售	1	1	120	299	178	114	3	5
医药及医疗器材专门零售	23	20	73 319	419 481	244 300	84 028	26 181	39 434
药品零售	18	16	72 718	417 376	243 126	83 414	26 165	39 371
医疗用品及器材零售	5	4	601	2 104	1 174	614	15	63
汽车、摩托车、燃料及零配件专门零售	140	124	229 180	759 902	54 107	226 279	96 206	139 871
汽车零售	123	107	225 582	721 672	43 497	222 520	84 098	123 993
汽车零配件零售	2	2	90	1 307	459	202	153	166
摩托车及零配件零售	1	1	317	1 357	1 103	156	43	163
机动车燃料零售	14	14	3 191	35 565	9 049	3 401	11 913	15 548
家用电器及电子产品专门零售	46	41	50 393	283 817	79 928	59 955	5 379	11 030
家用视听设备零售	1	1	4 844	60 706	14 672	4 844	192	1 493
日用家电设备零售	15	12	24 462	107 440	14 694	32 049	1 217	2 379
计算机、软件及辅助设备零售	10	9	13 663	86 371	45 286	13 724	3 586	6 276
通信设备零售	14	13	6 554	24 478	3 966	6 891	175	456
其他电子产品零售	6	6	869	4 821	1 311	2 447	210	426
五金、家具及室内装饰材料专门零售	11	10	2 494	15 544	933	2 198	610	2 036
灯具零售	1	1	111	856	350	152		

注:本表数据为 2014 年法人口径年报数。

(2014 年)

单位:万元

指标名称	法人企业数(个)	#执行《2006 年企业会计准则》企业数(个)	年初存货	流动资产合计	#应收帐款	#存货	固定资产合计	固定资产原价
家具零售	3	2	473	10 522	18	68	50	1 329
涂料零售	1	1	557	1 582	54	557	42	76
卫生洁具零售	1	1	699	1 055	99	684	296	350
陶瓷、石材装饰材料零售	4	4	626	1 458	376	705	194	239
其他室内装饰材料零售	1	1	28	71	35	32	28	41
货摊、无店铺及其他零售业	12	12	20 406	41 676	9 811	4 281	1 644	2 914
互联网零售	10	10	499	3 700	301	419	271	417
邮购及电视、电话零售	1	1	19 461	36 299	8 650	3 463	1 268	2 314
其他未列明零售业	1	1	447	1 677	860	399	106	183
2.按登记注册类型分								
内资企业	311	272	582 304	2 319 682	417 510	505 621	341 254	502 706
国有企业	6	4	2 834	17 973	1 695	4 049	2 165	4 295
集体企业	1	1	32	413		43	130	228
股份合作企业	1	1	482	1 394		482	101	221
有限责任公司	200	173	283 459	1 433 185	226 021	309 677	166 671	242 551
国有独资公司	1	1	582	3 441	324	609	30	101
其他有限责任公司	199	172	282 877	1 429 743	225 698	309 068	166 641	242 451
股份有限公司	20	20	176 489	410 404	50 569	78 104	154 079	224 255
私营企业	82	72	118 933	456 225	139 219	113 255	18 052	31 092
私营独资企业	2	1	226	317	5	280	45	331
私营有限责任公司	75	67	110 781	439 836	137 340	106 015	17 661	30 202
私营股份有限公司	5	4	7 926	16 073	1 874	6 961	346	560
其他企业	1	1	74	89	6	10	56	62
港、澳、台商投资企业	8	7	20 733	106 875	4 041	17 306	15 690	23 296
与港澳台商合资经营企业	2	2	2 535	3 781	499	1 708	1 228	1 659
港澳台商独资企业	5	4	17 576	102 390	3 542	14 960	14 459	21 628
港澳台商投资股份有限公司	1	1	622	704		638	4	8
外商投资企业	12	12	27 122	92 625	4 031	23 368	31 421	49 687
中外合资经营企业	3	3	7 692	21 017	1 307	7 570	6 675	11 277
外资企业	7	7	12 501	68 345	2 652	14 540	20 631	33 949
其他外商投资企业	2	2	6 930	3 263	72	1 258	4 116	4 461
3.按控股情况分								
国有控股	26	24	92 950	675 582	143 648	96 125	90 319	126 933
集体控股	2	2	102	878	173	158	196	341
私人控股	242	211	423 202	1 427 058	250 678	338 512	200 118	277 375
港澳台商控股	9	8	32 143	123 526	4 645	23 404	20 206	29 682
外商控股	8	8	14 985	71 688	2 652	16 930	25 156	41 189
其他	44	38	66 778	220 451	23 786	71 165	52 370	100 169
4.按经营形式分								
独立门店	245	212	302 828	1 031 250	89 120	314 804	128 730	202 309
连锁总店	38	35	229 165	953 218	41 747	145 710	229 038	327 467
连锁门店	4	4	4 101	7 801	1 164	3 099	3 740	5 933
其他	44	40	94 065	526 912	293 551	82 681	26 857	39 980
5.按单位规模分								
大型	19	19	275 101	1 303 292	300 049	191 056	228 454	327 675
中型	126	110	282 146	920 145	85 277	278 611	134 182	208 442
小型	139	121	65 734	261 036	32 670	68 446	22 532	35 580
微型	47	41	7 178	34 708	7 586	8 182	3 198	3 991
6.按零售业态分								
有店铺零售	307	268	573 606	2 214 077	247 461	504 938	377 708	557 846
便利店	1	1	11	113			37	51
超市	16	12	25 461	69 865	10 493	31 716	1 431	3 773
大型超市	11	10	19 036	48 906	1 767	19 241	29 472	43 363
仓储会员店	1	1	219	430	113	240	0	15
百货店	17	11	159 721	400 263	9 095	66 170	142 467	217 437
专业店	112	96	157 426	926 917	162 027	179 805	133 929	183 082
专卖店	134	124	202 540	729 273	58 045	201 755	69 185	106 222
家居建材商店	4	3	1 185	11 192	117	753	367	1 702
购物中心	1	1	4 856	7 268	1 865	3 007	57	124
厂家直销中心	10	9	3 153	19 850	3 940	2 253	764	2 078
无店铺零售	24	23	56 553	305 104	178 121	41 356	10 657	17 843
电视购物	1	1	19 461	36 299	8 650	3 463	1 268	2 314
邮购	2	2	116	830	-302	116	89	127
网上商店	9	9	876	7 180	603	780	417	718
电话购物	9	8	34 281	243 487	159 472	35 114	6 523	11 479

注:本表数据为 2014 年法人口径年报数据。

指 标 名 称	累计折旧	#本年折旧	在建工程	资产总计	流动负债合计	#应付帐款	非流动负债合计	负债合计
总　计	**400 606**	**82 794**	**210 911**	**8 399 596**	**5 325 806**	**1 267 584**	**558 972**	**5 884 795**
一、批发业	213 298	43 979	161 253	4 774 717	3 319 945	673 676	341 653	3 661 598
1.按批发行业小类分								
农、林、牧产品批发	2 162	418		47 887	37 020	27 476	2 357	39 377
谷物、豆及薯类批发	5	3		3 024	1 706			1 706
饲料批发	12	4		1 500	1 158	490		1 158
棉、麻批发	2 145	411		43 363	34 156	26 986	2 357	36 514
食品、饮料及烟草制品批发	51 927	17 780	11 990	756 637	364 510	79 917	36 565	401 075
米、面制品及食用油批发	1 213	264	2 483	26 143	6 119	1 488		6 119
糕点、糖果及糖批发	6	0		3 310	3 084	1 635	0	3 084
果品、蔬菜批发	485	270		8 340	4 180	3 269		4 180
肉、禽、蛋、奶及水产品批发	267	62		7 515	4 232	2 561	151	4 383
盐及调味品批发	3 951	679	81	129 647	43 654	1 265	12 210	55 864
酒、饮料及茶叶批发	127	24		7 723	4 596			4 596
烟草制品批发	16 334	16 334	137	214 896	11 773	2 886		11 773
其他食品批发	29 544	147	9 289	359 063	286 872	66 813	24 204	311 076
纺织、服装及家庭用品批发	1 722	339		423 418	402 183	33 207		402 183
纺织品、针织品及原料批发	278	143		32 856	29 335	3 465		29 335
服装批发	1 078	133		73 062	63 622	20 338		63 622
化妆品及卫生用品批发	34	5		1 192	983	183		983
家用电器批发	297	50		312 300	304 975	6 554		304 975
其他家庭用品批发	35	7		4 008	3 268	2 668		3 268
文化、体育用品及器材批发	631	171		52 397	46 037	5 332		46 037
文具用品批发	34	12		9 709	9 640	3 542		9 640
体育用品及器材批发	421	59		29 434	28 866			28 866
图书批发	72	12		9 549	4 913	430		4 913
其他文化用品批发	105	89		3 705	2 618	1 359		2 618
医药及医疗器材批发	8 201	2 323	5 152	545 082	449 757	185 870	550	450 307
西药批发	4 857	946	4 359	289 579	244 659	96 920	479	245 138
中药批发	2 660	822	792	215 675	181 479	82 963	56	181 534
医疗用品及器材批发	684	555		39 829	23 619	5 987	16	23 635
矿产品、建材及化工产品批发	139 688	20 823	138 437	2 489 992	1 589 317	224 985	290 543	1 879 860
煤炭及制品批发	105 522	15 468	84 155	1 089 792	642 415	105 100	66 234	708 649
石油及制品批发	28 111	4 636	54 265	484 216	165 828	7 747	222 612	388 439
非金属矿及制品批发	276	36		11 246	10 663	2 037		10 663
金属及金属矿批发	4 689	527	5	518 477	434 382	86 781	1 352	435 734
建材批发	652	85		48 976	30 662	5 961	15	30 677
化肥批发	180	38	13	26 052	21 556	3 575	331	21 887
农药批发	54	2		1 908	1 554	522		1 554
其他化工产品批发	203	32		309 325	282 257	13 262		282 257
机械设备、五金产品及电子产品批发	8 289	2 008	5 674	434 279	419 301	115 059	11 508	430 809
农业机械批发	335	39	5	3 407	2 351	557		2 351
汽车批发	1 426	473	5 153	230 200	267 649	51 300	11 474	279 123
汽车零配件批发	317	56		6 849	3 397	2 724		3 397
摩托车及零配件批发	416	81		10 976	9 698	2 714		9 698
五金产品批发				170	107	27		107
电气设备批发	568	54		37 424	34 259	26 054		34 259
计算机、软件及辅助设备批发	270	72		25 378	16 100	5 180		16 100
通讯及广播电视设备批发	1 101	310		22 568	13 972	16	34	14 006
其他机械设备及电子产品批发	3 855	923	517	97 308	71 768	26 487		71 768
贸易经纪与代理	62	19		2 961	2 367	653		2 367
贸易代理	62	19		2 961	2 367	653		2 367
其他批发业	617	99		22 065	9 455	1 177	130	9 585
再生物资回收与批发	250	64		10 023	4 135	745	130	4 265
其他未列明批发业	367	34		12 042	5 320	433		5 320
2.按登记注册类型分								
内资企业	211 305	43 635	156 101	4 617 619	3 178 247	640 375	341 653	3 519 901
国有企业	22 146	17 414	218	381 436	83 842	7 807	12 395	96 236
有限责任公司	167 011	21 692	101 267	3 754 171	2 797 891	567 261	269 124	3 067 015
国有独资公司	10 419	1 557		290 341	99 363	20 021	163 036	262 399
其他有限责任公司	156 592	20 135	101 267	3 463 830	2 698 528	547 240	106 088	2 804 616
股份有限公司	17 858	3 057	54 250	271 016	135 469	11 296	59 974	195 443
私营企业	4 291	1 472	366	210 996	161 046	54 012	161	161 206
私营独资企业	74	31		8 692	7 572	6 412		7 572

注:本表数据为 2014 年法人口径年报数据。

13-10 续表 2-1 （2014 年） 单位：万元

指标名称	累计折旧	#本年折旧	在建工程	资产总计	流动负债合计	#应付帐款	非流动负债合计	负债合计
私营有限责任公司	3 417	1 053	366	191 046	144 341	42 687	161	144 502
私营股份有限公司	800	388		11 259	9 133	4 912		9 133
港、澳、台商投资企业	877	70		6 061	6 030	1 609		6 030
与港澳台商合资经营企业	877	70		6 061	6 030	1 609		6 030
外商投资企业	1 116	273	5 153	151 037	135 668	31 692		135 668
中外合资经营企业	1 116	273	5 153	151 037	135 668	31 692		135 668
3.按控股情况分								
国有控股	190 445	37 908	148 047	3 079 851	1 900 343	333 058	327 476	2 227 819
集体控股	10	6		453	185	119		185
私人控股	18 518	4 971	12 947	1 139 307	932 393	261 812	4 177	936 570
其他	4 325	1 094	259	555 106	487 025	78 687	10 000	497 025
4.按经营形式分								
独立门店	113 776	17 247	87 481	1 573 809	1 024 354	174 043	61 606	1 085 960
连锁总店	33 315	19 149	4 303	537 749	112 416	7 547	162 997	275 413
其他	66 207	7 584	69 470	2 663 159	2 183 175	492 086	117 050	2 300 226
5.按单位规模分								
大型	166 522	33 707	103 015	2 072 621	1 324 671	201 544	92 119	1 416 790
中型	38 900	8 125	54 579	1 875 120	1 345 578	312 985	238 907	1 584 485
小型	7 709	2 129	3 660	785 566	619 566	155 450	10 627	630 193
微型	167	19		41 411	30 131	3 697		30 131
二、零售业	187 308	38 815	49 658	3 624 879	2 005 860	593 908	217 319	2 223 196
1.按零售行业小类分								
综合零售	86 325	15 371	18 451	727 240	388 681	156 026	87 137	475 818
百货零售	74 018	13 265	17 879	640 808	314 702	129 460	85 224	399 926
超级市场零售	12 006	2 073	572	85 425	73 320	26 363	1 913	75 233
其他综合零售	301	33		1 007	659	203		659
食品、饮料及烟草制品专门零售	6 278	761	11 003	193 725	22 503	7 425	1 671	24 174
粮油零售	67	23		1 521	582	137		582
果品、蔬菜零售	22	3		65	7		4	10
肉、禽、蛋、奶及水产品零售	4 810	591	9 521	151 231	11 961	1 251	100	12 061
营养和保健品零售	36	4		783	100		300	400
酒、饮料及茶叶零售	369	98		16 131	2 974	648	200	3 174
烟草制品零售	52	8		1 916	782	524		782
其他食品零售	922	35	1 482	22 079	6 097	4 865	1 068	7 165
纺织、服装及日用品专门零售	1 767	622	139	82 571	62 012	26 688	688	62 700
纺织品及针织品零售	8	1		835	470			470
服装零售	668	68		42 609	38 750	18 374	118	38 868
鞋帽零售	22	12		2 813	1 304		38	1 342
化妆品及卫生用品零售	488	381	139	12 128	7 547	2 323	297	7 845
钟表、眼镜零售	458	127		16 598	7 661	4 507	4	7 665
其他日用品零售	124	32		7 589	6 280	1 484	230	6 510
文化、体育用品及器材专门零售	27 579	4 911	12 737	649 600	121 592	48 045	38 912	160 505
文具用品零售	17			886	509	298		509
图书、报刊零售	19 363	3 808	12 737	561 367	90 646	43 558	38 601	129 247
音像制品及电子出版物零售	2 321	361		33 666	5 910	3 546	311	6 221
珠宝首饰零售	5 374	692		42 780	20 231	511		20 231
工艺美术品及收藏品零售	502	50		10 598	4 194	79		4 194
乐器零售	2	1		303	103	53		103
医药及医疗器材专门零售	13 376	1 640		529 764	425 442	192 268	31 398	456 840
药品零售	13 329	1 629		527 422	424 209	191 996	31 398	455 607
医疗用品及器材零售	48	11		2 342	1 233	271		1 233
汽车、摩托车、燃料及零配件专门零售	43 638	14 115	7 325	1 052 352	701 807	106 432	56 576	758 383
汽车零售	39 868	12 931	7 223	991 283	681 341	100 521	56 525	737 865
汽车零配件零售	14	13		1 460	757	378		757
摩托车及零配件零售	120	12		1 400	1 562	1 538		1 562
机动车燃料零售	3 636	1 159	102	58 209	18 148	3 997	51	18 199
家用电器及电子产品专门零售	5 650	789	3	318 322	230 755	30 182	582	231 337
家用视听设备零售	1 301	60		61 366	51 812	5 187		51 812
日用家电设备零售	1 161	348		111 348	96 833	5 201	4	96 838
计算机、软件及辅助设备零售	2 691	268		112 981	61 373	16 893	568	61 941
通信设备零售	282	82	3	25 150	16 560	5 678		16 560
其他电子产品零售	216	31		7 477	4 177	-2 775	10	4 187
五金、家具及室内装饰材料专门零售	1 426	156		18 716	15 146	398	312	15 474
灯具零售				856	750			750

注：本表数据为 2014 年法人口径年报数据。

指标名称	累计折旧	#本年折旧	在建工程	资产总计	流动负债合计	#应付帐款	非流动负债合计	负债合计
家具零售	1 279	55		11 827	11 112	155		11 128
涂料零售	35	18		1 760	1 260	46		1 260
卫生洁具零售	54	54		1 352	447	136		447
陶瓷、石材装饰材料零售	45	21		2 696	1 528	14	252	1 780
其他室内装饰材料零售	13	9		225	50	48	59	109
货摊、无店铺及其他零售业	1 270	450		52 589	37 922	26 445	44	37 966
互联网零售	147	75		4 676	2 119	1 084	44	2 163
邮购及电视、电话零售	1 046	375		46 131	34 614	25 360		34 614
其他未列明零售业	77			1 783	1 190			1 190
2.按登记注册类型分								
内资企业	161 547	30 709	49 459	3 301 989	1 756 440	497 228	213 243	1 969 699
国有企业	2 130	150		21 119	15 116	764	521	15 637
集体企业	98	3		543	148			148
股份合作企业	120	4		1 525	1 380			1 380
有限责任公司	75 976	22 032	21 128	2 001 700	1 071 303	322 160	103 735	1 175 038
国有独资公司	71	11		3 555	1 303	746		1 303
其他有限责任公司	75 905	22 021	21 128	1 998 145	1 069 999	321 413	103 735	1 173 735
股份有限公司	70 177	5 560	27 914	702 897	230 565	67 312	83 936	314 500
私营企业	13 041	2 956	417	573 912	437 846	106 983	25 050	462 912
私营独资企业	286	51		562	136	104		136
私营有限责任公司	12 542	2 877	417	556 491	433 574	106 176	25 050	458 641
私营股份有限公司	213	28		16 859	4 136	703		4 136
其他企业	6	5		293	82	9	1	83
港、澳、台商投资企业	7 606	2 960	141	178 446	154 327	69 642	1 300	155 627
与港澳台商合资经营企业	431	182	141	7 384	4 508	1 385		4 508
港澳台商独资企业	7 170	2 778		170 318	149 566	68 007	1 300	150 866
港澳台商投资股份有限公司	5			745	253	250		253
外商投资企业	18 156	5 146	58	144 444	95 094	27 038	2 776	97 871
中外合资经营企业	4 602	2 906	46	28 881	18 471	5 571		18 471
外资企业	13 208	1 998	12	102 864	68 627	19 338	2 460	71 086
其他外商投资企业	345	242		12 699	7 996	2 129	317	8 313
3.按控股情况分								
国有控股	36 614	6 544	12 840	942 512	371 354	172 812	50 851	422 205
集体控股	145	3		1 074	162	−161		162
私人控股	77 353	13 446	16 162	2 023 002	1 171 575	245 944	137 366	1 308 958
港澳台商控股	9 475	4 962	139	205 308	167 191	72 969	1 617	168 808
外商控股	15 922	3 126	58	111 274	78 901	22 388	2 460	81 361
其他	47 799	10 734	20 461	341 709	216 678	79 956	25 026	241 704
4.按经营形式分								
独立门店	73 441	22 975	7 962	1 385 386	942 255	163 115	59 942	1 002 214
连锁总店	98 551	13 634	41 619	1 575 790	586 885	208 249	125 970	712 855
连锁门店	2 193	72		16 251	12 324	1 593	4	12 328
其他	13 123	2 135	77	647 451	464 397	220 951	31 402	495 800
5.按单位规模分								
大型	99 221	12 041	41 619	1 962 620	897 695	368 083	155 894	1 053 589
中型	74 273	23 018	6 243	1 303 307	873 127	184 986	55 577	928 704
小型	13 049	3 478	1 796	318 217	213 322	34 003	5 106	218 445
微型	766	278		40 735	21 716	6 836	743	22 459
6.按零售业态分								
有店铺零售	180 123	37 753	49 655	3 224 717	1 715 399	463 437	197 977	1 913 393
便利店	14	4		150	30		20	50
超市	2 342	374		74 453	67 753	−706	425	68 178
大型超市	13 781	3 605	572	116 216	101 131	33 374	3 760	104 891
仓储会员店	14	1		430	399	398		399
百货店	74 970	11 804	17 879	709 148	369 558	126 017	84 259	453 816
专业店	49 276	9 752	15 617	1 293 767	571 263	215 881	57 059	628 322
专卖店	37 010	11 847	15 587	989 077	575 437	84 580	52 412	627 849
家居建材商店	1 335	110		12 868	11 209	290	33	11 258
购物中心	67	28		7 693	2 787	1 652		2 787
厂家直销中心	1 313	229		20 917	15 832	1 951	10	15 842
无店铺零售	7 185	1 062	3	400 162	290 462	130 472	19 342	309 804
电视购物	1 046	375		46 131	34 614	25 360		34 614
邮购	38	34		1 329	571	481		571
网上商店	301	234		8 231	4 793	1 866	44	4 837
电话购物	4 956	268		324 305	232 830	93 790	19 298	252 128

注:本表数据为 2014 年法人口径年报数据。

13-10 续表3　　(2014年)　　单位:万元

指标名称	所有者权益合计	#实收资本	国家资本	集体资本	法人资本	个人资本	港澳台资本	外商资本
总　计	**2 514 802**	**1 544 481**	**818 673**	**12 510**	**387 578**	**282 453**	**12 526**	**30 740**
一、批发业	1 113 119	759 739	464 406	1 815	177 663	115 027	240	588
1.按批发行业小类分								
农、林、牧产品批发	8 510	3 740	1 260	1 160		1 320		
谷物、豆及薯类批发	1 318	1 260	1 260					
饲料批发	342	200				200		
棉、麻批发	6 850	2 280		1 160		1 120		
食品、饮料及烟草制品批发	355 562	106 297	85 231		16 369	4 697		
米、面制品及食用油批发	20 024	15 040	380		12 650	2 010		
糕点、糖果及糖批发	226	152			135	17		
果品、蔬菜批发	4 160	1 550			550	1 000		
肉、禽、蛋、奶及水产品批发	3 131	1 955	85		500	1 370		
盐及调味品批发	73 784	31 743	31 743					
酒、饮料及茶叶批发	3 127	950			850	100		
烟草制品批发	203 122	1 214			1 214			
其他食品批发	47 987	53 693	53 023		470	200		
纺织、服装及家庭用品批发	21 235	13 848	359	530	5 757	7 201		
纺织品、针织品及原料批发	3 522	2 900	151			2 749		
服装批发	9 440	7 459	108	530	3 357	3 463		
化妆品及卫生用品批发	209	200			200			
家用电器批发	7 325	2 589	100		1 500	989		
其他家庭用品批发	740	700			700			
文化、体育用品及器材批发	6 360	4 310			600	3 710		
文具用品批发	69	10				10		
体育用品及器材批发	569	700			100	600		
图书批发	4 635	2 500			500	2 000		
其他文化用品批发	1 087	1 100				1 100		
医药及医疗器材批发	94 775	79 753	7 110		36 048	36 595		
西药批发	44 441	40 798	5 100		16 128	19 570		
中药批发	34 140	25 416	2 010		17 720	5 686		
医疗用品及器材批发	16 194	13 539			2 200	11 339		
矿产品、建材及化工产品批发	610 132	484 719	353 696	125	94 494	36 404		
煤炭及制品批发	381 143	331 588	288 840	30	29 520	13 198		
石油及制品批发	95 777	44 049	29 450		12 664	1 935		
非金属矿及制品批发	583	1 741	1 541			200		
金属及金属矿批发	82 744	66 689	33 712		14 750	18 227		
建材批发	18 299	19 710			19 000	710		
化肥批发	4 165	2 825		95	2 453	277		
农药批发	354	300	153			147		
其他化工产品批发	27 068	17 817			16 107	1 710		
机械设备、五金产品及电子产品批发	3 470	58 616	15 950		19 656	22 182	240	588
农业机械批发	1 056	1 000				1 000		
汽车批发	-48 924	5 591	1 109		3 182	712		588
汽车零配件批发	3 452	3 245			3 098	148		
摩托车及零配件批发	1 277	1 400			200	1 200		
五金产品批发	63	50				50		
电气设备批发	3 165	2 000				2 000		
计算机、软件及辅助设备批发	9 278	9 216			3 250	5 966		
通讯及广播电视设备批发	8 562	13 677	11 177			2 500		
其他机械设备及电子产品批发	25 540	22 437	3 664		9 926	8 606	240	
贸易经纪与代理	595	439			239	200		
贸易代理	595	439			239	200		
其他批发业	12 480	8 017	800		4 500	2 717		
再生物资回收与批发	5 759	1 887	800			1 087		
其他未列明批发业	6 722	6 130			4 500	1 630		
2.按登记注册类型分								
内资企业	1 097 718	755 428	463 347	1 815	175 949	114 317		
国有企业	285 200	46 478	45 264		1 214			
有限责任公司	687 156	652 602	417 604	1 815	150 594	82 589		
国有独资公司	27 942	42 140	27 800		14 340			
其他有限责任公司	659 214	610 462	389 804	1 815	136 255	82 589		
股份有限公司	75 573	14 579	480		11 149	2 950		
私营企业	49 790	41 769			12 991	28 778		
私营独资企业	1 120	50			50			

注:本表数据为2014年法人口径年报数据。

13-10 续表 3-1　　(2014 年)　　单位:万元

指标名称	所有者权益合计	#实收资本	国家资本	集体资本	法人资本	个人资本	港澳台资本	外商资本
私营有限责任公司	46 544	39 637			11 941	27 696		
私营股份有限公司	2 126	2 082			1 000	1 082		
港、澳、台商投资企业	31	950				710	240	
与港澳台商合资经营企业	31	950				710	240	
外商投资企业	15 370	3 361	1 059		1 714			588
中外合资经营企业	15 370	3 361	1 059		1 714			588
3.按控股情况分								
国有控股	852 032	527 426	460 835	530	65 060	1 000		
集体控股	268	95		95				
私人控股	202 737	176 134	1 471	1 190	81 170	91 475	240	588
其他	58 082	56 084	2 100		31 432	22 552		
4.按经营形式分								
独立门店	487 850	374 716	297 889	1 255	35 623	39 710	240	
连锁总店	262 336	21 294	20 000		1 282	12		
其他	362 933	363 729	146 517	560	140 758	75 305		588
5.按单位规模分								
大型	655 831	368 765	338 028		29 648	500		588
中型	290 635	223 055	101 907	1 690	59 169	60 048	240	
小型	155 372	155 521	24 470	125	78 646	52 280		
微型	11 280	12 399			10 200	2 199		
二、零售业	1 401 683	784 742	354 267	10 695	209 915	167 426	12 286	30 152
1.按零售行业小类分								
综合零售	251 422	101 832	1 600	7 762	72 013	1 629	2 941	15 887
百货零售	240 882	65 529		7 262	45 349	500	1 375	11 042
超级市场零售	10 192	35 965	1 600	500	26 326	1 129	1 566	4 845
其他综合零售	348	338			338			
食品、饮料及烟草制品专门零售	169 551	37 098	90	10	3 583	32 106	1 310	
粮油零售	939	1 100			1 100			
果品、蔬菜零售	55	50			50			
肉、禽、蛋、奶及水产品零售	139 170	13 136			935	12 201		
营养和保健品零售	383	266			266			
酒、饮料及茶叶零售	12 957	12 510			200	11 000	1 310	
烟草制品零售	1 134	1 100	90	10		1 000		
其他食品零售	14 914	8 937			1 032	7 905		
纺织、服装及日用品专门零售	19 871	20 441			14 586	3 535	2 320	
纺织品及针织品零售	365	200			200			
服装零售	3 741	13 365			10 365	3 000		
鞋帽零售	1 471	150			50	100		
化妆品及卫生用品零售	4 283	2 536			216		2 320	
钟表、眼镜零售	8 932	3 493			3 493			
其他日用品零售	1 079	698			263	435		
文化、体育用品及器材专门零售	489 096	302 137	291 247		5 636	4 762	492	
文具用品零售	377	363			313	50		
图书、报刊零售	432 120	287 755	286 420		1 300	35		
音像制品及电子出版物零售	27 445	2 305	150		1 955	200		
珠宝首饰零售	22 549	6 837			1 867	4 478	492	
工艺美术品及收藏品零售	6 404	4 677	4 677					
乐器零售	200	200			200			
医药及医疗器材专门零售	72 924	45 440	19 000		9 032	17 408		
药品零售	71 815	39 855	19 000		3 647	17 208		
医疗用品及器材零售	1 109	5 585			5 385	200		
汽车、摩托车、燃料及零配件专门零售	293 969	210 148	36 126	2 415	67 693	90 024		13 890
汽车零售	253 418	175 672	4 397	2 195	67 123	88 067		13 890
汽车零配件零售	703	600	67			533		
摩托车及零配件零售	−162	200				200		
机动车燃料零售	40 010	33 677	31 662	220	570	1 225		
家用电器及电子产品专门零售	86 985	50 641	1 000	508	28 598	14 937	5 223	375
家用视听设备零售	9 553	1 000			1 000			
日用家电设备零售	14 510	16 133			7 890	8 243		
计算机、软件及辅助设备零售	51 041	21 164	1 000		12 224	2 565	5 000	375
通信设备零售	8 590	9 063			6 221	2 619	223	
其他电子产品零售	3 291	3 280		508	1 262	1 510		
五金、家具及室内装饰材料专门零售	3 242	3 600			1 695	1 905		
灯具零售	106	100			100			

注:本表数据为 2014 年法人口径年报数据。

13-10　续表 3-2　　　　　　　　　（2014 年）　　　　　　　　　单位：万元

指标名称	所有者权益合计	#实收资本	国家资本	集体资本	法人资本	个人资本	港澳台资本	外商资本
家具零售	699	1,655			50	1,605		
涂料零售	500	500			500			
卫生洁具零售	905	600			600			
陶瓷、石材装饰材料零售	916	700			400	300		
其他室内装饰材料零售	116	45			45			
货摊、无店铺及其他零售业	14 623	13 404	5 204		7 080	1 120		
互联网零售	2 513	2 700			2 080	620		
邮购及电视、电话零售	11 517	10 204	5 204		5 000			
其他未列明零售业	593	500				500		
2.按登记注册类型分								
内资企业	1 332 290	727 595	354 267	10 695	195 681	166 951		
国有企业	5 482	3 524	3 524					
集体企业	395	220		220				
股份合作企业	145	100				100		
有限责任公司	826 662	587 357	347 442	2 205	135 420	102 290		
国有独资公司	2 252	1 000	1 000					
其他有限责任公司	824 411	586 357	346 442	2 205	135 420	102 290		
股份有限公司	388 397	61 154	2 400	8 270	33 042	17 442		
私营企业	110 999	75 039	900		27 220	46 919		
私营独资企业	426	290			30	260		
私营有限责任公司	97 850	69 233	900		27 010	41 323		
私营股份有限公司	12 723	5 516			180	5 336		
其他企业	210	200				200		
港、澳、台商投资企业	22 820	21 509			9 223		12 286	
与港澳台商合资经营企业	2 876	2 766			223		2 543	
港澳台商独资企业	19 451	18 251			9 000		9 251	
港澳台商投资股份有限公司	492	492					492	
外商投资企业	46 574	35 638			5 011	475		30 152
中外合资经营企业	10 410	6 654			4 811	475		1 368
外资企业	31 778	22 247						22 247
其他外商投资企业	4 386	6 737			200			6 537
3.按控股情况分								
国有控股	520 308	357 784	347 324	10	9 975	475		
集体控股	913	738		728	10			
私人控股	714 044	313 220	1 343	195	160 837	150 247	223	375
港澳台商控股	36 500	29 254			9 661		12 063	7 530
外商控股	29 913	25 247			3 000			22 247
其他	100 006	58 498	5 600	9 762	26 431	16 704		
4.按经营形式分								
独立门店	383 173	286 963	38 812	3 433	108 833	104 949	10 976	19 960
连锁总店	862 936	416 262	287 450	7 262	74 196	37 162		10 192
连锁门店	3 923	1 080			580	500		
其他	151 652	80 437	28 004		26 307	24 816	1 310	
5.按单位规模分								
大型	909 031	423 067	310 624	7 262	55 781	39 207		10 192
中型	374 604	248 341	34 927	695	110 700	73 860	10 484	17 676
小型	99 772	91 004	8 649	2 230	31 922	46 027	1 802	375
微型	18 276	22 329	67	508	11 513	8 333		1 909
6.按零售业态分								
有店铺零售	1 311 324	744 124	348 913	10 695	190 862	151 438	12 063	30 152
便利店	100	100			100			
超市	6 276	8 267			5 628	2 639		
大型超市	11 325	46 804	1 600	500	26 226	500	2 941	15 037
仓储会员店	31	31			31			
百货店	255 332	67 891	1 233	7 262	52 758	788	5 000	850
专业店	665 444	455 568	341 879	728	40 999	62 238	2 812	6 912
专卖店	361 228	156 825	4 201	2 205	58 938	82 818	1 310	7 354
家居建材商店	1 609	2 255			650	1 605		
购物中心	4 906	3 000			3 000			
厂家直销中心	5 074	3 382			2 532	850		
无店铺零售	90 359	40 618	5 354		19 053	15 988	223	
电视购物	11 517	10 204	5 204		5 000			
邮购	758	800			800			
网上商店	3 394	2 111			1 491	620		
电话购物	72 177	26 408			11 540	14 868		

注：本表数据为 2014 年法人口径年报数据。

13-10 续表 4 (2014 年) 单位:万元

指标名称	营业收入	# 主营业务收入	营业成本	# 主营业务成本	营业税金及附加	# 主营业务税金及附加	其他业务利润	销售费用
总计	**17 014 980**	**16 914 408**	**15 563 958**	**15 489 493**	**83 909**	**82 638**	**82 776**	**657 617**
一、批发业	10 126 638	10 073 786	9 442 519	9 403 674	56 457	55 865	17 568	310 209
1.按批发行业小类分								
农、林、牧产品批发	32 290	32 290	31 585	31 585	45	45		514
谷物、豆及薯类批发	3 907	3 907	3 859	3 859				91
饲料批发	2 964	2 964	2 875	2 875	10	10		13
棉、麻批发	25 419	25 419	24 851	24 851	35	35		410
食品、饮料及烟草制品批发	836 533	832 981	671 370	668 245	30 277	30 266	161	24 220
米、面制品及食用油批发	41 650	41 434	37 414	37 372	164	164		1 221
糕点、糖果及糖批发	7 164	7 164	6 768	6 768	6	6		87
果品、蔬菜批发	17 258	17 258	15 128	15 128	17	17		386
肉、禽、蛋、奶及水产品批发	40 187	40 187	31 762	31 762	279	279		5 653
盐及调味品批发	18 657	15 503	11 248	8 197	111	100	9	2 502
酒、饮料及茶叶批发	34 193	34 171	30 841	30 841	52	52	22	1 833
烟草制品批发	480 860	480 698	356 291	356 260	29 246	29 246	131	5 334
其他食品批发	196 566	196 566	181 917	181 917	403	403		7 204
纺织、服装及家庭用品批发	651 834	651 791	632 011	627 851	566	566	15	11 404
纺织品、针织品及原料批发	110 895	110 852	107 878	106 878	80	80		1 505
服装批发	140 640	140 640	135 635	132 475	34	34	15	2 681
化妆品及卫生用品批发	3 163	3 163	3 066	3 066	0	0		262
家用电器批发	386 993	386 993	375 541	375 541	450	450		6 805
其他家庭用品批发	10 144	10 144	9 892	9 892	2	2		151
文化、体育用品及器材批发	84 316	84 316	77 785	77 785	307	307		2 043
文具用品批发	34 603	34 603	32 867	32 867	185	185		670
体育用品及器材批发	21 018	21 018	19 730	19 730	34	34		656
图书批发	18 679	18 679	16 426	16 426	85	85		
其他文化用品批发	10 016	10 016	8 762	8 762	2	2		717
医药及医疗器材批发	1 258 458	1 257 729	1 042 828	1 042 621	9 197	9 195	869	151 287
西药批发	502 330	501 967	472 340	472 141	1 073	1 071	484	14 446
中药批发	638 503	638 137	465 948	465 948	7 991	7 991	384	132 017
医疗用品及器材批发	117 625	117 625	104 541	104 532	133	133		4 824
矿产品、建材及化工产品批发	5 915 950	5 876 040	5 722 869	5 698 484	14 266	13 729	14 254	57 646
煤炭及制品批发	1 706 128	1 673 296	1 622 290	1 601 332	4 969	4 697	9 996	12 709
石油及制品批发	1 166 011	1 165 988	1 109 084	1 109 060	931	931		37 373
非金属矿及制品批发	12 489	12 382	11 804	11 804	0	0		319
金属及金属矿批发	2 337 626	2 331 660	2 305 900	2 302 495	7 241	7 239	3 249	5 173
建材批发	52 769	52 769	49 886	49 886	503	294		632
化肥批发	37 913	37 913	36 490	36 490	217	217	28	376
农药批发	6 338	6 338	5 892	5 892				193
其他化工产品批发	596 676	595 694	581 525	581 525	406	351	982	871
机械设备、五金产品及电子产品批发	1 257 688	1 249 282	1 182 583	1 175 764	1 470	1 428	2 208	61 311
农业机械批发	8 024	8 024	7 159	7 159				476
汽车批发	702 696	702 210	659 462	659 411	593	552	435	47 575
汽车零配件批发	38 390	38 390	35 738	35 738	108	108		581
摩托车及零配件批发	46 601	46 601	45 101	45 101	26	26		872
五金产品批发	2 019	2 019	1 919	1 919	2	2		56
电气设备批发	48 941	48 941	45 884	45 884	117	117	194	416
计算机、软件及辅助设备批发	44 595	36 909	42 485	35 717	34	34	580	1 022
通讯及广播电视设备批发	53 040	52 847	51 887	51 887	32	32	18	262
其他机械设备及电子产品批发	313 382	313 341	292 949	292 949	557	557	982	10 052
贸易经纪与代理	15 678	15 678	13 970	13 970	5	5		1 213
贸易代理	15 678	15 678	13 970	13 970	5	5		1 213
其他批发业	73 891	73 680	67 519	67 369	324	324	61	572
再生物资回收与批发	50 981	50 771	45 550	45 400	307	307	61	184
其他未列明批发业	22 909	22 909	21 969	21 969	17	17		388
2.按登记注册类型分								
内资企业	9 785 208	9 732 839	9 119 479	9 080 667	56 110	55 559	17 118	300 501
国有企业	530 615	526 981	396 968	393 886	29 532	29 521	139	8 275
有限责任公司	7 864 326	7 816 122	7 420 835	7 385 282	21 466	20 926	16 709	242 787
国有独资公司	1 352 937	1 352 503	1 328 617	1 328 443	461	461	61	6 168
其他有限责任公司	6 511 389	6 463 619	6 092 218	6 056 838	21 005	20 465	16 647	236 619
股份有限公司	728 243	728 219	684 507	684 484	764	764	28	34 222
私营企业	662 024	661 517	617 169	617 015	4 349	4 349	243	15 217
私营独资企业	18 473	18 473	17 141	17 141	17	17		570

注:本表数据为 2014 年法人口径年报数据。

指 标 名 称	营业收入	#主营业务收入	营业成本	#主营业务成本	营业税金及附加	#主营业务税金及附加	其他业务利润	销售费用
私营有限责任公司	603 532	603 025	566 467	566 314	4 125	4 125	243	12 350
私营股份有限公司	40 019	40 019	33 561	33 561	207	207		2 297
港、澳、台商投资企业	9 022	9 001	7 923	7 923	16	16	21	295
与港澳台商合资经营企业	9 022	9 001	7 923	7 923	16	16	21	295
外商投资企业	332 408	331 946	315 117	315 084	331	290	429	9 413
中外合资经营企业	332 408	331 946	315 117	315 084	331	290	429	9 413
3.按控股情况分								
国有控股	6 845 023	6 801 433	6 370 224	6 342 493	43 459	42 908	13 845	213 153
集体控股	3 682	3 682	3 139	3 139	216	216		36
私人控股	2 442 103	2 440 716	2 269 712	2 265 365	6 985	6 944	2 586	83 114
其他	835 829	827 955	799 444	792 676	5 797	5 797	1 138	13 906
4.按经营形式分								
独立门店	2 368 355	2 330 565	2 204 353	2 179 007	14 714	14 440	10 657	33 811
连锁总店	1 348 288	1 348 127	1 192 968	1 192 937	29 820	29 820	131	24 990
其他	6 409 995	6 395 094	6 045 198	6 031 730	11 923	11 604	6 781	251 408
5.按单位规模分								
大型	3 325 576	3 292 941	2 908 786	2 887 652	38 233	37 924	9 648	209 887
中型	5 152 447	5 137 460	4 947 448	4 936 351	9 876	9 595	5 783	80 479
小型	1 527 901	1 522 672	1 466 142	1 459 527	8 347	8 345	2 138	19 386
微型	120 713	120 713	120 144	120 144	1	1		457
二、零售业	6 888 342	6 840 622	6 121 439	6 085 819	27 451	26 773	65 208	347 408
1.按零售行业小类分								
综合零售	1 095 745	1 083 742	935 824	933 886	7 729	7 173	37 413	101 689
百货零售	924 615	917 375	793 704	791 847	6 906	6 530	33 325	79 365
超级市场零售	167 679	162 932	139 184	139 104	805	626	4 087	22 309
其他综合零售	3 451	3 435	2 936	2 936	17	17	1	15
食品、饮料及烟草制品专门零售	183 236	181 362	136 651	135 459	2 312	2 296	5 522	14 204
粮油零售	2 549	2 549	1 912	1 912	7	7		636
果品、蔬菜零售	466	466	341	341	1	1		33
肉、禽、蛋、奶及水产品零售	78 172	76 298	56 357	55 165	525	509	682	6 391
营养和保健品零售	3 643	3 643	2 603	2 603	7	7		74
酒、饮料及茶叶零售	7 798	7 798	6 714	6 714	153	153		447
烟草制品零售	24 930	24 930	21 349	21 349	421	421		189
其他食品零售	65 678	65 678	47 377	47 377	1 197	1 197	4 840	6 436
纺织、服装及日用品专门零售	176 032	175 308	128 345	127 635	1 199	1 199	2 145	36 558
纺织品及针织品零售	7 026	7 026	6 842	6 842	33	33		71
服装零售	87 069	86 346	67 613	66 902	388	388	13	15 994
鞋帽零售	4 871	4 871	3 335	3 335	63	63		533
化妆品及卫生用品零售	44 233	44 233	24 377	24 377	561	561	2 107	16 389
钟表、眼镜零售	21 797	21 797	16 001	16 001	134	134	24	3 234
其他日用品零售	11 035	11 035	10 178	10 178	20	20		338
文化、体育用品及器材专门零售	649 789	644 133	511 200	509 518	1 767	1 767	5 872	28 336
文具用品零售	2 665	2 665	2 421	2 421	1	1		114
图书、报刊零售	549 960	544 517	435 586	433 913	603	603	3 770	24 842
音像制品及电子出版物零售	55 307	55 094	37 846	37 837	463	463	2 051	753
珠宝首饰零售	35 433	35 433	30 903	30 903	688	688		2 130
工艺美术品及收藏品零售	5 526	5 526	3 574	3 574	12	12	51	497
乐器零售	899	899	872	872	1	1		
医药及医疗器材专门零售	879 821	875 186	811 351	802 127	1 458	1 458	783	43 413
药品零售	873 421	868 785	805 450	796 226	1 426	1 426	783	43 181
医疗用品及器材零售	6 401	6 401	5 901	5 901	32	32		233
汽车、摩托车、燃料及零配件专门零售	2 933 245	2 917 460	2 729 103	2 710 916	9 560	9 479	8 656	63 788
汽车零售	2 667 656	2 652 312	2 480 652	2 462 846	8 319	8 239	8 649	58 634
汽车零配件零售	8 773	8 773	7 921	7 921	343	343		43
摩托车及零配件零售	3 520	3 138	3 423	3 044	1	1	3	
机动车燃料零售	253 296	253 237	237 107	237 106	897	897	3	5 110
家用电器及电子产品专门零售	682 160	679 217	626 422	626 249	2 128	2 106	3 119	28 651
家用视听设备零售	140 932	140 932	130 764	130 764	221	221	1 473	5 476
日用家电设备零售	305 019	302 939	288 326	288 163	595	595	568	14 561
计算机、软件及辅助设备零售	145 544	145 504	124 880	124 880	1 115	1 112	243	5 141
通信设备零售	56 756	55 969	53 062	53 061	98	98	691	1 999
其他电子产品零售	33 909	33 874	29 391	29 382	100	80	144	1 475
五金、家具及室内装饰材料专门零售	131 096	130 839	119 745	119 745	581	581	278	3 033
灯具零售	430	430	409	409	0	0		

注:本表数据为 2014 年法人口径年报数据。

(2014 年) 单位:万元

指标名称	营业收入	# 主营业务收入	营业成本	# 主营业务成本	营业税金及附加	# 主营业务税金及附加	其他业务利润	销售费用
家具零售	99 310	99 053	93 373	93 373	398	398	257	1 894
涂料零售	2 962	2 962	2 600	2 600	59	59		111
卫生洁具零售	520	520	347	347	15	15		
陶瓷、石材装饰材料零售	27 463	27 463	22 778	22 778	95	95	20	997
其他室内装饰材料零售	411	411	237	237	13	13	1	32
货摊、无店铺及其他零售业	157 218	153 374	122 798	120 284	719	715	1 421	27 735
互联网零售	6 056	6 056	4 927	4 853	15	15	3	448
邮购及电视、电话零售	148 141	144 297	115 145	112 705	700	700	1 404	27 124
其他未列明零售业	3 021	3 021	2 726	2 726	4		14	164
2.按登记注册类型分								
内资企业	6 134 895	6 094 800	5 467 376	5 432 209	23 243	23 049	38 231	280 327
国有企业	58 213	57 991	51 602	51 593	98	97	70	2 422
集体企业	957	957	707	707	5	5		
股份合作企业	3 164	3 164	2 916	2 916	7	7		120
有限责任公司	4 175 263	4 141 294	3 694 858	3 672 215	15 357	15 184	24 265	198 904
国有独资公司	5 932	5 932	5 332	5 332	16	16		218
其他有限责任公司	4 169 331	4 135 362	3 689 526	3 666 883	15 341	15 168	24 265	198 686
股份有限公司	730 523	728 091	618 468	617 265	4 772	4 756	10 353	35 969
私营企业	1 161 588	1 158 116	1 093 793	1 082 483	2 968	2 964	3 544	42 877
私营独资企业	1 881	1 881	1 466	1 466	33	33	1	205
私营有限责任公司	1 136 239	1 132 773	1 070 417	1 059 179	2 822	2 818	3 538	42 082
私营股份有限公司	23 467	23 462	21 911	21 837	114	114	5	590
其他企业	5 187	5 187	5 031	5 031	36	36		35
港、澳、台商投资企业	381 580	378 721	326 779	326 699	2 914	2 735	24 518	38 098
与港澳台商合资经营企业	26 851	26 851	15 326	15 326	386	386	876	7 151
港澳台商独资企业	354 297	351 438	311 083	311 003	2 495	2 315	23 643	30 848
港澳台商投资股份有限公司	432	432	370	370	33	33		100
外商投资企业	371 867	367 102	327 285	326 911	1 294	990	2 458	28 983
中外合资经营企业	102 195	99 489	90 308	89 937	334	334	1 128	8 302
外资企业	235 309	233 252	207 148	207 148	930	625	1 331	18 736
其他外商投资企业	34 363	34 361	29 828	29 826	31	31		1 945
3.按控股情况分								
国有控股	1 579 922	1 569 601	1 354 804	1 350 656	2 858	2 856	5 471	80 059
集体控股	1 833	1 829	1 485	1 485	9	9		
私人控股	3 916 622	3 891 652	3 578 085	3 549 682	16 487	16 366	25 123	143 654
港澳台商控股	487 016	482 578	420 828	420 377	3 141	2 961	24 518	42 860
外商控股	253 135	249 950	221 264	221 263	1 044	739	2 458	23 461
其他	649 814	645 012	544 974	542 356	3 914	3 842	7 638	57 374
4.按经营形式分								
独立门店	3 537 860	3 523 595	3 203 366	3 193 703	14 590	14 038	18 350	131 714
连锁总店	2 130 191	2 100 867	1 810 797	1 796 576	9 724	9 621	43 910	146 380
连锁门店	34 002	33 954	25 706	25 704	147	147		2 853
其他	1 186 289	1 182 206	1 081 570	1 069 836	2 991	2 967	2 948	66 461
5.按单位规模分								
大型	2 739 298	2 722 174	2 373 831	2 357 447	10 376	10 288	41 936	173 952
中型	3 238 184	3 210 623	2 914 175	2 897 433	12 757	12 220	21 197	146 598
小型	859 881	856 920	786 900	784 486	4 103	4 072	1 975	25 678
微型	50 980	50 905	46 534	46 452	216	193	99	1 180
6.按零售业态分								
有店铺零售	6 248 805	6 205 189	5 554 268	5 530 368	25 116	24 437	62 422	295 051
便利店	496	496	379	379	1	1		32
超市	132 086	131 135	123 588	123 425	198	198	410	5 816
大型超市	208 556	202 383	170 933	170 852	920	741	5 388	36 727
仓储会员店	521	521	450	450	1	1		29
百货店	1 053 688	1 048 161	924 432	922 575	6 927	6 551	33 326	66 929
专业店	2 313 166	2 300 962	2 010 921	2 003 259	6 939	6 935	13 562	107 573
专卖店	2 391 809	2 373 718	2 187 180	2 173 431	9 567	9 473	9 461	74 340
家居建材商店	100 332	100 075	94 155	94 155	416	416	257	1 913
购物中心	13 978	13 978	11 749	11 749	63	63		1 345
厂家直销中心	34 175	33 762	30 480	30 092	84	60	17	346
无店铺零售	639 537	635 433	567 172	555 451	2 336	2 336	2 786	52 357
电视购物	148 141	144 297	115 145	112 705	700	700	1 404	27 124
邮购	1 443	1 443	1 196	1 196	6	6	3	8
网上商店	23 307	23 307	14 037	13 964	175	175	1 232	9 748
电话购物	437 350	437 303	411 991	402 793	1 399	1 399	147	13 258

注:本表数据为 2014 年法人口径年报数据。

(2014年) 单位:万元

指标名称	管理费用	#税金	财务费用	#利息收入	#利息支出	资产减值损失	公允价值变动	投资收益
总　　计	**323 432**	**19 277**	**84 384**	**40 428**	**78 126**	**21 934**	**571**	**52 712**
一、批发业	140 391	10 727	44 354	28 552	50 590	18 396	516	3 072
1.按批发行业小类分								
农、林、牧产品批发	196	9	146	13	144	1	3	
谷物、豆及薯类批发	91	3	125	13	138			
饲料批发	44	5	5		5			
棉、麻批发	61	1	15		1	1	3	
食品、饮料及烟草制品批发	41 311	745	3 022	8 890	7 040	1 062	150	1 746
米、面制品及食用油批发	1 011	84	345	4	253			–74
糕点、糖果及糖批发	4		60					
果品、蔬菜批发	554	96	32		31			
肉、禽、蛋、奶及水产品批发	1 438	5	3	1	3	105		
盐及调味品批发	2 838	72	1 274	2 335	–1 050	30	57	421
酒、饮料及茶叶批发	536	10	32	3	–3			
烟草制品批发	18 844	476	–5 539	5 546				
其他食品批发	16 085	1	6 814	1 000	7 806	927	92	1 399
纺织、服装及家庭用品批发	5 708	132	–1 041	2 624	1 310	150	360	880
纺织品、针织品及原料批发	1 270	9	–20	60				51
服装批发	1 979	38	487	678	1 118		360	594
化妆品及卫生用品批发	14							185
家用电器批发	2 373	77	–1 521	1 885	180	150		51
其他家庭用品批发	71	8	13		12			
文化、体育用品及器材批发	1 894	52	244	1	19			
文具用品批发	357	22	84					
体育用品及器材批发	515	4	34		9			
图书批发	615	25	9	1	10			
其他文化用品批发	407		117					
医药及医疗器材批发	20 920	653	4 573	2 198	3 320	667	3	13
西药批发	9 354	475	2 881	141	1 786	492	3	13
中药批发	9 112	172	1 488	1 963	1 271	175		
医疗用品及器材批发	2 455	6	204	95	264			
矿产品、建材及化工产品批发	55 131	8 314	35 669	11 772	35 342	16 269		2 284
煤炭及制品批发	33 024	5 353	22 254	3 424	21 080	1 377		–2
石油及制品批发	9 684	614	6 874	39	6 237			290
非金属矿及制品批发	323		57					
金属及金属矿批发	7 690	1 287	4 962	7 029	6 034	11 094		1 670
建材批发	707	43	565	19	199			322
化肥批发	170	6	336	328	632			5
农药批发	226	6	1					
其他化工产品批发	3 307	1 004	620	933	1 161	3 798		
机械设备、五金产品及电子产品批发	13 536	710	1 469	3 009	3 124	246		–1 860
农业机械批发	341	3	40		40			
汽车批发	3 517	267	–200	3 001	2 021	–1		46
汽车零配件批发	398	26	82	2	58			
摩托车及零配件批发	511		86		84			
五金产品批发	30	3						
电气设备批发	325	31	51		51			
计算机、软件及辅助设备批发	1 332	11	257	6	87	96		
通讯及广播电视设备批发	960	61	72		106	55		–1 920
其他机械设备及电子产品批发	6 124	308	1 081	1	677	97		14
贸易经纪与代理	499	39	–9	17	9	1	1	
贸易代理	499	39	–9	17	9	1	1	
其他批发业	1 197	75	281	29	282			9
再生物资回收与批发	838	65	253	21	270			
其他未列明批发业	359	10	28	9	12			9
2.按登记注册类型分								
内资企业	136 326	10 464	42 489	27 600	48 431	18 396	516	3 027
国有企业	22 657	597	–4 085	7 885	–1 049	63	57	–1 499
有限责任公司	95 737	8 975	37 375	19 625	43 106	18 183	101	4 227
国有独资公司	7 662	307	2 978	1 130	1 973	1 268		536
其他有限责任公司	88 075	8 668	34 397	18 495	41 134	16 915	101	3 692
股份有限公司	8 082	514	5 752	3	5 261	151	1	359
私营企业	9 851	378	3 448	87	1 113		357	–61
私营独资企业	657		1				357	

注:本表数据为2014年法人口径年报数据。

指标名称	管理费用	#税金	财务费用	#利息收入	#利息支出	资产减值损失	公允价值变动	投资收益
私营有限责任公司	7 668	212	3 331	87	1 097			-61
私营股份有限公司	1 526	167	116		17			
港、澳、台商投资企业	1 055	10	211	1	207			
与港澳台商合资经营企业	1 055	10	211	1	207			
外商投资企业	3 010	253	1 653	951	1 953			46
中外合资经营企业	3 010	253	1 653	951	1 953			46
3.按控股情况分								
国有控股	98 040	8 972	29 310	23 775	39 145	18 175	153	2 287
集体控股	37	2	17	1	2			
私人控股	33 834	1 331	12 578	3 080	10 497	110	362	463
其他	8 480	422	2 449	1 696	947	111	1	322
4.按经营形式分								
独立门店	44 473	6 621	19 481	5 048	20 179	9 468	7	1 520
连锁总店	23 782	912	-5 007	5 546				
其他	72 136	3 194	29 880	17 958	30 411	8 928	509	1 552
5.按单位规模分								
大型	76 798	6 223	14 474	13 415	26 707	1 246	92	1 443
中型	47 940	3 456	20 918	9 932	15 460	7 074	422	-136
小型	15 407	1 045	8 710	5 015	8 188	10 076	2	1 580
微型	246	3	252	190	236			185
二、零售业	183 042	8 549	40 031	11 875	27 536	3 538	55	49 640
1.按零售行业小类分								
综合零售	32 159	1 042	5 787	1 802	6 006	156		48 495
百货零售	21 987	716	5 174	1 746	5 564	25		48 495
超级市场零售	9 685	270	607	56	442	131		
其他综合零售	486	56	7					
食品、饮料及烟草制品专门零售	11 993	1 356	1 196	2 235	1 547	36		297
粮油零售	184		22					
果品、蔬菜零售	31	1	33					
肉、禽、蛋、奶及水产品零售	8 095	207	-1 955	1 969		36		297
营养和保健品零售	12	7	1					
酒、饮料及茶叶零售	210	26	19	2				
烟草制品零售	250	8	62	5				
其他食品零售	3 212	1 107	3 014	259	1 547			
纺织、服装及日用品专门零售	7 850	400	395	275	277	259	4	
纺织品及针织品零售	80		10					
服装零售	3 545	257	414	5	240	235		
鞋帽零售	393	98	10		8	23		
化妆品及卫生用品零售	3 084	1	-100	204	-71			
钟表、眼镜零售	349	27	12	65	52		4	
其他日用品零售	399	17	49	1	49	1		
文化、体育用品及器材专门零售	46 048	2 628	-2 762	3 575	526	865		9
文具用品零售	123	4	1					
图书、报刊零售	42 241	2 340	-3 372	3 396		863		9
音像制品及电子出版物零售	2 116	250	282	44	66			
珠宝首饰零售	906	17	351	110	460			
工艺美术品及收藏品零售	633	15	-23	25		2		
乐器零售	28	2						
医药及医疗器材专门零售	15 326	852	10 240	60	3 830	823		-3
药品零售	15 136	845	10 225	59	3 829	823		-3
医疗用品及器材零售	190	7	15	1	1			
汽车、摩托车、燃料及零配件专门零售	49 428	1 679	22 983	2 838	13 711	128	44	5
汽车零售	44 608	1 533	22 827	2 769	13 670	117	42	-17
汽车零配件零售	207		25	1				
摩托车及零配件零售	211	5						
机动车燃料零售	4 403	141	131	68	42	10	1	22
家用电器及电子产品专门零售	14 993	424	1 681	664	841	929	3	587
家用视听设备零售	2 758	3	109	25				
日用家电设备零售	2 053	86	212	579	316	180		
计算机、软件及辅助设备零售	5 960	302	1 010	47	459	750		679
通信设备零售	1 267	22	323	3	57		3	-92
其他电子产品零售	2 955	11	28	11	9			
五金、家具及室内装饰材料专门零售	3 138	104	426		324	127	5	
灯具零售	18							

注:本表数据为 2014 年法人口径年报数据。

指标名称	管理费用	#税金	财务费用	#利息收入	#利息支出	资产减值损失	公允价值变动	投资收益
家具零售	2 599	70	315		304			
涂料零售	130	10	31		10			
卫生洁具零售	83	1	2		2			
陶瓷、石材装饰材料零售	257	17	64		7	126	3	
其他室内装饰材料零售	51	5	14		1	1	1	
货摊、无店铺及其他零售业	2 107	65	85	426	474	216		249
互联网零售	608	12	31		3			
邮购及电视、电话零售	1 387	44	52	425	472	216		249
其他未列明零售业	112	10	2					
2.按登记注册类型分								
内资企业	165 345	8 244	39 541	10 199	26 627	3 413	55	49 634
国有企业	1 928	46	19	43	50	10	1	
集体企业	29		4					
股份合作企业	50	1	6					
有限责任公司	113 035	5 981	22 211	6 847	16 471	2 446	38	778
国有独资公司	162	13	–66	–66		23		
其他有限责任公司	112 873	5 968	22 277	6 913	16 471	2 422	38	778
股份有限公司	33 028	1 345	6 534	2 329	7 083	899	–12	48 958
私营企业	17 255	870	10 747	980	3 023	57	26	–102
私营独资企业	139	49	8		8			
私营有限责任公司	16 640	808	10 598	974	2 938	57	26	–102
私营股份有限公司	476	13	140	5	77			
其他企业	20	2	21		1	1	2	
港、澳、台商投资企业	5 659	32	440	305	–75			
与港澳台商合资经营企业	2 315		–108	201	–75			
港澳台商独资企业	3 332	31	548	104				
港澳台商投资股份有限公司	12	1						
外商投资企业	12 037	273	49	1 372	985	126		6
中外合资经营企业	1 743	114	292	77	294	–27		6
外资企业	8 081	146	–359	1 292	584	153		
其他外商投资企业	2 213	14	117	3	107			
3.按控股情况分								
国有控股	63 848	3 057	406	3 912	4 222	1 897	–12	278
集体控股	117	1	3	4	2			
私人控股	82 178	4 190	34 724	5 847	19 788	1 271	63	48 868
港澳台商控股	8 617	46	634	376	117	–27		
外商控股	8 684	259	–196	1 300	745	153		
其他	19 598	997	4 459	436	2 661	245	4	494
4.按经营形式分								
独立门店	73 347	2 977	22 934	4 816	14 037	663	47	129
连锁总店	87 763	4 358	7 217	6 449	9 778	1 159	4	48 554
连锁门店	5 083	26	131	12			4	
其他	16 848	1 188	9 749	598	3 722	1 716		957
5.按单位规模分								
大型	98 172	5 244	13 990	6 672	10 843	2 824		49 720
中型	64 340	2 085	21 238	4 676	13 833	421	49	–79
小型	18 838	1 166	4 521	514	2 644	292	3	–2
微型	1 693	56	282	13	217	2	3	
6.按零售业态分								
有店铺零售	172 068	7 818	32 537	11 297	25 920	2 596	55	48 717
便利店	47		1					
超市	1 930	181	–225	521	49	1		
大型超市	9 503	165	825	74	639	154		
仓储会员店	21	10						
百货店	25 491	778	7 211	2 243	7 130	2		48 643
专业店	83 159	4 820	8 726	4 299	7 374	1 933	38	–102
专卖店	46 895	1 611	15 542	4 031	10 177	506	17	177
家居建材商店	2 693	72	340		306			
购物中心	125	1	–52	53	1			
厂家直销中心	2 204	181	170	77	244			
无店铺零售	10 974	731	7 494	578	1 616	942		922
电视购物	1 387	44	52	425	472	216		249
邮购	220	3						
网上商店	1 303	10	41	1	13			
电话购物	7 187	614	7 312	116	1 123	726		673

注:本表数据为 2014 年法人口径年报数据。

13-10 续表 6　　(2014 年)　　单位:万元

指标名称	营业利润	营业外收入	#补贴收入	利润总额	应交所得税	应付职工薪酬(本年贷方累计发生额)	应交增值税	从事批发和零售业活动的从业人员平均人数(人)
总计	**335 013**	**98 368**	**24 451**	**405 653**	**76 698**	**442 234**	**312 293**	**60 302**
一、批发业	118 482	22 574	16 359	136 523	39 561	249 201	176 527	21 052
1.按批发行业小类分								
农、林、牧产品批发	65	271	271	65	14	275	2 588	73
谷物、豆及薯类批发		271	271	12	3	78	2	14
饲料批发	16				7	55	44	11
棉、麻批发	48			53	4	143	2 542	48
食品、饮料及烟草制品批发	67 168	12 522	9 883	74 633	21 330	32 766	27 845	3 523
米、面制品及食用油批发	1 419	6	5	814	17	777	817	269
糕点、糖果及糖批发	240	14		−4	2	73	22	19
果品、蔬菜批发	1 142			1 142	16	291	100	85
肉、禽、蛋、奶及水产品批发	948	31		958	101	1 334	945	384
盐及调味品批发	1 131	1 511		2 312	587	3 903	4 371	197
酒、饮料及茶叶批发	898	48		945	236	1 247	370	396
烟草制品批发	76 684	350	324	76 915	19 719	18 172	20 439	922
其他食品批发	−15 294	10 563	9 554	−8 449	652	6 971	781	1 251
纺织、服装及家庭用品批发	4 291	203	151	4 483	986	15 800	22 125	1 064
纺织品、针织品及原料批发	234	43	42	267	31	561	7 946	126
服装批发	791	126	109	910	157	1 233	12 206	345
化妆品及卫生用品批发	4			4		8	3	4
家用电器批发	3 247	33		3 279	793	3 155	1 952	571
其他家庭用品批发	15			23	5	10 844	18	18
文化、体育用品及器材批发	2 048	1		1 987	151	1 045	940	296
文具用品批发	439			442		179	485	32
体育用品及器材批发	49	1		48	6	397	183	134
图书批发	1 544			1 503	140	214	253	49
其他文化用品批发	16			−5	5	255	19	81
医药及医疗器材批发	29 003	758	436	29 899	4 252	62 549	29 484	9 435
西药批发	1 760	290	155	2 410	413	7 842	9 023	1 750
中药批发	21 774	464	281	22 023	3 794	53 655	19 722	7 420
医疗用品及器材批发	5 469	5		5 466	46	1 053	739	265
矿产品、建材及化工产品批发	16 671	7 083	4 693	26 015	10 357	123 098	76 393	3 786
煤炭及制品批发	9 575	6 437	4 209	19 766	8 409	102 250	31 449	922
石油及制品批发	2 355	31		987	1 195	12 764	25 736	1 710
非金属矿及制品批发	−15			−15		587	1 420	110
金属及金属矿批发	−2 549	587	479	−2 086	588	3 986	9 354	443
建材批发	799			806	5	2 107	5 486	383
化肥批发	329	2		358	31	141		43
农药批发	26			26	7	242		30
其他化工产品批发	6 150	26	5	6 173	122	1 021	2 949	145
机械设备、五金产品及电子产品批发	−4 771	1 650	921	−4 512	1 484	11 765	12 316	2 592
农业机械批发	10			10	3	189		60
汽车批发	−8 204	1 338	868	−7 032	1 062	6 097	4 556	581
汽车零配件批发	1 483	27	27	1 510	104	252	724	86
摩托车及零配件批发	4			−4	9	293	219	72
五金产品批发	12			12	3	17	2	5
电气设备批发	2 148	147		2 296	33	207	830	37
计算机、软件及辅助设备批发	−631	102		−529	14	674	153	168
通讯及广播电视设备批发	−2 129	2		−2 128	16	472	−263	181
其他机械设备及电子产品批发	2 536	34	26	1 354	240	3 563	6 095	1 402
贸易经纪与代理	1				3	403	81	91
贸易代理	1				3	403	81	91
其他批发业	4 008	87	3	3 952	986	1 500	4 757	192
再生物资回收与批发	3 849	3	3	3 704	939	1 288	4 660	157
其他未列明批发业	158	83		249	47	212	98	35
2.按登记注册类型分								
内资企业	116 031	21 245	15 487	132 772	38 504	244 210	173 987	20 626
国有企业	75 765	1 894	324	77 512	20 306	23 242	25 821	1 486
有限责任公司	32 851	19 130	15 078	50 165	17 123	201 896	117 391	15 574
国有独资公司	6 320	910	3	6 839	970	5 844	19 808	637
其他有限责任公司	26 531	18 220	15 075	43 326	16 154	196 052	97 583	14 937
股份有限公司	−4 874	81		−5 665	658	12 523	8 791	1 693
私营企业	12 289	140	85	10 761	416	6 549	21 984	1 873
私营独资企业	442	7		449	96	144	4 038	30

注:本表数据为 2014 年法人口径年报数据。

(2014 年)

单位:万元

指标名称	营业利润	营业外收入	#补贴收入	利润总额	应交所得税	应付职工薪酬(本年贷方累计发生额)	应交增值税	从事批发和零售业活动的从业人员平均人数(人)
私营有限责任公司	9 534	124	85	9 600	320	6 113	16 317	1 540
私营股份有限公司	2 313	9		712		292	1 629	303
港、澳、台商投资企业	–478	3	3	–503		667	147	124
与港澳台商合资经营企业	–478	3	3	–503		667	147	124
外商投资企业	2 929	1 327	868	4 254	1 057	4 323	2 394	302
中外合资经营企业	2 929	1 327	868	4 254	1 057	4 323	2 394	302
3.按控股情况分								
国有控股	75 362	19 930	15 276	94 403	33 717	201 999	110 946	12 646
集体控股	237			237		10		11
私人控股	36 853	2 484	1 075	34 043	3 729	41 541	53 658	6 767
其他	6 031	160	8	7 841	2 115	5 651	11 924	1 628
4.按经营形式分								
独立门店	43 605	5 932	4 513	49 632	11 563	110 290	68 895	3 184
连锁总店	81 736	384	324	81 394	20 279	28 552	41 304	2 337
其他	–6 859	16 258	11 522	5 497	7 719	110 360	66 329	15 531
5.按单位规模分								
大型	77 688	18 339	15 304	93 184	30 916	191 245	72 541	11 243
中型	39 246	2 680	535	41 389	7 553	38 642	83 273	7 563
小型	1 743	1 538	502	2 122	1 091	8 396	20 664	2 190
微型	–196	18	18	–172	1	10 918	50	56
二、零售业	216 530	75 793	8 092	269 129	37 137	193 033	135 766	39 250
1.按零售行业小类分								
综合零售	60 897	3 871	1	70 342	5 382	38 005	18 591	12 572
百货零售	65 948	3 339		72 393	5 293	29 588	16 176	9 934
超级市场零售	–5 042	532	1	–2 042	67	8 275	2 360	2 573
其他综合零售	–10			–10	23	143	55	65
食品、饮料及烟草制品专门零售	17 141	329	288	14 006	2 259	11 735	4 048	2 025
粮油零售	–213	10	10	–204		304	53	54
果品、蔬菜零售	27			27		25		6
肉、禽、蛋、奶及水产品零售	9 021	21		9 043	1 350	3 625	34	245
营养和保健品零售	946			946		29		9
酒、饮料及茶叶零售	256	1		257	56	246	280	64
烟草制品零售	2 660			2 660	660	219	970	33
其他食品零售	4 443	296	278	1 276	193	7 288	2 710	1 614
纺织、服装及日用品专门零售	1 430	2 152	898	4 667	3 016	9 907	6 858	2 449
纺织品及针织品零售	–10			–10		101		25
服装零售	–1 120	249	8	–967	63	5 266	1 729	1 274
鞋帽零售	514			559	110	439	1 224	150
化妆品及卫生用品零售	–76	1 864	890	2 923	2 457	2 596	2 836	590
钟表、眼镜零售	2 072	39		2 111	379	1 239	985	312
其他日用品零售	51			51	7	267	84	98
文化、体育用品及器材专门零售	64 395	6 740	5 519	63 623	14 718	38 158	7 155	4 014
文具用品零售	5			5	1	135	21	54
图书、报刊零售	49 207	6 554	5 519	50 397	12 589	33 786	768	3 515
音像制品及电子出版物零售	13 847			11 324	1 825	2 634	5 355	149
珠宝首饰零售	456	15		866	304	1 267	892	233
工艺美术品及收藏品零售	882	170		1 033		326	113	59
乐器零售	–1			–1		9	6	4
医药及医疗器材专门零售	–2 793	117		9 406	1 974	27 337	5 091	5 516
药品零售	–2 823	117		9 378	1 974	26 741	5 053	5 467
医疗用品及器材零售	31			28		596	39	49
汽车、摩托车、燃料及零配件专门零售	59 497	60 219	54	73 737	8 107	43 109	76 531	7 328
汽车零售	53 864	60 169	54	61 698	7 489	38 804	70 717	6 474
汽车零配件零售	234			230	59	106	363	27
摩托车及零配件零售	–114			–114		32	10	11
机动车燃料零售	5 513	50		11 923	560	4 168	5 441	816
家用电器及电子产品专门零售	8 089	1 129	741	24 439	862	18 687	7 440	4 056
家用视听设备零售	1 604	105		1 661		3 165	1 031	1 054
日用家电设备零售	–908	37		14 309	66	6 712	3 991	1 696
计算机、软件及辅助设备零售	7 367	982	741	8 433	767	5 452	1 566	487
通信设备零售	–80	0		–58	8	1 133	340	256
其他电子产品零售	106	4		94	22	2 226	512	563
五金、家具及室内装饰材料专门零售	4 051	337	1	4 387	83	1 184	5 084	395
灯具零售	3			3		16	2	6

注:本表数据为 2014 年法人口径年报数据。

指 标 名 称	营业利润	营业外收入	#补贴收入	利润总额	应交所得税	应付职工薪酬(本年贷方累计发生额)	应交增值税	从事批发和零售业活动的从业人员平均人数(人)
家具零售	731	324	1	1 051	65	754	4 780	263
涂料零售	31			31	11	80	40	22
卫生洁具零售	73	1		74		148	1	48
陶瓷、石材装饰材料零售	3 148	12		3 165	2	152	220	46
其他室内装饰材料零售	65			64	5	34	41	10
货摊、无店铺及其他零售业	3 822	900	590	4 523	735	4 910	4 968	895
互联网零售	28			5	10	400	86	111
邮购及电视、电话零售	3 767	900	590	4 490	719	4 402	4 847	758
其他未列明零售业	28			28	7	109	35	26
2.按登记注册类型分								
内资企业	206 742	73 337	8 068	234 353	33 212	169 153	125 641	32 544
国有企业	2 202	5		2 227	370	1 744	2 330	360
集体企业	212			212		64	6	46
股份合作企业	65			65		91	4	34
有限责任公司	130 560	69 426	6 460	139 902	24 623	120 278	74 129	21 173
国有独资公司	246	200		446		218	97	23
其他有限责任公司	130 314	69 226	6 460	139 456	24 623	120 060	74 032	21 150
股份有限公司	79 798	2 634	741	85 390	6 005	27 006	18 612	6 278
私营企业	−6 142	1 272	867	6 521	2 211	19 886	30 040	4 639
私营独资企业	31	65		97	31	143	27	81
私营有限责任公司	−6 410	1 207	867	6 187	2 138	19 034	29 799	4 345
私营股份有限公司	237			237	42	709	214	213
其他企业	45			36	3	84	519	14
港、澳、台商投资企业	7 689	2 158	23	16 030	2 416	8 590	6 483	3 424
与港澳台商合资经营企业	1 782	998	23	2 779	2 384	572	1 634	152
港澳台商独资企业	5 991	1 160		13 334	32	8 013	4 845	3 257
港澳台商投资股份有限公司	−84			−84		4	4	15
外商投资企业	2 099	299		18 746	1 508	15 291	3 643	3 282
中外合资经营企业	1 249	78		1 320	805	3 748	75	580
外资企业	620	144		16 973	703	10 923	3 559	2 622
其他外商投资企业	230	77		454		620	9	80
3.按控股情况分								
国有控股	76 237	63 233	6 109	87 040	16 131	62 264	14 855	8 814
集体控股	220	4		220	1	95	15	54
私人控股	110 531	8 928	1 959	133 205	13 185	81 905	97 515	16 267
港澳台商控股	10 964	2 310	23	19 605	3 211	10 697	6 426	3 595
外商控股	−1 274	144		15 072	703	12 771	3 561	3 002
其他	19 852	1 174		13 989	3 907	25 303	13 395	7 518
4.按经营形式分								
独立门店	92 667	62 695	233	78 470	15 375	68 173	96 534	13 812
连锁总店	115 708	10 465	5 642	148 861	18 038	95 159	27 573	20 291
连锁门店	86	47		2 780	−20	1 190	586	890
其他	8 069	2 585	2 216	39 019	3 744	28 511	11 073	4 257
5.按单位规模分								
大型	115 875	11 805	6 973	162 188	20 150	106 917	27 468	21 426
中型	79 964	30 414	896	86 331	14 192	69 852	95 297	14 228
小型	19 581	33 570	223	19 571	2 725	14 847	12 672	3 284
微型	1 111	4		1 040	70	1 417	330	312
6.按零售业态分								
有店铺零售	217 201	73 270	5 884	253 694	34 754	177 083	126 836	36 738
便利店	36			36		22		6
超市	778	445		822	221	3 649	948	1 256
大型超市	−10 506	137	1	−7 115	−83	12 133	2 700	3 870
仓储会员店	20			5		30	10	27
百货店	72 557	3 338		78 339	5 473	26 771	17 095	8 737
专业店	93 858	63 821	5 673	110 738	20 160	88 360	53 613	14 538
专卖店	57 990	5 011	54	67 931	8 442	43 518	47 045	7 764
家居建材商店	814	325	1	1 136	65	948	4 781	269
购物中心	747	39		787	172	381	383	93
厂家直销中心	906	155	155	1 017	304	1 272	261	178
无店铺零售	−671	2 523	2 208	15 436	2 383	15 950	8 930	2 512
电视购物	3 767	900	590	4 490	719	4 402	4 847	758
邮购	13			11	3	63	48	28
网上商店	−1 996	867	867	79	28	2 600	1 306	565
电话购物	−3 705	756	751	9 645	1 327	7 949	2 160	976

注：本表数据为 2014 年法人口径年报数据。

13-11 限额以上住宿和餐饮业法人财务状况

(2014年)

单位:万元

指标名称	法人企业数(个)	执行《2006年企业会计准则》企业数(个)	年初存货	流动资产合计			固定资产合计	固定资产原价
					应收帐款	存货		
总　计	**149**	**111**	**13 495**	**200 279**	**23 401**	**15 210**	**213 788**	**341 207**
一、住宿业	88	69	8 005	134 509	16 744	9 081	180 802	293 111
1.按住宿业行业小类分								
旅游饭店	51	45	5 217	88 010	9 703	6 202	116 346	219 210
一般旅馆	35	22	2 682	45 243	7 041	2 759	64 239	73 425
其他住宿业	2	2	106	1 256	1	121	217	476
2.按登记注册类型分								
内资企业	80	61	6 920	117 819	15 970	8 180	151 710	235 399
国有企业	13	11	2 869	27 576	6 820	1 305	59 658	91 108
有限责任公司	36	26	3 001	52 399	2 358	3 211	80 046	123 709
国有独资公司	1		6	75	1	4	5	6
其他有限责任公司	35	26	2 995	52 324	2 357	3 208	80 041	123 703
股份有限公司	3	3	83	596	6	76	754	2 152
私营企业	27	21	967	37 225	6 786	3 588	11 250	18 424
私营有限责任公司	24	19	956	35 953	6 724	3 573	7 995	13 502
私营股份有限公司	3	2	12	1 272	62	15	3 255	4 923
其他企业	1			22			3	5
港澳台商投资企业	2	2	498	2 201	184	470	10 425	13 916
与港澳台商合资经营企业	1	1	404	1 779	64	390	2 373	2 594
与港澳台商合作经营企业	1	1	95	422	120	80	8 052	11 322
外商投资企业	6	6	588	14 489	590	431	18 667	43 796
中外合资经营企业	3	3	135	10 168	160	125	7 563	10 235
外资企业	2	2	446	3 845	416	306	11 076	33 534
外商投资股份有限公司	1	1	7	476	13		28	28
3.按控股情况分								
国有控股	20	16	3 433	33 301	7 360	1 832	82 162	134 093
集体控股	2		25	695	18	28	5 389	10 132
私人控股	50	38	2 614	79 088	8 355	5 243	29 733	53 224
港澳台商控股	1	1	95	422	120	80	8 052	11 322
外商控股	5	5	571	14 445	588	423	18 399	43 086
其他	10	9	1 267	6 559	303	1 476	37 067	41 254
4.按经营形式分								
独立门店	80	63	6 439	126 540	16 753	8 337	175 372	283 061
连锁总店	2	1	849	3 916	36	3	1 221	2 708
连锁门店	3	3	26	1 926	-69	35	299	1 144
其他	3	2	691	2 127	24	707	3 910	6 197
5.按单位规模分								
大型								
中型	20	17	5 391	91 779	7 205	3 240	130 282	212 893
小型	65	52	2 601	42 053	9 534	5 822	50 504	80 156
微型	3		13	677	5	19	15	62
6.按星级分								
五星	6	5	2 598	46 480	2 314	1 209	47 306	100 361
四星	18	15	1 126	38 694	4 952	2 655	41 367	78 144
三星	14	11	253	13 648	1 734	1 047	5 309	10 763
二星	1	1	8	121		7	581	1 255
其他	49	37	4 021	35 566	7 743	4 164	86 238	102 588

注:本表数据为2014年法人口径年报数据。

指标名称	法人企业数(个)	执行《2006年企业会计准则》企业数(个)	年初存货	流动资产合计	应收帐款	存货	固定资产合计	固定资产原价
二、餐饮业	61	42	5 489	65 770	6 657	6 129	32 987	48 096
1.按餐饮行业小类分								
正餐服务	57	39	3 495	62 482	6 564	3 510	27 730	42 311
快餐服务	4	3	1 994	3 288	93	2 619	5 257	5 785
2.按登记注册类型分								
内资企业	54	37	3 162	42 604	6 228	3 169	26 645	39 668
国有企业	1		77	256		91	102	177
集体企业	1	1	35	35		32	31	31
股份合作企业	3	2	85	3 297	272	80	186	829
有限责任公司	30	21	2 219	29 005	5 293	2 302	19 462	28 178
其他有限责任公司	30	21	2 219	29 005	5 293	2 302	19 462	28 178
股份有限公司	1	1	3	27	19	3	498	550
私营企业	18	12	744	9 984	644	661	6 366	9 903
私营独资企业	1		7	69		10	34	115
私营合伙企业	16	11	701	9 834	579	636	6 282	9 698
私营有限责任公司	1	1	36	81	65	15	50	90
私营股份有限公司	4	3	361	20 355	355	326	1 138	2 970
港澳台商投资企业	3	2	316	20 216	299	289	713	2 319
与港澳台商合资经营企业	1	1	46	139	56	37	426	651
港澳台商投资股份有限公司	3	2	1 966	2 811	74	2 634	5 204	5 459
外商投资企业	1	1	13	103	2	16	41	190
中外合资经营企业	1	1	1 879	2 612	64	2 549	4 873	4 873
外资企业	1		74	96	8	69	290	396
外商投资股份有限公司								
3.按控股情况分	2	1	96	583	134	131	6 708	7 300
国有控股	1	1	35	35		32	31	31
集体控股	47	32	2 821	37 741	3 115	2 772	18 967	30 831
私人控股	3	2	154	2 554	88	95	540	1 214
港澳台商控股	2	1	1 953	2 708	72	2 618	5 163	5 269
外商控股	6	5	432	22 147	3 248	482	1 577	3 452
其他								
4.按经营形式分	51	33	2 129	30 262	3 921	1 827	20 545	31 490
独立门店	7	7	3 272	33 857	2 155	4 199	11 971	15 403
连锁总店	1		37	487	2		51	189
连锁门店	2	2	51	1 164	579	104	419	1 015
其他								
5.按单位规模分	2	2	1 879	6 861	86	2 685	8 071	8 547
大型	8	5	1 690	29 942	4 063	1 789	5 871	8 687
中型	49	34	1 920	27 717	2 397	1 547	17 326	28 848
小型	2	1		1 249	110	109	1 719	2 015
微型								

注:本表数据为 2014 年法人口径年报数据。

13-11 续表2 (2014年) 单位:万元

指标名称	累计折旧	本年折旧	在建工程	资产总计	流动负债合计	应付帐款	非流动负债合计	负债合计
总计	**127 625**	**16 190**	**43 250**	**562 925**	**282 978**	**57 257**	**110 333**	**393 312**
一、住宿业	112 309	13 623	32 718	413 937	176 829	41 608	108 682	285 511
1.按住宿行业小类分								
旅游饭店	102 865	10 250	2 933	258 032	101 765	24 534	68 153	169 918
一般旅馆	9 186	3 284	29 785	154 375	74 998	17 074	40 529	115 528
其他住宿服务	259	90		1 530	66			66
2.按登记注册类型分								
内资企业	83 689	10 949	32 703	357 790	159 726	39 077	90 988	250 714
国有企业	31 451	2 775	1 990	93 830	24 054	7 887	6 357	30 410
有限责任公司	43 663	6 392	6 233	183 462	87 972	21 508	57 141	145 113
国有独资公司	1	1		80	27	23		27
其他有限责任公司	43 661	6 391	6 233	183 382	87 945	21 486	57 141	145 086
股份有限公司	1 398	175		1 463	624	164		624
私营企业	7 175	1 606	24 480	79 011	47 076	9 517	27 490	74 566
私营有限责任公司	5 507	1 332	24 480	73 553	41 406	9 496	27 309	68 715
私营股份有限公司	1 668	274		5 458	5 670	21	181	5 851
其他企业	3	1		25	1			1
港澳台商投资企业	3 491	509		19 728	2 709	5		2 709
与港澳台商合资经营企业	221	109		4 152	105	26		105
与港澳台商合作经营企业	3 270	400		15 576	2 603	–21		2 603
外商投资企业	25 129	2 165	15	36 419	14 394	2 526	17 695	32 088
中外合资经营企业	2 672	622	14	18 809	4 901	1 908	14 750	19 651
外资企业	22 458	1 543	1	17 105	8 943	618	2 945	11 887
外商投资股份有限公司				504	550			550
3.按控股情况分								
国有控股	51 931	4 443	1 994	126 672	30 747	9 083	6 357	37 104
集体控股	4 743	459	6 142	25 493	14 999	38	1 189	16 188
私人控股	23 491	4 024	24 580	160 406	88 389	20 124	70 338	158 726
港澳台商控股	3 270	400		15 576	2 603	–21		2 603
外商控股	24 687	2 062	1	36 062	13 836	2 362	17 695	31 531
其他	4 187	2 234		49 727	26 255	10 023	13 104	39 359
4.按经营形式分								
独立门店	107 690	12 709	32 718	396 658	165 423	40 173	108 675	274 098
连锁总店	1 487	351		7 114	3 374	186	8	3 382
连锁门店	845	101		3 149	1 462	274		1 462
其他	2 287	462		7 015	6 570	976		6 570
5.按单位规模分								
大型								
中型	82 611	7 890	24 925	272 633	86 456	23 508	105 534	191 990
小型	29 652	5 710	1 650	134 458	83 265	18 088	3 149	86 414
微型	47	23	6 142	6 846	7 108	11		7 108
6.按星级分								
五星	53 054	3 303	24 756	131 178	30 255	5 968	77 143	107 398
四星	36 777	4 266	1 107	107 938	47 247	9 827	17 665	64 912
三星	5 454	667		19 617	16 849	7 203		16 849
二星	673	61		702	420	1		420
其他	16 351	5 327	6 855	154 501	82 057	18 609	13 875	95 933

注:本表数据为2014年法人口径年报数。

指标名称	累计折旧	#本年折旧	在建工程	资产总计	流动负债合计	#应付帐款	非流动负债合计	负债合计
二、餐饮业	15 316	2 567	10 532	148 988	106 149	15 649	1 651	107 800
1.按餐饮行业小类分								
正餐服务	14 787	2 518	8 485	127 292	91 986	13 327	1 364	93 350
快餐服务	529	49	2 047	21 697	14 164	2 322	287	14 450
2.按登记注册类型分								
内资企业	13 229	2 519	8 529	105 812	70 911	12 171	1 558	72 469
国有企业	75	14		600	205		117	322
集体企业				66	31	24		31
股份合作企业	643	58		3 954	4 611	98		4 611
有限责任公司	8 922	1 610	6 613	62 733	39 571	8 794	775	40 347
其他有限责任公司	8 922	1 610	6 613	62 733	39 571	8 794	775	40 347
股份有限公司	52	2		525	29	22	464	493
私营企业	3 536	835	1 916	37 935	26 464	3 233	202	26 666
私营独资企业	81	10		196	28	9	79	107
私营合伙企业	3 415	787	1 916	37 479	26 435	3 224	124	26 559
私营有限责任公司	40	38		260				
私营股份有限公司	1 832	45		22 274	21 201	1 027	55	21 256
港澳台商投资企业	1 606	32		21 709	21 110	941	55	21 165
与港澳台商合资经营企业	226	13		565	91	86		91
港澳台商投资股份有限公司	255	4	2 004	20 902	14 037	2 451	38	14 075
外商投资企业	149			144	16	13		16
中外合资经营企业			1 991	20 112	13 685	2 280	38	13 723
外资企业	106	4	13	647	337	158		337
外商投资股份有限公司								
3.按控股情况分	592	275	82	8 043	7 822	146	117	7 939
国有控股				66	31	24		31
集体控股	12 070	2 033	8 447	90 705	58 374	11 360	1 442	59 815
私人控股	673	45		3 366	609	101	55	665
港澳台商控股	106	4	2 004	20 759	14 022	2 438	38	14 060
外商控股	1 875	211		26 050	25 292	1 579		25 292
其他								
4.按经营形式分	11 151	1 843	2 308	78 619	64 098	7 577	1 154	65 252
独立门店	3 432	658	8 224	67 870	41 197	7 732	497	41 693
连锁总店	138	11		904	217			217
连锁门店	596	56		1 595	639	340		639
其他								
5.按单位规模分	477	477	1 991	30 386	18 031	6 250	148	18 179
大型	2 816	591	5 939	61 600	48 707	3 284	217	48 923
中型	11 728	1 324	2 603	53 666	35 503	2 833	977	36 479
小型	296	177		3 337	3 909	3 282	310	4 219
微型								

注：本表数据为 2014 年法人口径年报数。

单位:万元

指标名称	所有者权益合计	#实收资本	国家资本	集体资本	法人资本	个人资本	港澳台资本	外商资本
总　计	**169 613**	**198 699**	**83 062**	**4 563**	**50 216**	**39 953**	**4 741**	**16 164**
一、住宿业	128 425	155 681	82 531	4 500	30 872	20 525	3 877	13 376
1.按住宿行业小类分								
旅游饭店	88 114	106 282	58 504	4 000	18 880	11 522		13 376
一般旅馆	38 848	47 911	24 027	500	11 992	7 515	3 877	
其他住宿服务	1 464	1 489				1 489		
2.按登记注册类型分								
内资企业	107 076	135 246	82 531	4 500	27 690	20 525		
国有企业	63 419	44 007	44 007					
有限责任公司	38 348	75 868	38 523	4 500	23 371	9 473		
国有独资公司	53	40			40			
其他有限责任公司	38 295	75 828	38 523	4 500	23 331	9 473		
股份有限公司	839	839			339	500		
私营企业	4 445	14 517			3 980	10 537		
私营有限责任公司	4 838	13 617			3 780	9 837		
私营股份有限公司	−393	900			200	700		
其他企业	24	15				15		
港澳台商投资企业	17 019	6 198			2 321		3 877	
与港澳台商合资经营企业	4 046	4 128			251		3 877	
与港澳台商合作经营企业	12 973	2 070			2 070			
外商投资企业	4 330	14 237			861			13 376
中外合资经营企业	−842	1 952			861			1 091
外资企业	5 218	12 085						12 085
外商投资股份有限公司	−46	200						200
3.按控股情况分								
国有控股	89 568	84 581	82 331		2 250			
集体控股	9 306	8 500		4 500	4 000			
私人控股	1 680	31 992			12 971	19 022		
港澳台商控股	12 973	2 070			2 070			
外商控股	4 531	14 187			811			13 376
其他	10 368	14 351	200		8 771	1 504	3 877	
4.按经营形式分								
独立门店	122 561	151 752	82 331	4 500	28 832	18 837	3 877	13 376
连锁总店	3 732	441			441			
连锁门店	1 687	2 100			1 600	500		
其他	445	1 389	200			1 189		
5.按单位规模分								
大型								
中型	80 643	101 753	67 625		12 412	8 774		12 943
小型	48 045	53 313	14 906	4 000	18 361	11 737	3 877	433
微型	−262	615		500	100	15		
6.按星级分								
五星	23 780	60 085	39 199		1 960	6 974		11 952
四星	43 026	32 565	15 114	4 000	7 330	4 930		1 191
三星	2 768	8 287	1 521		2 720	3 946		100
二星	283	300	300					
其他	58 569	54 444	26 397	500	18 862	4 676	3 877	133

注:本表数据为2014年法人口径年报数。

13-11 续表 3-1 （2014 年） 单位：万元

指标名称	所有者权益合计	#实收资本						
			国家资本	集体资本	法人资本	个人资本	港澳台资本	外商资本
二、餐饮业	41 188	43 018	532	63	19 344	19 427	864	2 788
1.按餐饮行业小类分								
正餐服务	33 942	40 414	532	63	18 849	19 427	864	679
快餐服务	7 246	2 604			495			2 109
2.按登记注册类型分								
内资企业	33 343	36 080	532	63	16 058	19 427		
国有企业	278	232	232					
集体企业	35	63		63				
股份合作企业	–658	444			380	64		
有限责任公司	22 387	22 113	300		10 301	11 512		
其他有限责任公司	22 387	22 113	300		10 301	11 512		
股份有限公司	32	32			32			
私营企业	11 269	13 197			5 345	7 852		
私营独资企业	89	87				87		
私营合伙企业	10 920	12 890			5 345	7 545		
私营有限责任公司	260	220				220		
私营股份有限公司	1 018	3 885			3 006		864	15
港澳台商投资企业	544	3 821			2 993		813	15
与港澳台商合资经营企业	474	64			13		51	
港澳台商投资股份有限公司	6 827	3 053			280			2 773
外商投资企业	128	280			280			
中外合资经营企业	6 389	2 109						2 109
外资企业	311	664						664
外商投资股份有限公司								
3.按控股情况分	105	592	532		60			
国有控股	35	63		63				
集体控股	30 890	33 456			14 078	19 377		
私人控股	2 701	2 035			1 171		864	
港澳台商控股	6 699	2 773						2 773
外商控股	758	4 100			4 035	50		15
其他								
4.按经营形式分	13 368	25 807	532	63	16 559	7 125	864	664
独立门店	26 177	16 490			2 080	12 287		2 124
连锁总店	687	50			50			
连锁门店	957	670			655	15		
其他								
5.按单位规模分	12 208	8 209				6 100		2 109
大型	12 677	8 003	232		5 943	1 000	813	15
中型	17 186	23 656	300	63	13 351	9 227	51	664
小型	–883	3 150			50	3 100		
微型								

注：本表数据为 2014 年法人口径年报数。

13-11 续表 4 (2014 年) 单位:万元

指标名称	营业收入	#主营业务收入	营业成本	#主营业务成本	营业税金及附加	#主营业务税金及附加	其他业务利润	销售费用
总计	**290 325**	**289 689**	**124 512**	**120 807**	**15 523**	**15 504**	**4 529**	**98 168**
一、住宿业	147 499	146 953	53 263	49 558	8 242	8 229	1 804	53 424
1.按住宿行业小类分								
旅游饭店	103 094	102 753	29 911	26 217	5 787	5 787	776	40 998
一般旅馆	43 626	43 422	23 138	23 128	2 408	2 395	1 028	12 135
其他住宿服务	778	778	214	214	47	47		291
2.按登记注册类型分								
内资企业	129 379	128 833	48 879	45 175	7 238	7 225	790	45 989
国有企业	30 739	30 739	11 334	11 273	1 810	1 810	-7	10 406
有限责任公司	63 808	63 466	22 325	18 691	3 479	3 466	780	27 780
国有独资公司	266	266	19	19	16	16		180
其他有限责任公司	63 542	63 200	22 307	18 673	3 464	3 451	780	27 600
股份有限公司	2 602	2 602	1 143	1 143	137	137		556
私营企业	31 947	31 743	13 925	13 915	1 803	1 803	17	7 246
私营有限责任公司	30 260	30 056	13 786	13 776	1 709	1 709	17	6 518
私营股份有限公司	1 687	1 687	139	139	94	94		728
其他企业	284	284	153	153	8	8		1
港澳台商投资企业	3 766	3 766	1 559	1 559	196	196	1 014	2 065
与港澳台商合资经营企业	1 985	1 985	1 126	1 126	117	117	1 014	957
与港澳台商合作经营企业	1 781	1 781	433	433	79	79		1 108
外商投资企业	14 354	14 354	2 825	2 825	808	808		5 370
中外合资经营企业	5 032	5 032	1 512	1 512	278	278		1 283
外资企业	8 360	8 360	1 210	1 210	474	474		3 198
外商投资股份有限公司	962	962	102	102	56	56		889
3.按控股情况分								
国有控股	49 503	49 169	15 740	15 609	2 783	2 783	766	18 888
集体控股	972	972	109	109	54	54		313
私人控股	65 980	65 769	27 177	23 602	3 702	3 689	21	20 776
港澳台商控股	1 781	1 781	433	433	79	79		1 108
外商控股	13 819	13 819	2 397	2 397	777	777		5 356
其他	15 444	15 444	7 408	7 408	847	847	1 017	6 983
4.按经营形式分								
独立门店	131 232	130 877	48 969	45 274	7 294	7 281	1 798	44 891
连锁总店	7 317	7 127	2 467	2 457	436	436		3 281
连锁门店	2 510	2 510	454	454	147	147	3	1 430
其他	6 438	6 438	1 373	1 373	364	364	3	3 823
5.按单位规模分								
大型								
中型	92 555	92 030	30 814	27 170	5 090	5 090	267	34 547
小型	54 590	54 569	22 293	22 232	3 139	3 126	1 537	18 783
微型	354	354	156	156	12	12		93
6.按星级分								
五星	32 953	32 953	10 493	6 929	1 762	1 762		11 665
四星	40 195	39 861	10 718	10 648	2 229	2 229	266	14 056
三星	9 202	9 189	4 125	4 065	508	508	519	2 830
二星	253	253			14	14		172
其他	64 896	64 697	27 928	27 917	3 728	3 715	1 019	24 701

注:本表数据为 2014 年法人口径年报数。

13-11 续表 4-1 (2014 年) 单位:万元

指标名称	营业收入	#主营业务收入	营业成本	#主营业务成本	营业税金及附加	#主营业务税金及附加	其他业务利润	销售费用
二、餐饮业	142 827	142 737	71 248	71 248	7 282	7 276	2 725	44 744
1.按餐饮行业小类分								
正餐服务	84 508	84 418	43 554	43 554	4 034	4 034	2 725	26 122
快餐服务	58 318	58 318	27 694	27 694	3 248	3 241		18 622
2.按登记注册类型分								
内资企业	78 800	78 710	39 235	39 235	3 764	3 758	2 725	23 836
国有企业	2 644	2 644	2 404	2 404	145	145	1 277	989
集体企业	180	180	77	77	11	11		110
股份合作企业	2 405	2 405	1 384	1 384	87	87		945
有限责任公司	48 726	48 636	22 917	22 917	2 315	2 309	533	17 654
其他有限责任公司	48 726	48 636	22 917	22 917	2 315	2 309	533	17 654
股份有限公司	142	142	113	113	10	10		12
私营企业	24 703	24 703	12 340	12 340	1 195	1 195	915	4 127
私营独资企业	700	700	500	500	39	39		
私营合伙企业	21 099	21 099	9 756	9 756	1 009	1 009	915	4 127
私营有限责任公司	2 903	2 903	2 084	2 084	147	147		
私营股份有限公司	8 155	8 155	5 083	5 083	448	448		3 158
港澳台商投资企业	7 731	7 731	4 856	4 856	424	424		2 968
与港澳台商合资经营企业	424	424	227	227	24	24		190
港澳台商投资股份有限公司	55 871	55 871	26 931	26 931	3 070	3 070		17 750
外商投资企业	419	419	277	277	23	23		118
中外合资经营企业	55 019	55 019	26 390	26 390	3 022	3 022		17 286
外资企业	433	433	264	264	24	24		346
外商投资股份有限公司								
3.按控股情况分	3 382	3 382	2 564	2 564	191	191	1 808	1 436
国有控股	180	180	77	77	11	11		110
集体控股	67 317	67 227	33 249	33 249	3 241	3 235	917	20 353
私人控股	3 155	3 155	1 659	1 659	166	166		1 117
港澳台商控股	55 452	55 452	26 654	26 654	3 047	3 047		17 632
外商控股	13 341	13 341	7 046	7 046	627	627		4 097
其他								
4.按经营形式分	53 908	53 818	28 618	28 618	2 725	2 719	2 725	13 491
独立门店	82 429	82 429	38 869	38 869	4 367	4 367		30 242
连锁总店	2 467	2 467	807	807	169	169		977
连锁门店	4 023	4 023	2 954	2 954	21	21		33
其他								
5.按单位规模分	66 569	66 569	30 135	30 135	3 669	3 669		24 135
大型	34 544	34 544	15 740	15 740	1 618	1 618	1 277	10 995
中型	41 200	41 110	25 068	25 068	1 973	1 967	1 448	9 389
小型	513	513	306	306	22	22		224
微型								

注:本表数据为 2014 年法人口径年报数。

13-11 续表 5 (2014 年) 单位:万元

指标名称	管理费用		财务费用			资产减值损失	公允价值变动收益	投资收益
		#税金		#利息收入	#利息支出			
总计	**61 179**	**1 556**	**11 820**	**229**	**9 820**	**436**	**–5**	**31**
一、住宿业	44 086	1 017	9 211	179	7 738	7	1	20
1.按住宿行业小类分								
旅游饭店	34 411	833	5 395	161	4 325	5		20
一般旅馆	9 499	168	3 811	18	3 414	2	1	
其他住宿服务	176	15	4					
2.按登记注册类型分								
内资企业	37 300	995	8 850	157	7 731	7	1	20
国有企业	8 046	321	80	61	10			12
有限责任公司	20 589	576	5 480	66	4 726	1	1	7
国有独资公司	47							
其他有限责任公司	20 542	576	5 479	66	4 726	1	1	7
股份有限公司	537	5	74					
私营企业	8 128	94	3 217	30	2 994	6		
私营有限责任公司	7 060	94	3 204	30	2 994	6		
私营股份有限公司	1 068		13					
其他企业								
港澳台商投资企业	1 257	22	16		7			
与港澳台商合资经营企业	835	22	10					
与港澳台商合作经营企业	423		6		7			
外商投资企业	5 529		344	21	1			
中外合资经营企业	1 704		330		1			
外资企业	3 758		10	21				
外商投资股份有限公司	66		5					
3.按控股情况分								
国有控股	13 514	669	152	69	9	–1		20
集体控股	595	57	66		60			
私人控股	18 724	238	7 505	85	6 856	6	1	
港澳台商控股	423		6		7			
外商控股	5 527		344	21				
其他	5 304	53	1 137	3	806	1		
4.按经营形式分								
独立门店	40 720	985	9 146	179	7 729	7	1	20
连锁总店	837	16	10		9			
连锁门店	273		15					
其他	2 255	15	41					
5.按单位规模分								
大型								
中型	29 742	689	7 877	135	7 073	1		20
小型	14 343	327	1 334	44	665	6	1	
微型								
6.按星级分								
五星	14 689	335	6 065	86	6 000			4
四星	13 034	415	1 162	63	402			16
三星	1 837	31	435	3	340			
二星	71	10	–3	3				
其他	14 455	226	1 552	24	997	7	1	

注:本表数据为 2014 年法人口径年报数。

指标名称	管理费用	#税金	财务费用	#利息收入	#利息支出	资产减值损失	公允价值变动收益	投资收益
二、餐饮业	17 094	539	2 609	51	2 082	429	–6	11
1.按餐饮行业小类分								
正餐服务	12 614	539	2 530	51	2 082	19	–6	11
快餐服务	4 480		79			410		
2.按登记注册类型分								
内资企业	12 356	535	2 471	36	2 079	19	–7	11
国有企业	168		2					
集体企业								
股份合作企业	20		23		1			
有限责任公司	5 749	298	991	24	700	2		
其他有限责任公司	5 749	298	991	24	700	2		
股份有限公司	20	1	1		1			
私营企业	6 398	236	1 455	12	1 378	17	–7	11
私营独资企业	27	5						
私营合伙企业	6 052	96	1 444	12	1 378	17	–7	11
私营有限责任公司	320	135	11					
私营股份有限公司	265	4	57	15	1	1	1	
港澳台商投资企业	212	2	52	9	1	1	1	
与港澳台商合资经营企业	53	2	5	5				
港澳台商投资股份有限公司	4 473		81		2	410		
外商投资企业	7		2		2			
中外合资经营企业	4 391		77			410		
外资企业	75		1					
外商投资股份有限公司								
3.按控股情况分	556		5	3		2		
国有控股								
集体控股	9 941	535	2 267	31	2 074	17	–7	11
私人控股	202	4	28	6	1	1	1	
港澳台商控股	4 466		79			410		
外商控股	1 930		232	11	7			
其他								
4.按经营形式分	10 158	283	2 356	23	1 942	7	–6	–4
独立门店	6 190	249	254	26	140	410		15
连锁总店	52		1					
连锁门店	694	7	–1	1	0	12		
其他								
5.按单位规模分	4 983	3	77	16		410		
大型	8 130	246	1 702	11	1 458			
中型	3 840	290	826	24	622	19	–6	11
小型	141		4		2			
微型								

注:本表数据为 2014 年法人口径年报数。

指 标 名 称	营业利润	营业外收入	#补贴收入	利润总额	应交所得税	应付职工薪酬(本年贷方累计发生额)	应交增值税	从事住宿和餐饮业活动的从业人员平均人数(人)
总 计	**-17 041**	**3 365**	**-6**	**-12 294**	**954**	**48 360**	**76**	**17 422**
一、住宿业	-17 114	130	-50	-16 666	302	33 428	13	10 242
1.按住宿行业小类分								
旅游饭店	-9 829	39	-50	-10 115	186	24 516	13	7 020
一般旅馆	-7 331	91		-6 597	115	8 747		3 158
其他住宿服务	46			45		165		64
2.按登记注册类型分								
内资企业	-15 265	122	-50	-15 819	301	30 286		9 204
国有企业	-923	68		-1 326	53	10 324		2 642
有限责任公司	-12 235	43	-51	-12 251	209	14 282		4 552
国有独资公司	7			7	1	80		17
其他有限责任公司	-12 242	43	-51	-12 258	208	14 203		4 535
股份有限公司	156			177		525		268
私营企业	-2 383	10	1	-2 419	39	5 136		1 734
私营有限责任公司	-2 028	10	1	-2 064	39	4 705		1 660
私营股份有限公司	-355			-356		432		74
其他企业	121					19		8
港澳台商投资企业	-1 327			-313		168		270
与港澳台商合资经营企业	-1 059			-45		130		80
与港澳台商合作经营企业	-268			-268		38		190
外商投资企业	-522	8		-535	1	2 974	13	768
中外合资经营企业	-76	7		-69	1	935		242
外资企业	-289	1		-309		2 021	13	432
外商投资股份有限公司	-157			-157		18		94
3.按控股情况分								
国有控股	-1 551	133		-1 907	151	14 408		3 647
集体控股	-166			-166		426		150
私人控股	-8 312	-12	-51	-8 441	150	12 763		4 137
港澳台商控股	-268			-268		38		190
外商控股	-581	2		-600	1	2 934	13	751
其他	-6 236	7	1	-5 285		2 859		1 367
4.按经营形式分								
独立门店	-16 175	120	-51	-15 720	214	31 923	13	9 002
连锁总店	288	8		280	34	876		669
连锁门店	192	1		190	53	209		106
其他	-1 418	1	1	-1 417		420		465
5.按单位规模分								
大型								
中型	-11 932	89	-51	-11 568	181	23 248	13	6 399
小型	-5 273	41	1	-5 070	121	10 007		3 789
微型	91			-29		173		54
6.按星级分								
五星	-8 152	-41	-52	-7 454	11	9 142	13	2 259
四星	-988	33	1	-2 055	75	10 098		2 742
三星	-532	7		-422	16	1 932		772
二星	-2			-2		84		17
其他	-7 440	131	1	-6 734	199	12 172		4 452

注：本表数据为 2014 年法人口径年报数。

指　标　名　称	营业利润	营业外收入	# 补贴收入	利润总额	应交所得税	应付职工薪酬(本年贷方累计发生额)	应交增值税	从事住宿和餐饮业活动的从业人员平均人数(人)
二、餐饮业	73	3 236	43	4 372	653	14 932	63	7 180
1.按餐饮行业小类分								
正餐服务	−3 252	711	1	419	539	14 401	63	5 552
快餐服务	3 325	2 525	42	3 953	114	531		1 628
2.按登记注册类型分								
内资企业	−2 228	3 236	43	1 870	641	12 893		4 991
国有企业	214			214		436		278
集体企业	−18			−18	6	21		13
股份合作企业	−54			−88	47	583		232
有限责任公司	−1 397	3 027	43	3 025	447	8 551		3 046
其他有限责任公司	−1 397	3 027	43	3 025	447	8 551		3 046
股份有限公司	−13			−13		97		26
私营企业	−960	208		−1 250	141	3 206		1 396
私营独资企业						62		24
私营合伙企业	−1 301	208		−1 621	141	3 065		1 342
私营有限责任公司	342			372		79		30
私营股份有限公司	−855			−770	12	1 882	63	696
港澳台商投资企业	−780			−770	12	1 730	63	620
与港澳台商合资经营企业	−75					153		76
港澳台商投资股份有限公司	3 157			3 272		157		1 493
外商投资企业	−9			−9		34		16
中外合资经营企业	3 443			3 559		6		1 434
外资企业	−278			−278		117		43
外商投资股份有限公司								
3.按控股情况分	−95			−95		752		358
国有控股	−18			−18	6	21		13
集体控股	−2 375	3 231	43	1 720	574	9 844		4 178
私人控股	−15			70	12	817	63	376
港澳台商控股	3 165			3 281		123		1 477
外商控股	−589	4		−586	61	3 375		778
其他								
4.按经营形式分	−2 349	703	1	1 314	313	9 315	63	3 582
独立门店	2 113	65	42	2 293	175	4 510		3 304
连锁总店		2 467		456	114	331		121
连锁门店	310			310	51	776		173
其他								
5.按单位规模分	3 160	5		3 280		2 279		2 203
大型	−2 825	2 472		−2 366	291	5 938		1 895
中型	−78	459	43	−374	358	6 487	63	2 640
小型	−183	300		3 831	4	228		442
微型								

注:本表数据为 2014 年法人口径年报数。

13-12 限额以上批发零售产业活动单位(个体户)商品购销存

(2014 年)

单位:万元

指标名称	单位数(个)	从业人员期末人数(人)	商品购进额	商品销售额	#使用银行卡支付的商品销售额	批发额	零售额	期末商品库存额	年末零售营业面积(平方米)
总计	**123**	**4 840**	**521 212**	**536 626**	**13 252**	**304 459**	**232 167**	**25 871**	**160 720**
一、批发业	21	2 302	384 707	396 103	248	298 523	97 580	5 168	7 894
1.按批发行业小类分									
食品、饮料及烟草制品批发	14	1 806	252 053	261 795	226	212 101	49 694	4 200	4 540
米、面制品及食用油批发	8	58	15 488	17 419		14 284	3 135	668	1 010
果品、蔬菜批发	2	14	6 594	7 213		7 213		111	
肉、禽、蛋、奶及水产品批发	1	855	101 906	108 411	226	65 578	42 832	987	1 960
酒、饮料及茶叶批发	3	879	128 066	128 752		125 026	3 727	2 433	1 570
纺织、服装及家庭用品批发	3	405	109 264	109 652		70 032	39 621	754	1 684
家用电器批发	3	405	109 264	109 652		70 032	39 621	754	1 684
医药及医疗器材批发	1	17	6 657	7 565		4 878	2 687	101	850
西药批发	1	17	6 657	7 565		4 878	2 687	101	850
矿产品、建材及化工产品批发	3	74	16 734	17 091	22	11 513	5 579	113	820
建材批发	3	74	16 734	17 091	226	11 513	5 579	113	820
2.按登记注册类型分									
内资企业	5	937	192 226	191 217		165 347	25 870	2 603	1 600
有限责任公司	2	694	120 393	119 384		119 384		2 141	
其他有限责任公司	2	694	120 393	119 384		119 384		2 141	
股份有限公司	3	243	71 833	71 833		45 963	25 870	462	1 600
港、澳、台商投资企业	1	180	46 185	46 573		28 736	17 837	330	584
港澳台商投资股份有限公司	1	180	46 185	46 573		28 736	17 837	330	584
外商投资企业	1	207	5 677	6 238		5 177	1 060	212	500
外资企业	1	207	5 677	6 238		5 177	1 060	212	500
3.按经营形式分									
独立门店	14	323	79 958	84 910	22	58 466	26 443	1 248	3 850
连锁门店	1	50	4 497	4 490		4 490		9	
其他	6	1 929	300 253	306 703	226	235 566	71 137	3 912	4 044
二、零售业	102	2 538	136 505	140 523	13 004	5 936	134 587	20 702	152 826
1.按零售行业小类分									
综合零售	44	1 330	55 603	58 809	3 488	1 707	57 102	2 567	46 030
百货零售	10	254	5 098	6 672			6 672	265	10 386
超级市场零售	27	926	40 944	42 289	3 471	1 679	40 610	1 782	31 279
其他综合零售	7	150	9 562	9 849	17	29	9 820	520	4 365
食品、饮料及烟草制品专门零售	8	380	21 449	21 784	143	4 083	17 701	587	7 834
果品、蔬菜零售	1	45	1 861	1 862		371	1 490	31	600
肉、禽、蛋、奶及水产品零售	1	189	2 304	2 384			2 384	18	2 824
营养和保健品零售	1	52	6 227	6 376			6 376	321	1 500
酒、饮料及茶叶零售	4	71	6 193	6 102	143	728	5 374	217	2 310
其他食品零售	1	23	4 864	5 060		2 983	2 077		600
纺织、服装及日用品专门零售	8	195	12 121	12 096	2 471		12 096	1 380	3 730
纺织品及针织品零售	1	8	150	503			503	160	300
服装零售	4	158	9 759	8 892	1 986		8 892	1 146	2 750

注:本表数据为 2014 年法人口径年报数。

指 标 名 称	单位数（个）	从业人员期末人数（人）	商 品 购进额	商 品 销售额	#使用银行卡支付的商品销售额	批发额	零售额	期末商品库存额	年末零售营业面积（平方米）
化妆品及卫生用品零售	1	11	1 641	1 631	327		1 631	16	105
箱、包零售	2	18	571	1 070	158		1 070	58	575
文化、体育用品及器材专门零售	13	171	9 093	10 219	3 850		10 219	12 717	1 572
文具用品零售	1	17	663	503			503	196	390
珠宝首饰零售	12	154	8 429	9 716	3 850		9 716	12 521	1 182
医药及医疗器材专门零售	4	65	3 932	3 815	239		3 815	353	810
药品零售	4	65	3 932	3 815	239		3 815	353	810
汽车、摩托车、燃料及零配件专门零售	5	38	5 907	6 249	658	146	6 103	701	2 069
汽车零售	1	8	925	940	201		940	85	500
汽车零配件零售	3	24	3 202	3 578	457		3 578	551	489
机动车燃料零售	1	6	1 781	1 730		146	1 584	66	1 080
家用电器及电子产品专门零售	11	200	13 837	14 025	982		14 025	837	6 167
家用视听设备零售	1	30	3 285	3 428	249		3 428	195	920
日用家电设备零售	9	146	9 363	9 421	734		9 421	557	4 847
通信设备零售	1	24	1 189	1 176			1 176	84	400
五金、家具及室内装饰材料专门零售	9	159	14 563	13 526	1 172		13 526	1 561	84 614
灯具零售	2	25	1 014	1 014			1 014	42	1 000
家具零售	2	59	7 102	6 098			6 098	1 233	81 074
木质装饰材料零售	1	32	1 773	1 769	3		1 769	61	200
其他室内装饰材料零售	4	43	4 675	4 645	1 170		4 645	224	2 340
2.按登记注册类型分									
内资企业	5	484	26 579	25 938			25 938	1 628	87 198
国有企业	1	52	1 121	1 244			1 244	70	300
有限责任公司	2	211	17 130	17 287			17 287	384	4 000
其他有限责任公司	2	211	17 130	17 287			17 287	384	4 000
私营企业	1	189	2 304	2 384			2 384	18	2 824
私营独资企业	1	189	2 304	2 384			2 384	18	2 824
其他企业	1	32	6 024	5 023			5 023	1 157	80 074
港、澳、台商投资企业	1	23	4 864	5 060		2 983	2 077		600
港澳台商独资企业	1	23	4 864	5 060		2 983	2 077		600
3.按经营形式分									
独立门店	99	2 308	127 281	132 248	13 004	5 936	126 312	19 491	69 578
连锁总店	1	189	2 304	2 384			2 384	18	2 824
其他	2	41	6 920	5 891			5 891	1 193	80 424
4.按零售业态分									
有店铺零售	102	2 538	136 505	140 523	13 004	5 936	134 587	20 702	152 826
便利店	2	229	3 309	3 284			3 284	128	3 624
超市	40	1 266	53 261	56 596	3 488	1 707	54 889	2 409	43 430
百货店	4	37	1 347	1 857			1 857	58	2 275
专业店	33	621	43 592	44 819	4 285	3 129	41 689	3 959	17 006
专卖店	21	326	27 894	27 870	5 231	1 100	26 771	12 916	5 417
家居建材商店	1	32	6 024	5 023			5 023	1 157	80 074
厂家直销中心	1	27	1 078	1 075			1 075	77	1 000

注：本表数据为2014年法人口径年报数。

13-13 限额以上住宿餐饮产业活动单位(个体户)经营情况

(2014 年)

单位:万元

指标名称	营业额	#使用银行卡支付的营业额	客房收入	#通过公共网络实现的客房收入	餐费收入	#通过公共网络实现的餐费收入	商品销售额收入	其他收入
总　计	**179 065**	**39 096**	**15 315**	**421**	**126 411**	**4 806**	**35 317**	**2 022**
一、住宿业	29 556	5 114	14 795	421	11 739	38	1 018	2 005
1.按住宿行业小类分								
旅游饭店	21 234	2 230	10 147	120	9 051	38	719	1 318
一般旅馆	8 322	2 884	4 648	301	2 688		299	687
2.按登记注册类型分								
内资企业	12 736	2 248	5 227	183	5 527		380	1 602
国有企业	5 403	180	1 273		4 046		83	
有限责任公司	7 334	2 068	3 954	183	1 481		297	1 602
其他有限责任公司	7 334	2 068	3 954	183	1 481		297	1 602
港、澳、台商投资企业	7 142		3 602		3 017		121	403
港澳台商独资企业	7 142		3 602		3 017		121	403
3.按经营形式分								
独立门店	29 556	5 114	14 795	421	11 739	38	1 018	2 005
4.星级评定情况								
五星	10 352	1 813	4 959	183	4 042		262	1 089
三星	621	243	621					
其他	18 583	3 057	9 214	238	7 697	38	756	916
二、餐饮业	149 509	33 983	521		114 672	4 767	34 300	17
1.按餐饮行业小类分								
正餐服务	147 861	33 775	521		113 332	4 767	33 991	17
快餐服务	1 024	208			754		270	
饮料及冷饮服务	624				585		39	
咖啡馆服务	624				585		39	
2.按登记注册类型分								
内资企业	778	237	136		548		77	17
有限责任公司	778	237	136		548		77	17
其他有限责任公司	778	237	136		548		77	17
港、澳、台商投资企业	1 072	680			1 052	201	20	
港澳台商独资企业	1 072	680			1 052	201	20	
3.按经营形式分								
独立门店	147 605	33 469	521		113 213	4 735	33 854	17
连锁总店	1 024	208			754		270	
连锁门店	880	306			704	32	176	

注:本表数据为 2014 年法人口径年报数。

 (2014年) 单位:万元

指标名称	单位数(个)	从业人员期末人数(人)	客房数(间)	床位数(个)	餐位数(位)	年末餐饮营业面积(平方米)
总　计	**198**	**10 705**	**3 239**	**5 447**	**63 188**	**204 675**
一、住宿业	25	1 777	2 957	4 789	4 522	18 192
1.按住宿行业小类分						
旅游饭店	13	1 303	1 788	2 911	2 422	9 472
一般旅馆	12	474	1 169	1 878	2 100	8 720
2.按登记注册类型分						
内资企业	6	873	879	1 559	2 273	10 320
国有企业	2	275	263	483	368	1 600
有限责任公司	4	598	616	1 076	1 905	8 720
其他有限责任公司	4	598	616	1 076	1 905	8 720
港、澳、台商投资企业	1	393	380	456	640	2 414
港澳台商独资企业	1	393	380	456	640	2 414
3.按经营形式分						
独立门店	25	1 777	2 957	4 789	4 522	18 192
4.星级评定情况						
五星	2	645	569	728	1 920	9 274
三星	1	28	120	210		
其他	22	1 104	2 268	3 851	2 602	8 918
二、餐饮业	173	8 928	282	658	58 666	186 483
1.按餐饮行业小类分						
正餐服务	170	8 544	282	658	57 846	183 983
快餐服务	1	360			480	1 200
饮料及冷饮服务	2	24			340	1 300
咖啡馆服务	2	24			340	1 300
2.按登记注册类型分						
内资企业	2	110	60	112	440	860
有限责任公司	2	110	60	112	440	860
其他有限责任公司	2	110	60	112	440	860
港、澳、台商投资企业	1	12			48	100
港澳台商独资企业	1	12			48	100
3.按经营形式分						
独立门店	170	8 510	282	658	57 786	184 523
连锁总店	1	360			480	1 200
连锁门店	2	58			400	760

注:本表数据为2014年法人口径年报数。

13-14 批发和零售业连锁经营情况

指标名称	计量单位	合计		直营店		加盟店	
		2013年	2014年	2013年	2014年	2013年	2014年
一、门店总数	个	1 994	2 294	1 081	965	1 029	1 213
二、年末从业人员数	人	31 031	31 147	27 031	27 285	4 000	3 862
三、年末零售营业面积	平方米	1 252 307	1 321 733	1 089 631	1 157 516	162 676	164 217
四、连锁门店商品购进额	千元	2 920 648	3 139 774	2 620 552	2 876 785	300 096	262 990
#统一配送商品购进额	千元	2 659 126	2 594 138	2 554 012	2 448 327	105 114	145 811
自有配送中心配送商品购进额	千元	2 091 466	1 929 127	1 996 274	1 783 316	95 192	145 811
非自有配送中心配送商品购进额	千元	544 899	297 121	534 977	297 121	9 922	
五、连锁门店商品销售额	千元	4 068 235	4 322 193	3 800 482	4 055 139	267 753	267 054
#零售额	千元	3 132 458	3 340 513	2 899 572	3 106 604	232 886	233 909

注:本表数据为2014年法人口径年报数。

13-15 住宿和餐饮业连锁经营情况

指标名称	计量单位	合计		直营店		加盟店	
		2013年	2014年	2013年	2014年	2013年	2014年
一、门店总数	个	104	129	102	107	2	22
二、年末从业人员数	人	8 241	4 224	8 148	3 364	93	860
三、年末餐饮营业面积	平方米	61 777	58 782	61 543	58 043	234	739
四、客房数	间	2 000	1 960	1 752	1 712	248	248
五、床位数	个	3 796	3 543	3 141	3 093	65	450
六、餐位数	位	18 748	17 816	18 588	17 156	160	660
七、连锁门店商品购进(采购)额	千元	40 404	42 625	40 067	38 396	337	4 229
#统一配送商品购进(采购)额	千元	33 533	37 724	33 196	33 495	337	4 229
自有配送中心配送商品购进(采购)额	千元	4 420	3 709	4 420			3 709
非自有配送中心配送商品购进(采购)额	千元	29 113	1 314	28 776	1 001	337	313
八、连锁门店营业额	千元	82 384	89 605	81 931	77 607	453	11 998
#餐费收入	千元	72 300	80 347	72 201	68 705	99	11 642

注:本表数据为2014年法人口径年报数。

13-16 批发和零售业(住宿和餐饮业)连锁门店及配送中心分布情况

(2014 年)

单位:个

地区	门店总数		直营店数		加盟店数		配送中心数			
									# 自有	
	2013 年	2014 年	2013 年	2014 年	2013 年	2014 年	2013 年	2014 年	2013 年	2014 年
合计	2 093	2 423	1 064	1 188	1 029	1 235	50	46	34	29
北京	21	39			21	39				
上海	12	17			12	17				
江苏	28	28			28	28				
# 南京	8	8			8	8				
浙江	51	68	4	5	47	63				
# 杭州	15	18	1	1	14	17				
宁波	3	8			3	8				
安徽	7	32	3	7	4	25				
# 合肥	5	30	1	5	4	25				
江西	1 924	2 144	1 051	1 167	873	977	49	45	34	29
# 南昌	910	1 022	639	728	271	294	45	38	32	27
山东		24				24				
# 济南		24				24				
河南	3	12			3	12				
# 郑州	3	3			3	3				
湖北							1	1		
# 武汉							1	1		
湖南	6	7	6	7						
# 长沙	1	1	1	1						
海南		2		2						
陕西	41	50			41	50				
# 西安	14	18			14	18				

注:本表数据为 2014 年法人口径年报数。

13-17 成品油批发企业能源商品购进、销售与库存

（2014 年）

单位:吨

能源品种	期初库存量	累计购进量	#购自省（区、市）外	累计销售量	#售予省内批发和零售企业	期末库存量
汽油	2 502	85 132	52 672	85 115	85 112	2 522
#93"	1 343	67 906	44 016	68 084	68 084	1 157
柴油	5 190	192 925	76 529	193 456	193 456	4 659
#0"	4 717	177 579	76 529	177 811	177 811	4 485
煤油	4 300	199 635		197 595		6 340

注:1、本表数据为 2014 年季报数;2、本表数据不包括:中石油江西分公司、中石油南昌分公司、中石化南昌分公司。

13-18 亿元以上商品交易市场主要经济指标

（2014 年）

市场名称	市场成交额（万元）	营业面积（平方米）	出租摊位数（个）
合　计	**9 347 918**	**1 444 586**	**27 099**
东湖区(4 个)			
墩子塘农产品综合市场	13 626	3 145	207
南昌水产品综合交易批发市场	401 220	43 000	820
南昌市香江家具光彩大市场	22 487	50 000	218
江西旧机动车交易中心	80 147	11 000	135
西湖区(11 个)			
南昌市万寿宫商城	42 927	54 020	1 846
南昌市新华群实业有限公司	11 455	4 700	72
江西东方电脑城	220 432	9 600	268
南昌长运商贸城	43 010	30 620	568
南昌市洪城大市场	2 924 452	151 300	7 986
江西省华东商贸城	17 970	17 234	508
江西鸿顺德国际商贸城有限公司	21 033	22 500	486
江西家电市场	30 960	23 374	639
江西省五华批发市场	199 324	21 060	1 004
江西联信大市场	355 764	11 686	536
南昌市宝源汽配综合大市场	48 362	30 000	882
青云谱区(5 个)			
南昌建材大市场有限公司	57 255	64 900	1 055
江西省运通汽配市场有限公司	36 040	40 000	336
南昌肉类联合加工厂肉食品批发市场	166 000	21 000	400
江西省装潢建材大市场有限责任公司	452 404	42 724	607
南昌深圳农产品中心批发市场有限公司	1 664 843	86 760	755
青山湖区(5 个)			
京东家俱城	48 311	130 000	488
江西省旧货大市场	18 174	15 000	750
南昌香江商贸城	21 343	278 442	1 974
南昌市废旧钢材交易市场	39 003	46 021	679
南昌市郊区佛塔生猪交易批发市场	104 422	13 400	30
南昌县(4 个)			
南昌县莲塘综合市场	152 814	7 600	734
南昌县农机大市场	125 874	8 000	332
南昌县小蓝禽蛋批发市场	432 541	18 000	218
江西省洪城汽配城	1 365 411	38 500	134
新建县(1 个)			
新建县集贸市场	31 069	19 000	1 403
经济开发区(1 个)			
江西国际汽车城投资发展有限公司	79 952	110 000	1 009
红谷滩新区(1 个)			
江西红谷滩汽车广场	119 293	22 000	20

注：本表数据为 2014 年法人口径年报数。

13-19 个体工商业基本情况

（2014年）

项目	户数(户)	#城镇	从业人员(人)	#城镇	注册资金(万元)	#城镇
合计	**211 321**	**161 344**	**503 677**	**386 497**	**1 431 532**	**822 455**
一、农、林、牧、渔业	16 313	5 384	40 821	13 722	437 992	50 045
#农、林、牧、渔服务业	632	133	1 979	840	35 689	4 639
二、采矿业	106	13	430	43	2 055	55
#开采辅助活动	11	1	47	5	138	1
三、制造业	7 323	3 620	26 463	11 693	58 885	21 099
#金属制品、机械和设备修理业	37	21	109	60	433	294
四、电力、燃气及水的生产和供应业	15	8	47	21	967	17
五、建筑业	285	155	786	440	2 062	929
六、批发和零售业	142 543	113 623	305 404	246 877	647 939	506 004
七、交通运输、仓储和邮政业	2 348	2 252	7 234	6 978	37 294	36 193
八、住宿和餐饮业	14 950	13 262	50 953	45 753	119 073	106 052
九、信息传输、计算机服务和软件业	1 049	652	2 354	1 525	4 217	2 441
十、金融业	1	1	1	1	5	5
十一、房地产业	308	267	827	713	774	594
十二、租赁和商务服务业	1 374	1 152	3 591	2 950	8 501	5 808
十三、科学研究、技术服务和地质勘查业	514	395	1 220	977	1 523	1 183
十四、水利、环境和公共设施管理业	9	6	29	20	24	13
十五、居民服务和其他服务业	23 218	19 744	59 862	51 632	97 679	80 318
十六、教育	20	16	62	54	96	82
十七、卫生、社会保障和社会福利业	391	317	1 021	835	1 499	1 227
十八、文化、体育和娱乐业	422	389	2 142	1 978	10 519	10 241
十九、其它行业	132	88	430	285	428	149

资料来源：南昌市工商局。

13-20 私营企业基本情况

（2014 年）

项目	户数（户）	#城镇	投资者人数（人）	#城镇	雇工人数（人）	#城镇	注册资金（万元）	#城镇
合计	**81 178**	**69 310**	**171 640**	**147 157**	**598 267**	**508 161**	**26 911 839**	**22 227 955**
一、农、林、牧、渔业	3 011	1 590	6 685	3 914	12 703	9 230	1 112 514	560 125
#农、林、牧、渔服务业	270	181	654	449	1 392	1 317	164 516	102 781
二、采矿业	49	30	125	89	270	237	24 915	20 056
#开采辅助活动	27	22	86	74	216	192	14 456	13 006
三、制造业	6 695	3 730	15 812	8 835	24 435	19 863	2 376 786	1 280 265
#金属制品、机械和设备修理业	17	15	33	30	136	120	6 461	6 381
四、电力、燃气及水的生产和供应业	112	78	191	128	367	308	44 610	37 572
五、建筑业	6 440	5 837	13 256	11 987	28 129	24 778	3 790 477	3 183 954
六、批发和零售业	33 598	28 938	69 247	59 910	289 147	244 517	8 805 358	7 304 394
七、交通运输、仓储和邮政业	1 429	1 018	2 746	1 904	5 560	4 551	271 316	199 839
八、住宿和餐饮业	739	692	1 424	1 326	2 475	2 366	162 220	152 473
九、信息传输、计算机服务和软件业	4 793	4 468	9 327	8 915	38 039	32 512	909 261	870 978
十、金融业	452	420	1 400	1 365	1 617	1 315	906 272	877 280
十一、房地产业	2 978	2 639	6 257	5 594	25 417	21 307	2 436 706	2 057 374
十二、租赁和商务服务业	15 954	15 329	33 926	32 812	129 264	112 667	4 871 309	4 600 591
十三、科学研究、技术服务和地质勘查业	2 055	1 930	5 006	4 707	18 383	15 468	622 318	563 709
十四、水利、环境和公共设施管理业	408	365	1 018	877	1 263	1 083	240 713	208 959
十五、居民服务和其他服务业	1 752	1 588	3 484	3 178	15 115	12 737	206 499	191 413
十六、教育	205	195	469	445	1 779	1 500	22 745	16 307
十七、卫生、社会保障和社会福利业	21	18	48	40	216	196	6 160	5 910
十八、文化、体育和娱乐业	474	435	1 190	1 107	3 988	3 448	99 257	95 053
十九、其它行业	13	10	29	24	100	78	2 403	1 703

资料来源：南昌市工商局。

13-21 商品交易市场分类情况

(2014 年) 单位:个

项　　目	市场数量
合　　计	112
#已登记企业法人的市场	65
一、消费品市场	109
#已登记企业法人的市场	62
(一)消费品综合市场	18
(二)农副产品市场	83
(三)工业品消费市场	7
(四)其他消费品市场	1
二、生产资料市场	3
#已登记企业法人的市场	3
(一)工业生产资料市场	1
(二)农业生产资料市场	2

资料来源:南昌市工商局。

13-22　零售企业(单位)排位

(按商品销售额)

2013年		2014年	
位次	企业(单位)名称	位次	企业(单位)名称
1	江西新华发行集团有限公司	1	江西新华发行集团有限公司
2	江西南华医药有限公司	2	江西南华医药有限公司
3	江西汇仁集团医药科研营销有限公司	3	江西汇仁集团医药科研营销有限公司
4	江西洪客隆百货投资有限公司	4	江西洪客隆百货投资有限公司
5	南昌百货大楼股份有限公司	5	南昌百货大楼股份有限公司
6	江西高速实业开发有限公司	6	江西高速实业开发有限公司
7	洪城大厦(集团)股份有限公司	7	江西风尚家庭购物有限公司
8	南昌市四平贸易有限公司	8	江西鹏润国美电器有限公司
9	江西鹏润国美电器有限公司	9	南昌市天虹商场有限公司
10	南昌市天虹商场有限公司	10	南昌喜盈门实业有限公司
11	南昌万宝行汽车销售服务有限公司	11	南昌宝泽汽车销售服务有限公司
12	江西财富广场有限公司	12	南昌万宝行汽车销售服务有限公司
13	江西省智通汽车销售服务有限公司	13	洪城大厦(集团)股份有限公司
14	江西德奥汽车销售服务有限公司	14	南昌市四平贸易有限公司
15	江西百盛中山城百货有限公司	15	重庆新日日顺家电销售有限公司南昌分公司
16	江西风尚家庭购物有限公司	16	江西财富广场有限公司
17	江西广甸宝德汽车销售服务有限公司	17	江西德奥汽车销售服务有限公司
18	南昌宝泽汽车销售服务有限公司	18	江西百盛中山城百货有限公司
19	上海大众汽车江西销售服务有限公司	19	江西广甸宝德汽车销售服务有限公司
20	江西新运通销售服务有限公司	20	江西和平汽车销售服务有限公司

主要统计指标解释

社会消费品零售总额 指各种经济类型的批发零售贸易业、住宿和餐饮业对城乡居民和社会集团的消费品零售额总和。这个指标反映通过各种商品流通渠道向居民和社会集团供应的生活消费品来满足他们生活需要,是研究人民生活、社会消费品购买力、货币流通等问题的重要指标。对居民的消费品零售额:指售给城乡居民用于生活消费的商品。对社会集团的消费品零售额:指售给机关、团体、部队、学校企业、事业单位和城市街道居民委员会、农村村民委员会用公款购买的用作非生产、非经营使用的消费品。社会消费品零售额包括:(1)售给城乡居民作为生活用的商品及修建房屋建筑材料;(2)售给机关、团体、学校、部队、企业、事业单位的职工食堂和旅店(招待所)附设专门供本店旅客食用,不对外营业的食堂的各种食品、燃料;企业、单位和国营农场直接售给本单位职工和职工食堂的自己生产的产品;(3)售给部队干部、战士生活粮食、副食品、衣着品、日用品、燃料;(4)售给来华的外国人、华侨、港澳台同胞的消费品(包括友谊商店、在海关前后设立的免税商店、外轮供应公司等);(5)居民自费购买的中、西药品,中药材及医疗用品;(6)报社、出版社直接售给居民和社会集团的报纸、图书、杂志,集邮公司(包括邮局集邮专柜)出售的新、旧(盖销的)纪念邮票、特种邮票、首日封、集邮册、集邮工具等;(7)旧货寄售商店自购、自销部分的商品;(8)煤气公司、液化石油气站售给居民和社会集团的煤气灶具和罐装液化石油气;(9)售给社会集团的办公用品、纸张、帐册、文印用品、计算工具、书报杂志和奖品;公共用品和纺织品、针织品;学校用的教学用具;文体用品;有明确专用的劳动保护用品。

(一) 按行业分的社会消费品零售额

1、批发和零售业零售额 指专门从事商品转卖业务的各种经济类型独立核算的批发零售贸易企业、产业活动单位直接售给居民和社会集团的消费品零售额。

2、住宿和餐饮业零售额 指从事食品的烹饪、调制并直接零售给居民饮食的各种宾馆、旅社、饭馆、酒馆、茶馆等餐饮业的零售额。包括各种企业单位附设对外营业的饭馆、火车餐厅、轮船餐厅、车站食堂、机场餐厅的零售额。不包括旅店(招待所)专供本店旅客食用,不对外营业的食堂,机关、团体学校、企业、事业单位的职工食堂出售饭菜的收入。

(二) 按销售地区分的社会消费品零售额

1、城镇的零售额 指设立在中央直辖市,省、地辖市的市区和镇以上的各行业消费品零售额,不包括乡村的消费品零售额。

2、城区的零售额 指设立在城区内的各行业消费品零售额。

3、乡村的零售额 指设立在农村的各行业消费品零售额。但不包括分布在农村的独立工矿、林区的商品零售额,这部分零售额,凡属直辖镇以上的列入"城镇的零售额"中。

商品购进总额 指从本企业以外的单位和个人购进(包括从国外直接进口)作为转卖或加工后转卖的商品金额。本指标由从生产者购进额、从批发零售贸易业购进额、进口额和其他项目组成。这个指标反映批发零售贸易业从国内、国外市场上购进商品的总量。

从生产者购进额 指直接从工农业生产者购进的各种工矿产品、农副产品。

进口 指直接从国外进口的商品和委托外贸部门代理进口的商品。

商品销售总额 指对本企业以外的单位和个人出售的商品(包括售给本单位消费用的商品)金额。本指标由对生产经营单位批发额、对批发零售贸易批发额、出口额和对居民和社会集团商品零售额项目组成。这个指标反映批发零售贸易业在国内市场上销售商品以及出口商品的总量。

批发　指除零售以外的一切商品销售活动,包括对生产经营单位批发、对批发零售贸易业批发和出口。

对生产经营单位批发　指售给国民经济和社会各部门作为生产或经营使用的商品。

出口　指直接向国(境)外出口商品和委托外贸部门代理出口的商品。

零售　指售给城乡居民直接用于生活消费的商品和社会集团直接用于公用消费的商品。

期末库存　指批发零售贸易业已取得所有权的全部商品。这个指标反映批发零售业的商品库存情况,以及对市场商品供应的保证程度。

年末从业人数　指在该企业工作并取得劳动报酬的年末实有人员数。包括在岗职工、再就业的离退休人员、在该企业工作的外方人员、港、澳、台方人员、兼职人员、借用的外单位人员和第二职业者。不包括离开本单位但仍保留劳动关系的职工。

年末营业面积　零售业按建筑面积计算的直接对顾客销售商品的固定场地,不包括办公室、仓库、加工场地等面积。住宿和餐饮业对外提供就餐服务的门店建筑面积和从事食品加工、烹饪、调制的厨房面积,不包括办公用房和仓库等面积。该指标按年末实有面积统计。

住宿和餐饮业营业额　指住宿和餐饮业法人企业、产业活动单位在经营活动中因提供服务或销售商品等取得的收入。包括客房收入、餐费收入、商品销售额(含增值税)和其他收入。

客房收入　指住宿和餐饮业法人企业、产业活动单位在经营活动中因提供住宿服务取得的收入。

餐费收入　指住宿和餐饮业法人企业、产业活动单位因为顾客提供就餐服务取得的收入。包括经烹饪、调制后出售的各种食品,如主食、炒菜、凉拌菜等的收入。

商品销售额　指住宿和餐饮业法人企业、产业活动单位出售商品的销售总额(含增值税)。

其他收入　指营业额中除客房收入、餐费收入、商品销售额(含增值税)以外的其他收入。包括:娱乐、健身和商务服务等。

床位数　指宾馆、饭店、酒店、旅馆等供应旅客使用的床位数,不包括临时加的床位和宾馆、饭店、酒店、旅馆等内部工作人员使用的床位。该指标按年内正常情况下的实有数统计。

餐饮数　指住宿和餐饮业法人企业、产业活动单位为顾客提供就餐服务时,正常可同时容纳就餐人员的餐位数量,不包括临时加的餐位。该指标按年内正常情况下的实有数统计。

批发和零售业、住宿和餐饮业的限额以上统计划型标准为:

1、批发业:全年销售额2000万元及以上

2、零售业:全年销售额500万元及以上

3、餐饮业:全年主营业务收入200万元及以上

4、住宿业:星级宾馆、饭店

连锁企业(或称连锁店、连锁公司)　指在核心企业或总店的领导下,由分散的、经营同类商品或服务的企业或活动单位,采取共同方针,实行集中采购和分散销售的有机结合,通过规范化经营,实现规模效益的经济联合组织形式。

一般连锁店应由若干个分店组成。其经营特征:(1)经营同类商品;(2)使用统一商号;(3)统一采购配送,采购与销售相分离(部分商品可根据物流合理和保质保鲜原则由供应商直接送货到门店,其余均由总部统一配送)。连锁店总店(总部)指连锁店的核心企业或管理中心。连锁店分店指连锁店所属各分散经营的企业或活动单位,也可称分店或成员店。

连锁店包括下列两种形式:

(1)直营连锁:也叫正规连锁。连锁门店均由总部全资或控股开设,在总部的直接领导下统一经营。连锁

总店或核心店作为一个直营店统计。

(2)加盟连锁:包括特许连锁和自由连锁。特许连锁:各连锁门店(被特许人)通过合同形式,取得使用总部(特许人)商标、经营技术和销售总部开发的商品的特许权,各加盟连锁门店为独立法人,但无自主经营权,在总部指导下统一经营。自由连锁:也称自愿连锁,连锁公司的门店均为独立法人,各自的资产所有权关系不变,在公司总部的指导下共同经营。各成员店使用共同的店名,与总部订阅相关购、销、宣传等方面的合同,并按合同开展经营活动。在合同规定的范围之外,各成员店可以自由活动。根据自愿原则,各成员店可自由加入连锁体系,也可自由退出。

商品交易市场 指有固定场所、设施,有若干经营者入场实行集中、公开交易各类实物商品的市场。

亿元以上商品交易市场 指全年成交额在一亿元及以上的商品交易市场。

市场成交总额 指该市场所有摊位商品交易总额之和。

在地口径:指批零住餐统计中的统计范围,以企业经营所在地为统计口径的统计方法,称为“在地口径”统计。

法人口径:指批零住餐统计中的统计范围,以企业法人所在地为统计口径的统计方法,称为“法人口径”统计。

十四、房 地 产

REAL ESTATE

本篇内容包括：

1.房地产开发投资
2.房地产施工及销售
3.房地产企业财务状况
4.房地产企业资金及土地
5.各县区房地产开发

房地产开发投资

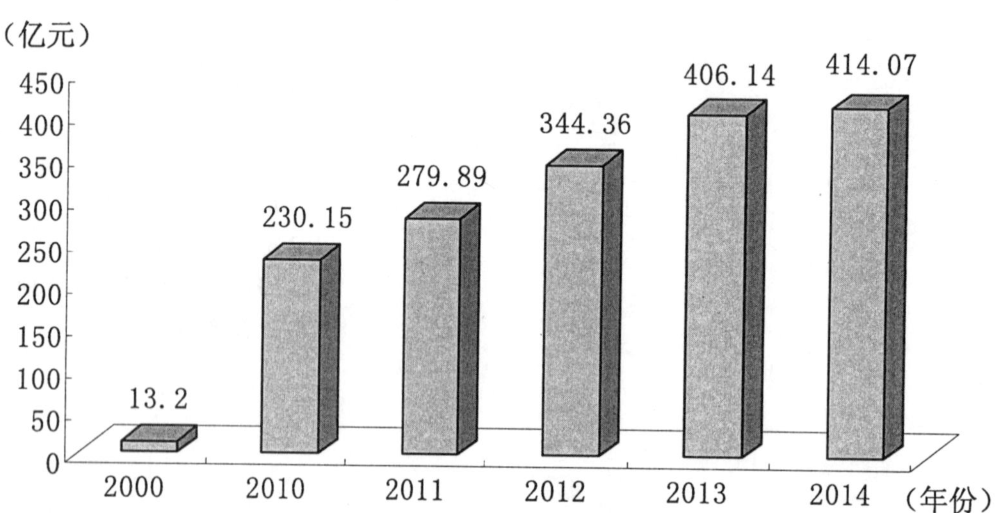

房地产开发施工与销售情况

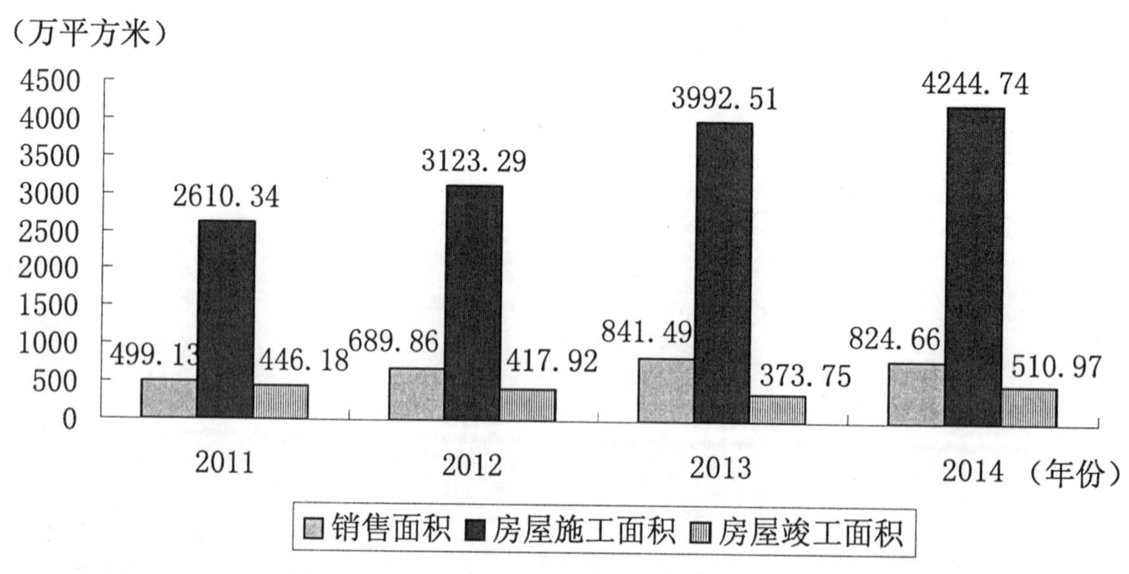

14-1　房地产开发情况

（2014 年）

指　　标	企业数（个）	计划总投资（万元）	自开始建设累计完成投资（万元）
按登记注册类型分	**511**	**27 041 030**	**18 991 762**
内资企业	458	22 974 851	16 130 600
国有企业	13	97 868	100 583
集体企业	2		
国有独资公司	19	787 551	286 544
其他有限责任公司	262	15 603 837	11 056 758
股份有限公司	32	1 845 065	1 500 505
私营合伙企业	1		
私营有限责任公司	119	4 364 792	2 963 549
私营股份有限公司	9	243 738	197 898
其他企业	1	32 000	24 763
港澳台商投资企业	40	2 613 194	1 679 149
与港澳台商合资经营企业	16	1 526 251	753 491
与港澳台商合资合作经营企业	1		
港澳台商独资经营企业	23	1 086 943	925 658
外商投资企业	13	1 452 985	1 182 013
中外合资经营企业	8	1 144 021	955 740
外资企业	4	180 964	100 243
外商投资股份有限公司	1	128 000	126 030
按控股情况分	**511**	**27 041 030**	**18 991 762**
国有控股	77	6 299 080	4 171 159
集体控股	12	751 900	647 130
私人控股	276	10 320 279	7 566 713
港澳台商控股	40	2 063 194	1 914 044
外商控股	11	1 230 985	919 410
其他	95	6 375 592	3 773 306
按资质等级分	**511**	**27 041 030**	**18 991 762**
一级	3	591 899	412 669
二级	84	6 102 294	5 345 933
三级	140	4 492 260	3 551 872
四级	49	757 535	434 895
暂定	221	14 012 381	8 490 770
其他	14	1 084 661	755 623
按隶属关系分	**511**	**27 041 030**	**18 991 762**
中央	5	1 002 153	710 802
省	35	3 165 882	2 637 007
市	36	2 594 625	1 868 722
县(区)	62	2 866 022	1 800 952
镇	1		
居委会	1		
村委会	1		
其他	370	17 412 348	11 974 279

14-1 续表 1　　(2014 年)　　单位:万元

指　　标	本年完成投资	建筑工程	安装工程	设备工器具购置
按登记注册类型分	**4 140 682**	**2 965 488**	**467 336**	**52 904**
内资企业	3 722 594	2 650 705	412 017	42 642
国有企业	15 545	15 545		
集体企业				
国有独资公司	152 390	109 608	1 550	552
其他有限责任公司	2 624 412	1 879 350	270 453	37 023
股份有限公司	196 145	137 797	51 768	
私营合伙企业				
私营有限责任公司	713 364	492 391	84 293	5 067
私营股份有限公司	16 234	12 624	3 610	
其他企业	4 504	3 390	343	
港澳台商投资企业	298 576	227 262	41 363	8 289
与港澳台商合资经营企业	120 384	98 818	17 837	3 141
与港澳台商合资合作经营企业				
港澳台商独资经营企业	178 192	128 444	23 526	5 148
外商投资企业	119 512	87 521	13 956	1 973
中外合资经营企业	90 645	64 475	10 936	1 523
外资企业	24 767	20 166	1 800	450
外商投资股份有限公司	4 100	2 880	1 220	
按控股情况分	**4 140 682**	**2 965 488**	**467 336**	**52 904**
国有控股	885 881	690 054	72 479	3 772
集体控股	34 219	27 765	6 454	
私人控股	1 571 571	1 013 655	216 942	23 485
港澳台商控股	271 921	188 607	45 363	12 289
外商控股	110 572	81 802	13 286	1 973
其他	1 266 518	963 605	112 812	11 385
按资质等级分	**4 140 682**	**2 965 488**	**467 336**	**52 904**
一级	88 550	66 912	11 467	1 485
二级	615 478	445 471	131 315	4 217
三级	518 228	351 310	86 757	12 165
四级	119 226	80 227	7 091	709
暂定	2 582 302	1 884 586	211 102	30 012
其他	216 898	136 982	19 604	4 316
按隶属关系分	**4 140 682**	**2 965 488**	**467 336**	**52 904**
中央	170 187	118 175		
省	427 909	313 749	61 644	3 220
市	492 330	346 094	48 606	3 604
县(区)	511 159	376 085	53 568	3 199
镇				
居委会				
村委会				
其他	2 539 097	1 811 385	303 518	42 881

14–1 续表 2　　　　(2014 年)　　　　单位:万元

指　　标	本年完成投资		
	其他费用	# 旧建筑物购置费	# 土地购置费
按登记注册类型分	**654 954**	**45 250**	**460 740**
内资企业	617 230	41 140	457 566
国有企业			
集体企业			
国有独资公司	40 680	27 380	7 000
其他有限责任公司	437 586	13 760	348 392
股份有限公司	6 580		4 687
私营合伙企业			
私营有限责任公司	131 613		97 487
私营股份有限公司			
其他企业	771		
港澳台商投资企业	21 662	4 110	3 174
与港澳台商合资经营企业	588		252
与港澳台商合资合作经营企业			
港澳台商独资经营企业	21 074	4 110	2 922
外商投资企业	16 062		
中外合资经营企业	13 711		
外资企业	2 351		
外商投资股份有限公司			
按控股情况分	**654 954**	**45 250**	**460 740**
国有控股	119 576	27 380	65 525
集体控股			
私人控股	317 489	7 760	251 561
港澳台商控股	25 662	4 110	3 174
外商控股	13 511		
其他	178 716	6 000	140 480
按资质等级分	**654 954**	**45 250**	**460 740**
一级	8 686		
二级	34 475		26 719
三级	67 996	4 110	42 207
四级	31 199	6 000	18 479
暂定	456 602	7 760	347 554
其他	55 996	27 380	25 781
按隶属关系分	**654 954**	**45 250**	**460 740**
中央	52 012		34 525
省	49 296		38 353
市	94 026		80 776
县(区)	78 307	27 580	43 902
镇			
居委会			
村委会			
其他	381 313	17 670	263 184

指　　标	本年完成投资			
	住宅投资	#90 平米以下住房	#140 平米以上住房	# 别墅、高档公寓
按登记注册类型分	**3 046 738**	**759 101**	**434 803**	**134 662**
内资企业	2 746 631	694 390	377 046	107 710
国有企业	6 645	3 100		
集体企业				
国有独资公司	137 189	41 880	1 390	
其他有限责任公司	1 946 233	459 773	285 940	91 891
股份有限公司	125 480	48 522	25 765	1 599
私营合伙企业				
私营有限责任公司	516 901	140 391	62 484	14 220
私营股份有限公司	9 679	724	1 467	
其他企业	4 504			
港澳台商投资企业	202 581	38 088	35 834	25 552
与港澳台商合资经营企业	106 553	17 566	27 491	10 825
与港澳台商合资合作经营企业				
港澳台商独资经营企业	96 028	20 522	8 343	14 727
外商投资企业	97 526	26 623	21 923	1 400
中外合资经营企业	72 587	10 090	16 423	1 400
外资企业	20 839	16 533	1 400	
外商投资股份有限公司	4 100		4 100	
按控股情况分	**3 046 738**	**759 101**	**434 803**	**134 662**
国有控股	723 178	207 096	123 183	43 591
集体控股	14 838	2 550	1 835	
私人控股	1 023 548	326 610	127 789	56 440
港澳台商控股	163 026	38 088	35 834	25 552
外商控股	94 821	25 443	20 523	
其他	1 027 327	159 314	125 639	9 079
按资质等级分	**3 046 738**	**759 101**	**434 803**	**134 662**
一级	77 119	30 416	19 305	10 633
二级	503 764	205 008	58 619	2 619
三级	398 773	114 024	107 247	21 589
四级	70 217	28 595	1 520	4 920
暂定	1 862 190	349 097	248 112	91 450
其他	134 675	31 961		3 451
按隶属关系分	**3 046 738**	**759 101**	**434 803**	**134 662**
中央	137 915	37 734	12 504	4 311
省	311 360	6 038	2 026	1 489
市	357 504	94 627	87 902	21 565
县(区)	428 945	169 534	30 397	6 500
镇				
居委会				
村委会				
其他	1 811 014	451 168	301 974	100 797

(2014 年)

单位:万元

指　　标	本年完成投资			本年新增固定资产
	办公楼	商业营业用房	其他	
按登记注册类型分	**369 896**	**441 062**	**282 986**	**1 695 680**
内资企业	340 231	402 343	233 389	1 317 576
国有企业		8 500	400	13 607
集体企业				
国有独资公司	9 123	669	5 409	23 314
其他有限责任公司	253 802	249 906	174 471	884 825
股份有限公司	23 140	44 521	3 004	87 815
私营合伙企业				
私营有限责任公司	53 407	93 511	49 545	283 468
私营股份有限公司	759	5 236	560	21 547
其他企业				3 000
港澳台商投资企业	27 060	24 302	44 633	249 734
与港澳台商合资经营企业	6 747	6 200	884	110 808
与港澳台商合资合作经营企业				
港澳台商独资经营企业	20 313	18 102	43 749	138 926
外商投资企业	2 605	14 417	4 964	128 370
中外合资经营企业	2 605	12 310	3 143	108 370
外资企业		2 107	1 821	20 000
外商投资股份有限公司				
按控股情况分	**369 896**	**441 062**	**282 986**	**1 695 680**
国有控股	50 986	61 321	50 396	196 974
集体控股	9 640	9 183	558	9 681
私人控股	195 699	233 117	119 207	725 953
港澳台商控股	32 060	28 202	48 633	249 734
外商控股		12 526	3 225	111 291
其他	81 511	96 713	60 967	402 047
按资质等级分	**369 896**	**441 062**	**282 986**	**1 695 680**
一级	4 166	6 335	930	104 306
二级	14 737	77 218	19 759	500 810
三级	21 615	72 776	25 064	324 221
四级	30 183	14 310	4 516	30 102
暂定	270 047	243 644	206 421	710 650
其他	29 148	26 779	26 296	25 591
按隶属关系分	**369 896**	**441 062**	**282 986**	**1 695 680**
中央	5 377	9 263	17 632	85 000
省	39 654	64 270	12 625	185 350
市	69 564	41 905	23 357	180 125
县(区)	29 182	28 505	24 527	102 412
镇				
居委会				
村委会				
其他	226 119	297 119	204 845	1 142 793

14-2　房地产销售及待售情况

(2014 年)

指 标 名 称	合 计	住 宅	#90 平米以下住房	#144 平米以上住房	办公楼	商业营业用　房	其他房屋
房屋施工面积(平方米)	42 447 388	29 969 048	8 511 031	3 538 408	3 379 167	4 476 161	4 623 012
其中:本年新开工面积(平方米)	6 369 341	5 033 632	1 420 417	574 815	329 803	533 134	472 772
房屋竣工面积(平方米)	5 109 699	4 268 088	1 343 794	447 312	207 470	346 226	287 915
其中:不可销售面积(平方米)	163 554	50 633	20 755	1 200		17 671	95 250
商品住宅竣工套数(套)		42 043	16 797	2 431			
竣工房屋价值(万元)	1 183 936	1 003 652	283 823	117 354	56 507	65 450	58 327
出租房屋面积(平方米)	60 958					60 958	
商品房销售面积(平方米)	8 246 630	7 514 757	1 314 389	875 614	278 635	381 878	71 360
现房销售面积(平方米)	441 832	345 976	113 566	48 752	17 906	72 725	5 225
期房销售面积(平方米)	7 804 798	7 168 781	1 200 823	826 862	260 729	309 153	66 135
商品房销售额(万元)	5 433 358	4 677 644	821 292	655 885	267 569	429 841	58 304
现房销售额(万元)	274 635	214 217	67 595	33 646	16 029	41 546	2 843
期房销售额(万元)	5 158 723	4 463 427	753 697	622 239	251 540	388 295	55 461
商品住宅销售套数(套)		67 774	16 033	4 823			
现房销售套数(套)		3 193	1 325	263			
期房销售套数(套)		64 581	14 708	4 560			
待售面积(平方米)	1 124 645	585 029	188 795	137 238	90 928	366 103	82 585
其中:待售 1-3 年面积(平方米)	629 537	409 510	120 514	78 319	59 957	98 381	61 689
待售 3 年以上面积(平方米)	123 951	19 352	829	15 211	18 907	85 692	

14-3 房地产企业财务指标

（2014 年） 单位:万元

指 标	年初存货	流动资产合计		固定资产合计
			#存货	
按登记注册类型分	**13 308 056**	**31 194 447**	**15 834 013**	**735 639**
内资企业	11 927 174	27 372 319	14 325 613	646 188
国有企业	50 623	142 082	52 731	4 093
集体企业	3 155	8 376	3 908	794
国有独资公司	3 230 826	7 588 996	3 900 071	227 113
其他有限责任公司	6 037 493	13 979 593	7 702 981	279 767
股份有限公司	902 518	1 159 163	771 389	78 390
私营合伙企业		14 803		
私营有限责任公司	1 612 596	4 255 556	1 769 468	53 424
私营股份有限公司	88 045	193 680	116 351	2 178
其他企业	1 918	30 071	8 715	427
港澳台商投资企业	1 030 825	2 894 951	1 159 375	76 760
与港澳台商合资经营企业	680 852	1 655 134	730 118	21 592
与港澳台商合资合作经营企业		6 978		1 475
港澳台商独资经营企业	349 973	1 232 840	429 256	53 693
外商投资企业	350 057	927 177	349 026	12 691
中外合资经营企业	242 232	734 109	240 492	11 285
外资企业	76 603	110 816	77 312	1 243
外商投资股份有限公司	31 223	82 253	31 223	163
按控股情况分	**13 308 056**	**31 194 447**	**15 834 013**	**735 639**
国有控股	5 364 376	11 463 131	6 281 132	312 775
集体控股	164 337	632 024	170 455	1 362
私人控股	4 146 743	9 580 874	4 721 660	162 182
港澳台商控股	892 818	2 390 361	910 489	148 319
外商控股	290 667	802 611	285 418	2 831
其他	2 449 116	6 325 447	3 464 859	108 170
按资质等级分	**13 308 056**	**31 194 447**	**15 834 013**	**735 639**
一级	224 181	719 939	217 951	51 462
二级	4 221 620	9 162 963	4 318 137	210 341
三级	3 560 110	7 802 291	4 302 016	216 542
四级	431 691	846 323	453 628	60 707
暂定	4 725 118	11 914 758	6 312 983	172 655
其他	145 336	748 173	229 297	23 932
按隶属关系分	**13 308 056**	**31 194 447**	**15 834 013**	**735 639**
中央	375 801	596 367	292 420	6 450
省	1 343 567	2 473 473	1 469 070	93 674
市	3 879 786	8 902 838	4 800 682	53 552
县(区)	774 475	2 750 244	1 009 564	244 537
镇	101	4 539	101	794
居委会				
村委会				
其他	6 934 326	16 466 988	8 262 177	336 632

14-3 续表 1　　(2014 年)　　单位:万元

指　　标	固定资产原价	固定资产累计折旧	# 本年折旧	在建工程
按登记注册类型分	**681 586**	**185 066**	**32 867**	**852 364**
内资企业	563 123	150 369	30 238	715 797
国有企业	4 423	1 686	139	17 284
集体企业	127	73	73	
国有独资公司	139 294	19 449	3 914	183 773
其他有限责任公司	327 290	97 693	18 143	459 736
股份有限公司	18 516	6 262	569	28 359
私营合伙企业				3 841
私营有限责任公司	70 761	23 841	7 356	21 822
私营股份有限公司	2 274	1 167	44	982
其他企业	437	200		
港澳台商投资企业	99 503	28 129	1 973	119 359
与港澳台商合资经营企业	22 880	5 201	1 013	30 088
与港澳台商合资合作经营企业	71	69	2	1 473
港澳台商独资经营企业	76 552	22 859	958	87 798
外商投资企业	18 961	6 568	656	17 208
中外合资经营企业	16 121	4 966	455	17 208
外资企业	2 346	1 271	149	
外商投资股份有限公司	493	330	52	
按控股情况分	**681 586**	**185 066**	**32 867**	**852 364**
国有控股	248 119	77 919	7 356	297 717
集体控股	1 795	1 188	228	
私人控股	167 539	53 254	16 945	227 462
港澳台商控股	174 858	31 925	5 229	119 398
外商控股	5 815	3 282	264	17 208
其他	83 461	17 497	2 845	190 579
按资质等级分	**681 586**	**185 066**	**32 867**	**852 364**
一级	64 430	14 454	313	
二级	229 292	93 729	8 028	63 248
三级	140 894	39 383	7 279	178 078
四级	69 941	11 411	3 473	3 466
暂定	151 332	23 619	13 091	533 642
其他	25 698	2 469	683	73 930
按隶属关系分	**681 586**	**185 066**	**32 867**	**852 364**
中央	6 952	1 988	238	
省	72 867	50 535	2 156	55 775
市	49 841	8 746	2 125	35 901
县(区)	155 844	24 987	5 072	320 510
镇	127	73	73	
居委会				
村委会				
其他	395 955	98 737	23 203	440 178

指　　标	资产总计	流动负债合　　计	#应付账款	非流动负债合计
按登记注册类型分	**35 566 404**	**18 744 683**	**1 556 109**	**7 281 532**
内资企业	31 270 008	16 280 845	1 399 678	6 489 081
国有企业	150 213	127 915	16 710	7 449
集体企业	9 170	8 032	7 812	
国有独资公司	8 862 420	1 343 889	167 476	3 209 577
其他有限责任公司	15 920 465	10 283 815	831 800	2 573 131
股份有限公司	1 403 335	964 457	65 657	91 734
私营合伙企业	21 691	18 200	18 200	1
私营有限责任公司	4 674 144	3 383 102	284 916	575 589
私营股份有限公司	197 974	121 404	–8 798	28 000
其他企业	30 597	30 030	15 905	3 600
港澳台商投资企业	3 337 335	2 011 292	73 513	640 442
与港澳台商合资经营企业	1 794 982	1 274 564	55 836	325 387
与港澳台商合资合作经营企业	8 453	2 125	23	
港澳台商独资经营企业	1 533 900	734 603	17 655	315 055
外商投资企业	959 062	452 547	82 919	152 009
中外合资经营企业	760 932	330 794	75 146	152 009
外资企业	115 714	93 455	7 393	
外商投资股份有限公司	82 416	28 298	381	
按控股情况分	**35 566 404**	**18 744 683**	**1 556 109**	**7 281 532**
国有控股	13 182 353	4 029 911	492 112	3 870 339
集体控股	878 615	663 560	52 701	40 000
私人控股	10 653 347	7 323 483	581 709	1 297 951
港澳台商控股	2 895 236	1 630 719	–9 934	518 637
外商控股	822 433	374 950	71 129	152 009
其他	7 134 421	4 722 060	368 393	1 402 597
按资质等级分	**35 566 404**	**18 744 683**	**1 556 109**	**7 281 532**
一级	895 932	486 760	36 812	215 489
二级	10 349 445	4 530 852	443 269	2 821 569
三级	8 824 268	4 234 529	176 550	1 631 111
四级	1 294 767	663 410	19 884	173 596
暂定	13 280 974	8 253 969	791 262	2 271 585
其他	921 019	575 164	88 332	168 182
按隶属关系分	**35 566 404**	**18 744 683**	**1 556 109**	**7 281 532**
中央	603 828	236 315	84 368	185 500
省	3 016 710	2 184 627	155 104	356 678
市	9 541 025	2 466 955	282 902	2 952 894
县(区)	3 901 394	1 727 544	213 098	1 070 869
镇	5 333	4 800	4 579	
居委会	678			
村委会	816			
其他	18 496 621	12 124 443	816 058	2 715 591

14-3 续表 3　　(2014 年)　　单位:万元

指　　标	负债总计	所有者权益合计	#实收资本	营业收入
按登记注册类型分	**26 026 215**	**9 540 190**	**3 683 348**	**5 174 038**
内资企业	22 769 925	8 500 083	3 061 125	4 416 342
国有企业	135 364	14 849	13 252	4 076
集体企业	8 032	1 138	1 500	
国有独资公司	4 553 466	4 308 954	498 690	267 146
其他有限责任公司	12 856 946	3 063 518	2 009 883	2 969 797
股份有限公司	1 056 191	347 144	150 357	530 985
私营合伙企业	18 201	3 490	3 490	
私营有限责任公司	3 958 691	715 453	368 313	597 576
私营股份有限公司	149 404	48 571	14 840	28 186
其他企业	33 630	-3 033	800	18 575
港澳台商投资企业	2 651 734	685 601	476 351	456 057
与港澳台商合资经营企业	1 599 951	195 031	223 321	267 414
与港澳台商合资合作经营企业	2 125	6 327	6 000	785
港澳台商独资经营企业	1 049 658	484 242	247 031	187 859
外商投资企业	604 556	354 506	145 872	301 639
中外合资经营企业	482 803	278 129	113 178	160 003
外资企业	93 455	22 259	16 198	41 018
外商投资股份有限公司	28 298	54 118	16 496	100 618
按控股情况分	**26 026 215**	**9 540 190**	**3 683 348**	**5 174 038**
国有控股	7 900 250	5 282 104	1 032 141	1 250 354
集体控股	703 560	175 055	106 800	213 369
私人控股	8 621 434	2 031 913	1 085 325	2 045 324
港澳台商控股	2 149 356	745 880	515 119	472 574
外商控股	526 959	295 474	122 517	298 338
其他	6 124 657	1 009 763	821 447	894 080
按资质等级分	**26 026 215**	**9 540 190**	**3 683 348**	**5 174 038**
一级	702 249	193 683	62 412	124 322
二级	7 352 421	2 997 025	613 838	1 562 872
三级	5 865 639	2 958 629	912 969	1 057 512
四级	837 006	457 761	144 109	133 488
暂定	10 525 555	2 755 419	1 814 971	2 219 415
其他	743 346	177 673	135 049	76 428
按隶属关系分	**26 026 215**	**9 540 190**	**3 683 348**	**5 174 038**
中央	421 815	182 013	50 600	359 414
省	2 541 304	475 405	332 198	481 664
市	5 419 848	4 121 177	533 964	762 865
县(区)	2 798 413	1 102 981	405 205	494 494
镇	4 800	533	800	
居委会		678	120	11
村委会		816	816	
其他	14 840 035	3 656 587	2 359 645	3 075 590

指　　标	营业收入				
	主营业务收　入	土地转让收　入	商品房屋销售收入	房屋出租收　入	其他收入
按登记注册类型分	**5 122 559**	**7 308**	**4 834 602**	**38 154**	**242 495**
内资企业	4 367 578	7 308	4 091 947	25 836	242 488
国有企业	3 502		3 099	97	306
集体企业					
国有独资公司	260 615		56 786	953	202 876
其他有限责任公司	2 928 153	7 308	2 871 556	21 788	27 501
股份有限公司	530 984		528 185	517	2 282
私营合伙企业					
私营有限责任公司	597 563		586 204	2 482	8 877
私营股份有限公司	28 186		27 541		646
其他企业	18 575		18 575		
港澳台商投资企业	453 475		441 616	11 859	
与港澳台商合资经营企业	267 414		266 922	491	
与港澳台商合资合作经营企业	683		625	59	
港澳台商独资经营企业	185 378		174 069	11 309	
外商投资企业	301 507		301 039	459	8
中外合资经营企业	159 870		159 403	459	8
外资企业	41 018		41 018		
外商投资股份有限公司	100 618		100 618		
按控股情况分	**5 122 559**	**7 308**	**4 834 602**	**38 154**	**242 495**
国有控股	1 242 683	7 245	1 023 289	5 832	206 317
集体控股	213 351		213 305	46	
私人控股	2 019 521	63	1 994 072	9 737	15 650
港澳台商控股	469 992		454 981	15 011	
外商控股	298 205		298 198		8
其他	878 807		850 757	7 529	20 521
按资质等级分	**5 122 559**	**7 308**	**4 834 602**	**38 154**	**242 495**
一级	124 190		116 665	7 420	104
二级	1 554 895		1 343 172	10 294	201 429
三级	1 038 624	63	1 026 961	6 204	5 396
四级	133 427		129 073	4 187	167
暂定	2 194 996	7 075	2 143 510	9 547	34 865
其他	76 428	170	75 221	501	535
按隶属关系分	**5 122 559**	**7 308**	**4 834 602**	**38 154**	**242 495**
中央	358 954		357 796	1 121	37
省	481 556	7 245	471 190	2 368	752
市	754 712		554 359	430	199 922
县(区)	493 073		485 825	4 394	2 855
镇					
居委会	11				11
村委会					
其他	3 034 254	63	2 965 432	29 841	38 918

14-3 续表 5　　(2014 年)　　单位:万元

指　　标	营业成本	# 主营业务成　本	营业税金及附加	# 主营业务税金及附加
按登记注册类型分	**3 498 982**	**3 478 833**	**438 866**	**430 032**
内资企业	3 065 482	3 048 777	356 499	347 748
国有企业	3 043	3 043	183	181
集体企业				
国有独资公司	232 810	231 456	7 104	7 102
其他有限责任公司	2 038 683	2 023 784	245 346	236 679
股份有限公司	392 508	392 057	49 593	49 593
私营合伙企业				
私营有限责任公司	362 618	362 618	51 539	51 458
私营股份有限公司	20 332	20 332	2 386	2 386
其他企业	15 488	15 488	348	348
港澳台商投资企业	263 612	260 168	54 380	54 379
与港澳台商合资经营企业	163 326	163 326	34 005	34 004
与港澳台商合资合作经营企业	607	607	76	76
港澳台商独资经营企业	99 680	96 235	20 299	20 299
外商投资企业	169 888	169 888	27 987	27 904
中外合资经营企业	103 659	103 659	13 207	13 124
外资企业	27 469	27 469	3 474	3 474
外商投资股份有限公司	38 761	38 761	11 306	11 306
按控股情况分	**3 498 982**	**3 478 833**	**438 866**	**430 032**
国有控股	921 972	910 299	86 094	83 563
集体控股	144 001	143 947	20 435	20 435
私人控股	1 423 661	1 422 686	173 403	167 950
港澳台商控股	306 871	300 019	45 352	44 758
外商控股	168 381	168 381	27 839	27 757
其他	534 096	533 501	85 743	85 568
按资质等级分	**3 498 982**	**3 478 833**	**438 866**	**430 032**
一级	90 955	88 656	14 289	14 288
二级	1 073 036	1 071 432	130 778	130 770
三级	745 866	743 377	85 444	82 907
四级	99 551	99 551	11 943	11 112
暂定	1 432 068	1 418 381	188 997	183 548
其他	57 506	57 437	7 414	7 407
按隶属关系分	**3 498 982**	**3 478 833**	**438 866**	**430 032**
中央	233 901	233 900	22 011	21 985
省	331 804	331 388	54 121	51 618
市	593 422	593 350	44 095	43 759
县(区)	364 828	362 528	44 086	41 070
镇				
居委会	4	4		
村委会				
其他	1 975 024	1 957 664	274 553	271 600

指　　标	其他业务利润	销售费用	管理费用	
				# 税金
按登记注册类型分	**9 972**	**182 071**	**173 909**	**22 417**
内资企业	7 159	152 799	141 197	17 451
国有企业	574	2	1 753	85
集体企业			65	
国有独资公司	1 865	703	13 323	3 376
其他有限责任公司	4 107	112 763	85 686	11 996
股份有限公司	572	9 906	9 849	208
私营合伙企业				
私营有限责任公司	41	28 393	29 177	1 690
私营股份有限公司		827	944	95
其他企业		205	399	
港澳台商投资企业	2 697	17 836	18 096	1 025
与港澳台商合资经营企业		11 527	6 450	396
与港澳台商合资合作经营企业	101	114	13	
港澳台商独资经营企业	2 596	6 195	11 633	629
外商投资企业	116	11 436	14 617	3 941
中外合资经营企业	116	8 563	11 077	3 593
外资企业		1 808	2 278	349
外商投资股份有限公司		1 066	1 262	
按控股情况分	**9 972**	**182 071**	**173 909**	**22 417**
国有控股	3 309	22 154	38 526	5 149
集体控股		5 638	3 939	245
私人控股	487	61 949	65 212	6 973
港澳台商控股	2 697	16 064	17 872	1 467
外商控股	116	10 771	10 888	1 164
其他	3 363	65 495	37 473	7 421
按资质等级分	**9 972**	**182 071**	**173 909**	**22 417**
一级	116	2 499	6 940	478
二级	3 703	41 834	47 751	7 390
三级	1 661	21 318	36 819	3 819
四级	5	4 518	7 811	317
暂定	4 488	108 063	71 656	10 084
其他		3 839	2 932	328
按隶属关系分	**9 972**	**182 071**	**173 909**	**22 417**
中央	460	4 881	5 207	339
省	47	17 162	18 246	241
市	2 472	22 090	17 201	2 460
县(区)	1 408	10 946	16 677	3 985
镇			58	
居委会			1	
村委会				
其他	5 586	126 993	116 520	15 392

指　　标	财务费用	#利息收入	#利息支出	营业利润
按登记注册类型分	**79 395**	**17 560**	**59 754**	**875 158**
内资企业	61 858	14 933	53 136	712 242
国有企业	-308	48	-274	-597
集体企业				-65
国有独资公司	4 522	2 736	6 517	12 813
其他有限责任公司	35 780	11 560	29 133	515 587
股份有限公司	713	213	759	70 301
私营合伙企业				
私营有限责任公司	20 967	340	16 868	108 581
私营股份有限公司	184	36	132	3 487
其他企业				2 136
港澳台商投资企业	17 378	2 321	6 590	85 062
与港澳台商合资经营企业	-733	1 861	615	52 839
与港澳台商合资合作经营企业	-1			-26
港澳台商独资经营企业	18 111	460	5 975	32 249
外商投资企业	160	306	28	77 854
中外合资经营企业	489	-48	2	23 311
外资企业	-309	334	26	6 298
外商投资股份有限公司	-21	21		48 245
按控股情况分	**79 395**	**17 560**	**59 754**	**875 158**
国有控股	18 099	5 652	15 955	174 036
集体控股	1 202	104	1 154	62 028
私人控股	24 732	7 211	25 088	318 366
港澳台商控股	18 604	1 105	6 610	68 118
外商控股	112	350	26	80 446
其他	16 647	3 138	10 922	172 164
按资质等级分	**79 395**	**17 560**	**59 754**	**875 158**
一级	11264	142	1	-2119
二级	29 734	4 051	23 328	262 761
三级	16 581	2 272	15 146	158 927
四级	7 204	83	6 910	2 255
暂定	14 357	10 169	13 336	448 798
其他	256	844	1 034	4 535
按隶属关系分	**79 395**	**17 560**	**59 754**	**875 158**
中央	31	22	52	93 490
省	5 451	495	1 450	82 236
市	5 327	7 000	12 060	100 237
县(区)	8 291	81	6 719	49 764
镇				-58
居委会				6
村委会				
其他	60 296	9 963	39 473	549 483

指　　标	补贴收入	营业外收入	营业外支出	利润总额
按登记注册类型分	**15 773**	**24 001**	**3 738**	**895 450**
内资企业	13 436	18 051	1 083	729 239
国有企业			7	–604
集体企业				–65
国有独资公司	13 250	13 832	397	26 248
其他有限责任公司	174	1 361	–760	517 716
股份有限公司		44	82	70 284
私营合伙企业				
私营有限责任公司	12	2 814	1 222	110 173
私营股份有限公司			15	3 471
其他企业			120	2 016
港澳台商投资企业	2 338	5 619	1 643	89 038
与港澳台商合资经营企业		17	890	51 965
与港澳台商合资合作经营企业		1		–25
港澳台商独资经营企业	2 338	5 602	753	37 098
外商投资企业		332	1 012	77 174
中外合资经营企业		319	738	22 892
外资企业		3	42	6 259
外商投资股份有限公司		10	232	48 022
按控股情况分	**15 773**	**24 001**	**3 738**	**895 450**
国有控股	13 250	14 203	154	188 089
集体控股			2	62 026
私人控股	12	3 083	2 931	318 538
港澳台商控股	2 338	5 633	1 582	72 170
外商控股		318	1 004	79 760
其他	174	765	–1 935	174 868
按资质等级分	**15 773**	**24 001**	**3 738**	**895 450**
一级		3 296	319	863
二级	12 395	13 267	1 957	274 097
三级	2 475	3 179	1 737	160 369
四级	12	80	425	1 910
暂定	4	3 281	–766	452 845
其他	888	899	67	5 367
按隶属关系分	**15 773**	**24 001**	**3 738**	**895 450**
中央		258	25	93 727
省		325	–3 644	86 204
市	12 362	12 891	1 267	111 864
县(区)	888	1 041	213	50 593
镇				–58
居委会				6
村委会				
其他	2 524	9 488	5 877	553 114

(2014 年)　　单位:万元

指　　标	应交所得税	本年应付工资总额	资产减值损失	公允价值变动收益	投资收益
按登记注册类型分	**209 380**	**103 349**	**–2 500**	**2 053**	**46 041**
内资企业	163 816	83 832	–4 487	2 053	43 444
国有企业	21	1 437			
集体企业		29			
国有独资公司	4 577	4 233	39	–3 888	8 055
其他有限责任公司	127 035	53 598	–4 280	5 941	30 056
股份有限公司	8 716	5 900	–301		1 605
私营合伙企业		53			
私营有限责任公司	23 468	17 747	56		3 755
私营股份有限公司		689			–26
其他企业		146			
港澳台商投资企业	27 012	9 434	2 190		2 497
与港澳台商合资经营企业	11 526	3 347			
与港澳台商合资合作经营企业	1	56			
港澳台商独资经营企业	15 485	6 031	2 190		2 497
外商投资企业	18 552	10 083	–203		99
中外合资经营企业	5 667	9 146	–203		99
外资企业	879	652			
外商投资股份有限公司	12 006	285			
按控股情况分	**209 380**	**103 349**	**–2 500**	**2 053**	**46 041**
国有控股	48 225	19 930	–1 539	–3 887	12 880
集体控股	15 625	3 817	–18		
私人控股	65 507	39 017	–2 974	202	18 844
港澳台商控股	22 705	9 841	2 190		2 497
外商控股	18 552	9 661			99
其他	38 766	21 083	–159	5 739	11 720
按资质等级分	**209 380**	**103 349**	**–2 500**	**2 053**	**46 041**
一级	1 289	4 385	2 188		1 699
二级	59 031	21 466	–4 285	–3 886	22 726
三级	32 541	19 150	833	5 703	2 573
四级	2 163	5 280	187		–19
暂定	112 732	51 550	–1 464	201	19 002
其他	1 624	1 519	42	35	60
按隶属关系分	**209 380**	**103 349**	**–2 500**	**2 053**	**46 041**
中央	25 675	3 143	–105		4
省	24 419	12 467	–1 809		1 690
市	24 861	9 491	181	–3 887	23 655
县(区)	13 255	8 166			98
镇		16			
居委会		24			
村委会		40			
其他	121 171	70 002	–766	5 941	20 593

14-4 房地产企业资金和土地情况

（2014 年） 单位:万元

指　　标	本年资金来源合计	上年末结余资金	本年资金来源小计	国内贷款
按登记注册类型分	**9 500 076**	**2 859 934**	**6 640 142**	**1 052 272**
内资企业	7 794 267	2 051 414	5 742 853	908 672
国有企业	31 021	10 645	20 376	
集体企业				
国有独资公司	222 370	33 340	189 030	32 000
其他有限责任公司	5 606 537	1 394 938	4 211 599	687 285
股份有限公司	294 663	73 721	220 942	29 000
私营合伙企业				
私营有限责任公司	1 545 033	499 978	1 045 055	149 152
私营股份有限公司	81 768	38 314	43 454	8 000
其他企业	12 875	478	12 397	3 235
港澳台商投资企业	1 191 027	542 770	648 257	133 100
与港澳台商合资经营企业	828 350	375 907	452 443	90 000
与港澳台商合资合作经营企业				
港澳台商独资经营企业	362 677	166 863	195 814	43 100
外商投资企业	514 782	265 750	249 032	10 500
中外合资经营企业	430 773	240 245	190 528	10 500
外资企业	79 817	21 313	58 504	
外商投资股份有限公司	4 192	4 192		
其他外商投资				
按控股情况分	**9 500 076**	**2 859 934**	**6 640 142**	**1 052 272**
国有控股	1 664 775	259 645	1 405 130	192 300
集体控股	229 561	199 034	30 527	6 500
私人控股	3 161 253	971 916	2 189 337	424 487
港澳台商控股	842 277	477 588	364 689	133 100
外商控股	500 798	259 920	240 878	10 500
其他	3 101 412	691 831	2 409 581	285 385
按资质等级分	**9 500 076**	**2 859 934**	**6 640 142**	**1 052 272**
一级	160 648	86 680	73 968	20 000
二级	1 627 188	380 492	1 246 696	114 020
三级	1 589 494	711 279	878 215	229 077
四级	231 430	81 936	149 494	32 200
暂定	5 588 976	1 542 262	4 046 714	618 775
其他	302 340	57 285	245 055	38 200
按隶属关系分	**9 500 076**	**2 859 934**	**6 640 142**	**1 052 272**
中央	266 694	44 976	221 718	59 500
省(自治区、直辖市)	1 136 904	502 192	634 712	48 500
地区(州、盟、省辖市)	1 150 524	198 352	952 172	223 685
县(区、市、旗)	671 264	98 463	572 801	111 585
镇				
居委会				
村委会				
其他	6 274 690	2 015 951	4 258 739	609 002

指　　标	本年资金来源小计			
	国内贷款		自筹资金	
	银行贷款	非银行金融机构贷款		# 自有资金
按登记注册类型分	**963 002**	**89 270**	**1 375 076**	**589 325**
内资企业	819 402	89 270	1 233 601	565 950
国有企业			19 100	300
集体企业				
国有独资公司	32 000		139 282	8 481
其他有限责任公司	618 485	68 800	884 422	479 136
股份有限公司	29 000		27 505	10 176
私营合伙企业				
私营有限责任公司	128 682	20 470	162 485	67 050
私营股份有限公司	8 000			
其他企业	3 235		807	807
港澳台商投资企业	133 100		121 739	14 839
与港澳台商合资经营企业	90 000		103 382	1 482
与港澳台商合资合作经营企业				
港澳台商独资经营企业	43 100		18 357	13 357
外商投资企业	10 500		19 736	8 536
中外合资经营企业	10 500		9 236	8 536
外资企业			10 500	
外商投资股份有限公司				
其他外商投资				
按控股情况分	**963 002**	**89 270**	**1 375 076**	**589 325**
国有控股	192 300		611 406	299 476
集体控股	2 500	4 000		
私人控股	349 017	75 470	405 019	169 395
港澳台商控股	133 100		21 739	14 839
外商控股	10 500		19 036	8 536
其他	275 585	9 800	317 876	97 079
按资质等级分	**963 002**	**89 270**	**1 375 076**	**589 325**
一级	20 000		5 094	5 094
二级	94 020	20 000	241 549	220 337
三级	228 607	470	200 471	145 195
四级	32 200		38 078	1 344
暂定	564 975	53 800	804 037	193 155
其他	23 200	15 000	85 847	24 200
按隶属关系分	**963 002**	**89 270**	**1 375 076**	**589 325**
中央	59 500		35 094	5 094
省(自治区、直辖市)	48 500		238 941	203 269
地区(州、盟、省辖市)	179 685	44 000	229 823	115 807
县(区、市、旗)	111 585		237 184	77 233
镇				
居委会				
村委会				
其他	563 732	45 270	634 034	187 922

14-4 续表 2　　(2014 年)　　单位:万元

指　标	本年资金来源小计			
	自筹资金		其他资金来源	
	股东投入资金	借入资金		# 定金及预付款
按登记注册类型分	**114 445**	**230 741**	**4 212 794**	**2 401 214**
内资企业	110 945	227 641	3 600 580	1 958 330
国有企业	8 800		1 276	738
集体企业				
国有独资公司		3 300	17 748	2 648
其他有限责任公司	65 971	184 073	2 639 892	1 424 805
股份有限公司	7 000	329	164 437	126 089
私营合伙企业				
私营有限责任公司	29 174	39 939	733 418	389 114
私营股份有限公司			35 454	14 664
其他企业			8 355	272
港澳台商投资企业	3 500	2 400	393 418	337 988
与港澳台商合资经营企业		900	259 061	226 212
与港澳台商合资合作经营企业				
港澳台商独资经营企业	3 500	1 500	134 357	111 776
外商投资企业		700	218 796	104 896
中外合资经营企业		700	170 792	75 569
外资企业			48 004	29 327
外商投资股份有限公司				
其他外商投资				
按控股情况分	**114 445**	**230 741**	**4 212 794**	**2 401 214**
国有控股	8 800	86 377	601 424	408 381
集体控股			24 027	19 394
私人控股	64 530	98 632	1 359 831	712 752
港澳台商控股	3 500	2 400	209 850	154 420
外商控股			211 342	104 618
其他	37 615	43 332	1 806 320	1 001 649
按资质等级分	**114 445**	**230 741**	**4 212 794**	**2 401 214**
一级			48 874	44 514
二级	2 200	1 312	891 127	592 539
三级	8 321	30 575	448 667	222 442
四级	8 566	19 886	79 216	48 389
暂定	72 214	178 968	2 623 902	1 407 254
其他	23 144		121 008	86 076
按隶属关系分	**114 445**	**230 741**	**4 212 794**	**2 401 214**
中央			127 124	45 336
省(自治区、直辖市)	8 800	2 000	347 271	265 647
地区(州、盟、省辖市)	7 241	97 775	498 664	378 488
县(区、市、旗)	21 046	3 109	224 032	102 661
镇				
居委会				
村委会				
其他	77 358	127 857	3 015 703	1 609 082

(2014 年)　　单位:万元

指　　标	本年资金来源小计 其他资金来源 #个人按揭贷款	本年各项应付款合计	#工程款	待开发土地面积(平方米)
按登记注册类型分	**1 175 562**	**1 257 523**	**808 739**	**1 536 440**
内资企业	1 013 774	1 151 229	730 241	1 494 320
国有企业	538	5 000	5 000	
集体企业				
国有独资公司		86 802	26 412	17 307
其他有限责任公司	671 759	737 577	459 562	898 549
股份有限公司	38 348	122 319	73 358	63 500
私营合伙企业				
私营有限责任公司	281 957	180 020	147 205	509 260
私营股份有限公司	20 790	18 030	18 030	5 704
其他企业	382	1 481	674	
港澳台商投资企业	54 711	72 825	57 993	42 120
与港澳台商合资经营企业	32 849	54 939	47 097	
与港澳台商合资合作经营企业				
港澳台商独资经营企业	21 862	17 886	10 896	42 120
外商投资企业	107 077	33 469	20 505	
中外合资经营企业	88 400	28 469	15 505	
外资企业	18 677	5 000	5 000	
外商投资股份有限公司				
其他外商投资				
按控股情况分	**1 175 562**	**1 257 523**	**808 739**	**1 536 440**
国有控股	80 583	329 502	220 850	17 307
集体控股	3 774	35 685	21 972	
私人控股	521 246	462 919	321 373	655 892
港澳台商控股	54 711	51 025	36 193	42 120
外商控股	106 724	31 949	19 685	
其他	408 524	346 443	188 666	821 121
按资质等级分	**1 175 562**	**1 257 523**	**808 739**	**1 536 440**
一级	4 360	6 464	6 464	
二级	256 064	285 792	203 239	260 200
三级	183 497	206 655	121 578	6 800
四级	12 453	46 599	22 694	203 769
暂定	684 503	645 824	426 004	945 544
其他	34 685	66 189	28 760	120 127
按隶属关系分	**1 175 562**	**1 257 523**	**808 739**	**1 536 440**
中央	12 260	6 464	6 464	
省(自治区、直辖市)	69 624	196 638	110 796	17 307
地区(州、盟、省辖市)	109 676	163 319	104 707	580 000
县(区、市、旗)	86 979	291 727	178 979	135 489
镇				
居委会				
村委会				
其他	897 023	599 375	407 793	803 644

指　　标	本年购置土地面积(平方米)	本年土地成交价款	#土地使用权出让金	契 税
按登记注册类型分	**2 545 131**	**708 267**	**423 357**	**24 389**
内资企业	2 545 131	708 267	423 357	24 389
国有企业				
集体企业				
国有独资公司	20 237	17 605	17 605	704
其他有限责任公司	2 413 587	659 413	376 052	22 691
股份有限公司	100 427	26 275	24 848	872
私营合伙企业				
私营有限责任公司	10 880	4 974	4 852	122
私营股份有限公司				
其他企业				
港澳台商投资企业				
与港澳台商合资经营企业				
与港澳台商合资合作经营企业				
港澳台商独资经营企业				
外商投资企业				
中外合资经营企业				
外资企业				
外商投资股份有限公司				
其他外商投资				
按控股情况分	**2 545 131**	**708 267**	**423 357**	**24 389**
国有控股	20 237	17 605	17 605	704
集体控股				
私人控股	404 600	222 754	184 421	15 196
港澳台商控股				
外商控股				
其他	2 120 294	467 908	221 331	8 489
按资质等级分	**2 545 131**	**708 267**	**423 357**	**24 389**
一级				
二级	53 403	25 860	3 060	
三级				
四级	12 000	6 000		
暂定	2 459 027	665 939	409 864	23 972
其他	20 701	10 468	10 433	417
按隶属关系分	**2 545 131**	**708 267**	**423 357**	**24 389**
中央				
省(自治区、直辖市)	73 335	35 924	35 924	704
地区(州、盟、省辖市)	1 650 000	311 747	96 687	3 837
县(区、市、旗)	25 315	2 227	800	
镇				
居委会				
村委会				
其他	796 481	358 369	289 946	19 848

14-5 分县区房地产开发投资

(按构成分,2014年)

单位:万元

指标	合计	建筑工程	安装工程	设备工器具购置	其他费用
全市	**4 140 682**	**2 965 488**	**467 336**	**52 904**	**654 954**
东湖区	77 749	53 877	4 796	3 250	15 826
西湖区	532 457	347 055	58 270	5 537	121 595
青云谱区	209 052	128 453	17 618	816	62 165
湾里区	76 755	67 372	7 425		1 958
青山湖区	182 186	108 000	29 465	1 669	43 052
南昌县	667 088	503 279	95 177	15 347	53 285
新建县	287 875	184 266	57 450	2 780	43 379
安义县	54 543	46 277	4 356	800	3 110
进贤县	131 142	114 971	5 837	1 160	9 174
经济开发区	219 316	178 555	33 367	6 077	1 317
高新开发区	879 610	612 933	58 517	10 483	197 677
红谷滩新区	798 788	608 939	93 015	4 885	91 949
桑海开发区	24 121	11 511	2 043	100	10 467

14-6　分县区房地产开发投资

（按工程用途分，2014年）

单位:万元

指　　标	合　计	住宅	办公楼	商业营业用房	其 他
全　　市	**4 140 682**	**3 046 738**	**369 896**	**441 062**	**282 986**
东　湖　区	77 749	55 635	3 433	3 172	15 509
西　湖　区	532 457	397 329	84 347	37 146	13 635
青 云 谱 区	209 052	143 719	14 191	43 056	8 086
湾　里　区	76 755	66 093	216	9 791	655
青 山 湖 区	182 186	103 360	11 954	35 814	31 058
南　昌　县	667 088	568 908	3 213	80 063	14 904
新　建　县	287 875	244 913	90	35 966	6 906
安　义　县	54 543	45 108	550	5 640	3 245
进　贤　县	131 142	106 586	2 086	10 320	12 150
经济开发区	219 316	166 764	100	31 440	21 012
高新开发区	879 610	584 837	150 075	77 174	67 524
红谷滩新区	798 788	546 573	99 641	65 872	86 702
桑海开发区	24 121	16 913		5 608	1 600

14-7 分县区商品房销售面积

（2014 年）

单位:平方米

指标	合计	商品住宅	办公楼	商业营业用房	其他
全市	**8 246 630**	**7 514 757**	**278 635**	**381 878**	**71 360**
东湖区	81 206	80 013		1 193	
西湖区	679 855	584 964	58 090	14 796	22 005
青云谱区	149 736	113 021	19 254	17 461	
湾里区	131 946	114 674		17 272	
青山湖区	352 582	329 655	166	19 615	3 146
南昌县	1 764 584	1 611 307	1 105	128 415	23 757
新建县	1 001 375	925 795		75 059	521
安义县	248 827	231 425		17 402	
进贤县	811 276	798 815		6 994	5 467
经济开发区	578 304	572 534		5 770	
高新开发区	1 082 928	852 135	172 836	46 019	11 938
红谷滩新区	1 300 855	1 244 729	27 184	28 846	96
桑海开发区	63 156	55 690		3 036	4 430

主要统计指标解释

房地产开发投资 是指房地产开发公司、商品房建设公司及其他房地产开发法人单位和附属于其他法人单位实际从事房地产开发或经营的活动单位统一开发的包括统筹待建、拆迁还建的住宅、厂房、仓库、饭店、宾馆、度假村、写字楼、办公楼等房屋建筑物和配套的服务设施，土地开发工程（如道路、给水、排水、供电、供热、通讯、平整场地等基础设施工程）的投资；不包括单纯的土地交易活动。

房地产开发投资按工程用途分 房地产开发投资按工程用途分为住宅、办公楼、商业营业用房和其他；住宅按照户型结构可以划分为90平方米以下住房、144平方米以上住房等。

(1) 住宅：指专供居住的房屋，包括别墅、公寓、职工家属宿舍和集体宿舍（包括职工单身宿舍和学生宿舍）等，但不包括住宅楼中作为人防用、不住人的地下室等。

(2) 90平方米以下住房：指在房地产开发企业（单位）投资建设的商品住宅中，套型建筑面积不超过90平方米（包括90平方米）的住房。

(3) 144平方米以上住房：指在房地产开发企业（单位）投资建设的商品住宅中，套型建筑面积超过144平方米（不包括144平方米）的住房。

(4) 办公楼：指企业、事业、机关、团体、学校、医院等单位使用的各类办公用房（又称写字楼）。

(5) 商业营业用房：指商业、粮食、供销、饮食服务业等部门对外营业的用房，如度假村、饭店、商店、门市部、粮店、书店、供销店、菜店、加油站、日杂等房屋。

(6) 其他：凡不属于上述各项用途的房屋建筑物，如中小学教学用房、托儿所、幼儿园、图书馆、体育馆等。

房屋建筑面积 房屋建筑面积是从房屋建筑物勒脚以上外墙外围的水平截面积，包括房屋建筑物的有效面积和结构面积，包括房屋结构（如柱、墙）占用的面积和地下室面积。多层建筑按各自然层面积计算，包括房屋内的楼隔层，突出墙面的眺望间、门斗、有柱雨罩的面积。不包括突出墙面结构的构件、艺术装饰等所占的面积，如台阶等。凹阳台、桃台按其水平投影面积一半计算建筑面积。

施工面积 是指报告期内施工的全部房屋建筑面积。包括本期新开工的面积和上期开工跨入本期继续施工的房屋面积，以及上期已停建在本期恢复施工的房屋面积。

新开工面积 指报告期内新开工建设的房屋面积，以单位工程为核算对象。不包括在上期开工跨人报告期继续施工的房屋建筑面积和上期停缓建而在本期复工的建筑面积。房屋的开工面积指整栋房屋的全部建筑面积，不能分割计算。

竣工面积 指报告期内房屋建筑按照设计要求已全部完工，达到住人和使用条件，经验收鉴定合格或达到竣工验收标准，可正式移交使用单位的各栋房屋建筑面积的总和。

销售面积 指报告期内出售商品房屋的合同总面积（即双方签署的正式买卖合同中所确定的建筑面积）。由现房销售面积和期房销售面积两部分组成。

待售面积 指报告期末已竣工的可供销售或出租的商品房屋建筑面积中，尚未销售或出租的商品房屋建筑面积，包括以前年度竣工和本期竣工的房屋面积，但不包括报告期已竣工的拆迁还建、统建代建、公共配套建筑、房地产公司自用及周转房等不可销售或出租的房屋面积。

十五、科技·教育·文化

SCIENCE,EDUCATION AND CULTURE

本篇内容包括：

1.专业技术人员及其行业分布
2.规模以上工业企业科技活动情况
3.教育事业情况
4.文化事业情况

15-1 各类专业技术人员

(事业单位、公有经济企业专业技术人才,2014 年)

项　　目	合　计		女　性	
	人数(人)	比重(%)	人数(人)	比重(%)
总　计	**72 900**	**100.0**	**33 937**	**100.0**
按职称分				
高级岗位(职务)	8 892	12.2	3 368	9.9
中级岗位(职务)	26 016	35.7	11 854	34.9
初级岗位(职务)	32 985	45.2	16 719	49.3
其　他	5 007	6.9	1 996	5.9
按类别分				
工程技术人员	11 884	16.3	2 515	7.4
农业技术人员	1 265	1.7	254	0.7
科学研究人员	219	0.3	80	0.2
卫生技术人员	10 166	13.9	5 461	16.1
教学人员	39 587	54.3	21 447	63.2

15-2 专业技术人员学历状况

（事业单位、公有经济企业专业技术人才，2014年）

单位：人

项 目	合 计	研究生	大学本科	大学专科	中 专	高中及以下
总 计	**72 900**	**2 483**	**35 787**	**23 409**	**9 043**	**2 178**
按职称分						
高级岗位(职务)	8 892	342	6 269	2 167	89	25
中级岗位(职务)	26 016	755	11 604	9 284	4 033	340
初级岗位(职务)	32 985	1 064	14 887	10 785	4 660	1 589
其 他	5 007	322	3 027	1 173	261	224
按类别分						
工程技术人员	11 884	654	6 551	3 077	1 221	381
农业技术人员	1 265	30	348	589	215	83
科学研究人员	219	14	115	86	3	1
卫生技术人员	10 166	483	4 237	3 126	1 969	351
教学人员	39 587	987	20 813	12 907	4 603	277

15-3　专业技术人员年龄状况

（事业单位、公有经济企业专业技术人才，2014 年）

单位：人

项　　目	合　计	35 岁及以下	36 岁至 40 岁	41 岁至 45 岁	46 岁至 50 岁	51 岁至 54 岁	55 岁及以上
总　　计	**72 900**	**28 044**	**13 201**	**11 189**	**8 959**	**6 582**	**4 925**
按职称分							
高级岗位(职务)	8 892	159	718	1 925	2 656	2 029	1 405
中级岗位(职务)	26 016	4 710	6 254	5 640	3 982	2 945	2 485
初级岗位(职务)	32 985	19 215	5 830	3 312	2 147	1 505	976
其　他	5 007	3 960	399	312	174	103	59
按类别分							
工程技术人员	11 884	5 905	1 976	1 807	1 184	698	314
农业技术人员	1 265	374	388	195	161	72	75
科学研究人员	219	54	58	30	52	21	4
卫生技术人员	10 166	3 771	2 000	1 549	1 325	1 027	494
教学人员	39 587	15 229	6 884	5 552	4 745	3 824	3 353

15-4 专业技术人员行业状况

(事业单位、公有经济企业专业技术人才,2014年)

单位:人

指　　标	合　计	高级岗位(职务)	中级岗位(职务)	初级岗位(职务)	其　他
总　　计	**72 900**	**8 892**	**26 016**	**32 985**	**5 007**
农林牧渔业	2 613	199	720	1 617	77
制造业	8 009	381	1 716	2 786	3126
电力、燃气及水的生产和供应业	909	47	262	600	
建筑业	2 654	234	788	1 572	60
交通运输、仓储和邮政业	1 944	103	622	1 122	97
信息传输、计算机服务和软件业	110	15	47	46	2
批发和零售业	626	22	198	389	17
住宿和餐饮业	54	3	14	37	
金融业	178	7	14	4	153
房地产业	393	29	166	198	
租赁和商务服务业	257	23	109	60	65
科学研究、技术服务和地质勘查业	650	123	240	282	5
水利、环境和公共设施管理业	1 390	146	478	753	13
居民服务和其他服务业	181		71	88	22
教育	39 546	6 064	16 407	15 894	1 181
卫生、社会保障和社会福利业	10 445	1 239	3 290	5 836	80
文化体育和娱乐业	1 256	197	421	591	47
公共管理和社会组织	1 685	60	453	1 110	62

15-5 规模以上工业企业科技活动情况

指　　标	2014
一、企业概况	
有 R&D 活动的单位数(个)	171
企业办科技机构数(个)	144
二、科技活动人员(人)	
科技活动人员总计	30 275
#研究与试验发展活动人员(人)	17 696
三、科技活动经费(万元)	
研究与试验发展活动经费支出	397 168
新产品开发经费支出	487 656
四、其他技术活动经费支出(万元)	
技术改造经费支出	246 403
技术引进经费支出	10 651
用于消化吸收经费	57
用于购买国内技术经费	123 038
五、科技活动产出	
专利申请(件)	2 325
新产品销售收入合计(万元)	5 333 968
#新产品出口销售收入	552 001

15-6　各类全日制学校基本情况

(2014年)

单位:人

项　目	学校数(个)	招生数	毕业生	在校学生	教职员工	#专任教师
合　计	**1 340**	**387 476**	**331 799**	**1 371 087**	**92 653**	**31 395**
高等学校	55	179 491	140 393	554 360	45 192	31 666
中等学校	32	35 968	27 561	103 654	2 851	2 025
技工学校(市属)	25	3 656	3 185	9 814	1 647	1 019
普通中学	275	98 021	94 490	296 238	24 543	18 860
职业高中	18	3 046	2 550	8 794	570	333
小　学	927	67 126	63 476	397 331	17 645	17 293
特教学校	8	168	144	896	205	199

15-7 普通高等学校基本情况

(2014 年)

单位:人

项　　目	毕业生数	招生数	在校学生数	毕业班学生数	教职工数	
					合计	# 专任教师
合　　计	**140 393**	**179 491**	**554 360**	**141 552**	**45 192**	**31 666**
南昌大学	13 835	13 916	55 252	14 818	4 764	3 168
华东交通大学	5 207	5 833	21 556	5 266	1 871	1 276
南昌航空大学	5 295	5 235	20 427	5 193	1 924	1 281
江西农业大学	4 645	5 025	18 607	4 346	2 547	1 040
江西护理职业技术学院	1 846	2 803	6 134	1 991	495	423
江西中医药大学	2 751	2 922	11 903	2 952	1 044	814
江西师范大学	7 572	7 140	28 962	7 134	2 619	1 696
江西财经大学	6 049	5 500	22 007	6 057	2 275	1 599
江西工业职业技术学院	2 936	3 622	8 828	2 622	592	478
江西科技师范大学	6 126	6 558	22 573	6 048	1 596	1 374
江西警察学院	1 459	1 685	6 258	1 833	477	344
江西旅游商贸职业学院	3 835	4 997	12 653	3 663	1 236	826
江西泰豪动漫职业学院	549	780	2 308	549	239	140
江西艺术职业学院	362	408	989	271	249	168
江西信息应用职业技术学院	1 458	1 793	4 675	1 365	273	208
江西交通职业技术学院	2 023	3 511	7 754	1 947	545	382
江西工程职业学院	1 166	1 940	4 044	1 093	337	266
江西现代职业技术学院	3 586	4 768	13 306	4 037	1 074	857
江西机电职业技术学院	2 024	2 414	5 679	1 616	386	303
江西生物科技职业学院	1 329	2 347	4 494	1 111	310	236
江西建设职业技术学院	1 636	3 884	9 369	1 980	492	410
江西外语外贸职业学院	2 812	4 301	12 161	3 770	688	555
江西应用科技学院	2 569	5 515	10 230	2 113	686	456
南昌工程学院	5 104	4 770	18 396	5 283	1 310	961
江西工商职业技术学院	215	744	1 487	308	164	85
江西管理职业学院	236				454	114
江西新闻出版职业技术学院	317	978	2 036	465	195	125
南昌理工学院	7 463	10 761	32 637	7 122	2 164	1 807
江西电力职业技术学院	1 416	802	2 243	771	607	272

(2014 年)

单位:人

项　　目	毕业生数	招生数	在校学生数	毕业班学生数	教职工数	
					合计	# 专任教师
南昌师范高等专科学校	2 115	2 801	6 889	2 371	565	503
江西工业贸易职业技术学院	1 288	3 458	6 952	1 368	442	324
江西服装学院	2 157	3 789	9 701	2 230	928	564
江西科技职业学院	1 535	1 007	2 741	399	262	152
江西科技学院	7 060	10 166	35 708	9 585	2 425	1 976
南昌职业学院	2 414	4 606	9 729	2 293	686	442
南昌师范学院	2 147	2 655	7 457	2 228	527	390
江西经济管理职业学院	2 264	888	2 523	925	392	253
南昌教育学院	562	1 123	2 130	474		
南昌钢铁责任公司职工大学	11	11				
江西司法警官职业学院	1 552	1 835	4 869	1 665	411	282
江西先锋软件职业技术学院	875	1 274	3 056	791	374	263
江西制造职业技术学院	1 481	2 584	4 387	1 009	322	248
江西航空职业技术学院	756	1 103	2 775	770	193	146
江西水利职业学院		757	998		142	101
江西中医学院科技学院	1 438	1 697	7 370	1 504	549	407
江西科技师范大学理工学院	829	1 175	4 481	927	314	249
江西财经大学现代经济管理学院	1 607	1 852	6 787	1 672	466	383
南昌工学院	2 961	6 757	16 442	2 764	1 381	855
江西师范大学科技学院	1 803	1 822	6 708	1 613	355	272
华东交通大学理工学院	2 903	3 163	12 654	3 146	754	695
江西青年职业学院	562	1 464	2 882	562	175	120
江西农业大学南昌商学院	1 626	1 918	6 887	1 625	447	367
南昌大学科学技术学院	3 179	2 644	11 519	3 037	953	659
南昌航空大学科技学院	1 447	1 797	6 444	1 499	516	351
江西经济管理干部学院		2 204	5 303	1 371		

15-8 高等院校研究生

（2014年）

单位:人

项　　目	毕业生	招生数	在校研究生
合　　计	**6 787**	**7 999**	**22 659**
南昌大学	2 590	2 817	7 933
南昌航空大学	515	610	1 752
江西农业大学	446	520	1 444
江西中医学院	314	407	1 092
江西师范大学	1 171	1 431	4 120
江西财经大学	1 083	1 288	3 715
华东交通大学	536	641	1 824
江西科技师范学院	132	252	665
南昌工程学院		33	114

15-9 普通中等专业学校基本情况

(2014 年)

单位:人

项　　目	毕业生	招生数	在校学生	教职员工	
					#专任教师
合　　计	**27 561**	**35 968**	**103 654**	**2 851**	**2 025**
江西工程学校	414	861	2 724	168	124
南昌市女子中等专业学校	447	410	2 263	57	50
江西中山舞蹈学校	49	34	209	38	21
江西工业职业技术学院(中专部)	60	275	790		
南昌保险学校	118	126	284	32	17
江西省医药学校	2 001	2 759	9 052	282	203
江西省水利水电学校	1 850	1 678	5 488	94	64
江西交通职业技术学院(中专部)	419	782	1 671		
南昌教育学院	99	116	416		
江西外语外贸职业学院(中专部)	313		772		
江西青年职业学院(中专部)	40	534	745		
江西化学工业学校	1 681	775	3 877	185	94
江西省建设工程学校	526	692	1 686	64	47
南昌工业学校	262	670	1 569	101	81
江西水利职业学院	422	724			
南昌铁路保安中等专业学校	119	169	680	53	44
南昌理工学院(中专部)	11	222	439		
江西泛美艺术中专学校	114	233	485	49	23
南昌市卫生学校	1 484	1 831	4 943	157	127
江西省商务学校	1 861	1 537	3 191	141	88
江西启明职业学校				23	23
江西广播电视学校	210	171	566	48	26
南昌汽车机电学校	870	1 239	3 062	120	101
南昌市广播电视中等专业学校	79	32	124	16	12
江西省建筑工业学校	729	671	1 812	138	69
江西先锋软件职业技术学院(中专部)	490	523	1 073		
南昌市第一中等专业学校	1 874	1 948	6 415	194	187

(2014 年)

单位:人

项　　目	招生数	毕业生	在校学生	教职员工	
					#专任教师
江西现代职业技术学院(中专部)	853	1 919	5 285		
江西制造职业技术学院(中专部)	52	573	1 398		
南昌工学院	261	345	708		
江西航空职业技术学院	52	53	157		
江西省工商行政管理学校				36	24
江西省信息科技学院	694	350	1 462	99	57
江西工业贸易职业技术学院(中专部)	88	353	986		
江西女子中等专业学校	443	386	1 258	41	41
江西机电职业技术学院(中专部)	331	875	1 855		
江西生物科技职业学院(中专部)	172	128	459		
江西省电子信息工程学校	3 401	4 403	11 561	401	328
江西信息应用职业技术学院(中专部)	70	76	112		
江西省体育运动学校	132	221	654	149	97
南昌市体育运动学校	70	120	300	41	11
江西艺术职业学院(中专部)	198	203	812		
江西省民政学校	190	509	1 415	49	15
南昌师范高等专科学校(中专部)	714	843	2 658		
江西护理职业技术学院(中专部)	2 200	2 187	9 137		
江西旅游商贸职业学院(中专部)	579	1 557	3 588		
江西新闻出版职业技术学院	134	210	594		
江西科技职业学院(中专部)		878	882		
江西服装学院	242	194	470		
江西司法警官职业学院(中专部)	230	488	1 360		
江西英赛科技中等专业学校	59	67	180	25	12
南昌运输职业技术学校				50	39
江西省建设职业技术学院(中专部)	276	320	1 303		
南昌向远轨道技术学校	284	763	1 797	55	30

15-10 技工学校基本情况

（2014年）

单位：人

项目	招生数	毕业生	在校学生数	教职员工	#女性	#专任教师
合计	3 656	3 185	9 814	1 647	606	1 019
江西省交通技工学校一部		18	60	40	14	20
江西省交通技工学校二部	103	63	288	38	13	18
江西省交通技工学校三部	106	65	306	81	47	42
江西工业技工学校	791	628	1 839	69	27	39
南昌工业技工学校	185	271	541	41	21	32
江西泰豪技工学校		232		36	12	18
江西省信息科技技工学校	44		150	58	27	36
南昌市建筑工程技工学校	87	81	293	51	23	28
南昌县技工学校	73		128	17	7	14
江西省石油技工学校	108	38	144	60	30	43
江西省科学院技工学校		230	400	16	4	12
江西新东方烹饪技工学校	734	457	1 599	123	43	51
江西新华电脑技工学校	741	272	1 392	95	31	95
江西机电工程技工学校	99		144	317	112	254
江西城市技工学校		437	895	443	145	222
南昌华中汽车技工学校		138	155	32	5	18
江西德能制造技工学校		106	124	26	6	16
江西工商技工学校	260		335	38	12	23
南昌理工技工学校	217		701	41	13	23
南昌市轻工技工学校	108	149	320	25	14	15
南昌科技技工学校	27		27	7	2	5
江西万通汽车技工学校	540	158	979	65	20	25
江西昌大技工学校	535	253	755	47	14	32
江西赣江技工学校	160	255	621	68	25	68
江西应用技工学校		9	12	11	4	1
江西省民政技工学校	270		528	72	38	46
南昌职业技工学校				42	13	18

15-11 普通中学基本情况

（2014 年）

单位：人

类别	招生数	毕业生	在校学生数	教职员工数	#专任教师
合计	**98 021**	**94 490**	**296 238**	**24 543**	**18 860**
#女性	41 868	40 283	126 222	12 923	9 194
按城乡分					
城市	39 374	40 528	123 403	11 099	7 905
县镇	48 209	44 123	142 719	10 446	8 507
农村	10 438	9 839	30 116	2 998	2 448
按层次分					
初中	63 732	62 824	194 330		12 947
城市	24 192	24 499	75 973		
县镇	29 730	28 854	90 012		
农村	9 810	9 471	28 345		
高中	34 289	31 666	101 908		5 913
城市	15 182	16 029	47 430		
县镇	18 479	15 269	52 707		
农村	628	368	1 771		
按地区分					
市区	45 253	45 576	139 801	13 234	9 240
南昌县	18 038	16 101	53 472	3 905	3 309
新建县	15 900	14 591	46 605	3 267	2 766
安义县	3 953	4 668	12 390	1 005	916
进贤县	14 877	13 554	43 970	3 132	2 629
按部门分					
教育部门办	84 248	83 675	258 967	20 532	19 704
社会力量办	13 285	10 196	35 513	3 762	2 958
其他部门办	488	619	1 758	249	217

15-12 职业高中基本情况

(2014 年)

单位:人

类　　别	招生数	毕业生	在校学生数	教职员工数	#专任教师
合　　计	**3 046**	**2 550**	**8 794**	**570**	**333**
#女　　性	1 075	1 189	3 041	192	89
按城乡分					
城　　市	2 607	1 966	7 369	512	275
县　　镇	439	584	1 425	58	58
农　　村					
按部门分					
教育部门办	1 167	1 071	3 316	98	79
社会力量办	1 879	1 479	5 478	472	254
其他部门办					

15-13 小学、特殊教育、工读学校基本情况

(2014 年)

单位:人

类 别	招生数	毕业生	在校学生数	教职员工数	#专任教师
一、小 学	**67 126**	**63 476**	**397 331**	**17 645**	**17 293**
#女 性	30 612	27 339	177 623	10 743	10 598
按城乡分					
城 市	26 394	23 461	151 612	5 409	5 228
县 镇	26 441	24 440	157 766	5 669	5 561
农 村	14 291	15 575	87 953	6 567	6 504
按县、区分					
市 区	33 076	29 712	187 736	7 150	6 960
南昌县	12 222	11 909	73 173	4 059	3 973
新建县	10 217	9 919	57 782	2 529	2 482
安义县	3 006	2 458	16 435	1 095	1 069
进贤县	8 605	9 478	62 205	2 812	2 809
按部门分					
教育部门	60 616	59 075	365 234	16 991	16 766
社会力量办	5 956	3 692	27 965	491	385
其他部门办	554	709	4 132	163	142
二、特殊教育					
特教学校	168	144	896	205	199
三、工读学校					

15-14 幼儿园基本情况

(2014 年)

单位:人

类　　别	幼儿园(个)	在园幼儿	教职员工数	
				#教　师
总　计	**765**	**134 921**	**13 896**	**8 007**
#女　性		61 687	13 028	7 893
按城乡分				
城　市	285	56 034	7 235	3 746
县　镇	324	58 124	5426	3 518
农　村	156	20 763	1 235	743
按部门分				
教育部门和集体办	125	31 020	2 770	1 743
社会力量办	601	98 393	10 518	5 948
其他部门办	39	5 508	608	316

15-15 南昌市成人高校基本情况

（2014年）

单位：人

项目	毕业生数	招生数	在校学生数	教职工数	
					#专任教师
总计	**25 846**	**36 411**	**102 940**	**1 558**	**889**
南昌师范学院	6 124	1 933	12 758		
南昌钢铁公司职工大学				30	15
江西行政管理干部学院	35	16	129	454	114
南昌市业余大学		76	171	85	58
江西广播电视大学	1 270	2 016	2 879	288	194
南昌教育学院	247	4 274	5 231	145	128
江西经济管理干部学院	1 385	157	2 553	444	308
南昌职工科技大学	997	943	1 940	112	72
江西财经大学	2 598	3 103	11 461		
南昌工程学院	1 662	2 434	7 344		
江西中医药大学	1 427	4 020	10 039		
江西工业职业技术学院	8	1	8		
华东交通大学	463	297	745		
南昌大学	864	159	1 407		
江西工业贸易职业技术学院	228	20	250		
江西航空职业技术学院	20	12	54		
江西师范大学	3 270	4 362	13 995		
南昌航空大学	1 244	3 087	9 038		
江西农业大学	2 132	6 541	14 710		
南昌理工学院	2		939		
江西电力职业技术学院	179	160	645		
江西科技学院	161				
江西科技师范大学	1 398	2 161	5 121		
江西警察学院	102	627	1 418		
江西司法警官职业学院	30		21		
江西旅游商贸职业学院		12	84		

15-16 广播电视情况

项　　目	2014年
一、广播	
1.广播电台(座)	2
2.中短波发射台和转播台(座)	2
3.调频广播台和传输台(座)	84
4.广播覆盖率(%)	97.64
二、电视	
1.电视台(座)	2
2.电视转播发射台和差转台(座)	2
3.卫星电视地面站(个)	
4.全年自制电视节目(小时)	33 797
5.电视覆盖率(%)	98.92
6.有线电视用户(万户)	80.91
#数字电视(万户)	
7.南昌农村直卫星用户(户)	

注:1."电视"含有线电视台,不含教育台。

2.调频广播台和传输台包括了乡村的小调频台。

15-17 艺术剧团和剧院

(2014年)

项　　目	合　计	省　级	市　级	县　级
一、艺术表演团体				
剧团个数(个)	61	6	4	51
职工人数(人)	1 634	493	237	904
演出场次(场)	5 406	1 746	72	3 588
年末固定资产原值(万元)	25 080.9	21 285.3	3 487	308.6
当年创作首演剧目(个)	1	1		
全年收入(万元)	13 828.5	8 276.8	3322.3	2 229.4
#演出收入	2 568.2	1 220.8	66	1 281.4
全年支出(万元)	12 279.5	7 626.5	3 235.3	1 418.7
二、艺术表演场数				
表演场所(个)	9	6	1	2
座席数(个)	5 511	3 900	600	1 011
演映场次(场)	1 310	679	345	286
观众人数(万人次)	57.77	47.75	4.53	5.49

15-18 群众艺术馆和文化馆

(2014 年)

项目	合计	省级	市级	县级
群艺馆、文化馆数(个)	11	1	1	9
举办展览(次)	47	2	1	44
组织文艺活动次数(次)	547	55	114	378
举办训练班结业人数(人次)	28 955	1 560	100	27 295
公用房屋建筑面积(平方米)	22 523	1 588	200	20 735
职工人数(人)	210	41	36	133

15-19 博物馆

(2014 年)

项目	合计	省级	市级	县级
博物馆(个)	20	2	14	4
公用房屋面积(平方米)	97 426	50 657	41 305	5 464
藏品(件)	95 328	58 702	25 842	10 784
陈列个数(个)	43	13	25	5
展览个数(个)	40	11	23	6
参观人次(万人次)	511.08	276.62	209.79	24.67
职工(人)	571	301	222	48

15-20 图书、报纸、杂志出版

(2014 年)

项目	种数(种)	总印数(万册、份)	总印张数(千印张)
一、图书合计	**6 134**	**19 662**	**1 354 971**
书籍	5 692	12 148	805 949
课本	442	7 514	549 002
二、报纸合计	**36**	**73 914**	**2 772 875**
省级	21	60 777	1 963 405
市级	15	13 137	809 470
三、杂志合计	**135**	**7 580**	**235 556**

15-21 公共图书馆

(2014 年)

项目	合计	省级	市级	县级
图书馆(个)	11	1	1	9
藏书(万册)	506.94	332.43	97.75	76.76
公用房屋建筑面积(平方米)	59 558	22 500	21 000	16 058
发放借书证(个)	302 982	239 529	39 000	24 453
总流通人次(万人次)	185.07	130		55.07
书刊外借册数(万册次)	121.57	73.6		47.97
经费支出合计(万元)	6 776.4	4 107.9	1 193.6	1 474.9
# 购书支出	447.2	334.1		113.1
职工(人)	290	148	58	84

主要统计指标解释

专业技术人员　指已取得科学技术职称,或大学、中专的理、工、农医科系毕业,以及国民经济各部门从工作实践中提拔,从事理、工、农、医等自然科学技术的研究、数学、生产的专业人员和在机关、企业、事业单位中从事科学技术业务管理工作的专业人员。

科技活动　指在所有科学技术领域内,即在自然科学、农业科学、医药科学、工程与技术科学、人文与社会科学中,与科技知识的产生、发展、传播和应用密切相关的全部有系统的活动。

研究与发展活动　指增加知识总量(包括人类、文化和社会方面的知识),以及运用这些知识去创造新的应用而进行的系统的创造性的工作。

企业办科技机构　指企业自办、或与外单位合办、管理上同生产系统相对独立的,或单独核算的专门技术开发机构(如企业办研究所、开发中心、开发部等专门技术开发机构)。

获奖成果　指企业在本年度内从地(市)及以上政府科技管理部门获得的各种科技成果奖。获奖成果分为:国家级奖、省部级奖和地市级奖。

新产品　指采用新技术原理,新设计构思研制、生产的全新产品或在结构、材质、工艺等某一方面比老产品有明显改进,从而显著提高了产品性能或扩大了使用功能的产品。

从事科技活动人员　指企业在报告期内,从事科技活动的时间(不包括加班时间)占全年工作时间10%及以上的工程技术人员、管理人员、工人及其他人员。

从事研究与发展活动人员　指报告期参与研究与发展项目(课题)研究、管理和辅助工作的人员,具体包括直接参加研究与发展项目(课题)组人员,直接参与上述项目(课题)的行政管理人员和直接为上述项目(课题)活动提供服务的辅助人员。

工程技术人员　指负担工程技术和工程技术管理工作,并具有工程技术能力的人员。

高中级岗位(职务)人员 指企业从业人员中具有高级职称和中级职称的人员数。高级职称指高级工程师、讲师、正、副教授,正、副研究员,高级统计师,高级会计师,高级经济师,以及相当于这一级的其他技术职务的人员。中级职称指工程师、讲师、助理研究员、技师、统计师、会计师、经济师,以及相当于这一级的其他技术职务的人员。

普通高等学校　指按照国家规定的审批程序批准举办,通过全国统一招生考试,招收高中毕业生为主要培养对象,实施高等教育的全日制大学、独立设置的学院和高等、专科学校、短期职业大学。

成人高等学校　指按照国家有关规定审批,招收通过全国成人高教统一招生考试的具有高中毕业或同等学历的在职从业人员全脱产、半脱产、业余或函授等多种形式对其实施高等学历教育,培养高等教育专科或本科毕业水平的专门人才,修业年限、课程设置等均按高等学历教育要求付诸实施的学校。包括广播电视大学、职工高等学校、农民高等学校、管理干部学院、教育学院、独立设置的函授等。

小学学龄儿童入学率　指调查范围内已入小学学习的学龄儿童占校内外学龄儿童总数(包括弱智儿童在内,但不包括盲聋哑儿童)的比重。计算公式:

$$小学学龄儿童入学率=\frac{已入学的小学学龄儿童数}{校内外小学学龄儿童总数}\times 100\%$$

艺术表演团体　指从事戏曲、音乐、舞蹈、杂技等专业艺术表演,有独立帐户、实行单独核算的团体。不包括半工半艺,半农半艺的业余剧团。

艺术表演观众人数(人次)　指售票、包场演出或民族地区免费演出的艺术表演观众人次数。不包括彩排审查和内部观摩演出的观看人次数。

十六、卫生·体育·其他

PUBLIC HEALTH,SPORTS AND OTHERS

本篇内容包括：

1.医疗卫生事业情况
2.体育事业
3.婚姻情况
4.民政事业
5.社会保险情况
6.司法情况
7.交通事故、火灾事故、职工伤亡事故

医生人数

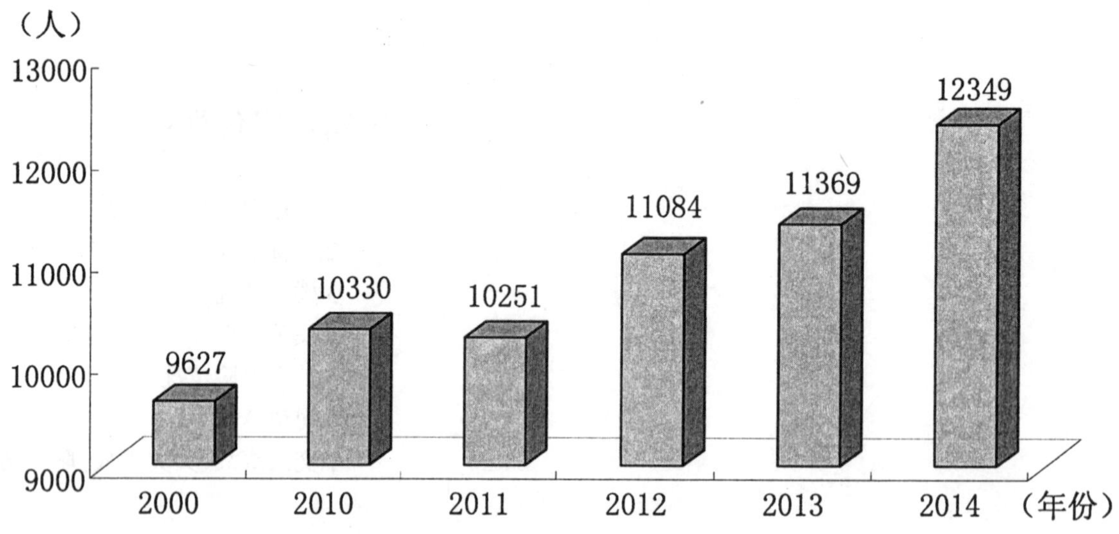

医疗卫生机构床数

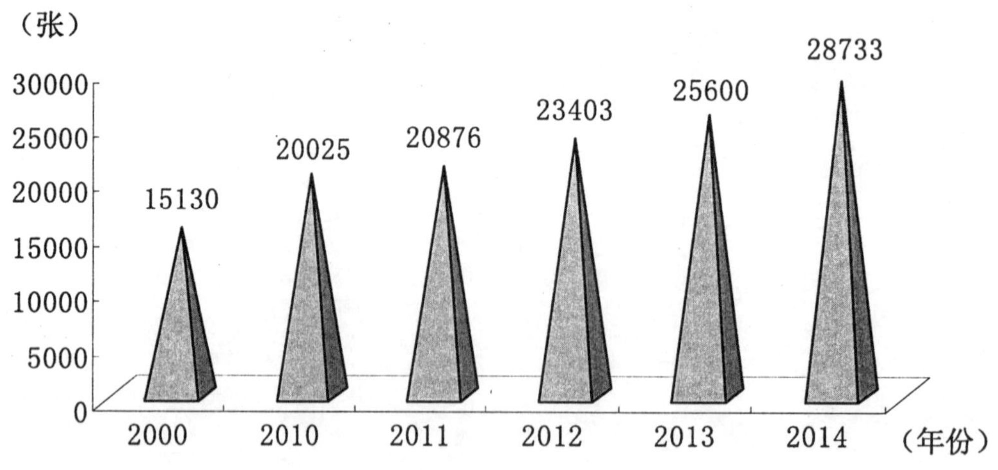

16-1 卫生机构、床位、人员数

(2014 年)

类　　别	机构数(个)	床位数(张)	人员数(人)	#卫生技术人　员	#医生	#注册护士
总　　计	**2 151**	**28 733**	**44 661**	**34 309**	**12 349**	**15 622**
一、医　　院	103	24 136	28 278	23 596	7 724	11 994
#综合医院	60	15 041	17 294	14 789	4 879	7 612
中医医院	11	2 855	3 222	2 625	960	1 129
中西医结合医院	3	662	1045	835	319	416
专科医院	29	5 578	6 717	5 347	1 566	2 837
二、基层医疗卫生机构	1 976	3 131	11 896	7 245	3 357	2 584
#社区卫生服务中心(站)	151	660	2 161	1 834	714	801
卫生院	95	2 402	3 328	2 712	1 085	852
村卫生室	1 185		3 937	403	303	100
门诊部	138	69	1 129	1 004	526	363
诊所、卫生所、医务室	407		1 341	1 292	729	468
三、专业公共卫生机构	47	1 406	3 690	2 980	1 088	923
#疾病预防控制中心	11		927	717	388	69
专科医病防治院(所、站)	8	371	337	247	100	66
妇幼保健院(所、站)	11	1 035	1 778	1 555	550	737
卫生监督所(所、站)	11		362	289		
其他						
四、其他卫生机构	25	60	797	488	180	121

16-2 体育事业

项目	2014年
一、举办综合(单项)运动会次数(次)	47
参加运动会人数(百人次)	60
二、等级裁判员发展人数(人)	353
三、等级运动员发展人数(人)	272
四、参加省级及其以上和同等城市比赛次数(次)	35
参加比赛人数(人次)	3 000
获得奖牌数(枚)	728
# 金牌	393
银牌	191

16-3 主要年份市属共青团组织情况

年份	基层团支部(个)	共青团(人)		专职干部(人)
			# 女团员	
2000	5 636	113 758	47 461	1 402
2010	5 996	127 529	51 038	1 053
2011	6 170	137 326	54 958	926
2012	6 385	142 657	57 091	962
2013	8 379	160 177	71 408	999
2014	8 456	166 076	73 954	1 026

16-4　主要年份妇联系统组织情况

单位:个

项　　目	2000	2010	2011	2012	2013	2014
城镇街道基层妇代会	792	395	446	440	446	497
农村基层妇代会	1 197	1 057	1 037	1 037	1 050	1 051
乡镇(街办)妇联	137	109	111	111	122	111
机关、事业单位妇委会	72	247	286	341	334	364

16-5　主要年份工会组织情况

项　　目	2000	2010	2011	2012	2013	2014
工会基层组织数(个) (含法人、行政事业单位)	1 713	15 119	12 879	13 779	14 936	16 001
已建工会组织的基层单位职工人数(万人)	37.01	116.21	78.82	80.92	82.08	85.16
已建工会组织的基层单位工会人数(万人)	33.01	108.19	65.87	67.75	68.9	71.88

16-6 历届南昌市人民代表大会的代表人数

单位：人

项　　目	一届 (1954)	二届 (1956)	三届 (1958)	四届 (1960)	五届 (1963)	六届 (1965)	七届 (1968)	八届 (1982)	九届 (1987)	十届 (1992)	十一届 (1997)	十二届 (2001)	十三届 (2006)	十四届 (2011)
代表总数	**233**	**239**	**253**	**307**	**375**	**385**	**724**	**555**	**495**	**489**	**434**	**421**	**438**	**433**
代　表　中														
女　代　表	52	49	68	77	99			150	102	98	89	90	90	94
占代表总数%	22.3	20.5	27.0	25.1	26.4			27.0	20.6	20.0	20.5	21.4	20.5	21.7
代　表　中														
少数民族代表										8	7	8	9	7
占代表总数%										1.6	1.6	1.9	2.1	1.6

注：在国家政治生活处于不正常的文化大革命时期，1968 年 2 月 18 日成立了南昌市革命委员会。根据江西省人民代表大会常务委员会的规定，将革命委员会作为南昌市第七届人民代表大会。七届代表构成为革命委员会成员、人民解放军代表、群众组织推举的代表。

16-7 历届南昌市政治协商会议的委员人数

单位：人

项　　目	一届 (1955)	二届 (1958)	三届 (1959)	四届 (1962)	五届 (1963)	六届 (1965)	七届 (1982)	八届 (1987)	九届 (1992)	十届 (1997)	十一届 (2001)	十二届 (2006)	十三届 (2011)
委员总数	**129**	**189**	**299**	**288**	**300**	**302**	**458**	**405**	**413**	**403**	**405**	**419**	**427**
委 员 中													
中国共产党代表	22	47	63	81	82	87	175	171	169	157	149	165	170
占代表总数%	17.05	24.87	21.07	28.13	27.33	28.81	38.21	42.22	40.92	38.9	36.8	39.4	39.81
委 员 中													
少数民族代表	3	3	3	3	4	4	6	8	10	11	6	6	6
占代表总数%	2.33	1.58	1.00	1.04	1.33	1.32	1.31	1.98	2.42	2.70	1.50	1.43	1.41
委 员 中													
女性代表	20	29	54	54	58	64	108	100	89	103	119	115	125
占代表总数%	15.50	15.34	18.06	18.75	19.33	21.19	21.19	24.69	20.09	25.60	29.40	27.4	29.27

16-8 社会福利事业单位基本情况

(2014 年)

项目	院数(个)	工作人员(人)	床位(张)	年末在院人数(人)	#儿童
全市	**120**	**1 506**	**11 186**	**5 811**	**448**
社会福利院	5	220	1 000	678	
儿童福利机构	2	150	500		448
城镇老年收养性福利机构	31	700	4 570	3 012	
农村老年收养性福利机构	82	436	5 116	2 121	

16-9 社会福利企业基本情况

项目	2013	2014
单位数(个)	22	16
职工人数(人)	1 185	861
#残疾职工	441	304

16-10 城镇社区服务和农村服务网络

(2014 年)

单位:个

地区	城镇社区机构数	城镇便民利民服务网点
全市	**638**	**638**
东湖区	93	93
西湖区	121	121
青云谱区	69	69
青山湖区	84	84
湾里区	13	13
经济开发区	16	16
高新开发区	14	14
红谷滩新区	54	54
桑海开发区	1	1
南昌县	67	67
新建县	44	44
安义县	19	19
进贤县	43	43

16-11 享受国家补助、救济人员情况

单位:人、人次

项目	2014
优抚对象	
抚恤、补助优抚对象总金人数	14 749
享受定期抚恤金人数	4 491
享受定期补助人数	10 258
城市居民最低生活保障家庭数	29 941
城市居民最低生活保障人数	59 952
#登记失业	
#老年人	8 723
传统救济情况	
农村居民最低生活保障家庭数	61 909
农村居民最低生活保障人数	103 196
#老年人	34 683
未成年人	17 208
农村民政部门医疗救助总人次数	58 457
城市医疗救助人次数	38 893

16-12　婚姻登记情况

(2014 年)

地　区	结婚登记 (人)	#复婚	离婚登记 (对)
全　市	**106 024**	**6 172**	**13 439**
东湖区	11 956	1 322	2 173
西湖区	10 830	1 194	2 228
青云谱区	5 308	504	958
湾里区	1 584	54	174
青山湖区	12 934	860	1 699
南昌县	23 734	862	2 091
新建县	15 150	902	1 796
安义县	5 552	62	480
进贤县	14 540	120	1 215
红谷滩新区	4 436	292	625

16-13 2005—2014年婚姻登记情况

单位:对

年份	结婚	#复婚	离婚
2005	29 898	847	7 447
2006	43 424	286	8 607
2007	45 201	2 153	9 329
2008	55 610	212	6 747
2009	53 979	1 199	7 326
2010	36 444	300	7 525
2011	50 281		8 579
2012	53 283		10 440
2013	78 303		15 034
2014	106 024	6172	13 439

16-14 社会保险情况

单位:人

项目	2013	2014
失业保险参保人数	**585 188**	**584 219**
企业	409 833	409 465
国有企业	177 552	180 667
集体企业	30 464	30 155
港、澳、台及外资企业	33 171	30 236
其他企业	168 646	168 407
事业单位	148 504	142 322
其他单位	26 851	32 432
领取失业保险金人数	**13 086**	**3 669**
基本养老保险参保人数	**1 535 655**	**1 574 795**
企业	968 315	1 006 261
国有企业	500 056	513 079
集体企业	121 720	124 586
其他企业	291 415	300 511
港、澳、台及外资企业	55 124	68 085
机关事业单位	6 704	6 729
其他	560 636	561 805

16-15 律师、公证和人民调解基本情况

（市 属）

项 目	2013	2014
一、律师工作		
律师事务所(个)	92	95
律师(人)	1 222	1 429
# 专职	1 051	1 252
兼职	163	162
聘请担任常年法律顾问的单位(处)	2 092	2 202
刑事诉讼辩护及代理(件)	2 097	2 365
民事诉讼代理(件)	7 368	8 238
办理非诉讼法律事务(件)	3 373	2 603
解答法律咨询(件)	14 295	16 115
代理法律文书(件)	2 531	3 166
二、公证工作		
公证处(个)	12	12
公证人员(人)	128	141
# 公证员	47	48
助理公证员	81	93
办理公证文书(件)	57 028	59 271
# 经济合同文书	5 276	5 927
三、人民调解工作		
专职司法助理员(人)	4 636	3 864
人民调解委员会(人)	1 971	1 974
调解工作人员(人)	14 054	9 990
调解民间纠纷(件)	20 314	19 421

16-16 2005—2014年南昌市消协受理投诉情况

单位:件

项目	2005	2006	2007	2008	2009	2010	2011	2012	2013	2014
一、投诉案件数	**1 409**	**1 447**	**1 151**	**1 176**	**1 165**	**1 025**	**1 148**	**2 566**	**2 673**	**2 700**
按行业分										
家用电器类	342	338	273	229	229	215	97	597	652	670
家用机械类	108	106	63	80	69	57	78	178	341	381
日用百货类	510	489	349	347	347	352	352	852	563	573
房屋及装修建材	129	127	109	94	94	89	95	195	124	135
服务类		27	12	298	298	267	405	405	226	178
农用生产资料类	151	248	211	6	6		26	26	182	76
其它类	169	112	134	122	122	45	95	313	585	687
按内容分										
质量	940	905	688	518	513	537	557	657	686	818
价格		77	57	57	57	34	95	259	384	397
虚假广告	65	76	79	20	20	16	16	335	206	216
假冒商品	101	23	14	5	6		2	248	152	167
计量	2	15	20	9	9	6	8	256	168	101
安全	48	32	9	139	139	98	89	292	386	215
其它	253	319	284	428	431	334	381	519	691	786
二、当年解决件数	**1 372**	**1 354**	**1 100**	**1 101**	**1 039**	**989**	**1 090**	**2 493**	**2 593**	**2 621**
解决率(%)	97.4	93.6	94.0	93.6	89.2	96.5	95	97	97	97
三、消费者免受损失(万元)	**102.4**	**144**	**255.9**	**137**	**180**	**167**	**180**	**210**	**200**	**203**

16-17 南昌“12315”受理举报申诉情况

单位:件

项目	2013	2014
一、受理申诉	9 710	11 713
#商品	6 795	8 151
服务	2 915	3 562
二、申诉内容		
质量	1 492	90
价格	4 722	597
广告	138	6
计量	123	
售后服务	377	3
其他	247	10 729
三、挽回损失(万元)	260	306

16-18 社会治安案件

(2014年)

单位:件

项　　目	全　　市	#市　　区
受理数	86 111	70 052
查处数	84 593	68 602

16-19 交通事故

(2014年)

项　　目	合　　计	市　　区	四　　县
一、交通事故次数(次)	279	135	144
二、死亡人数(人)	219	92	127
三、受伤人数(人)	225	90	135
四、经济损失(万元)	59.5	21.5	38

16-20 火灾事故

(2014年)

项　　目	合　　计	市　　区	四　　县
一、火灾次数(次)	3 052	2 190	862
二、死亡人数(人)	15	9	6
三、受伤人数(人)	6	6	
四、经济损失(万元)	3 198.08	2 723.75	474.33

16-21　2005—2014年人民法院一审案件结案情况

单位:件

项　目	2005	2006	2007	2008	2009	2010	2011	2012	2013	2014
合　计	**13 480**	**18 524**	**14 358**	**14 358**	**15 363**	**15 904**	**16 608**	**19 668**	**22 797**	**25 310**
刑事案件	2 584	2 397	2 806	2 806	2 476	2 811	2 920	3 836	3 729	3 736
民事案件	10 676	10 049	11 404	11 404	12 752	12 996	13 530	15 717	18 916	21 434
行政案件	220	90	148	148	135	97	158	115	152	140

16-22 职工伤亡事故

单位:人

项　　目	2013	2014
总　　计	**21**	**20**
高处坠落	3	6
机械伤害	2	1
物体打伤	4	3
触　　电	3	3
坍　　塌	1	3
车辆伤害	1	2
起重伤害		
爆　　燃	3	
灼　　烫	1	
中毒和窒息		
淹　　溺		
其　　他		2

主要统计指标解释

医院 指名称为医院,设有固定床位能收容病人住院并能为病人提供医疗、护理服务的医疗机构。包括县及县以上医院、农村乡卫生院、其他医院三部份。按所属性质分为卫生部门、工业及其他部门、集体所有制三类。其中县及县以上医院按业务性质分为综合医院和专科医院。

卫生技术人员 指卫生事业机构支付工资的全部固定职工和合同制职工中现任职务为卫生技术工作人员。包括中医师、西医师、中西医结合高级医师、护师、中药师、西药师、检验师、其他技师、中医士、西医士、护士、助产士、中药剂士、西药剂士、检验士、其他技士、其他中医、护理员、中药剂员、西药剂员、检验员、其他初级卫生技术人员。

医生 指经卫生部门审查合格,从事医疗工作的专业人员。分为中医医生和西医医生、包括卫生技术人员中的中医师、西医师、中西医结合高级医师、中医士、西医士和其他中医。

等级运动员人数 指经考核正式批准授予等级运动员称号的人数。运动员等级分为国际级运动健将、运动健将、一级运动员、二级运动员、三级运动员、少年级运动员。

等级裁判员人数 指经考核正式批准授予等级裁判员称号的人数。裁判员等级分为国际裁判、国家级裁判、一级裁判、二级裁判、三级裁判。

体育场 指有400米跑道(中心含足球场)和固定道牙,跑道6条以上,并有固定看台的田径场地。以看台容纳观众人数分:甲级25000人以上,乙级15000–25000人,丙级5000–15000人,丁级5000以下,共四级。

律师 指受聘参加法律顾问处工作,提任法律顾问、刑(民)事代理人,刑事辩护人,办理非诉讼事件、解答法律询问,代写法律事务文书等主要从事律师业务的专职法律工作者和兼职律师。

公证人员 指在国家公证机关依法办理公证事务的司法人员。包括公证员、助理公证员和公证处工作的其他人员。

办理公证文书 指公证处一定时期内办结的公证文书件数。公证文书系按司法部规定或批准的格式制作。包括国内公证和涉外公证两部分。其中国内公证分为经济合同公证和民事法律体系公证两大类。

调解人员 在人民调解委员会担负调解民间一般民事纠纷和轻微违法行为所引起的纠纷的工作人员。包括调解委员会的委员和调解小组的调解员。

调解民间纠纷 指调解委员会依照法律规定,根据自愿原则,用说服教育的方法调解民间发生的有关民事权利和义务的争执,促成当事双方达到协议和谅解,解决纠纷。包括婚姻家庭纠纷,财产权益纠纷等。包括法院管理调解的民事案件数。

收养性福利性单位 指提供食宿的,不以盈利为目的的革命伤残军人休养院、复员军人慢性病疗养院、复退军人精神病院、光荣院、社会福利院、精神病人福利院、老年收养机构(敬老院、养老院、老年公寓)等收养性的社会福利事业单位的总称。

附　　录

APPENDIX

本篇内容包括：

1. 中华人民共和国2014年国民经济和社会发展统计公报
2. 全国各省市主要经济指标
3. 全国各省会城市主要经济指标
4. 江西省2014年国民经济和社会发展统计公报
5. 江西省各设区主要经济指标
6. 2014年南昌市统计局工作大事记

中华人民共和国
2014年国民经济和社会发展统计公报[1]

中华人民共和国国家统计局

2015年2月26日

2014年，面对复杂多变的国际环境和艰巨繁重的国内发展改革稳定任务，党中央、国务院团结带领全国各族人民，牢牢把握国内外发展大势，坚持稳中求进工作总基调，全力推进改革开放，着力创新宏观调控，奋力激发市场活力，努力培育创新动力，国民经济在新常态下平稳运行，结构调整出现积极变化，发展质量不断提高，民生事业持续改善，实现了经济社会持续稳定发展。

一、综合

年末全国大陆总人口为136782万人，比上年末增加710万人，其中城镇常住人口为74916万人，占总人口比重为54.77%。全年出生人口1687万人，出生率为12.37‰；死亡人口977万人，死亡率为7.16‰；自然增长率为5.21‰。全国人户分离的人口[2]为2.98亿人，其中流动人口[3]为2.53亿人。

表1 2014年年末人口数及其构成

指　标	年末数（万人）	比重（%）
全国总人口	136782	100.0
其中：城镇	74916	54.77
乡村	61866	45.23
其中：男性	70079	51.2
女性	66703	48.8
其中：0-15岁（含不满16周岁）[4]	23957	17.5
16-59岁（含不满60周岁）	91583	67.0
60周岁及以上	21242	15.5
其中：65周岁及以上	13755	10.1

国民经济稳定增长。初步核算，全年国内生产总值[5]636463亿元，比上年增长7.4%。其中，第一产业增加值58332亿元，增长4.1%；第二产业增加值271392亿元，增长7.3%；第三产业增加值306739亿元，增长8.1%。第一产业增加值占国内生产总值的比重为9.2%，第二产业增加值比重为42.6%，第三产业增加值比重为48.2%。

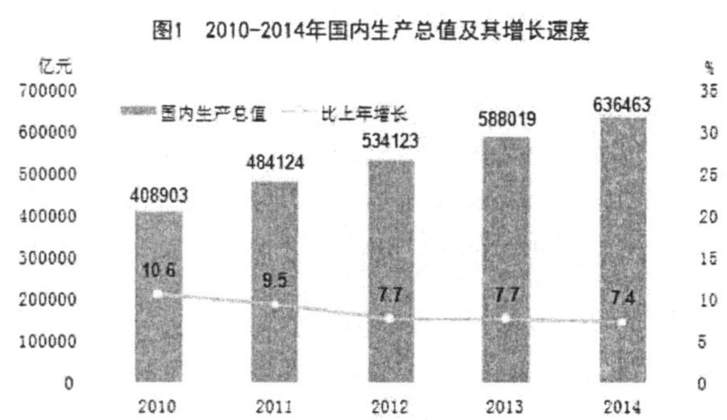

图1 2010-2014年国内生产总值及其增长速度

就业继续增加。年末全国就业人员77253万人，其中城镇就业人员39310万人。全年城镇新增就业1322万人。年末城镇登记失业率为4.09%。全国农民工[6]总量为27395万人，比上年增长1.9%。其中，外出农民工16821万人，增长1.3%；本地农民工10574万人，增长2.8%。

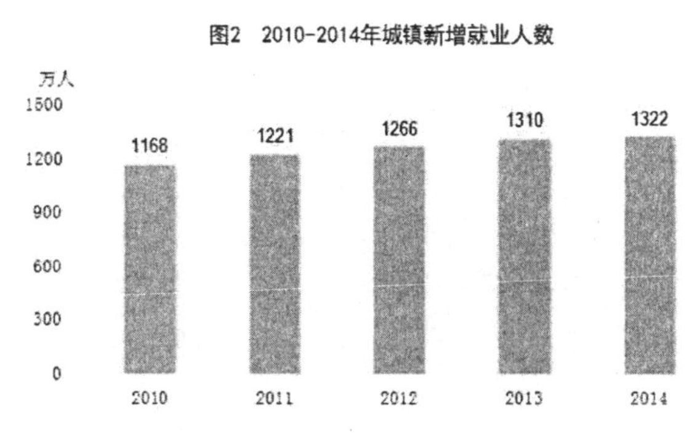

图2 2010-2014年城镇新增就业人数

劳动生产率稳步提高。全年国家全员劳动生产率[7]为72313元/人，比上年提高7.0%。

图3 2010-2014年国家全员劳动生产率

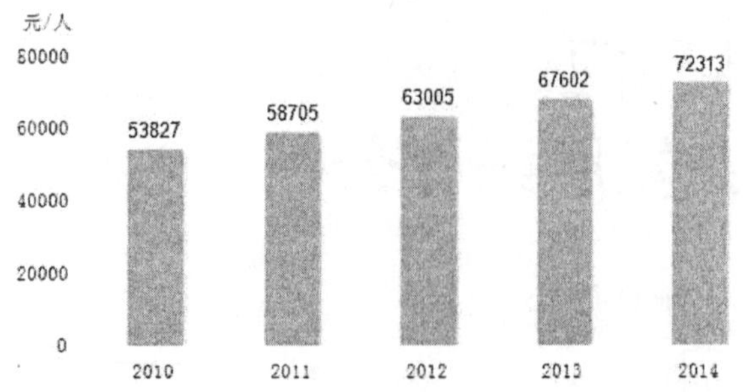

价格水平涨幅较低。全年居民消费价格比上年上涨2.0%,其中食品价格上涨3.1%。固定资产投资价格上涨0.5%。工业生产者出厂价格下降1.9%。工业生产者购进价格下降2.2%。农产品生产者价格[8]下降0.2%。

图4 2014年居民消费价格月度涨跌幅度

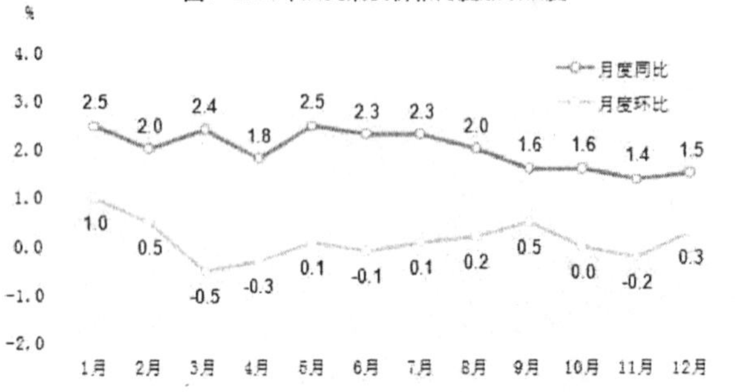

表2 2014年居民消费价格比上年涨跌幅度

单位:%

指　　标	全国	城市	农村
居民消费价格	2.0	2.1	1.8
其中:食　品	3.1	3.3	2.6
烟酒及用品	-0.6	-0.7	-0.5
衣　着	2.4	2.4	2.4
家庭设备用品及维修服务	1.2	1.2	1.2
医疗保健和个人用品	1.3	1.2	1.5
交通和通信	-0.1	-0.2	0.0
娱乐教育文化用品及服务	1.9	1.9	1.7
居　住[9]	2.0	2.1	1.9

70个大中城市新建商品住宅销售价格月同比上涨城市个数上半年各月均为69个,下半年月同比上涨城市个数逐月减少,12月份为2个,月同比价格下降城市个数增加至68个。

图5 2014年新建商品住宅月同比价格上涨、持平、下降城市个数变化情况

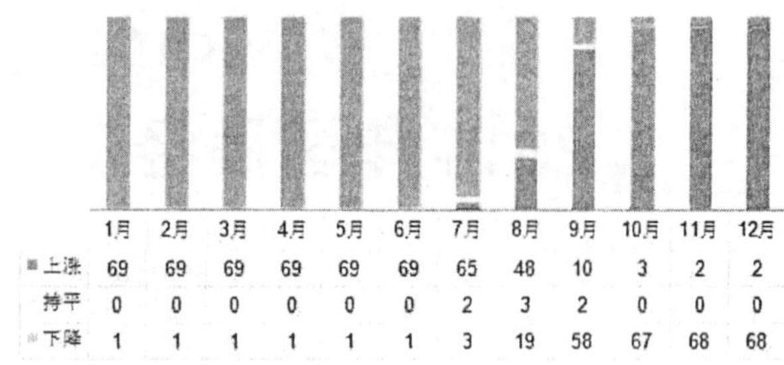

财政收入稳定增长。全年全国一般公共财政收入140350亿元，比上年增加11140亿元，增长8.6%,其中税收收入119158亿元,增加8627亿元,增长7.8%。

图6 2010-2014年全国一般公共财政收入

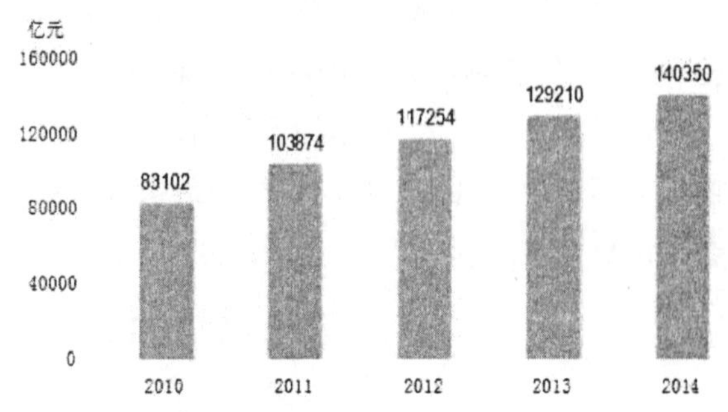

注:图中2010年至2013年数据为全国一般公共财政收入决算数,2014年为执行数。

外汇储备略有增加。年末国家外汇储备38430亿美元,比上年末增加217亿美元。全年人民币平均汇率为1美元兑6.1428元人民币，比上年升值0.8%。

图7 2010-2014年年末国家外汇储备

二、农业

全年粮食种植面积11274万公顷，比上年增加78万公顷。棉花种植面积422万公顷,减少13万公顷。油料种植面积1408万公顷,增加6万公顷。糖料种植面积191万公顷,减少9万公顷。

粮食再获丰收。全年粮食产量60710万吨，比上年增加516万吨，增产0.9%。其中，夏粮产量13660万吨，增产3.6%；早稻产量3401万吨，减产0.4%；秋粮产量43649万吨，增产0.1%。全年谷物产量55727万吨，比上年增产0.8%。其中，稻谷产量20643万吨，增产1.4%；小麦产量12617万吨，增产3.5%；玉米产量21567万吨，减产1.3%。

图8 2010-2014年粮食产量

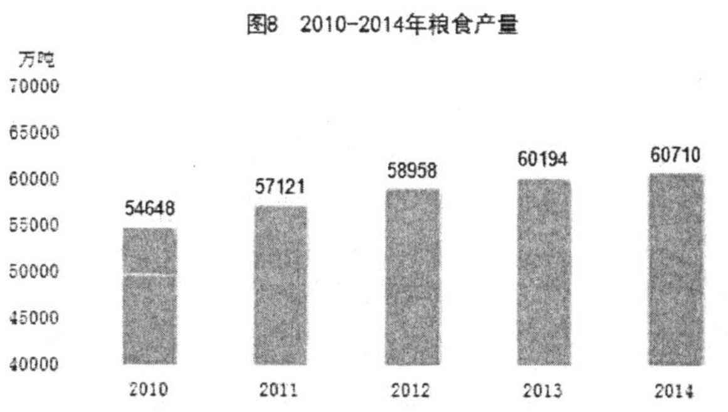

全年棉花产量616万吨，比上年减产2.2%。油料产量3517万吨，与上年持平。糖料产量13403万吨，减产2.5%。茶叶产量209万吨，增产8.7%。

全年肉类总产量8707万吨，比上年增长2.0%。其中，猪肉产量5671万吨，增长3.2%；牛肉产量689万吨，增长2.4%；羊肉产量428万吨，增长4.9%；禽肉产量1751万吨，下降2.7%。禽蛋产量2894万吨，增长0.6%。牛奶产量3725万吨，增长5.5%。年末生猪存栏46583万头，下降1.7%；生猪出栏73510万头，增长2.7%。

全年水产品产量6450万吨，比上年增长4.5%。其中，养殖水产品产量4762万吨，增长4.9%；捕捞水产品产量1688万吨，增长3.5%。

全年木材产量8178万立方米，比上年下降3.1%。

全年新增耕地灌溉面积132万公顷，新增节水灌溉面积223万公顷。

三、工业和建筑业

工业生产平稳增长。全年全部工业增加值227991亿元，比上年增长7.0%。规模以上工业增加值增长8.3%。在规模以上工业中，分经济类型看，国有及国有控股企业增长4.9%；集体企业增长1.7%，股份制企业增长9.7%，外商及港澳台商投资企业增长6.3%；私营企业增长10.2%。分门类看，采矿业增长4.5%，制造业增长9.4%，电力、热力、燃气及水生产和供应业增长3.2%。

图9 2010-2014年全部工业增加值及其增长速度

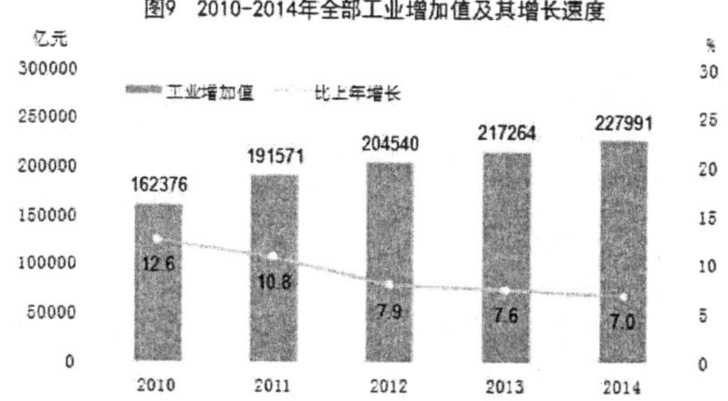

全年规模以上工业中，农副食品加工业增加值比上年增长7.7%，纺织业增长6.7%，通用设备制造业增长9.1%，专用设备制造业增长6.9%，汽车制造业增长11.8%，计算机、通信和其他电子设备制造业增长12.2%，电气机械和器材制造业增长9.4%。六大高耗能行业增加值比上年增长7.5%。其中，非金属矿物制品业增长9.3%，化学原料和化学制品制造业增长10.3%，有色金属冶炼和压延加工业增长12.4%，黑色金属冶炼和压延加工业增长6.2%，电力、热力生产和供应业增长2.2%，石油加工、炼焦和核燃料加工业增长5.4%。高技术制造业[10]增加值比上年增长12.3%，占规模以上工业增加值的比重为10.6%。装备制造业[11]增加值增长10.5%，占规模以上工业增加值的比重为30.4%。

表3 2014年主要工业产品产量及其增长速度[12]

产品名称	单位	产量	比上年增长(%)
纱	万吨	3379.2	5.6
布	亿米	893.7	-0.4
化学纤维	万吨	4389.8	5.5
成品糖	万吨	1642.7	3.1
卷　烟	亿支	26098.5	1.9
彩色电视机	万台	14128.9	10.9
其中：液晶电视机	万台	13865.9	13.3
家用电冰箱	万台	8796.1	-5.0
房间空气调节器	万台	14463.3	10.7
一次能源生产总量	亿吨标准煤	36.0	0.5
原　煤	亿吨	38.7	-2.5
原　油	万吨	21142.9	0.7

产品名称	单位	产量	比上年增长(%)
天然气[13]	亿立方米	1301.6	7.7
发电量	亿千瓦小时	56495.8	4.0
其中:火电	亿千瓦小时	42337.3	-0.3
水电	亿千瓦小时	10643.4	15.7
核电	亿千瓦小时	1325.4	18.8
粗　钢	万吨	82269.8	1.2
钢　材[14]	万吨	112557.2	4.0
十种有色金属	万吨	4380.1	7.4
其中:精炼铜(电解铜)	万吨	764.4	15.0
原铝(电解铝)	万吨	2435.8	10.3
氧化铝	万吨	4777.3	7.3
水　泥	亿吨	24.8	2.3
硫　酸(折 100%)	万吨	8846.3	8.5
纯　碱	万吨	2514.2	3.4
烧　碱(折 100%)	万吨	3059.0	4.5
乙　烯	万吨	1696.7	6.1
化　肥(折 100%)	万吨	6887.2	-2.0
发电机组(发电设备)	万千瓦	15053.0	6.0
汽　车	万辆	2372.5	7.3
其中:基本型乘用车(轿车)	万辆	1248.3	3.1
大中型拖拉机	万台	64.4	-3.3
集成电路	亿块	1015.5	12.4
程控交换机	万线	3123.1	15.7
移动通信手持机	万台	162719.8	6.8
微型计算机设备	万台	35079.6	-0.8

年末全国发电装机容量 136019 万千瓦,比上年末增长 8.7%。其中[15],火电装机容量 91569 万千瓦,增长 5.9%;水电装机容量 30183 万千瓦,增长 7.9%;核电装机容量 1988 万千瓦,增长 36.1%;并网风电装机容量 9581 万千瓦,增长 25.6%;并网太阳能发电装机容量 2652 万千瓦,增长 67.0%。

图10　2010-2014年建筑业增加值及其增长速度

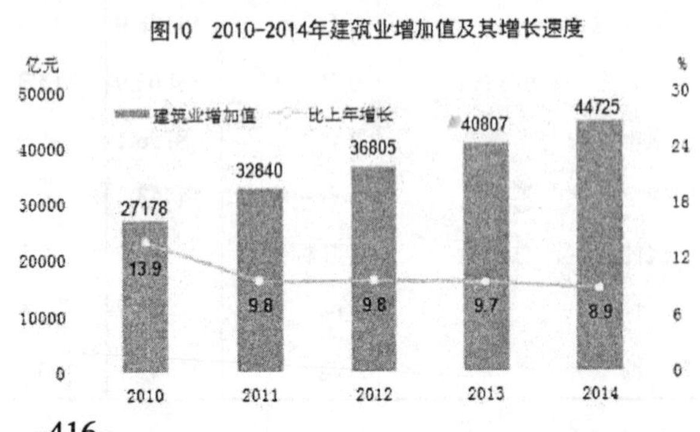

全年规模以上工业企业实现利润 64715 亿元,比上年增长 3.3%,其中国有及国有控股企业 14007 亿元,下降 5.7%;集体企业 538 亿元,增长 0.4%,股份制企业 42963 亿元,增长 1.6%,外商及港澳台商投资企业 15972 亿元,增长 9.5%;私营企业 22323 亿元,增长 4.9%。

全年全社会建筑业增加值 44725 亿元,比上年增长 8.9%。全国具有资质等级的总承包和专业承包建筑业企业实现利润 6913 亿元,增长 13.7%,其中国有及国有控股企业 1639 亿元,增长 11.7%。

四、固定资产投资

固定资产投资增速放缓。全年全社会固定资产投资 512761 亿元,比上年增长 15.3%[16],扣除价格因素,实际增长 14.7%。其中,固定资产投资(不含农户)502005 亿元,增长 15.7%,农户投资 10756 亿元,增长 2.0%。东部地区投资[17]206454 亿元,比上年增长 15.4%;中部地区投资 124112 亿元,增长 17.6%;西部地区投资 129171 亿元,增长 17.2%;东北地区投资 46096 亿元,增长 2.7%。

图11　2010-2014年全社会固定资产投资

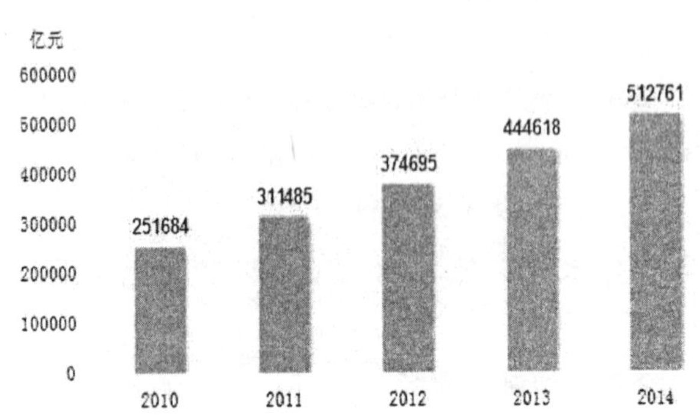

在固定资产投资(不含农户)中,第一产业投资 11983 亿元,比上年增长 33.9%;第二产业投资 208107 亿元,增长 13.2%;第三产业投资 281915 亿元,增长 16.8%。民间固定资产投资[18]321576 亿元,增长 18.1%,占固定资产投资(不含农户)的比重为 64.1%。

表 4　2014 年分行业固定资产投资(不含农户)及其增长速度

行业	投资额(亿元)	比上年增长(%)
总　　计	**502005**	**15.7**
农、林、牧、渔业	14697	31.3
采矿业	14681	0.7
制造业	166918	13.5
电力、热力、燃气及水生产和供应业	22916	17.1
建筑业	4450	27.2
批发和零售业	15669	25.7
交通运输、仓储和邮政业	42984	18.6
住宿和餐饮业	6237	4.2
信息传输、软件和信息技术服务业	4187	38.6
金融业	1360	10.5
房地产业[19]	123690	11.1
租赁和商务服务业	7970	36.2
科学研究和技术服务业	4205	34.7
水利、环境和公共设施管理业	46274	23.6
居民服务、修理和其他服务业	2262	14.2
教育	6678	24.0
卫生和社会工作	3983	27.6
文化、体育和娱乐业	6192	18.9
公共管理、社会保障和社会组织	6652	13.6

表 5　2014 年固定资产投资新增主要生产与运营能力

指　　标	单　位	绝对数
新增 220 千伏及以上变电设备	万千伏安	22394
新建铁路投产里程	公里	8427
其中:高速铁路[20]	公里	5491
增、新建铁路复线投产里程	公里	7892
电气化铁路投产里程	公里	8653
新建公路里程	公里	65260
其中:高速公路	公里	7394
港口万吨级码头泊位新增吞吐能力	万吨	43553
新增民用运输机场	个	9
新增光缆线路长度	万公里	301

全年房地产开发投资 95036 亿元,比上年增长 10.5%。其中,住宅投资 64352 亿元,增长 9.2%;办公楼投资 5641 亿元,增长 21.3%;商业营业用房投资 14346 亿元,增长 20.1%。

全年全国城镇保障性安居工程基本建成住房 511 万套,新开工 740 万套。

表 6　2014 年房地产开发和销售主要指标完成情况及其增长速度

指　　标	单 位	绝对数	比上年增长(%)
投资额	**亿元**	**95036**	**10.5**
其中:住宅	亿元	64352	9.2
其中:90 平方米及以下	亿元	20335	4.6
房屋施工面积	万平方米	726482	9.2
其中:住宅	万平方米	515096	5.9
房屋新开工面积	万平方米	179592	-10.7
其中:住宅	万平方米	124877	-14.4
房屋竣工面积	万平方米	107459	5.9
其中:住宅	万平方米	80868	2.7
商品房销售面积	万平方米	120649	-7.6
其中:住宅	万平方米	105182	-9.1
本年到位资金	亿元	121991	-0.1
其中:国内贷款	亿元	21243	8.0
其中:个人按揭贷款	亿元	13665	-2.6

五、国内贸易

市场销售稳定增长。全年社会消费品零售总额[21] 262394 亿元,比上年增长 12.0%,扣除价格因素,实际增长 10.9%。按经营地统计,城镇消费品零售额 226368 亿元,增长 11.8%;乡村消费品零售额 36027 亿元,增长 12.9%。按消费类型统计,商品零售额 234534 亿元,增长 12.2%;餐饮收入额 27860 亿元,增长 9.7%。

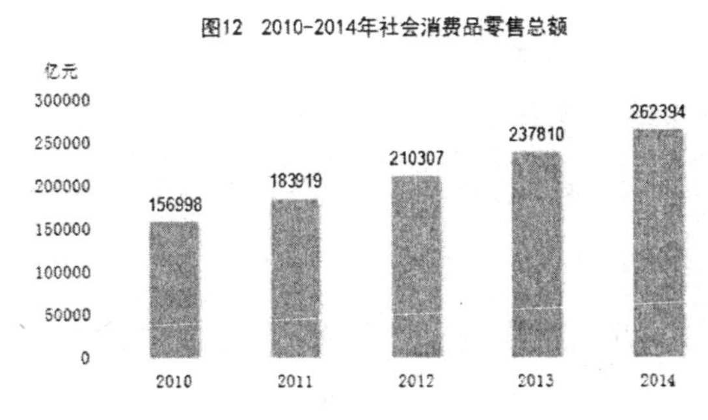

在限额以上企业商品零售额中,粮油、食品、饮料、烟酒类零售额比上年增长 11.1%,服装、鞋帽、针纺织品类增长 10.9%,化妆品类增长 10.0%,金银珠宝类与上年持平,日用品类增长 11.6%,家用电器和

音像器材类增长9.1%，中西药品类增长15.0%，文化办公用品类增长11.6%，家具类增长13.9%，通讯器材类增长32.7%，石油及制品类增长6.6%，建筑及装潢材料类增长13.9%，汽车类增长7.7%。

全年网上零售额[22]27898亿元，比上年增长49.7%，其中限额以上单位网上零售额4400亿元，增长56.2%。

六、对外经济[23]

全年货物进出口总额264334亿元，比上年增长2.3%。其中，出口143912亿元，增长4.9%；进口120423亿元，下降0.6%。进出口差额(出口减进口)23489亿元，比上年增加7395亿元。

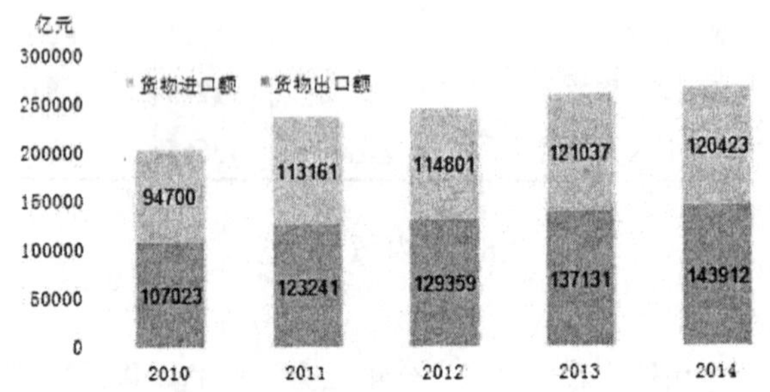

表7 2014年货物进出口总额及其增长速度

指标	金额(亿元)	比上年增长(%)
货物进出口总额	**264334**	**2.3**
货物出口额	143912	4.9
其中:一般贸易	73944	9.6
加工贸易	54320	1.8
其中:机电产品	80527	2.6
高新技术产品	40570	-1.0
货物进口额	120423	-0.6
其中:一般贸易	68162	-1.0
加工贸易	32211	4.5
其中:机电产品	52509	0.7
高新技术产品	33876	-2.2
进出口差额(出口减进口)	23489	-

表8 2014年主要商品出口数量、金额及其增长速度

商品名称	单位	数量	比上年增长(%)	金额(亿元)	比上年增长(%)
煤(包括褐煤)	万吨	574	-23.5	43	-35.5
钢材	万吨	9378	50.5	4350	31.6
纺织纱线、织物及制品	-	-	-	6888	3.8
服装及衣着附件	-	-	-	11445	4.2
鞋类	-	-	-	3455	9.7
家具及其零件	-	-	-	3195	-0.7
自动数据处理设备及其部件	万台	191836	2.6	11159	-1.3
手持或车载无线电话	万台	131199	10.6	7085	20.2
集装箱	万个	302	12.1	553	13.0
液晶显示板	万个	245080	-25.0	1952	-12.4
汽车	万辆	90	-2.8	770	3.5

表9 2014年主要商品进口数量、金额及其增长速度

商品名称	数量(万吨)	比上年增长(%)	金额(亿元)	比上年增长(%)
谷物及谷物粉	1951	33.8	382	20.7
大豆	7140	12.7	2474	5.0
食用植物油	650	-19.7	364	-27.3
铁矿砂及其精矿	93251	13.8	5748	-12.8
氧化铝	528	37.7	118	35.5
煤(包括褐煤)	29122	-10.9	1366	-24.4
原油	30838	9.5	14017	2.8
成品油	3000	-24.2	1439	-27.7
初级形状的塑料	2535	3.0	3167	4.0
纸浆	1796	6.6	741	4.9
钢材	1443	2.5	1101	4.0
未锻轧铜及铜材	483	7.4	2188	0.8

表10 2014年对主要国家和地区货物进出口额及其增长速度

国家和地区	出口额(亿元)	比上年增长(%)	进口额(亿元)	比上年增长(%)
欧盟	22787	8.3	15031	9.7
美国	24328	6.4	9764	3.1
东盟	16712	10.3	12794	3.3
中国香港	22307	-6.6	792	-21.5
日本	9187	-1.4	10027	-0.5
韩国	6162	8.9	11677	2.8
中国台湾	2843	12.7	9337	-3.9
俄罗斯	3297	7.2	2555	3.7
印度	3331	10.7	1005	-4.6

全年服务进出口[24]总额6043亿美元，比上年增长12.6%。其中，服务出口2222亿美元，增长7.6%；服务进口3821亿美元，增长15.8%。服务进出口逆差1599亿美元。

全年非金融领域新设立外商直接投资企业23778家，比上年增长4.4%。实际使用外商直接投资金额7364亿元，按美元计价为1196亿美元，增长1.7%。

表11 2014年非金融领域外商直接投资及其增长速度

行　　业	企业数（家）	比上年增长（%）	实际使用金额（亿美元）	比上年增长（%）
总　　计	**23778**	**4.4**	**1195.6**	**1.7**
其中：农、林、牧、渔业	719	-5.0	15.2	-15.4
制造业	5178	-20.4	399.4	-12.3
电力、燃气及水生产和供应业	208	4.0	22.0	-9.3
交通运输、仓储和邮政业	376	-6.2	44.6	5.7
信息传输、计算机服务和软件业	981	23.2	27.6	-4.4
批发和零售业	7978	8.6	94.6	-17.8
房地产业	446	-15.9	346.3	20.2
租赁和商务服务业	3963	18.0	124.9	20.5
居民服务和其他服务业	181	9.0	7.2	9.3

全年非金融领域对外直接投资额6321亿元，按美元计价为1029亿美元，比上年增长14.1%。

表12 2014年非金融领域对外直接投资额及其增长速度

行　　业	对外直接投资金额（亿美元）	比上年增长（%）
总　　计	**1028.9**	**14.1**
其中：农、林、牧、渔业	17.4	19.2
采矿业	193.3	-4.1
制造业	69.6	-19.8
电力、热力、燃气及水生产和供应业	18.4	36.3
建筑业	70.2	7.5
批发和零售业	172.7	26.3
交通运输、仓储和邮政业	29.3	17.2
信息传输、软件和信息技术服务业	17.0	100.0
房地产业	30.9	45.8
租赁和商务服务业	372.5	26.5

全年对外承包工程业务完成营业额8748亿元，按美元计价为1424亿美元，比上年增长3.8%。对外劳务合作派出各类劳务人员56.2万人，增长6.6%。

七、交通、邮电和旅游

交通运输平稳增长。全年货物运输总量439亿吨，比上年增长7.1%。货物运输周转量184619亿吨公里，增长9.9%。全年规模以上港口完成货物吞吐量111.6亿吨，比上年增长4.8%，其中外贸货物吞吐量35.2亿吨，增长5.9%。规模以上港口集装箱吞吐量20093万标准箱，增长6.1%。

表13 2014年各种运输方式完成货物运输量及其增长速度

指　标	单　位	绝对数	比上年增长（%）
货物运输总量	亿　吨	439.1	7.1
铁路	亿　吨	38.1	-3.9
公路	亿　吨	334.3	8.7
水运	亿　吨	59.6	6.4
民航	万　吨	593.3	5.7
管道	亿　吨	6.9	5.2
货物运输周转量	亿吨公里	184619.2	9.9
铁路	亿吨公里	27530.2	-5.6
公路	亿吨公里	61139.1	9.7
水运	亿吨公里	91881.1	15.7
民航	亿吨公里	186.1	9.3
管道	亿吨公里	3882.7	10.9

全年旅客运输总量221亿人次，比上年增长3.9%。旅客运输周转量29994亿人公里，增长8.8%。

表14 2014年各种运输方式完成旅客运输量及其增长速度

指　　标	单　位	绝对数	比上年增长（%）
旅客运输总量	亿人次	220.7	3.9
铁路	亿人次	23.6	11.9
公路	亿人次	190.5	2.8
水运	亿人次	2.6	12.3
民航	亿人次	3.9	10.6
旅客运输周转量	亿人公里	29994.2	8.8
铁路	亿人公里	11604.8	9.5
公路	亿人公里	11981.7	6.5
水运	亿人公里	74.4	8.9
民航	亿人公里	6333.3	12.0

年末全国民用汽车保有量达到15447万辆(包括三轮汽车和低速货车972万辆),比上年末增长12.4%,其中私人汽车保有量12584万辆,增长15.5%。民用轿车保有量8307万辆,增长16.6%,其中私人轿车7590万辆,增长18.4%。

邮电业务快速增长。全年完成邮电业务总量[25]21846亿元,比上年增长19.0%。其中,邮政业务总量3696亿元,增长35.6%;电信业务总量18150亿元,增长16.1%。邮政业全年完成邮政函件业务56.1亿件,包裹业务0.6亿件,快递业务量139.6亿件;快递业务收入2045亿元。电信业全年新增移动电话交换机容量[26]7980万户,达到204537万户。年末全国电话用户总数达到153552万户,其中固定电话用户24943万户,移动电话用户128609万户。固定电话普及率下降至18.3部/百人,移动电话普及率上升至94.5部/百人。固定互联网宽带接入用户[27]20048万户,比上年增加1157万户;移动宽带用户[28]58254万户,增加18093万户。互联网上网人数6.49亿人,增加3117万人,其中手机上网人数[29]5.57亿人,增加5672万人。互联网普及率达到47.9%。

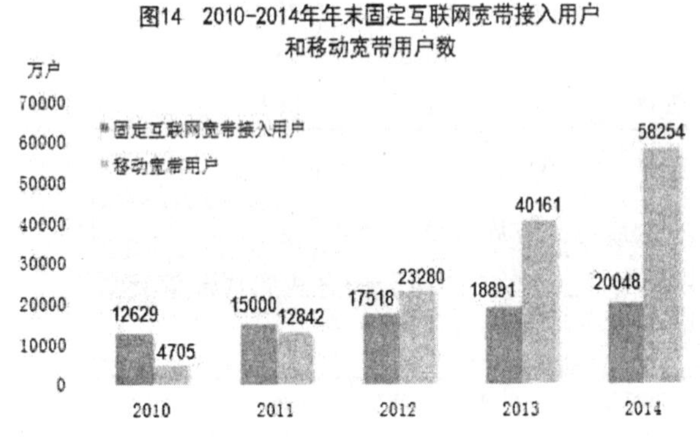

全年国内游客36.1亿人次,比上年增长10.7%,国内旅游收入30312亿元,增长15.4%。入境游客12849万人次,下降0.5%。其中,外国人2636万人次,增长0.3%;香港、澳门和台湾同胞10213万人次,下降0.6%。在入境游客中,过夜游客5562万人次,与上年基本持平。国际旅游外汇收入569亿美元,增长10.2%。国内居民出境11659万人次,增长18.7%,其中因私出境11003万人次,增长19.6%。

八、金融

金融市场运行总体平稳。年末广义货币供应量(M2)余额为122.8万亿元,比上年末增长12.2%;狭义货币供应量(M1)余额为34.8万亿元,增长3.2%;流通中货币(M0)余额为6.0万亿元,增长2.9%。

全年社会融资规模[30]为16.5万亿元,按可比口径计算,比上年少8598亿元。年末全部金融机构本外币各项存款余额117.4万亿元,比年初增加10.2万亿元,其中人民币各项存款余额113.9万亿元,增加9.5万亿元。全部金融机构本外币各项贷款余额86.8万亿元,增加10.2万亿元,其中人民币各项贷款余额81.7万亿元,增加9.8万亿元。

表15 2014年年末全部金融机构本外币存贷款余额及其增长速度

指　　标	年末数(亿元)	比上年末增长(%)
各项存款余额	**1173735**	**9.6**
其中:住户存款	506890	8.9
其中:人民币	502504	8.9
非金融企业存款	400420	5.4
各项贷款余额	**867868**	**13.3**
其中:境内短期贷款	336371	7.9
境内中长期贷款	471818	15.0

年末主要农村金融机构(农村信用社、农村合作银行、农村商业银行)人民币贷款余额105742亿元,比年初增加14105亿元。全部金融机构人民币消费贷款余额153660亿元,增加23938亿元。其中,个人短期消费贷款余额32491亿元,增加5902亿元;个人中长期消费贷款余额121169亿元,增加18037亿元。

全年上市公司通过境内市场累计筹资8397亿元,比上年增加1512亿元。其中,首次公开发行A股125只,筹资669亿元;A股再筹资(包括配股、公开增发、非公开增发[31]、认股权证)4165亿元,增加1362亿元;上市公司通过发行可转债、可分离债、公司债、中小企业私募债筹资3563亿元,减少519亿元。全年公开发行创业板股票51只,筹资159亿元。

全年发行公司信用类债券[32]5.15万亿元,比上年增加1.48万亿元。

全年保险公司原保险保费收入[33]20235亿元，比上年增长17.5%。其中，寿险业务原保险保费收入10902亿元，健康险和意外伤害险业务原保险保费收入2130亿元，财产险业务原保险保费收入7203亿元。支付各类赔款及给付7216亿元。其中，寿险业务给付2728亿元，健康险和意外伤害险赔款及给付700亿元，财产险业务赔款3788亿元。

九、人民生活和社会保障

城乡居民收入继续增加。全年全国居民人均可支配收入20167元，比上年增长10.1%，扣除价格因素，实际增长8.0%。按常住地分，城镇居民人均可支配收入[34]28844元，比上年增长9.0%，扣除价格因素，实际增长6.8%；城镇居民人均可支配收入中位数[35]为26635元，增长10.3%。农村居民人均可支配收入10489元，比上年增长11.2%，扣除价格因素，实际增长9.2%；农村居民人均可支配收入中位数为9497元，增长12.7%。全年农村居民人均纯收入为9892元。全国居民人均消费支出14491元，比上年增长9.6%，扣除价格因素，实际增长7.5%。按常住地分，城镇居民人均消费支出19968元，增长8.0%，扣除价格因素，实际增长5.8%；农村居民人均消费支出8383元，增长12.0%，扣除价格因素，实际增长10.0%。

图15　2014年按收入来源分的全国居民人均可支配收入及占比

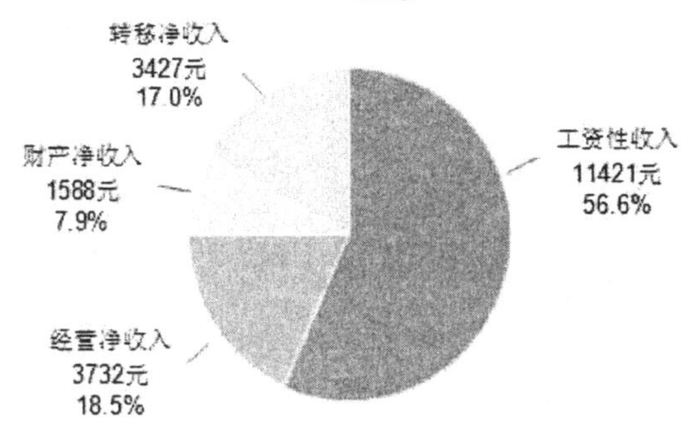

社会保障建设取得新进展。年末全国参加城镇职工基本养老保险人数34115万人，比上年末增加1897万人。参加城乡居民基本养老保险人数50107万人，增加357万人。参加基本医疗保险人数59774万人，增加2702万人。其中，参加职工基本医疗保险人数28325万人，增加882万人；参加居民基本医疗保险人数31449万人，增加1820万人。参加失业保险人数17043万人，增加626万人。年末全国领取失业保险金人数207万人。参加工伤保险人数20621万人，增加703万人，其中参加工伤保险的农民工7362万人，增加98万人。参加生育保险人数17035万人，增加643万人。按照年人均收入2300元(2010年不变价)的农村扶贫标准计算，2014年农村贫困人口为7017万人，比上年减少1232万人。

十、教育、科学技术和文化体育

教育科技和文化体育事业较快发展。全年研究生招生62.1万人，在学研究生184.8万人，毕业生53.6万人。普通本专科招生721.4万人，在校生2547.7万人，毕业生659.4万人。中等职业教育[36]招生628.9万人，在校生1802.9万人，毕业生633.0万人。普通高中招生796.6万人，在校生2400.5万人，毕业生799.6万人。初中招生1447.8万人，在校生4384.6万人，毕业生1413.5万人。普通小学招生1658.4万人，在校生9451.1万人，毕业生1476.6万人。特殊教育招生7.1万人，在校生39.5万人，毕业生4.9万人。幼儿园在园幼儿4050.7万人。

图16　2010-2014年普通本专科、中等职业教育及普通高中招生人数

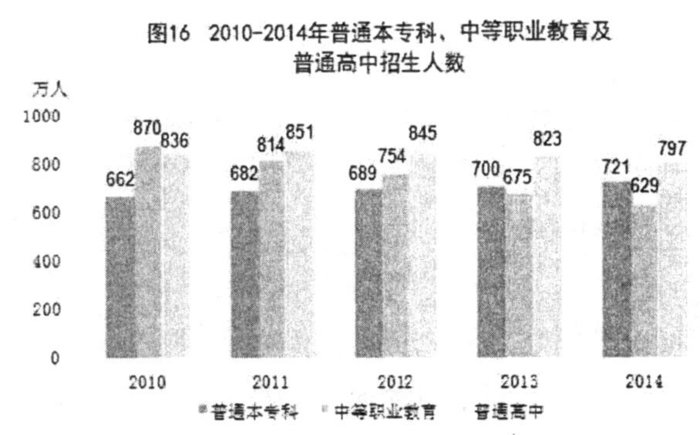

全年研究与试验发展(R&D)经费支出13312亿元，比上年增长12.4%，与国内生产总值之比为2.09%，其中基础研究经费626亿元。全年国家安排了3997项科技支撑计划课题，2129项"863"计划课题。截至年底，累计建设国家工程研究中心132个，国家工程实验室154个，国家认定企业技术中心1098家。全年国家新兴产业创投计划[37]累计支持设立213家创业投资企业，资金总规模574亿元，投资创业企业739家。全年受理境内外专利申请236.1

万件，授予专利权 130.3 万件。截至年底，有效专利 464.3 万件。全年共签订技术合同 29.7 万项，技术合同成交金额 8577 亿元，比上年增长 14.8%。

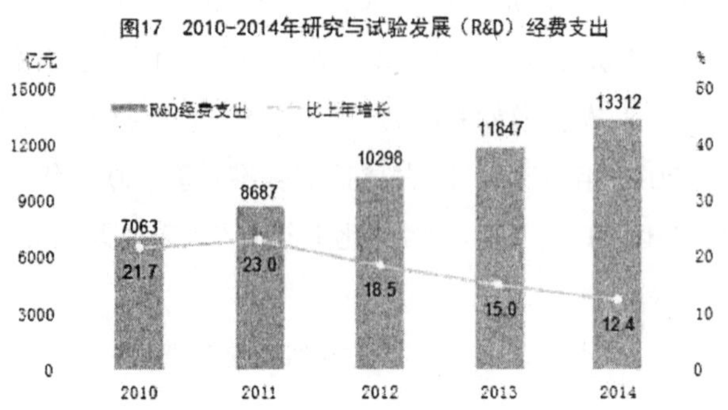

图17 2010-2014年研究与试验发展（R&D）经费支出

表 16 2014 年专利申请受理、授权和有效专利情况

指 标	专利数（万件）	比上年增长（%）
专利申请受理数	236.1	-0.7
其中：境内专利申请受理数	218.6	-1.0
其中：发明专利申请受理数	92.8	12.5
其中：境内发明专利	79.0	13.9
专利申请授权数	130.3	-0.8
其中：境内专利授权	119.2	-1.5
其中：发明专利授权	23.3	12.3
其中：境内发明专利	15.8	14.1
年末有效专利数	464.3	10.7
其中：境内有效专利	391.8	11.1
其中：有效发明专利	119.6	15.7
其中：境内有效发明专利	66.3	21.7

全年成功发射卫星 16 次。探月工程三期再入返回试验圆满完成。高分二号卫星成功发射。

年末全国共有产品检测实验室 27051 个，其中国家检测中心 597 个。全国现有产品质量、体系认证机构 183 个，已累计完成对 118354 个企业的产品认证。全国共有法定计量技术机构 4056 个，全年强制检定计量器具 6162 万台（件）。全年制定、修订国家标准 1530 项，其中新制定 1067 项。全国共有地震台站 1687 个，区域地震台网 32 个。全国共有海洋观测站 79 个。测绘地理信息部门公开出版地图 1678 种。

年末全国文化系统共有艺术表演团体 2008 个，博物馆 2760 个。全国共有公共图书馆 3110 个，总流通[38]52252 万人次；文化馆 3311 个。有线电视用户 2.31 亿户，有线数字电视用户 1.87 亿户。年末广播节目综合人口覆盖率为 98.0%，电视节目综合人口覆盖率为 98.6%。全年生产电视剧 429 部 15983 集，电视动画片 138496 分钟。全年生产故事影片 618 部，科教、纪录、动画和特种影片[39]140 部。出版各类报纸 465 亿份，各类期刊 32 亿册，图书 84 亿册（张），人均图书拥有量[40]6.12 册（张）。年末全国共有档案馆 4246 个，已开放各类档案 12835 万卷（件）。

根据第六次全国体育场地普查结果[41]，全国共有体育场地 169.5 万个，场地面积[42]19.9 亿平方米。全年我国运动员在 22 个运动大项中获得 98 个世界冠军，共创 10 项世界纪录。全年我国残疾人运动员在 19 项国际赛事中获得 122 个世界冠军。

十一、卫生和社会服务

卫生和社会服务事业不断改善。年末全国共有医疗卫生机构 982443 个，其中医院 25865 个，乡镇卫生院 36899 个，社区卫生服务中心（站）34264 个，诊所（卫生所、医务室）188415 个，村卫生室 646044 个，疾病预防控制中心 3491 个，卫生监督所（中心）2975 个。卫生技术人员 739 万人，其中执业医师和执业助理医师 282 万人，注册护士 292 万人。医疗卫生机构床位 652 万张，其中医院 484 万张，乡镇卫生院 117 万张。

图18 2010-2014年卫生技术人员人数

万人

2010	2011	2012	2013	2014
588	620	668	721	739

年末全国各类提供住宿的社会服务机构[43]3.8 万个，其中养老服务机构 3.4 万个。社会服务床位[44]586.5 万张，其中养老床位 551.4 万张。收留抚养和救助各类人员 304.6 万人，其中养老人员 288.7 万人。年末共有社区服务中心 2.2 万个，社区服务站 11.4 万个。年末全国共有 1880.2 万人享受城市居民最低生活保障，5209.0 万人享受农村居民最低生活

保障,农村五保供养[45]529.5万人。全年资助1310.9万城市困难群众参加医疗保险,资助4118.9万农村困难群众参加新型农村合作医疗。

十二、资源、环境和安全生产

全年全国国有建设用地供应总量[46]61万公顷,比上年下降16.5%。其中,工矿仓储用地15万公顷,下降29.9%;房地产用地[47]15万公顷,下降25.5%;基础设施等其他用地31万公顷,下降1.9%。

全年水资源总量28370亿立方米。全年平均降水量648毫米。年末全国监测的609座大型水库蓄水总量3663亿立方米,比上年末蓄水量增加7.0%。全年总用水量6220亿立方米,比上年增长0.6%。其中,生活用水增长2.7%,工业用水增长1.0%,农业用水增长0.1%,生态补水增长0.6%。万元国内生产总值用水量[48]112立方米,比上年下降6.3%。万元工业增加值用水量64立方米,下降5.6%。人均用水量456立方米,比上年增长0.1%。

全年完成造林面积603万公顷,其中人工造林427万公顷。林业重点工程完成造林面积200万公顷,占全部造林面积的33.2%。截至年底,自然保护区达到2729个,其中国家级自然保护区428个。新增水土流失治理面积5.4万平方公里,新增实施水土流失地区封育保护面积2.0万平方公里。

全年平均气温为10.1℃,共有5个台风登陆。

初步核算,全年能源消费总量42.6亿吨标准煤,比上年增长2.2%。煤炭消费量下降2.9%,原油消费量增长5.9%,天然气消费量增长8.6%,电力消费量增长3.8%。煤炭消费量占能源消费总量的66.0%,水电、风电、核电、天然气等清洁能源消费量占能源消费总量的16.9%。全国万元国内生产总值能耗下降4.8%。工业企业吨粗铜综合能耗同比下降3.76%,吨钢综合能耗下降1.65%,单位烧碱综合能耗下降2.33%,吨水泥综合能耗下降1.12%,每千瓦时火力发电标准煤耗下降0.67%。

十大流域[49]的702个水质监测断面中,Ⅰ~Ⅲ类水质断面比例占71.2%,劣Ⅴ类水质断面比例占9.0%。十大流域水质总体为轻度污染,水质保持稳定。

近岸海域301个海水水质监测点中,达到国家一、二类海水水质标准的监测点占66.8%,三类海水占7.0%,四类、劣四类海水占26.2%。

在按照《环境空气质量标准》(GB3095-2012)监测的161个城市中,城市空气质量达标的城市占9.9%,未达标的城市占90.1%。

在监测的319个城市中,城市区域声环境质量好的城市占1.3%,较好的占70.8%,一般的占27.3%,较差的占0.6%。

年末城市污水处理厂日处理能力达到12896万立方米,比上年末增长3.5%,城市污水处理率达到90.2%,提高0.8个百分点。城市集中供热面积59.1亿平方米,增长3.3%。城市建成区绿地率达到35.9%,提高0.2个百分点。

全年农作物受灾面积2489万公顷,其中绝收309万公顷。全年因洪涝和地质灾害造成直接经济损失1030亿元,因旱灾造成直接经济损失836亿元,因低温冷冻和雪灾造成直接经济损失129亿元,因海洋灾害造成直接经济损失136亿元。全年大陆地区共发生5级以上地震30次,成灾10次,造成直接经济损失356亿元。全年共发生森林火灾3703起,森林火灾受害森林面积1.9万公顷。

全年各类生产安全事故共死亡68061人。亿元国内生产总值生产安全事故死亡人数为0.107人,比上年下降13.7%;工矿商贸企业就业人员10万人生产安全事故死亡人数为1.328人,下降12.9%;道路交通事故万车死亡人数为2.22人,下降5.1%;煤矿百万吨死亡人数为0.255人,下降11.5%。

注释:

[1]本公报中数据均为初步统计数。各项统计数据均未包括香港特别行政区、澳门特别行政区和台湾省。部分数据因四舍五入的原因,存在着与分项合计不等的情况。

[2] 人户分离的人口是指居住地与户口登记地所在的乡镇街道不一致且离开户口登记地半年以上的人口。

[3] 流动人口是指人户分离人口中扣除市辖区内人户分离的人口。市辖区内人户分离的人口是指一个直辖市或地级市所辖区内和区与区之间,居住地和户口登记地不在同一乡镇街道的人口。

[4]2014年年末,0–14岁(含不满15周岁)人口为22558万人,15–59岁(含不满60周岁)人口为92982万人。

[5]国内生产总值、各产业增加值绝对数按现价计算,增长速度按不变价格计算;根据第三次全国经济普查结果和国家统计局2012年制定的《三次产业划分规定》对相关数据进行了修订。

[6] 年度农民工数量包括年内在本乡镇以外从业6个月以上的外出农民工和在本乡镇内从事非农产业6个月以上的本地农民工两部分。

[7] 国家全员劳动生产率为国内生产总值(以2010年不变价格计算)与全部就业人员的比率。

[8] 农产品生产者价格是指农产品生产者直接出售其产品时的价格。

[9] 居住类价格包括建房及装修材料、住房租金、自有住房和水电燃料等价格。

[10]高技术制造业包括医药制造业,航空、航天器及设备制造业,电子及通信设备制造业,计算机及办公设备制造业,医疗仪器设备及仪器仪表制造业,信息化学品制造业。

[11]装备制造业包括金属制品业,通用设备制造业,专用设备制造业,汽车制造业,铁路、船舶、航空航天和其他运输设备制造业,电气机械和器材制造业,计算机、通信和其他电子设备制造业,仪器仪表制造业,金属制品、机械和设备修理业。

[12]根据第三次全国经济普查结果对相关数据进行了修订,其中2013年原煤产量由36.8亿吨修订为39.7亿吨。

[13]天然气包括气田天然气、油田天然气(分为油田气层气、油田伴生溶解气)和煤田天然气(也称煤层气)。

[14]钢材产量数据中含企业之间重复加工钢材约33400万吨。

[15]少量发电装机容量(如地热等)文中未列出。

[16]根据第三次全国经济普查结果,对2013年全社会固定资产投资数据进行了修订。

[17 固定资产投资按东部、中部、西部和东北地区计算的合计数据小于全国数据,是因为有部分跨地区的投资未计算在地区数据中。其中,东部地区是指北京、天津、河北、上海、江苏、浙江、福建、山东、广东和海南10省(市);中部地区是指山西、安徽、江西、河南、湖北和湖南6省;西部地区是指内蒙古、广西、重庆、四川、贵州、云南、西藏、陕西、甘肃、青海、宁夏和新疆12省(区、市);东北地区是指辽宁、吉林和黑龙江3省。

[18]民间固定资产投资是指具有集体、私营、个人性质的内资企事业单位以及由其控股(包括绝对控股和相对控股)的企业单位建造或购置固定资产的投资。

[19]房地产业投资除房地产开发投资外,还包括建设单位自建房屋以及物业管理、中介服务和其他房地产投资。

[20]高速铁路是指最高营运速度达到200公里/小时及以上的铁路。

[21]2014年社会消费品零售总额及相关数据均为快报数。

[22] 网上零售额是指通过公共网络交易平台(包括自建网站和第三方平台)实现的商品和服务零售额。其中,网上零售额包括的服务类商品,以及少部分用于生产经营用或被转卖的商品不统计在社会消费品零售总额中。

[23]根据有关规定,货物贸易改用人民币计价。服务贸易、利用外资、对外投资和对外承包工程由于技术原因仍主要沿用美元计价。

[24]服务进出口按照《国际收支手册(第六版)》标准统计,不含政府服务,增速按可比口径计算。

[25]邮电业务总量按2010年不变价格计算。

[26]移动电话交换机容量是指移动电话交换机根据一定话务模型和交换机处理能力计算出来的最大同时服务用户的数量。

[27]固定互联网宽带接入用户是指报告期末在电信企业登记注册,通过xDSL、FTTx+LAN、FTTH/0以及其他宽带接入方式和普通专线接入公众互联网的用户。

[28]移动宽带用户是指报告期末在计费系统拥有使用信息,占用3G或4G网络资源的在网用户。

[29]手机上网人数是指过去半年通过手机接入并使用互联网的6周岁及以上中国居民数量。

[30]社会融资规模是指一定时期内实体经济从

金融体系获得的资金总额，是增量概念。

[31]非公开增发又叫定向增发，不含资产认购部分。

[32]公司信用类债券包括非金融企业债务融资工具、企业债券以及公司债、可转债等。

[33]原保险保费收入是指保险企业确认的原保险合同保费收入。

[34]按一体化住户调查改革前的城镇住户调查老口径推算，全年全国城镇居民人均可支配收入为29381元。

[35]人均收入中位数是指将所有调查户按人均收入水平从低到高(或从高到低)顺序排列，处于最中间位置调查户的人均收入。

[36]中等职业教育包括普通中专、成人中专、职业高中和技工学校，其中技工学校数据为2013年数据。

[37]国家新兴产业创投计划是指中央财政专项资金通过与地方政府资金、社会资本共同发起设立创业投资企业，或以股权投资模式直接投资创业企业等方式，培育和促进新兴产业发展的活动。

[38]总流通人次是指本年度内到图书馆场馆接受图书馆服务的总人次，包括借阅书刊、咨询问题以及参加各类读者活动等。

[39]特种影片是指那些采用与常规影院放映在技术、设备、节目方面不同的电影展示方式，如巨幕电影、立体电影、立体特效(4D)电影、动感电影、球幕电影等。

[40]人均图书拥有量是指在一年内全国平均每人能拥有的当年出版图书册数。

[41]数据为截至2013年底。

[42]场地面积是指可供训练、比赛、健身活动的场地有效面积，场地除包括比赛规定的尺寸外，还包括必要的安全区、缓冲区和无障碍地带。

[43 根据第三次全国经济普查，对提供住宿的社会服务机构、社区服务中心进行归类清理，2014年相应数据有所调整。

[44]社会服务床位数除收养性机构外，还包括救助类机构、社区类机构以及军休所、军供站等机构的床位。

[45]农村五保供养是指老年、残疾和未满16周岁的村民，无劳动能力、无生活来源又无法定赡养、抚养、扶养义务人，或者其法定赡养、抚养、扶养义务人无赡养、抚养、扶养能力的村民，在吃、穿、住、医、葬方面得到的生活照顾和物质帮助。

[46] 国有建设用地供应总量是指报告期内市、县人民政府根据年度土地供应计划依法以出让、划拨、租赁等方式将土地使用权提供给单位或个人使用的国有建设用地总量。

[47]房地产用地是指商服用地和住宅用地的总和。

[48]万元国内生产总值用水量、万元工业增加值用水量和万元国内生产总值能耗按2010年不变价格计算。

[49]十大流域包括长江、黄河、珠江、松花江、淮河、海河、辽河、浙闽片河流、西北诸河和西南诸河。

资料来源：

本公报中城镇新增就业、登记失业率、社会保障数据来自人力资源社会保障部；财政数据来自财政部；外汇储备、汇率、货币金融、公司信用类债券数据来自人民银行；水产品产量数据来自农业部；木材产量、林业、森林火灾数据来自林业局；灌溉面积、水资源数据来自水利部；发电装机容量、新增220千伏及以上变电设备数据来自中电联；新建铁路投产里程、增新建铁路复线投产里程、电气化铁路投产里程、铁路运输数据来自铁路总公司；新建公路里程、港口万吨级码头泊位新增吞吐能力、公路运输、水运、港口货物吞吐量数据来自交通运输部；新增民用运输机场、民航数据来自民航局；新增光缆线路长度、电话交换机容量、电话用户、宽带用户、上网人数等通信数据来自工业和信息化部；保障性住房、城市污水处理、城市集中供热面积、建成区绿地率数据来自住房城乡建设部；货物进出口数据来自海关总署；服务进出口、外商直接投资、对外直接投资、对外承包工程、对外劳务合作等数据来自商务部；管道数据来自中石油、中石化、中海油；民用汽车、交通事故数据来自公安部；邮政业务数据来自邮政局；旅游数据来自旅游局、公安部；上市公司数据来自证监会；保险业数据来自保监会；教育数据来自教育部；安排科技计划课题、技术合同等数据来自科技部；国家工程研究中心、企业技术中心、新兴产业创投等数据来自发展改革委；专利数据来自知识产权局；发射卫星数据来自国防科工局；质量检验、国家标准制定修订等数据来自质检总局；地震数据来自地震局；海洋观测站、海洋灾害造成直接经济损失数据来自海洋局；测绘数据来自测绘地信局；艺术表演团体、博物馆、公共图书馆、文化馆数据来自文化部；广播电视、电影、报纸、期刊、图书数据来自新闻出版广电总局；档案数据来自档案局；体育数据来自体育总局；残疾人运动员数据来自中国残联；卫生数据来自卫生计生委；社会服务、低保和五保供养数据、农作物受灾面积、洪涝地质灾害造成直接经济损失、旱灾造成直接经济损失、低温冷冻和雪灾造成直接经济损失来自民政部；国有建设用地供应数据来自国土资源部；自然保护区、环境监测数据来自环境保护部；平均气温、登陆台风数据来自气象局；安全生产数据来自安全监管总局；其他数据均来自国家统计局。

各省(市、区)年末总人口

单位:万人

地　区	2008	2009	2010	2011	2012	2013	2014
全　国	**132 802**	**133 450**	**134 091**	**134 735**	**135 404**	**136 072**	**136 782**
北　京	1 771	1 860	1 962	2 019	2 069	2 115	2 152
天　津	1 176	1 228	1 299	1 355	1 413	1 472	1 517
河　北	6 989	7 034	7 194	7 241	7 288	7 333	7 384
山　西	3 411	3 427	3 574	3 593	3 611	3 630	3 648
内蒙古	2 444	2 458	2 472	2 482	2 490	2 498	2 505
辽　宁	4 315	4 341	4 375	4 383	4 389	4 390	4 391
吉　林	2 734	2 740	2 747	2 749	2 750	2 751	2 752
黑龙江	3 825	3 826	3 833	3 834	3 834	3 835	3 833
上　海	2 141	2 210	2 303	2 347	2 380	2 415	2 426
江　苏	7 762	7 810	7 869	7 899	7 920	7 939	7 960
浙　江	5 212	5 276	5 447	5 463	5 477	5 498	5 508
安　徽	6 135	6 131	5 957	5 968	5 988	6 030	6 083
福　建	3 639	3 666	3 693	3 720	3 748	3 774	3 806
江　西	**4 400**	**4 432**	**4 462**	**4 488**	**4 504**	**4 522**	**4 542**
山　东	9 417	9 470	9 588	9 637	9 685	9 733	9 789
河　南	9 429	9 487	9 405	9 388	9 406	9 413	9 436
湖　北	5 711	5 720	5 728	5 758	5 779	5 799	5 816
湖　南	6 380	6 406	6 570	6 596	6 639	6 691	6 737
广　东	9 893	10 130	10 441	10 505	10 594	10 644	10 724
广　西	4 816	4 856	4 610	4 645	4 682	4 719	4 754
海　南	854	864	869	877	887	895	903
重　庆	2 839	2 859	2 885	2 919	2 945	2 970	2 991
四　川	8 138	8 185	8 045	8 050	8 076	8 107	8 140
贵　州	3 596	3 537	3 479	3 469	3 484	3 502	3 508
云　南	4 543	4 571	4 602	4 631	4 659	4 687	4 714
西　藏	292	296	300	303	308	312	318
陕　西	3 718	3 727	3 735	3 743	3 753	3 764	3 775
甘　肃	2 551	2 555	2 560	2 564	2 578	2 582	2 591
青　海	554	557	563	568	573	578	583
宁　夏	618	625	633	639	647	654	662
新　疆	2 131	2 159	2 185	2 209	2 233	2 264	2 298

注:1.全国数据包括中国人民解放军现役军人数,但不包括香港、澳门特别行政区和台湾省数据;分省数据中未包括中国人民解放军现役军人数。

2.2010年数据为当年人口普查数据推算数;其余年份数据在年度人口抽样调查基础上,根据人口普查数据有所修订。

各省(市、区)生产总值

单位:亿元

地　区	2008	2009	2010	2011	2012	2013	2014
全　　国	**316 751.7**	**345 629.2**	**408 903.0**	**484 123.5**	**534 123.0**	**588 018.8**	**636 462.7**
北　　京	11 115.0	12 153.0	14 113.6	16 251.9	17 879.4	19 800.8	21 330.8
天　　津	6 719.0	7 521.9	9 224.5	11 307.3	12 893.9	14 442.0	15 722.5
河　　北	16 012.0	17 235.5	20 394.3	24 515.8	26 575.0	28 443.0	29 421.2
山　　西	7 315.4	7 358.3	9 200.9	11 237.6	12 112.8	12 665.3	12 759.4
内 蒙 古	8 496.2	9 740.3	11 672.0	14 359.9	15 880.6	16 916.5	17 769.5
辽　　宁	13 668.6	15 212.5	18 457.3	22 226.7	24 846.4	27 213.2	28 626.6
吉　　林	6 426.1	7 278.8	8 667.6	10 568.8	11 939.2	13 046.4	13 803.8
黑 龙 江	8 314.4	8 587.0	10 368.6	12 582.0	13 691.6	14 454.9	15 039.4
上　　海	14 069.9	15 046.5	17 166.0	19 195.7	20 181.7	21 818.2	23 560.9
江　　苏	30 982.0	34 457.3	41 425.5	49 110.3	54 058.2	59 753.4	65 088.3
浙　　江	21 462.7	22 990.4	27 722.3	32 318.9	34 665.3	37 756.6	40 153.5
安　　徽	8 851.7	10 062.8	12 359.3	15 300.7	17 212.1	19 229.3	20 848.8
福　　建	10 823.0	12 236.5	14 737.1	17 560.2	19 701.8	21 868.5	24 055.8
江　　西	**6971.1**	**7 655.2**	**9 451.3**	**11 702.8**	**12 948.9**	**14 410.2**	**15708.6**
山　　东	30 933.3	33 896.7	39 169.9	45 361.9	50 013.2	55 230.3	59 426.6
河　　南	18 018.5	19 480.5	23 092.4	26 931.0	29 599.3	32 191.3	34 939.4
湖　　北	11 328.9	12 961.1	15 967.6	19 632.3	22 250.5	24 791.8	27 367.0
湖　　南	11 555.0	13 059.7	16 038.0	19 669.6	22 154.2	24 621.7	27 048.5
广　　东	36 796.7	39 482.6	46 013.1	53 210.3	57 067.9	62 474.8	67 792.2
广　　西	7 021.0	7 759.2	9 569.9	11 720.9	13 035.1	14 449.9	15 673.0
海　　南	1 503.1	1 654.2	2 064.5	2 522.7	2 855.5	3 177.6	3 500.7
重　　庆	5 793.7	6 530.0	7 925.6	10 011.4	11 409.6	12 783.3	14 265.4
四　　川	12 601.2	14 151.3	17 185.5	21 026.7	23 872.8	26 392.1	28 536.7
贵　　州	3 561.6	3 912.7	4 602.2	5 701.8	6 852.2	8 086.9	9 251.0
云　　南	5 692.1	6 169.8	7 224.2	8 893.1	10 309.5	11 832.3	12 814.6
西　　藏	394.9	441.4	507.5	605.8	701.0	815.7	920.8
陕　　西	7 314.6	8 169.8	10123.5	12 512.3	14 453.7	16 205.5	17 689.9
甘　　肃	3 166.8	3 387.6	4120.8	5 020.4	5 650.2	6 330.7	6 835.3
青　　海	1 018.6	1 081.3	1350.4	1 670.4	1 893.5	2 122.1	2 301.1
宁　　夏	1 203.9	1 353.3	1689.7	2 102.2	2 341.3	2 577.6	2 752.1
新　　疆	4 183.2	4 277.1	5437.5	6 610.1	7 505.3	8 443.8	9 264.1

注:本表按当年价格计算。

各省(市、区)年末城镇人口比重

单位:%

地　区	2008	2009	2010	2011	2012	2013	2014
全　国	**46.99**	**48.34**	**49.95**	**51.27**	**52.57**	**53.73**	**54.77**
北　京	84.90	85.00	85.96	86.20	86.20	86.30	86.35
天　津	77.23	78.01	79.55	80.50	81.55	82.01	82.27
河　北	41.90	43.74	44.50	45.60	46.80	48.12	49.33
山　西	45.11	45.99	48.05	49.68	51.26	52.56	53.79
内蒙古	51.71	53.40	55.50	56.62	57.74	58.71	59.51
辽　宁	60.05	60.35	62.10	64.05	65.65	66.45	67.05
吉　林	53.21	53.32	53.35	53.40	53.70	54.20	54.81
黑龙江	55.40	55.50	55.66	56.50	56.90	57.40	58.01
上　海	88.60	88.60	89.30	89.30	89.30	89.60	89.60
江　苏	54.30	55.60	60.58	61.90	63.00	64.11	65.21
浙　江	57.60	57.90	61.62	62.30	63.20	64.00	64.87
安　徽	40.50	42.10	43.01	44.80	46.50	47.86	49.15
福　建	53.00	55.10	57.10	58.10	59.60	60.77	61.80
江　西	**41.36**	**43.18**	**44.06**	**45.70**	**47.51**	**48.87**	**50.22**
山　东	47.60	48.32	49.70	50.95	52.43	53.75	55.01
河　南	36.03	37.70	38.50	40.57	42.43	43.80	45.20
湖　北	45.20	46.00	49.70	51.83	53.50	54.51	55.67
湖　南	42.15	43.20	43.30	45.10	46.65	47.96	49.28
广　东	63.37	63.40	66.18	66.50	67.40	67.76	68.00
广　西	38.16	39.20	40.00	41.80	43.53	44.81	46.01
海　南	48.00	49.13	49.80	50.50	51.60	52.74	53.76
重　庆	49.99	51.59	53.02	55.02	56.98	58.34	59.60
四　川	37.40	38.70	40.18	41.83	43.53	44.90	46.30
贵　州	29.11	29.89	33.81	34.96	36.41	37.83	40.01
云　南	33.00	34.00	34.70	36.80	39.31	40.48	41.73
西　藏	21.90	22.30	22.67	22.71	22.75	23.71	25.75
陕　西	42.10	43.50	45.76	47.30	50.02	51.31	52.57
甘　肃	33.56	34.89	36.12	37.15	38.75	40.13	41.68
青　海	40.86	41.90	44.72	46.22	47.44	48.51	49.78
宁　夏	44.98	46.10	47.90	49.82	50.67	52.01	53.61
新　疆	39.64	39.85	43.01	43.54	43.98	44.47	46.07

注:2010 年数据为当年人口普查数据推算数;其余年份数据根据年度人口抽样调查推算。

各省(市、区)生产总值指数

（上年=100）

地　区	2008	2009	2010	2011	2012	2013	2014
全　国	**109.6**	**109.2**	**110.6**	**109.5**	**107.7**	**107.7**	**107.4**
北　京	109.1	110.2	110.3	108.1	107.7	107.7	107.3
天　津	116.5	116.5	117.4	116.4	113.8	112.5	110.0
河　北	110.1	110.0	112.2	111.3	109.6	108.2	106.5
山　西	108.5	105.4	113.9	113.0	110.1	108.9	104.9
内蒙古	117.8	116.9	115.0	114.3	111.5	109.0	107.8
辽　宁	113.4	113.1	114.2	112.2	109.5	108.7	105.8
吉　林	116.0	113.6	113.8	113.8	112.0	108.3	106.5
黑龙江	111.8	111.4	112.7	112.3	110.0	108.0	105.6
上　海	109.7	108.2	110.3	108.2	107.5	107.7	107.0
江　苏	112.7	112.4	112.7	111.0	110.1	109.6	108.7
浙　江	110.1	108.9	111.9	109.0	108.0	108.2	107.6
安　徽	112.7	112.9	114.6	113.5	112.1	110.4	109.2
福　建	113.0	112.3	113.9	112.3	111.4	111.0	109.9
江　西	**113.2**	**113.1**	**114.0**	**112.5**	**111.0**	**110.1**	**109.7**
山　东	112.0	112.2	112.3	110.9	109.8	109.6	108.7
河　南	112.1	110.9	112.5	111.9	110.1	109.0	108.9
湖　北	113.4	113.5	114.8	113.8	111.3	110.1	109.7
湖　南	113.9	113.7	114.6	112.8	111.3	110.1	109.5
广　东	110.4	109.7	112.4	110.0	108.2	108.5	107.8
广　西	112.8	113.9	114.2	112.3	111.3	110.2	108.5
海　南	110.3	111.7	116.0	112.0	109.1	109.9	108.5
重　庆	114.5	114.9	117.1	116.4	113.6	112.3	110.9
四　川	111.0	114.5	115.1	115.0	112.6	110.0	108.5
贵　州	111.3	111.4	112.8	115.0	113.6	112.5	110.8
云　南	110.6	112.1	112.3	113.7	113.0	112.1	108.1
西　藏	110.1	112.4	112.3	112.7	111.8	112.1	110.8
陕　西	116.4	113.6	114.6	113.9	112.9	111.0	109.7
甘　肃	110.1	110.3	111.8	112.5	112.6	110.8	108.9
青　海	113.5	110.1	115.3	113.5	112.3	110.8	109.2
宁　夏	112.6	111.9	113.5	112.1	111.5	109.8	108.0
新　疆	111.0	108.1	110.6	112.0	112.0	111.0	110.0

注：本表按不变价格计算。

各省(市、区)人均生产总值

单位:元

地　区	2008	2009	2010	2011	2012	2013	2014
全　国	**23 708**	**25 608**	**30 015**	**35 198**	**38 459**	**41 908**	**46 652**
北　京	64 491	66 940	73 856	81 658	87 475	94 648	99 995
天　津	58 656	62 574	72 994	85 213	93 173	100 105	105 202
河　北	22 986	24 581	28 668	33 969	36 584	38 909	39 984
山　西	21 506	21 522	26 283	31 357	33 628	34 984	35 064
内蒙古	34 869	39 735	47 347	57 974	63 886	67 836	71 044
辽　宁	31 739	35 149	42 355	50 760	56 649	61 996	65 201
吉　林	23 521	26 595	31 599	38 460	43 415	47 428	50 162
黑龙江	21 740	22 447	27 076	32 819	35 711	37 697	39 226
上　海	66 932	69 165	76 074	82 560	85 373	90 993	97 343
江　苏	40 014	44 253	52 840	62 290	68 347	75 354	81 874
浙　江	41 405	43 842	51 711	59 249	63 374	68 805	72 967
安　徽	14 448	16 408	20 888	25 659	28 792	32 001	34 427
福　建	29 755	33 437	40 025	47 377	52 763	58 145	63 472
江　西	**15 900**	**17 335**	**21 253**	**26 150**	**28 800**	**31 930**	**34 674**
山　东	32 936	35 894	41 106	47 335	51 768	56 885	60 879
河　南	19 181	20 597	24 446	28 661	31 499	34 211	37 073
湖　北	19 858	22 677	27 906	34 197	38 572	42 826	47 124
湖　南	18 147	20 428	24 719	29 880	33 480	36 943	40 287
广　东	37 638	39 436	44 736	50 807	54 095	58 833	63 452
广　西	14 652	16 045	20 219	25 326	27 952	30 741	33 090
海　南	17 691	19 254	23 831	28 898	32 377	35 663	38 924
重　庆	20 490	22 920	27 596	34 500	38 914	43 223	47 859
四　川	15 495	17 339	21 182	26 133	29 608	32 617	35 128
贵　州	9 855	10 971	13 119	16 413	19 710	23 151	26 393
云　南	12 570	13 539	15 752	19 265	22 195	25 322	27 264
西　藏	13 588	15 008	17 027	20 077	22 936	26 326	29 252
陕　西	19 700	21 947	27 133	33 464	38 564	43 117	46 929
甘　肃	12 421	13 269	16 113	19 595	21 978	24 539	26 427
青　海	18 421	19 454	24 115	29 522	33 181	36 875	39 633
宁　夏	19 609	21 777	26 860	33 043	36 394	39 613	41 834
新　疆	19 797	19 942	25 034	30 087	33 796	37 553	40 607

注:本表按当年价格计算。

各省(市、区)人均生产总值指数

(上年=100)

地　区	2008	2009	2010	2011	2012	2013	2014
全　国	**109.1**	**108.7**	**109.9**	**108.8**	**107.1**	**107.1**	**106.9**
北　京	103.7	104.6	104.8	103.8	104.9	105.2	105.2
天　津	111.4	111.1	111.7	110.9	109.2	108.0	106.2
河　北	109.3	109.3	110.6	109.7	108.9	107.5	105.8
山　西	107.9	104.9	111.2	110.4	109.6	108.4	104.4
内蒙古	117.1	116.2	114.4	113.8	111.1	108.7	107.5
辽　宁	112.8	112.5	113.4	111.7	109.3	108.6	105.7
吉　林	115.7	113.4	113.6	113.5	111.9	108.3	106.5
黑龙江	111.7	111.4	112.6	112.2	110.1	107.9	105.6
上　海	105.1	104.6	106.4	105.0	105.7	106.2	106.0
江　苏	111.9	111.8	112.0	110.3	109.8	109.3	108.4
浙　江	108.6	107.7	109.5	107.2	107.7	107.9	107.3
安　徽	112.4	112.8	118.8	112.6	111.8	109.9	108.4
福　建	112.3	111.6	113.2	111.6	110.5	110.2	109.1
江　西	**112.4**	**112.3**	**113.2**	**111.8**	**110.4**	**109.6**	**109.2**
山　东	111.4	111.6	111.3	109.9	109.2	109.0	108.1
河　南	111.9	110.2	112.6	112.5	110.1	108.9	108.7
湖　北	113.2	113.3	114.7	113.5	110.7	109.7	109.3
湖　南	113.6	113.2	112.9	111.2	110.7	109.3	108.7
广　东	107.9	107.1	109.5	108.0	107.4	107.8	107.1
广　西	111.7	112.9	113.9	112.0	110.4	109.4	107.7
海　南	109.2	110.4	115.0	111.1	108.0	108.7	107.5
重　庆	113.9	114.1	116.2	115.1	112.4	111.3	110.0
四　川	111.2	114.0	115.7	115.9	112.3	109.6	108.1
贵　州	112.8	112.9	114.7	116.1	113.5	111.9	110.4
云　南	109.8	111.4	111.6	112.9	112.3	111.5	107.5
西　藏	108.7	111.1	110.8	111.3	110.4	110.5	109.1
陕　西	116.1	113.3	114.4	113.7	112.6	110.7	109.4
甘　肃	110.1	110.2	111.6	112.3	112.2	110.4	108.6
青　海	112.9	109.6	114.5	112.3	111.3	109.9	108.2
宁　夏	111.3	110.6	112.2	110.8	110.3	108.6	106.8
新　疆	108.9	106.5	109.3	110.7	110.8	109.6	108.4

注:本表按不变价格计算。

各省(市、区)地方公共财政预算收入

单位:亿元

地　区	2008	2009	2010	2011	2012	2013	2014
全　国	**28 649.8**	**32 602.6**	**40 613.0**	**52 547.1**	**61 077.3**	**68 969.1**	**75 859.7**
北　京	1 837.3	2 026.8	2 353.9	3 006.3	3 314.9	3 661.1	4 027.16
天　津	675.5	821.4	1 068.8	1 454.9	1 760.0	2 078.3	2 390.0
河　北	944.6	1 066.2	1 330.8	1 737.4	2 084.3	2 292.2	2 445.7
山　西	747.9	805.8	969.7	1 213.2	1 516.4	1 700.2	1 820.1
内蒙古	649.6	850.8	1 070.0	1 358.9	1 552.8	1 719.5	1 843.2
辽　宁	1 356.1	1 591.0	2 004.8	2 640.5	3 103.7	3 341.8	3 190.7
吉　林	422.8	487.1	602.4	850.1	1 041.3	1 157.0	1 203.38
黑龙江	578.4	641.6	755.6	997.4	1163.2	1277.4	1301.0
上　海	2 358.7	2 540.3	2 873.6	3 429.8	3 743.7	4 109.5	4 585.6
江　苏	2 731.1	3 228.6	4 079.9	5 147.9	5 860.7	6 568.5	7 233.1
浙　江	1 933.1	2 142.4	2 608.5	3 150.8	3 441.2	3 796.9	4 121.17
安　徽	724.6	863.9	1 149.4	1 463.4	1 792.7	2 073.8	2 218.0
福　建	833.3	932.3	1 151.5	1 501.2	1 776.2	2 118.7	2 362.3
江　西	**488.6**	**581.3**	**778.1**	**1 053.4**	**1 371.9**	**1 620.2**	**1 881.5**
山　东	1 956.9	2 198.5	2 749.3	3455.7	4 059.4	4 560.0	5 026.7
河　南	1 009.1	1 126.1	1 381.0	1721.6	2 040.6	2 413.1	2 738.5
湖　北	710.2	800.4	1 011.3	1470.5	1 822.6	2 175.8	2 566.6
湖　南	722.7	845.0	1 081.7	1456.1	1 782.2	2 029.5	2 262.2
广　东	3 310.0	3 649.2	4 515.7	5513.7	6 228.2	7 075.5	8 060.06
广　西	518.7	620.8	772.3	947.6	1 166.0	1 316.8	1 422.1
海　南	145.0	178.2	271.1	340.1	409.4	480.5	555.3
重　庆	577.2	655.6	1 018.3	1488.3	1 705.1	1 692.9	1 921.9
四　川	1 041.7	1 174.2	1 561.0	2044.4	2 421.3	2 784.2	3 058.5
贵　州	349.5	416.5	533.9	773.2	1 014.1	1 205.7	1 366.4
云　南	613.6	698.2	871.2	1110.8	1 338.0	1 610.7	1 697.8
西　藏	24.9	30.1	36.7	54.7	86.6	95.0	124.27
陕　西	591.3	733.9	957.9	1499.1	1 600.7	1 747.2	1 890.0
甘　肃	264.9	286.7	353.6	450.4	520.9	606.5	672.2
青　海	71.6	87.7	110.2	151.8	186.4	224.4	252.0
宁　夏	95.0	111.5	153.6	220.0	264.0	308.1	339.8
新　疆	361.1	388.8	500.6	720.9	909.1	1128.0	1282.7

各省(市、区)全社会固定资产投资

单位:亿元

地　区	2008	2009	2010	2011	2012	2013	2014
全　国	**172 828.4**	**224 598.8**	**278 121.9**	**311 485.1**	**374 694.7**	**446 294.1**	**512 760.7**
北　京	3 814.7	4 616.9	5 403.0	5 578.9	6 112.4	6 847.1	6 924.2
天　津	3 389.8	4 738.2	6 278.1	7067.7	7 934.8	9 130.2	10 518.2
河　北	8 866.6	12 269.8	15 083.4	16 389.3	19 661.3	23 194.2	26 671.9
山　西	3 531.2	4 943.2	6 063.2	7 073.1	8 863.3	11 031.9	12 296.1
内蒙古	5 475.4	7 336.8	8 926.5	10 365.2	11 875.7	14 217.4	17 585.0
辽　宁	10 019.1	12 292.5	16 043.0	17 726.3	21 836.3	25 107.7	24 730.8
吉　林	5 038.9	6 411.6	7 870.4	7 441.7	9 511.5	9 979.3	11 486.5
黑龙江	3 656.0	5 028.8	6 812.6	7 475.4	9 694.7	11 453.1	9 878.2
上　海	4 823.1	5 043.8	5 108.9	4 962.1	5 117.6	5 647.8	6 016.5
江　苏	15 300.6	18 949.9	23 184.3	26 692.6	30 854.2	36 373.3	41 938.7
浙　江	9 323.0	10 742.3	12 376.0	14 185.3	17 649.4	20 782.1	24 262.8
安　徽	6 747.0	8 990.7	11 542.9	12 455.7	15 425.8	18 621.9	21 688.5
福　建	5 207.7	6 231.2	8 199.1	9 910.9	12 439.9	15 327.4	18 219.8
江　西	**4 745.4**	**6 643.1**	**8 772.3**	**9 087.6**	**10 774.2**	**12 850.3**	**15 110.0**
山　东	15 435.9	19 034.5	23 280.5	26 749.7	31 256.0	36 789.1	42 495.5
河　南	10 490.6	13 704.5	16 585.9	17 769.0	21 450.0	26 087.5	30 782.2
湖　北	5 647.0	7 866.9	10 262.7	12 557.3	15 578.3	19 307.3	22 965.3
湖　南	5 534.0	7 703.4	9 663.6	11 880.9	14 523.2	17 841.4	21 269.7
广　东	10 868.7	12 933.1	15 623.7	17 069.2	18 751.5	22 308.4	26 294.0
广　西	3 756.4	5 237.2	7 057.6	7 990.7	9 808.6	11 907.7	13 843.2
海　南	705.4	988.3	1 317.0	1 657.2	2 145.4	2 697.9	3 112.3
重　庆	3 979.6	5 214.3	6 688.9	7 473.4	8 736.2	10 435.2	12 281.1
四　川	7 127.8	11 371.9	13 116.7	14 222.2	17 040.0	20 326.1	23 318.7
贵　州	1 864.5	2 412.0	3 104.9	4 235.9	5 717.8	7 373.6	9 025.7
云　南	3 435.9	4 526.4	5 528.7	6 191.0	7 831.1	9 968.3	11 498.6
西　藏	309.9	378.3	462.7	516.3	670.5	876.0	1 069.2
陕　西	4 614.4	6 246.9	7 963.7	9 431.1	12044.5	14 884.1	17 192.1
甘　肃	1 712.8	2 363.0	3 158.3	3 965.8	5145.0	6 527.9	7 884.1
青　海	583.2	798.2	1 016.9	1 435.6	1883.4	2 361.1	2 861.2
宁　夏	828.9	1 075.9	1 444.2	1 644.7	2096.9	2 651.1	3 173.8
新　疆	2 260.0	2 725.5	3 423.2	4 632.1	6158.8	7 732.3	9 438.3
不分地区	3 734.9	5 779.7	6 759.1	5 651.3	6106.4	5 655.4	6 928.7

各省(市、区)社会消费品零售总额

单位:亿元

地　区	2008	2009	2010	2011	2012	2013	2014
全　国	**114 830.1**	**132 678.4**	**156 998.4**	**183 918.6**	**210 307.0**	**242 842.8**	**271 896.1**
北　京	4 645.5	5 309.9	6 229.3	6 900.3	7 702.8	8 872.1	9 638.0
天　津	2 078.7	2 430.8	2 860.2	3 395.1	3 921.4	4 470.4	4 738.7
河　北	4 991.1	5 764.9	6 821.8	8 035.5	9 254.0	10 516.7	11 820.5
山　西	2 421.1	2 809.0	3 318.2	3 903.4	4 506.8	5 139.3	5 717.9
内蒙古	2 463.0	2 855.3	3 384.0	3 991.7	4 572.5	5 114.2	5 657.6
辽　宁	5 032.4	5 812.6	6 887.6	8 095.3	9 304.2	10 581.4	11 857.0
吉　林	2 549.2	2 957.3	3 504.9	4 119.8	4 772.9	5 426.4	6 080.9
黑龙江	2 928.3	3 401.8	4 039.2	4 750.1	5 491.0	6 251.2	7 015.3
上　海	4 577.2	5 173.2	6 070.5	6 814.8	7 412.3	8 557.0	9 303.5
江　苏	9 905.1	11 484.1	13 606.8	15 988.4	18 331.3	20 878.2	23 458.1
浙　江	7 533.3	8 622.3	10 245.4	12 028.0	13 588.3	15 970.8	17 835.3
安　徽	3 045.2	3 527.8	4 197.7	4 955.1	5 736.6	7 044.7	7 957.0
福　建	3 866.7	4 481.0	5 310.0	6 276.2	7 256.5	8 275.3	9 346.7
江　西	**2 141.8**	**2 484.4**	**2 956.2**	**3 485.1**	**4 027.2**	**4 696.1**	**5 129.2**
山　东	10 658.8	12 363.0	14 620.3	17 155.5	19 651.9	22 294.8	25 111.5
河　南	5 815.4	6 746.4	8 004.2	9 453.6	10 915.6	12 426.6	14 005.0
湖　北	5 109.7	5 928.4	7 013.9	8 275.2	9 562.5	11 035.9	12 449.3
湖　南	4 222.6	4 913.7	5 839.5	6 884.7	7 921.9	9 509.5	10 723.5
广　东	12 986.6	14 891.8	17 458.4	20 297.5	22 677.1	25 453.9	28 471.1
广　西	2 395.8	2 790.7	3 312.0	3 908.2	4 516.6	5 133.1	5 772.8
海　南	463.2	537.5	639.3	759.5	870.8	1 090.9	1 224.5
重　庆	2 147.1	2 479.0	2 938.6	3 487.8	4 033.7	5 055.8	5 710.7
四　川	4 944.8	5 758.7	6 810.1	8 006.6	9 268.6	11 001.0	12 393.0
贵　州	1 075.2	1 247.3	1 482.7	1 751.6	2 075.9	2 601.2	2 936.9
云　南	1 764.7	2 051.1	2 542.4	3 038.1	3 511.6	4 112.6	4 632.9
西　藏	130.0	156.6	185.3	219.0	254.6	322.2	364.5
陕　西	2 317.1	2 699.7	3 195.7	3 790.0	4 383.8	5 245.0	5 918.7
甘　肃	1 023.6	1 183.0	1 394.5	1 648.0	1 906.5	2 368.8	2 668.3
青　海	259.7	300.5	350.8	410.5	476.0	549.6	620.8
宁　夏	295.4	339.3	403.6	477.6	542.9	668.5	737.2
新　疆	1 041.5	1 177.5	1 375.1	1 616.3	1 858.6	2 179.5	2 436.5

各省(市、区)全体居民人均收入与支出

单位:元

地　　区	人均可支配收入		人均消费支出	
	2013	2014	2013	2014
全　　国	**18 310.8**	**20 167.1**	**13 220.4**	**14 491.4**
北　　京	40 830.0	44 488.6	29 175.6	31 102.9
天　　津	26 359.2	28 832.3	20 418.7	22 343.0
河　　北	15 189.6	16 647.4	10 872.2	11 931.5
山　　西	15 119.7	16 538.3	10 118.3	10 863.8
内 蒙 古	18 692.9	20 559.3	14 877.7	16 258.1
辽　　宁	20 817.8	22 820.2	14 950.2	16 068.0
吉　　林	15 998.1	17 520.4	12 054.3	13 026.0
黑 龙 江	15 903.4	17 404.4	12 037.2	12 768.8
上　　海	42 173.6	45 965.8	30 399.9	33 064.8
江　　苏	24 775.5	27 172.8	17 925.8	19 163.6
浙　　江	29 775.0	32 657.6	20 610.1	22 552.0
安　　徽	15 154.3	16 795.5	10 544.1	11 727.0
福　　建	21 217.9	23 330.9	16 176.6	17 644.5
江　　西	**15 099.7**	**16 734.2**	**10 052.8**	**11 088.9**
山　　东	19 008.3	20 864.2	11 896.8	13 328.9
河　　南	14 203.7	15 695.2	10 002.5	11 000.4
湖　　北	16 472.5	18 283.2	11 760.8	12 928.3
湖　　南	16 004.9	17 621.7	11 945.9	13 288.7
广　　东	23 420.7	25 685.0	17 421.0	19 205.5
广　　西	14 082.3	15 557.1	9 596.5	10 274.3
海　　南	15 733.3	17 476.5	11 192.9	12 470.6
重　　庆	16 568.7	18 351.9	12 600.2	13 810.6
四　　川	14 231.0	15 749.0	11 054.7	12 368.4
贵　　州	11 083.1	12 371.1	8 288.0	9 303.4
云　　南	12 577.9	13 772.2	8 823.8	9 869.5
西　　藏	9 740.4	10 730.2	6 306.8	7 317.0
陕　　西	14 371.5	15 836.7	11 217.3	12 203.6
甘　　肃	10 954.4	12 184.7	8 943.4	9 874.6
青　　海	12 947.8	14 374.0	11 576.5	12 604.8
宁　　夏	14 565.8	15 906.8	11 292.0	12 484.5
新　　疆	13 669.6	15 096.6	11 391.8	11 903.7

注:从 2013 年起,国家统计局开展了城乡一体化住户收支与生活状况调查,本表数据来源于此调查，与 2013 年前的分城镇和农村住户调查的调查范围、调查方法、指标口径有所不同(以下相关表同)。

各省(市、区)城镇居民人均收入与支出

单位:元

地区	人均可支配收入		人均消费支出	
	2013 年	2014 年	2013 年	2014 年
全　　国	**26 467.0**	**28 843.9**	**18 487.5**	**19 968.1**
北　　京	44 563.9	48 531.8	31 632.2	33 717.5
天　　津	28 979.8	31 506.0	22 306.2	24 289.6
河　　北	22 226.7	24 141.3	14 970.0	16 203.8
山　　西	22 258.2	24 069.4	13 762.7	14 636.9
内 蒙 古	26 003.6	28 349.6	19 244.0	20 885.2
辽　　宁	26 697.0	29 081.7	19 318.4	20 519.6
吉　　林	21 331.1	23 217.8	15 940.7	17 156.1
黑 龙 江	20 848.4	22 609.0	15 704.1	16 466.6
上　　海	44 878.3	48 841.4	32 447.2	35 182.4
江　　苏	31 585.5	34 346.3	22 262.3	23 476.3
浙　　江	37 079.7	40 392.7	25 253.5	27 241.7
安　　徽	22 789.3	24 838.5	14 593.6	16 107.1
福　　建	28 173.9	30 722.4	20 564.7	22 204.1
江　　西	**22 119.7**	**24 309.2**	**13 843.0**	**15 141.8**
山　　东	26 882.4	29 221.9	16 646.5	18 322.6
河　　南	21 740.7	23 672.1	15 248.8	16 184.5
湖　　北	22 667.9	24 852.3	15 334.5	16 681.4
湖　　南	24 352.0	26 570.2	16 867.3	18 334.7
广　　东	29 537.3	32 148.1	21 621.5	23 611.7
广　　西	22 689.4	24 669.0	14 470.1	15 045.4
海　　南	22 411.4	24 486.5	15 833.5	17 513.8
重　　庆	23 058.2	25 147.2	17 123.8	18 279.5
四　　川	22 227.5	24 234.4	16 098.2	17 759.9
贵　　州	20 564.9	22 548.2	13 768.2	15 254.6
云　　南	22 460.0	24 299.0	14 862.3	16 268.3
西　　藏	20 394.5	22 015.8	13 678.6	15 669.4
陕　　西	22 345.9	24 365.8	16 398.6	17 546.0
甘　　肃	19 873.4	21 803.9	14 411.3	15 942.3
青　　海	20 352.4	22 306.6	16 223.4	17 492.9
宁　　夏	21 475.7	23 284.6	15 806.9	17 216.2
新　　疆	21 091.5	23 214.0	16 858.1	17 684.5

各省(市、区)农村居民人均收入与支出

单位:元

地　　区	人均可支配收入		人均消费支出	
	2013	2014	2013	2014
全　　国	**9 429.6**	**10 488.9**	**7 485.1**	**8 382.6**
北　　京	17 101.2	18 867.3	13 563.9	14 535.1
天　　津	15 352.6	17 014.2	12 491.1	13 738.6
河　　北	9 187.7	10 186.1	7 377.1	8 248.0
山　　西	7 949.5	8 809.4	6 457.7	6 991.7
内 蒙 古	8 984.9	9 976.3	9 079.6	9 972.2
辽　　宁	10 161.2	11 191.5	7 032.1	7 800.7
吉　　林	9 780.7	10 780.1	7 523.4	8 139.8
黑 龙 江	9 369.0	10 453.2	7 191.7	7 830.0
上　　海	19 208.3	21 191.6	13 016.2	14 820.1
江　　苏	13 521.3	14 958.4	10 759.0	11 820.3
浙　　江	17 493.9	19 373.3	12 803.3	14 497.8
安　　徽	8 850.0	9 916.4	7 200.3	7 980.8
福　　建	11 404.8	12 650.2	9 986.2	11 055.9
江　　西	**9 088.8**	**10 116.6**	**6 807.4**	**7 548.3**
山　　东	10 686.9	11 882.3	6 877.3	7 962.2
河　　南	8 969.1	9 966.1	6 358.7	7 277.2
湖　　北	9 691.8	10 849.1	7 849.5	8 680.9
湖　　南	9 028.6	10 060.2	7 832.6	9 024.8
广　　东	11 067.8	12 245.6	8 937.8	10 043.2
广　　西	7 793.1	8 683.2	6 035.3	6 675.1
海　　南	8 801.7	9 912.6	6 376.2	7 029.0
重　　庆	8 492.5	9 489.8	6 970.7	7 982.6
四　　川	8 380.7	9 347.7	7 364.8	8 301.1
贵　　州	5 897.8	6 671.2	5 291.1	5 970.3
云　　南	6 723.6	7 456.1	5 246.6	6 030.3
西　　藏	6 553.4	7 359.2	4 101.6	4 822.1
陕　　西	7 092.2	7 932.2	6 487.6	7 252.4
甘　　肃	5 588.8	6 276.6	5 653.9	6 147.8
青　　海	6 461.6	7 282.7	7 505.9	8 235.1
宁　　夏	7 598.7	8 410.0	6 739.8	7 676.5
新　　疆	7 846.6	8 723.8	7 103.1	7 365.3

各省(市、区)居民消费价格指数

(上年=100)

地　区	2008	2009	2010	2011	2012	2013	2014
全　国	**105.9**	**99.3**	**103.3**	**105.4**	**102.6**	**102.6**	**102.0**
北　京	105.1	98.5	102.4	105.6	103.3	103.3	101.6
天　津	105.4	99.0	103.5	104.9	102.7	103.1	101.9
河　北	106.2	99.3	103.1	105.7	102.6	103.0	101.7
山　西	107.2	99.6	103.0	105.2	102.5	103.1	101.7
内蒙古	105.7	99.7	103.2	105.6	103.1	103.2	101.6
辽　宁	104.6	100.0	103.0	105.2	102.8	102.4	101.7
吉　林	105.1	100.1	103.7	105.2	102.5	102.9	102.0
黑龙江	105.6	100.2	103.9	105.8	103.2	102.2	101.5
上　海	105.8	99.6	103.1	105.2	102.8	102.3	102.7
江　苏	105.4	99.6	103.8	105.3	102.6	102.3	102.2
浙　江	105.0	98.5	103.8	105.4	102.2	102.3	102.1
安　徽	106.2	99.1	103.1	105.6	102.3	102.4	101.6
福　建	104.6	98.2	103.2	105.3	102.4	102.5	102.0
江　西	**106.0**	**99.3**	**103.0**	**105.2**	**102.7**	**102.5**	**102.3**
山　东	105.3	100.0	102.9	105.0	102.1	102.2	101.9
河　南	107.0	99.4	103.5	105.6	102.5	102.9	101.9
湖　北	106.3	99.6	102.9	105.8	102.9	102.8	102.0
湖　南	106.0	99.6	103.1	105.5	102.0	102.5	101.9
广　东	105.6	97.7	103.1	105.3	102.8	102.5	102.3
广　西	107.8	97.9	103.0	105.9	103.2	102.2	102.1
海　南	106.9	99.3	104.8	106.1	103.2	102.8	102.4
重　庆	105.6	98.4	103.2	105.3	102.6	102.7	101.8
四　川	105.1	100.8	103.2	105.3	102.5	102.8	101.6
贵　州	107.6	98.7	102.9	105.1	102.7	102.5	102.4
云　南	105.7	100.4	103.7	104.9	102.7	103.1	102.4
西　藏	105.7	101.4	102.2	105.0	103.5	103.6	102.9
陕　西	106.4	100.5	104.0	105.7	102.8	103.0	101.6
甘　肃	108.2	101.3	104.1	105.9	102.7	103.2	102.1
青　海	110.1	102.6	105.4	106.1	103.1	103.9	102.8
宁　夏	108.5	100.7	104.1	106.3	102.0	103.4	101.9
新　疆	108.1	100.7	104.3	105.9	103.8	103.9	102.1

各省(市、区)进出口总额

单位:亿美元

地区	2008	2009	2010	2011	2012	2013	2014
全国	**25 632.6**	**22 075.4**	**29 740.0**	**36 418.6**	**38 671.2**	**41 589.9**	**43 030.4**
北京	2 716.9	2 147.3	3 017.2	3 895.6	4 081.1	4 290.0	4 156.5
天津	804.0	638.3	821.0	1 033.8	1 156.3	1 285.0	1 339.1
河北	384.2	296.3	420.6	536.0	505.6	549.1	598.8
山西	144.0	85.7	125.8	147.4	150.4	157.9	162.5
内蒙古	89.2	67.7	87.3	119.3	112.6	119.9	145.5
辽宁	724.3	629.3	807.1	960.4	1 040.9	1 144.8	1 139.6
吉林	133.3	117.4	168.5	220.6	245.6	258.3	263.8
黑龙江	231.3	162.3	255.2	385.2	375.9	388.8	389.0
上海	3 220.6	2 777.1	3 689.5	4 375.5	4 365.9	4 412.7	4 664.1
江苏	3 922.7	3 387.4	4 658.0	5 395.8	5 479.6	5 508.0	5 637.6
浙江	2 111.3	1 877.3	2 535.3	3 093.8	3 124.0	3 357.9	3 551.5
安徽	201.8	156.8	242.7	313.1	392.8	455.2	492.7
福建	848.2	796.5	1 087.8	1 435.2	1 559.4	1 693.2	1 775.0
江西	**136.2**	**127.8**	**216.2**	**314.7**	**334.1**	**367.5**	**427.8**
山东	1 584.1	1 390.5	1 891.6	2 358.9	2 455.4	2 665.3	2 771.2
河南	174.8	134.8	178.3	326.2	517.4	599.6	650.3
湖北	207.1	172.5	259.3	335.9	319.6	363.8	430.6
湖南	125.5	101.5	146.6	189.4	219.5	251.8	310.3
广东	6 849.7	6 110.9	7 849.0	9 134.7	9 840.2	10 915.8	10 767.3
广西	132.4	142.5	177.4	233.6	294.8	328.3	405.5
海南	45.3	48.8	86.5	127.6	143.2	149.9	158.7
重庆	95.2	77.1	124.3	292.1	532.0	686.9	954.5
四川	221.1	241.7	326.9	477.2	591.4	645.7	702.5
贵州	33.7	23.0	31.5	48.9	66.3	82.9	108.1
云南	96.0	80.5	134.3	160.3	210.1	253.0	296.2
西藏	7.7	4.0	8.4	13.6	34.2	33.2	22.5
陕西	83.3	84.1	121.0	146.5	148.0	201.3	274.1
甘肃	61.0	38.7	74.0	87.3	89.0	102.4	86.5
青海	6.9	5.9	7.9	9.2	11.6	14.0	17.2
宁夏	18.8	12.0	19.6	22.9	22.2	32.2	54.4
新疆	222.2	139.5	171.3	228.2	251.7	275.6	276.7

各省(市、区)入境旅游情况

地　区	入境旅游人数(万人次)			外汇收入(万美元)		
	2012	2013	2014	2012	2013	2014
北　京	500.86	450.13	427.45	514 900	479 468	460 800
天　津	73.75	75.86	76.63	222 641	259 128	299 210
河　北	129.32	84.27	75.61	54 494	58 578	53 419
山　西	189.18	53.84	56.56	72 024	82 268	28 073
内蒙古	159.17	161.61	167.31	77 196	96 229	100 296
辽　宁	473.13	256.04	260.70	326 369	347 714	161 800
吉　林	118.27	124.30	130.63	49 477	55 237	58 390
黑龙江	207.62	152.86	141.72	83 548	60 436	56 356
上　海	651.23	614.09	639.62	549 323	524 470	560 185
江　苏	791.54	288.03	297.10	629 972	237 989	303 271
浙　江	865.93	337.57	370.88	515 174	539 293	575 348
安　徽	331.47	271.95	280.18	156 267	166 042	184 026
福　建	493.67	294.02	318.90	422 567	457 338	491 180
江　西	**156.18**	**123.89**	**147.67**	**48 473**	**52 508**	**55 687**
山　东	469.91	285.98	300.19	292 365	273 120	233 010
河　南	190.77	127.38	124.76	61 141	65 998	53 837
湖　北	264.72	267.96	277.07	120 297	121 892	123 851
湖　南	224.55	230.66	219.55	92 836	82 269	7 999
广　东	3 489.43	3 397.90	3 355.43	1 561 067	1 627 808	1 710 636
广　西	350.27	281.74	295.76	127 887	154 730	157 207
海　南	81.58	75.64	66.14	34 802	33 748	26 863
重　庆	224.28	115.17	126.36	116 832	126 831	135 444
四　川	227.34	209.56	240.17	79 815	76 467	85 768
贵　州	70.50	62.40	65.31	16 894	20 143	18 880
云　南	457.84	287.88	286.56	194 708	241 818	242 065
西　藏	19.49	22.32	24.44	10 570	12 786	14 469
陕　西	335.24	253.47	266.30	159 747	167 619	176 873
甘　肃	10.20	9.78	4.88	2 235	2 039	1 017
青　海	4.73	4.65	5.15	2 432	1 942	2 474
宁　夏	1.90	2.54	3.37	545	1 208	1 848
新　疆	62.49	68.88	54.01	55 057	58 502	49 704

注:此表2013年始,入境旅客人数只包括入境过夜游客人数,不包括入境一日游游客人数。

各省会城市地区生产总值

(2014年)

地　区	绝对值 (亿元)	位 次	比上年 增长(%)	位 次
南　　昌	**3 667.96**	**17**	**9.8**	**10**
合　　肥	5 158.00	14	10.0	8
长　　沙	7 824.81	6	10.5	3
郑　　州	6 782.98	8	9.5	12
武　　汉	10 069.48	2	9.7	11
太　　原	2 531.09	20	3.3	26
昆　　明	3 712.99	16	8.1	20
成　　都	10 056.60	3	8.9	15
杭　　州	9 201.16	4	8.2	19
沈　　阳	7 098.70	7	6.0	25
南　　京	8 820.75	5	10.1	6
福　　州	5 169.16	13	10.1	6
广　　州	16 706.87	1	8.6	17
南　　宁	3 148.30	18	8.5	18
海　　口	1 005.51	26	9.2	14
贵　　阳	2 492.27	22	13.9	1
哈 尔 滨	5 332.70	12	6.9	23
长　　春	5 382.00	11	6.6	24
石 家 庄	5 100.20	15	7.9	22
济　　南	5 770.60	9	8.8	16
呼和浩特	2 894.05	19	8.0	21
西　　安	5 474.77	10	9.9	9
兰　　州	1 913.50	23	10.4	5
西　　宁	1 077.14	25	13.5	2
银　　川	1 395.67	24	9.5	12
乌鲁木齐	2 510.00	21	10.5	3
拉　　萨				

续表 1 （2014 年）

地区	第一产业增加值			
	绝对值(亿元)	位次	比上年增长(%)	位次
南　昌	**166.10**	**17**	**4.7**	**11**
合　肥	257.60	12	4.8	10
长　沙	318.04	9	4.5	14
郑　州	149.52	18	3.1	21
武　汉	350.06	5	5.0	9
太　原	38.93	24	4.3	15
昆　明	187.57	16	6.2	4
成　都	370.80	4	3.6	18
杭　州	274.36	11	1.8	24
沈　阳	325.30	8	3.2	20
南　京	223.96	14	3.5	19
福　州	416.09	3	4.6	13
广　州	237.52	13	1.8	24
南　宁	335.09	7	4.3	15
海　口	54.58	22	–2.4	26
贵　阳	108.02	20	6.6	2
哈尔滨	639.80	1	7.0	1
长　春	340.10	6	4.7	11
石家庄	488.30	2	2.6	23
济　南	299.11	10	4.2	17
呼和浩特	125.46	19	3.1	21
西　安	214.55	15	5.1	8
兰　州	53.60	23	6.3	3
西　宁	37.75	25	5.4	6
银　川	56.66	21	5.3	7
乌鲁木齐	30.00	26	5.6	5
拉　萨				

续表 2　　　　(2014 年)

地区	第二产业增加值			
	绝对值(亿元)	位次	比上年增长(%)	位次
南　　昌	**2 017.01**	**15**	**11.5**	**5**
合　　肥	2 872.00	9	11.4	7
长　　沙	4 245.68	4	11.4	7
郑　　州	3 771.09	6	10.2	10
武　　汉	4 785.66	2	10.2	10
太　　原	1 012.31	19	1.0	26
昆　　明	1 642.03	17	8.2	17
成　　都	4 561.10	3	9.8	13
杭　　州	3 858.90	5	8.1	19
沈　　阳	3 541.40	8	5.3	24
南　　京	3 671.45	7	8.8	15
福　　州	2 352.15	12	11.5	5
广　　州	5 606.41	1	7.4	20
南　　宁	1 251.54	18	9.9	12
海　　口	215.68	26	5.6	23
贵　　阳	976.59	20	13.9	2
哈 尔 滨	1 785.30	16	5.1	25
长　　春	2 862.80	10	6.9	22
石 家 庄	2 439.30	11	7.1	21
济　　南	2 215.16	13	8.8	15
呼和浩特	848.19	22	8.2	17
西　　安	2 205.37	14	11.3	9
兰　　州	829.20	23	9.1	14
西　　宁	560.73	25	16.7	1
银　　川	760.27	24	11.6	4
乌鲁木齐	955.00	21	12.2	3
拉　　萨				

续表 3 （2014 年）

地区	第三产业增加值			
	绝对值(亿元)	位次	比上年增长(%)	位次
南 昌	**1 484.85**	**20**	**7.8**	**22**
合 肥	2 028.30	15	8.5	16
长 沙	3 261.09	6	9.7	6
郑 州	2 862.37	11	8.8	14
武 汉	4 933.76	4	9.5	8
太 原	1 479.85	21	5.1	26
昆 明	1 883.40	17	8.1	21
成 都	5 124.70	2	8.6	15
杭 州	5 067.90	3	8.5	16
沈 阳	3 232.00	8	6.9	24
南 京	4 925.34	5	11.5	3
福 州	2 400.92	12	9.4	9
广 州	10 862.94	1	9.4	9
南 宁	1 541.67	18	8.2	19
海 口	735.26	24	11.2	4
贵 阳	1 412.66	22	14.3	1
哈尔滨	2 907.60	10	8.2	19
长 春	2 179.10	13	6.6	25
石家庄	2 172.60	14	9.9	5
济 南	3 256.33	7	9.1	12
呼和浩特	1 920.40	16	8.3	18
西 安	3 054.85	9	9.0	13
兰 州	1 030.65	23	11.8	2
西 宁	478.66	26	9.7	7
银 川	578.74	25	7.2	23
乌鲁木齐	1 525.00	19	9.3	11
拉 萨				

各省会城市规模以上工业增加值

(2014 年)

地　区	绝对值(亿元)	位 次	比上年增长(%)	位 次
南　　昌	**1 380.64**	**12**	**11.9**	**8**
合　　肥	2 126.59	9	12.3	2
长　　沙	3 042.05	5	12.0	6
郑　　州	3 094.00	4	11.2	9
武　　汉	3 453.35	3	10.9	11
太　　原	647.24	17	0.4	26
昆　　明			7.0	22
成　　都			12.2	3
杭　　州	2 805.25	7	8.9	17
沈　　阳	3 614.90	2	4.9	24
南　　京	2 999.44	6	9.5	16
福　　州	1 837.93	11	12.1	5
广　　州	4 859.55	1	8.1	18
南　　宁	881.17	14	10.8	12
海　　口	122.07	22	3.5	25
贵　　阳	636.06	18	12.2	3
哈 尔 滨	849.40	15	7.7	21
长　　春	2 415.70	8	6.7	23
石 家 庄	2 071.70	10	8.0	20
济　　南			10.1	14
呼和浩特			10.0	15
西　　安	1 195.28	13	11.1	10
兰　　州	565.00	19	8.1	18
西　　宁	406.80	21	17.3	1
银　　川	471.70	20	10.5	13
乌鲁木齐	654.95	16	12.0	6
拉　　萨				

各省会城市固定资产投资

(2014 年)

地　区	绝对值(亿元)	位次	比上年增长(%)	位次
南　　昌	**3 434.25**	**15**	**18.6**	**8**
合　　肥	5 302.60	7	16.9	10
长　　沙	5 435.75	5	18.3	9
郑　　州	5 259.65	8	20.1	5
武　　汉	7 002.85	1	16.7	11
太　　原	1 746.09	19	4.5	24
昆　　明	3 138.17	16	7.0	22
成　　都	6 620.40	2	1.8	26
杭　　州	4 952.70	10	16.2	12
沈　　阳	6 564.10	3	2.8	25
南　　京	5 430.77	6	6.6	23
福　　州	4 388.62	12	14.9	19
广　　州	4 889.50	11	14.5	20
南　　宁	2 886.68	18	18.7	7
海　　口	821.53	25	26.5	2
贵　　阳	3 489.41	14	15.1	16
哈 尔 滨			12.2	21
长　　春	3 924.50	13	15.1	16
石 家 庄	5 076.40	9	16.2	12
济　　南	3 063.40	17	16.1	14
呼和浩特	1 736.50	20	15.8	15
西　　安	5 903.98	4	15.0	18
兰　　州	1 610.70	21	22.3	3
西　　宁	1 176.61	24	27.1	1
银　　川	1 392.76	23	21.2	4
乌鲁木齐	1 526.00	22	20.0	6
拉　　萨				

各省会城市社会消费品零售总额

(法人口径,2014年)

地区	绝对值(亿元)	位次	比上年增长(%)	位次
南昌	**1 429.21**	**18**	**12.5**	**14**
合肥	1 666.75	16	12.9	5
长沙	3 162.07	7	12.9	5
郑州	2 913.61	11	12.7	8
武汉	4 369.32	2	12.7	8
太原	1 411.13	19	10.1	23
昆明	1 905.89	15	12.0	19
成都	4 202.40	3	12.0	19
杭州	3 838.73	5	8.7	26
沈阳	3 570.10	6	12.1	17
南京	3 957.97	4	13.0	4
福州	2 991.98	9	14.6	1
广州	7 697.85	1	12.5	14
南宁	1 616.90	17	12.1	17
海口	541.27	24	10.5	21
贵阳	888.58	23	13.1	3
哈尔滨	3 070.90	8	12.6	11
长春	2 217.50	14	12.6	11
石家庄	2 423.50	13	12.5	14
济南	2 964.40	10	12.6	11
呼和浩特	1 256.08	20	10.0	24
西安	2 872.90	12	12.8	7
兰州	944.90	22	12.7	8
西宁	412.86	25	13.3	2
银川	382.47	26	9.9	25
乌鲁木齐	1 070.00	21	10.3	22
拉萨				

各省会城市地方公共财政预算收入

(2014年)

地 区	绝对值(亿元)	位 次	比上年增长(%)	位 次
南 昌	**342.21**	**17**	**17.2**	**4**
合 肥	500.34	12	14.1	10
长 沙	632.80	8	17.9	3
郑 州	833.88	6	15.2	9
武 汉	1 101.02	2	15.6	7
太 原	258.85	21	4.7	24
昆 明	477.97	13	6.0	22
成 都	1 025.20	4	14.1	10
杭 州	1 027.32	3	8.7	18
沈 阳	785.50	7	-1.9	26
南 京	903.49	5	8.7	18
福 州	510.87	11	12.5	17
广 州	1 241.53	1	8.7	18
南 宁	274.85	20	7.3	21
海 口	100.12	26	15.4	8
贵 阳	331.60	19	19.6	2
哈 尔 滨	423.50	14	5.3	23
长 春	397.30	15	4.1	25
石 家 庄	343.50	16	13.0	14
济 南	543.10	10	12.7	16
呼 和 浩 特	211.54	22	16.2	6
西 安	583.76	9	16.3	5
兰 州	152.33	25	22.3	1
西 宁	168.13	23	14.1	10
银 川	153.62	24	14.1	10
乌 鲁 木 齐	340.62	18	12.8	15
拉 萨				

各省会城市实际利用外资额

(2014 年)

地区	绝对值(亿美元)	位次	比上年增长(%)	位次
南昌	**23.21**	**11**	**9.7**	**12**
合肥	21.82	13	15.4	8
长沙	39.69	6	16.7	7
郑州	36.30	8	9.3	13
武汉	61.99	3	18.1	6
太原	10.77	16	14.0	9
昆明	22.37	12	24.4	1
成都	87.60	1	0.1	17
杭州	63.35	2	20.1	4
沈阳	44.60	5	–23.2	20
南京	32.91	9	–18.4	19
福州	15.47	14	8.1	15
广州	51.07	4	6.3	16
南宁	6.40	20	10.2	11
海口	3.30	21	–35.6	21
贵阳	7.62	19	20.9	2
哈尔滨	27.20	10	20.3	3
长春	10.60	17	13.0	10
石家庄	8.17	18	–14.5	18
济南	14.35	15	8.7	14
呼和浩特				
西安	37.03	7	18.3	5
兰州				
西宁				
银川				
乌鲁木齐				
拉萨				

各省会城市海关出口总额

(2014 年)

地　区	绝对值 (亿美元)	位 次	比上年 增长(%)	位 次
南　　昌	**84.17**	**11**	**15.2**	**10**
合　　肥	127.74	8	7.4	19
长　　沙			41.0	3
郑　　州	266.57	5	6.4	20
武　　汉	137.91	7	15.5	9
太　　原	65.70	16	24.1	6
昆　　明	116.08	10	14.7	11
成　　都	338.20	3	6.1	21
杭　　州	491.66	2	9.8	17
沈　　阳	71.40	15	2.1	22
南　　京	326.28	4	1.1	23
福　　州	212.40	6	9.9	16
广　　州	727.15	1	15.8	8
南　　宁	26.17	20	11.3	14
海　　口	12.32	23	-24.0	24
贵　　阳	72.72	13	30.3	5
哈 尔 滨	34.40	19	18.8	7
长　　春	24.70	21	-25.1	25
石 家 庄	77.90	12	9.5	18
济　　南	60.61	17	10.5	15
呼和浩特	12.42	22	69.5	1
西　　安	119.61	9	41.1	2
兰　　州	40.07	18	11.4	13
西　　宁	10.84	24	39.2	4
银　　川				
乌鲁木齐	72.17	14	12.8	12
拉　　萨				

各省会城市城镇居民人均可支配收入

(2014 年)

地区	绝对值(元)	位次	比上年增长(%)	位次
南　昌	**29 091**	**15**	**10.0**	**3**
合　肥	29 348	13	9.4	8
长　沙	36 826	5	9.4	8
郑　州	29 095	14	9.3	12
武　汉	33 270	8	9.9	4
太　原	23 579	23	8.2	26
昆　明	31 295	12	8.9	20
成　都	32 665	9	9.0	19
杭　州	44 632	1	9.1	15
沈　阳	31 720	11	9.1	15
南　京	42 568	3	8.8	22
福　州	32 451	10	9.4	8
广　州	42 955	2	8.9	20
南　宁	27 075	18	9.1	15
海　口	22 632	25	9.6	6
贵　阳	24 961	21	9.4	8
哈尔滨	28 816	16	9.3	12
长　春	27 299	17	9.7	5
石家庄	26 071	20	8.3	25
济　南	38 763	4	8.7	23
呼和浩特	34 723	7	8.5	24
西　安	36 100	6	9.1	14
兰　州	23 030	24	10.9	2
西　宁	21 291	26	9.5	7
银　川	26 118	19	9.1	15
乌鲁木齐	23 755	22	11.5	1
拉　萨				

各省会城市农村居民人均可支配收入

(2014 年)

地区	绝对值(元)	位次	比上年增长(%)	位次
南　　昌	**12 414**	**16**	**11.0**	**16**
合　　肥	14 407	11	12.2	7
长　　沙	21 723	2	10.2	22
郑　　州	15 470	7	10.4	17
武　　汉	16 160	5	12.3	5
太　　原	12 616	14	10.4	17
昆　　明	10 366	21	12.1	8
成　　都	14 478	9	11.5	12
杭　　州	23 555	1	11.1	15
沈　　阳	15 945	6	10.2	23
南　　京	17 661	4	10.3	20
福　　州	14 012	12	11.2	13
广　　州	17 663	3	10.3	20
南　　宁	8 576	24	11.6	11
海　　口	10 630	19	12.4	4
贵　　阳	10 826	18	12.7	3
哈 尔 滨	12 125	17	12.2	6
长　　春				
石 家 庄	10 542	20	10.4	17
济　　南	14 726	8	11.2	13
呼和浩特	12 538	15	10.0	24
西　　安	14 462	10	11.9	10
兰　　州	8 067	25	13.4	2
西　　宁	10 097	23	12.1	8
银　　川	10 275	22	10.0	24
乌鲁木齐	13 335	13	16.0	1
拉　　萨				

各省会城市金融机构本外币存、贷款余额

(2014年)

单位：亿元

地区	存款余额绝对值	位次	贷款余额绝对值	位次
南　　昌	**7 436.66**	**18**	**6 499.03**	**18**
合　　肥	9 269.58	14	8 666.79	13
长　　沙	11 266.10	10	10 712.82	8
郑　　州	14 412.33	7	11 147.86	7
武　　汉	16 268.71	5	14 463.40	5
太　　原	10 144.00	12	8 054.64	14
昆　　明	10 759.30	11	10 589.91	9
成　　都	27 400.00	2	20 528.00	3
杭　　州	24 450.51	3	21 316.83	2
沈　　阳	12 458.00	8	10 267.20	10
南　　京	20 733.39	4	16 448.55	4
福　　州	9 731.03	13	9 766.85	12
广　　州	35 469.29	1	24 231.71	1
南　　宁				
海　　口	3 213.55	22	3 649.27	22
贵　　阳	7 028.80	19	6 624.53	17
哈 尔 滨	9 012.10	16	7 642.70	15
长　　春	8 792.74	17	7 532.38	16
石 家 庄	9 191.60	15	5 121.10	20
济　　南	12 010.20	9	10 002.50	11
呼和浩特	4 761.42	21	5 245.02	19
西　　安	15 315.39	6	11 878.89	6
兰　　州				
西　　宁	3 115.29	23	3 458.81	23
银　　川	2 625.92	24	3 214.96	24
乌鲁木齐	5 644.86	20	3 982.39	21
拉　　萨				

副省级(非省会)城市主要经济指标

(2014年)

指　标	深　圳	大　连	宁　波	厦　门	青　岛
地区生产总值(亿元)	16 001.98	7 655.58	7 602.51	3 273.54	8 692.10
比上年增长(%)	8.8	5.8	7.6	9.2	8.0
固定资产投资(亿元)	2 717.42	6 773.63	3 989.46	1 572.95	5 766.00
比上年增长(%)	13.6	4.6	16.6	16.7	16.1
社会消费品零售总额(亿元)	4 844.00	2 828.42	2 992.03	1 072.94	3 268.79
比上年增长(%)	9.3	12.0	13.5	10.0	12.6
外贸出口(海关数,亿美元)	2 844.03	302.25	731.09	531.65	457.77
比上年增长(%)	-7.0	-19.3	11.3	1.6	9.1
实际利用外资(亿美元)	58.05	140.05	40.25	19.71	60.81
比上年增长(%)	6.2	3.0	22.9	5.3	10.2
地方公共财政预算收入(亿元)	2 082.44	780.80	860.61	543.80	895.20
比上年增长(%)	20.3	-8.2	8.6	10.8	13.5
规模以上工业总产值(亿元)	24 410.38		13 789.32	4 905.44	16 761.38
比上年增长(%)	8.2		6.2	10.8	9.6
规模以上工业增加值(亿元)	6 501.06		2 540.18	1 240.32	
比上年增长(%)	8.4	4.3	7.4	10.5	9.4
城镇居民人均可支配收入(元)	40 948	33 591	44 155	39 625	38 294
比上年增长(%)	9.0	8.7	9.2	8.2	8.7
居民消费价格指数(%)(以上年为100)	102.0	102.0	101.9	102.2	102.6

江西省2014年国民经济和社会发展统计公报

江西省统计局 国家统计局江西调查总队

2014年，面对复杂严峻的国内外发展环境，在省委、省政府的坚强领导下，全省上下认真贯彻落实党的十八大、十八届三中、四中全会和习近平总书记系列重要讲话精神，按照“发展升级、小康提速、绿色崛起、实干兴赣”十六字方针，坚持稳中求进、改革创新，统筹做好稳增长、促改革、调结构、惠民生各项工作，全省经济在新常态下平稳运行，各项社会事业全面进步，较好地完成了年初确定的主要目标任务。

一、综合

经济运行稳中有进。初步核算，全年实现地区生产总值15708.6亿元，比上年增长9.7%。其中，第一产业增加值1683.7亿元，增长4.7%；第二产业增加值8388.3亿元，增长11.1%；第三产业增加值5636.6亿元，增长8.8%。三次产业对经济增长的贡献率分别为5.0%、65.8%和29.2%。人均生产总值34661元，增长9.2%。经济结构进一步优化。三次产业结构调整为10.7:53.4:35.9，第三产业占比较上年提高0.8个百分点。非公有制经济实现增加值9129.3亿元，增长10.3%，占GDP的比重为58.1%，比上年提高0.7个百分点。区域发展战略扎实推进。南昌临空经济区、共青先导区建设进展顺利，昌九一体化实力显著增强；国务院批复赣闽粤原中央苏区振兴发展规划，赣州综合保税区等重大平台获批设立，中央国家机关及有关单位对口支援工作扎实推进，苏区振兴发展步伐加快；扎实推进赣东北开放合作、赣西经济转型发展，支持抚州深化区域合作。

图1 2010-2014年地区生产总值及其增长速度

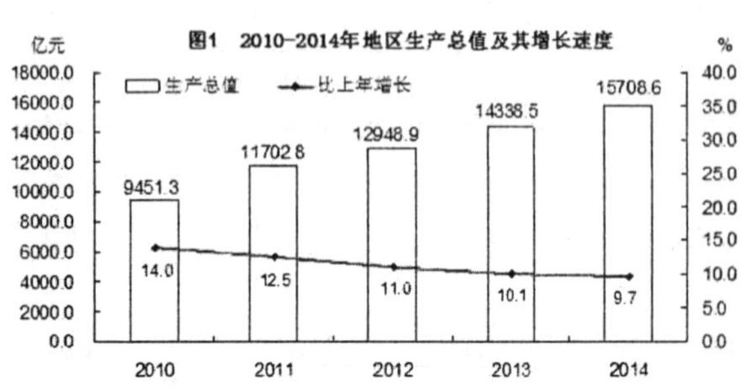

就业形势总体稳定。年末从业人员2603.3万人，比上年末增加14.6万人。全年城镇新增就业55.1万人。新增转移农村劳动力58.7万人。年末城镇登记失业率为3.3%。年末农民外出从业人员822.4万人。其中，省外务工553.5万人。

劳动生产率稳步提高。全年全员劳动生产率为60341元/人，比上年提高4952元/人。

财政收入稳定增长。全年财政总收入2680.5亿元，比上年增长13.7%。其中，公共财政预算收入1881.5亿元，增长16.1%。财政总收入占生产总值的比重17.1%，比上年提高0.7个百分点；税收收入2179.8亿元，增长13.8%，占财政总收入的比重81.3%，比上年提高0.1个百分点。县域财力显著增强，所有县(市、区)财政总收入都超过6亿元，财政总收入超10亿元的县(市、区)77个，超30亿元的15个，超50亿元的3个。其中，南昌县突破80亿元，达87.3亿元。

财政支出结构不断优化。全年公共财政预算支出3882.2亿元，比上年增长11.9%。其中，科学技术支出57.6亿元，增长24.3%；社会保障和就业支出419.1亿元，增长10.6%；医疗卫生与计划生育支出334.7亿元，增长9.1%。

居民消费价格涨幅放缓。全年居民消费价格上涨2.3%，比上年回落0.2个百分点。其中，食品类价格上涨3.7%，对居民消费价格上涨的贡献率56.6%，衣着类价格上涨2.4%，居住类价格上涨2.5%。商品零售价格上涨1.2%。工业生产者出厂价格下降2.2%，其中冶金工业、煤炭及炼焦工业下降幅度最大，分别下降6.1%和5.8%。工业生产者购进价格下降1.6%，其中有色金属材料和电线类、燃料动力类价格下降幅度最大，分别下降5.2%、5.0%和2.2%。固定资产投资价格上涨0.1%。农产品生产价格上涨0.3%。

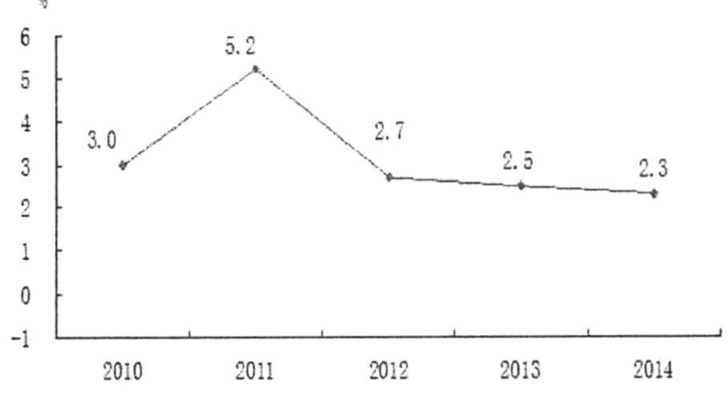

表 1 2014 年居民消费价格比上年涨跌幅度

单位:(%)

指　标	全省	城市	农村
居民消费价格	2.3	2.4	2.2
食品	3.7	4.2	2.7
其中:粮食	3.0	2.7	3.9
烟酒	0.1	0	0.3
衣着	2.4	1.9	3.9
家庭设备用品及服务	-0.1	-0.4	0.7
医疗保健及个人用品	1.0	1.3	0.5
交通和通信	-0.3	-0.6	0.3
娱乐教育文化用品及服务	2.8	2.6	3.2
居住	2.5	2.3	2.8

二、农业

农业生产稳步发展。全年粮食总产量 2143.5 万吨,比上年增长 1.3%,总产再创历史新高,实现"十一连丰"。其中,早稻 820.1 万吨,下降 1.0%;中稻及一季晚稻 272.5 万吨,增长 3.1%;二季晚稻 932.6 万吨,增长 2.3%。全年粮食种植面积 3697.3 千公顷,增长 0.2%;油料种植面积 741.5 千公顷,减少 0.2%;棉花种植面积 84.9 千公顷,增长 0.3%;蔬菜种植面积 572.3 千公顷,增长 1.5%。

牧渔业较快发展。全年肉类总产量 355.2 万吨,比上年增长 3.1%。年末生猪存栏 1943.0 万头,下降 1.3%;生猪出栏 3325.7 万头,增长 3.0%。全年牛奶产量 12.8 万吨,增长 1.1%。禽蛋产量 57.8 万吨,增长 1.6%。全年水产品产量 253.8 万吨,增长 4.6%。

表 2 2014 年主要农产品产量及其增长速度

产品名称	产量(万吨)	比上年增长(%)
粮食	2143.5	1.3
其中:稻谷	2041.5	1.1
油料	121.7	2.1
其中:油菜籽	72.3	2.8
棉花	13.4	2.2
烟叶	5.9	16.5
茶叶	4.7	9.6
园林水果	420.8	-4.7
蔬菜	1312.4	4.4
肉类	355.2	3.1
水产品	253.8	4.6

农业现代化发展加快。全年 854 家省级以上龙头企业实现销售收入 2798.5 亿元,实现利润 116.7 亿元。全省规模以上农产品加工企业 3298 家,比上年增长 3.9%;实现销售收入 3116.7 亿元,增长 7.2%。农民专业合作组织 3.5 万个,成员达 64.4 万人。

农业生产条件持续改善。全年新增有效灌溉面积 29.4 千公顷,有效灌溉总面积2001.6 千公顷;新增节水灌溉面积 40.1 千公顷。农用化肥施用量 (折纯)142.9 万吨,增长 0.9%。

三、工业和建筑业

工业生产稳定增长。全年全部工业完成增加值 6994.7 亿元,比上年增长 11.2%,占生产总值比重为 44.5%。其中,规模以上工业增加值 6833.7 亿元,增长 11.8%。分轻重工业看,规模以上轻工业增加值 2471.5 亿元,增长 12.7%;重工业增加值 4362.2 亿元,增长 11.3%。分企业类型看,规模以上国有企业增加值 294.3 亿元,增长 5.1%;集体企业增加值 22.2 亿元,增长 1.7%;股份合作企业增加值 25.9 亿元,增长 6.8%;股份制企业增加值 2638.4 亿元,增长 12.7%;私营企业增加值 2781.9 亿元,增长 13.5%;外商及港澳台投资企业增加值 1065.1 亿元,增长 10.2%。六大高耗能行业实现工业增加值 2702.4 亿元,增长 10.3%,低于全省平均增速 1.5 个百分点。

装备制造业增势较好。在规模以上工业中,全年装备制造业完成增加值1477.3亿元，占全省工业比重21.6%，比上年增长14.5%，高于全省平均水平2.7个百分点，拉动全省工业增长3.0个百分点，贡献率达25.6%。其中，汽车制造业实现增加值234.8亿元，增长14.1%；计算机、通信和其他电子设备制造业实现增加值330.8亿元，增长24.5%，对全省工业增长的贡献率分别达3.9%和8.5%。

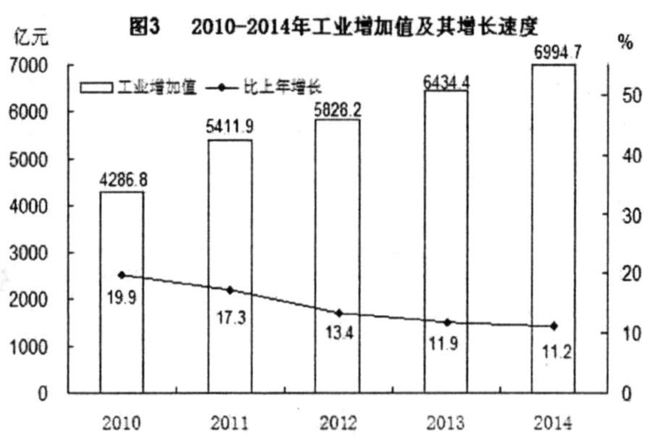

表3 2014年规模以上工业主要产品产量及其增长速度

产品名称	单 位	产量	比上年增长(%)
纱	万吨	157.4	-2.6
布	亿米	9.7	21.4
机制纸及纸板	万吨	154.5	-15.3
化学纤维	万吨	45.9	9.4
卷烟	亿支	676.5	5.9
彩色电视机	万台	19.6	-58.1
家用电冰箱	万台	109.5	7.9
房间空气调节器	万台	328.4	2.7
原煤	万吨	2261.4	-5.5
原油加工量	万吨	471.3	-9.2
发电量	亿千瓦小时	781.3	-1.3
火电	亿千瓦小时	729.2	-1.6
水电	亿千瓦小时	45.3	-0.6
粗钢	万吨	2235.3	3.6
钢材	万吨	2611.1	5.5
十种有色金属	万吨	165.1	6.5
其中：精炼铜	万吨	130.6	6.5
多晶硅	吨	1882.7	17.5
单晶硅	吨	342.3	6.6
水泥	万吨	9803.6	6.3
瓷质砖	亿平方米	11.3	24.0
硫酸	万吨	333.7	3.2
烧碱	万吨	7.6	-20.7
化肥(折100%)	万吨	134.7	23.0
化学农药	万吨	4.6	10.1
发电设备	万千瓦	37.6	7.6
汽车	万辆	46.2	25.4
其中：轿车	万辆	9.7	16.9
工业锅炉	蒸发量吨	1216	-19.7
金属切削机床	台	5775	5.9
移动通信手持机(手机)	万部	5570.5	-3.1

企业效益稳步提升。全年规模以上工业实现利税3358.7亿元，比上年增长14.4%，其中利润2043.9亿元，增长14.1%。38个行业全部实现盈利，其中增长20%以上的行业有15个。全年规模以上工业实现主营业务收入30537.1亿元，增长13.0%。主营业务收入过千亿元的行业11个，较上年增加2个。主营业务收入超过百亿元的企业14户，比上年增加1户。其中，江铜集团主营业务收入突破2千亿元，达到2078.5亿元，居全省首位。全年工业经济效益综合指数339.3%，同比提高13.4个百分点。

工业园区平稳发展。年末全省工业园区投产企业8966家；安置从业人数208.2万人。全年园区完成工业增加值5454.5亿元，增长12.0%；主营业务收入、利润、利税分别完成23226.7亿元、1663.4亿元和2747.6亿元，分别增长12.3%、16.7%和16.8%。年主营业务收入超百亿元的园区新增35家，总数71家，其中南昌高新技术产业开发区达1103.7亿元，居全省首位。

建筑业较快增长。全年共完成建筑业总产值4122.6亿元，比上年增长18.8%；全社会建筑业增加值1393.6亿元，比上年增长10.5%。

四、固定资产投资

固定资产投资较快增长。全年全社会固定资产投资15110.0亿元，比上年增长17.6%。其中，固定资产投资(不含农户)14677.0亿元,增长18.0%。分产业看,在固定资产投资中,第一产业投资315.8亿元,增长16.3%;第二产业投资7999.7亿元,增长11.1%,其中工业投资7935.5亿元,增长11.2%;第三产业投资6361.5亿元,增长28.1%。分投资主体看,在固定资产投资中,国有投资3326.0亿元,增长31.9%;非国有投资11351.0亿元,增长14.5%,其中民间投资10738.2亿元,增长15.2%。

表4 2013年分行业固定资产投资(不含农户)及其增长速度

行　业	投资额(亿元)	比上年增长(%)
总　　计	14677.0	18.0
第一产业	315.8	16.3
第二产业	7999.7	11.1
工业	7935.5	11.2
采矿业	285.1	13.0
制造业	7255.6	10.6
#化学原料及化学制品制造业	589.0	-1.5
非金属矿制品业	818.3	15.1
黑色金属冶炼和压延加工业	97.6	-8.7
有色金属冶炼和压延加工业	423.4	3.7
电气机械及器材制造业	590.8	16.4
计算机、通信和其他电子设备制造业	477.7	16.5
电力、热力、燃气及水生产和供应业	394.8	21.2
建筑业	80.6	5.9
第三产业	6361.5	28.1
批发和零售业	683.3	36.5
交通运输、仓储和邮政业	692.6	43.1
住宿和餐饮业	257.0	-5.4
信息传输、软件和信息技术服务业	73.7	52.4
金融业	33.7	7.1
房地产业	1937.6	12.4
租赁和商务服务业	270.7	69.0
科学研究和技术服务业	54.0	5.4
水利、环境和公共设施管理业	1488.5	44.7
居民服务、修理和其他服务业	68.8	0.3
教育	182.5	3.5
卫生和社会工作	104.6	20.3
文化、体育和娱乐业	250.7	75.0
公共管理、社会保障和社会组织	212.1	42.5

重大基础设施建设加快推进。全年新增高速公路通车里程180公里,通车总里程达4515公里,实现“县县通高速”。新增铁路营运里程588公里,达到3734公里。沪昆客专杭南长段建成通车,昌吉赣客专开工建设,江西进入高铁时代。

房地产投资稳定增长。全年房地产开发投资1322.5亿元,比上年增长12.6%。其中,住宅投资增长22.1%,商业营业用房投资增长29.3%,办公楼投资下降46.5%。商品房竣工面积1871.8万平方米,增长4.9%;商品房销售面积3067.2万平方米,下降3.2%;商品房销售额1621.8亿元,下降1.6%。

五、国内贸易

消费品市场总体平稳。全年社会消费品零售总额5129.2亿元,比上年增长12.7%。分城乡看,城镇消费品零售额4258.8亿元,增长12.5%;乡村消费品零售额870.4亿元,增长13.7%。限额以上批发零售业零售额1893.9亿元,增长13.9%。其中,汽车类零售额520.2亿元,增长16.2%;家具类零售额47.7亿元,增长23.2%;通讯器材类零售额17.1亿元,增长18.2%;家用电器和音像器材类零售额122.2亿元,增长18.4%;化妆品类零售额14.9亿元,增长36.0%;建筑及装潢材料类零售额28.2亿元,增长33.4%;电子出版物及音像制品类零售额8.5亿元,增长20.6%。

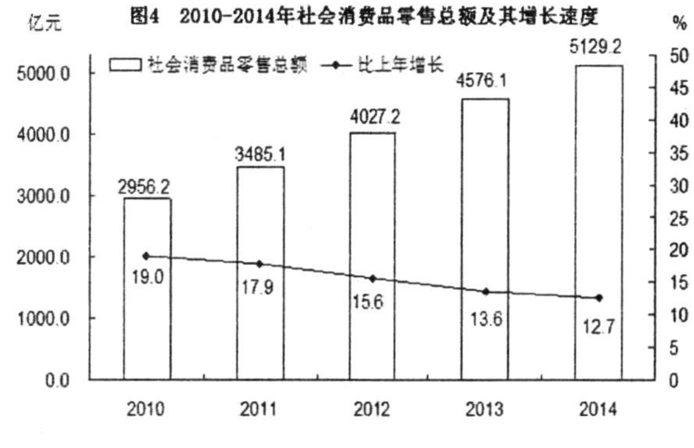

图4 2010-2014年社会消费品零售总额及其增长速度

六、对外经济

对外贸易形势向好。全年进出口总额427.83亿美元,比上年增长16.4%,同比加快6.5个百分点。其中,出口320.38亿美元,增长13.7%;进口107.45

亿美元,增长25.2%。在出口中,外商投资企业出口额68.51亿美元,增长8.0%;私营企业出口额227.68亿美元,增长11.0%;国有企业出口额23.72亿美元,增长88.5%。

图5 2010-2014年进出口总额

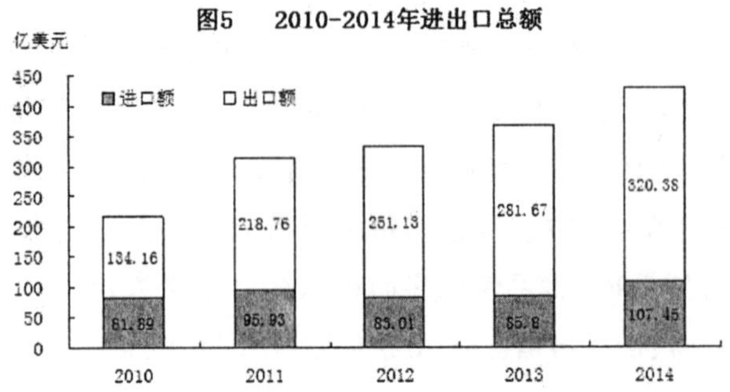

出口结构不断优化。全年机电产品出口129.09亿美元,比上年增长22.2%;高新技术产品出口52.54亿美元,增长53.2%。对韩国、香港、日本、俄罗斯联邦等国家或地区出口快速增长,分别为82.1%、49.1%、28.5%和26.7%。

表5 2014年进出口总额及其增长速度

指 标	绝对数(亿美元)	比上年增长(%)
进出口总额	427.83	16.4
出口额	320.38	13.7
其中:一般贸易	256.57	9.7
加工贸易	48.43	18.8
其中:机电产品	129.09	22.2
其中:高新技术产品	52.54	53.2
进口额	107.45	25.2
其中:一般贸易	43.63	12.3
加工贸易	50.78	15.1
其中:机电产品	47.18	104.8
其中:高新技术产品	34.49	120.8

利用外资增速加快。全年新批外商投资企业822个,实际使用外商直接投资84.51亿美元,比上年增长11.9%,同比加快1.3个百分点。利用省外5000万元以上项目实际进资4540.5亿元,增长17.6%。截止2014年底,全省具有世界500强投资背景的外商投资企业62家。

对外合作力度加大。全年对外承包工程合同项目209个,合同金额26.48亿美元,比上年增长30.2%,同比加快9.3个百分点;完成营业额28.51亿美元,增长25.5%,同比加快2.0个百分点。

七、交通、邮电和旅游

交通运输业基本平稳。全年铁路、公路、水运完成旅客运输量67798万人,比上年增长4.1%;完成货物运输量151767万吨,增长12.0%。机场旅客吞吐量930万人,增长9.6%。其中,昌北机场旅客吞吐量724万人,增长6.3%。

表6 2014年铁路、公路、水运完成客货运输量及其增长速度

指 标	单 位	绝对数	比上年增长(%)
旅客运输量	万 人	67798	4.1
铁路	万 人	7840	12.9
公路	万 人	59676	3.0
水运	万 人	282	36.5
旅客周转量	亿人公里	971.3	4.4
铁路	亿人公里	654.5	5.1
公路	亿人公里	316.5	2.9
水运	亿人公里	0.4	1.6
货物运输量	万 吨	151767	12.0
铁路	万 吨	4821	-5.0
公路	万 吨	137784	13.6
水运	万 吨	9162	5.6
货物周转量	亿吨公里	3830.0	4.6
铁路	亿吨公里	541.3	-12.5
公路	亿吨公里	3073.3	8.6
水运	亿吨公里	251.4	8.6

汽车保有量较快增长。年末民用汽车保有量296.5万辆,增长15.6%。年末民用轿车保有量154.3万辆,增长21.2%,其中私人轿车保有量139.3万辆,增长25.4%。

邮政电信业快速发展。全年完成邮电业务总量445.7亿元,比上年增长32.4%。其中,邮政业务量51.4亿元,电信业务量394.3亿元。年末固定电话用户577.4万户。全年新增移动电话用户131.6万户,年末移动电话用户总数为2938.5万户。3G移动电话用户1150.7万户,增长22.6%。固定互联网宽带接入用户434.2万户,比上年增加24.1万户;移动宽带用户1914.6万户,增加247.2万户。

旅游业发展进一步加快。全年接待国内旅游人

数31134.5万人次，比上年增长25.3%，同比加快3.2个百分点；国内旅游收入2615.2亿元，增长40.3%，同比加快4.5个百分点。入境旅游者人数171.7万人次，增长4.9%；旅游外汇收入5.57亿美元，增长6.1%。

八、金融、证券和保险业

金融市场运行总体平稳。年末金融机构人民币各项存款余额21537.7亿元，比上年末增长10.8%。其中，单位存款余额9520.7亿元，增长10.3%；个人存款余额11048.3亿元，增长11.1%。年末金融机构人民币各项贷款余额15466.1亿元，增长19.4%。其中，短期贷款余额6436.1亿元，增长13.8%；中长期贷款余额8586.3亿元，增长20.9%。年末金融机构人民币消费贷款余额3255.5亿元，增长28.5%。为加大实体经济帮扶力度，对融资模式进行了创新，全年“财园信贷通”发放贷款229亿元，“财政惠农信贷通”发放贷款21.1亿元。

证券交易市场稳定发展。全年新增证券分公司5家、证券营业部107家、期货营业部3家。年末证券公司2家、期货公司1家、证券分公司11家、证券营业部239家、期货营业部30家。年末全省境内证券市场共有A股上市公司32家，全年6家上市公司资本市场融资65.4亿元。新三板企业实现融资突破，1家企业通过定向增发募集资金1.3亿元，3家挂牌企业提交了融资方案；4家企业发行中小企业私募债融资5.5亿元，比上年增长1.8倍；4家企业引入私募股权投资基金5.6亿元。全年证券经营机构累计成交2.9万亿元，增长55.0%；期货经营机构共代理成交5.2万亿元，增长50.1%。

保险业发展加快发展。全年保险公司保费收入400.4亿元，比上年增长25.9%，同比加快8.9个百分点。其中，财产险保费收入138.8亿元，增长19.4%；寿险保费收入153.4亿元，增长6.4%；健康险保费收入29.5亿元，增长78.7%；意外伤害险收入9.5亿元，增长23.1%。支付各类赔款及给付142.1亿元，增长11.9%。其中，财产险赔款73.0亿元，增长9.5%；寿险给付57.4亿元，增长8.5%；健康险赔款和给付9.7亿元，增长71.0%；意外险赔款2.0亿元，增长12.8%。

九、教育和科学技术

教育事业较快发展。全年研究生教育在校研究生2.8万人。普通高校在校生91.6万人。普通高中、初中、小学在校生分别为90.5万人、175.0万人和413.0万人。特殊教育在校生2.0万人。幼儿园11448所，在园幼儿159.4万人。高等教育毛入学率34.5%，比上年提高2.5个百分点；高中阶段毛入学率84.5%，提高2.5个百分点；初中适龄人口入学率98.95%；小学适龄儿童入学率99.83%。

表7 2014年各类学校招生、在校生和毕业生人数

单位：万人

指　标	招生数	在校生数	毕业生数
研究生	1.0	2.8	0.8
普通高校	30.3	91.6	24.0
成人高校	6.7	19.9	4.5
中等职业学校	19.7	57.9	19.3
普通高中	31.6	90.5	27.7
普通初中	59.5	175.0	55.1
普通小学	69.5	413.0	59.7

科技创新能力进一步增强。全年研究与试验发展(R&D)经费支出157亿元，占GDP比重为1.0%，比上年提高0.05个百分点。新增国家重点实验室1家，省重点实验室18家；年末拥有国家重点实验室2家，省重点实验室90家。国家工程技术研究中心8家，省工程技术研究中心172家。全年通过省级科技主管部门鉴定的科技成果101项，获得国家级科学技术奖的科技成果7项，特别是时隔15年，1项科技成果获国家科技进步一等奖。全年受理专利申请25594件，比上年增长51.1%；授权专利13831件，增长38.7%，增幅居全国第一，南昌欧菲光获中国专利金奖。全年技术市场合同成交金额50.8亿元。高新技术产业增加值1700.4亿元，增长11.9%；占GDP的比重为10.8%，比上年提高1.0个百分点。

质量检验能力稳步提升。年末共有10个国家级产品质量检测中心，59个通过国家实验室认可的实验室。年末产品质量检验机构79个,法定计量技术机构243个,全年强制检定计量器具83.5万台件,开展省级产品质量监督抽查6547批次。全年共有581家企业获得3C证书。截止2014年底,发放工业产品生产许可证133张。年末拥有新一代天气雷达8部。全年测绘部门为经济社会发展提供各种基本比例尺地形图2892张,大地成果2598点,航摄成果6121片。

十、文化、卫生和体育

公共文化服务水平进一步提高。年末共有艺术表演团体82个,文化馆104个,公共图书馆113个,博物馆109个。广播电台10座,电视台10座,广播电视台82座。有线广播电视用户610.0万户,数字电视用户498.3万户。广播综合人口覆盖率97.5%;电视综合人口覆盖率98.6%。全年出版各类报纸12.2亿份,各类期刊7352万册,图书18950万册。

卫生事业平稳发展。年末共有各类医疗卫生机构38874个(含村卫生室)。其中,医院、卫生院2164个,妇幼保健院(所、站)112个,专科疾病防治院(所、站)110个,疾病预防控制中心110个,卫生监督所(中心)110个。卫生技术人员20万人。其中,执业医师和执业助理医师7万人,注册护士8万人。医院和卫生院床位18万张。

体育事业较快发展。年末共有青少年俱乐部138个,晨晚练健身活动点15153个。全民活动每天相对稳定人数39.8万人次。农民体育健身工程2232个,老区和贫困地区“雪炭工程”设施建设项目3个。全省体育健儿在国际和国内的重大比赛中共获得41枚金牌、36枚银牌和39枚铜牌。

十一、人口、人民生活和社会保障

人口增长处于较低水平。根据人口变动情况抽样调查统计,年末常住人口4542.2万人,比上年末增长0.4%。65岁及以上老年人口414.2万人,占总人口的比重为9.1%,比上年末提高0.3个百分点。全年出生人口60.0万人,出生率13.24‰;死亡人口28.4万人,死亡率6.26‰;自然增长率6.98‰。

表8　2014年人口数及其构成

单位:万人

指　标	年末数	比重%
常住人口	4542.2	100
其中:城镇	2281.1	50.2
乡村	2261.1	49.8
其中:男性	2334.7	51.4
女性	2207.5	48.6
其中:0-14岁	929.3	20.5
15-64岁	3198.6	70.4
65岁及以上	414.2	9.1

居民生活水平持续改善。根据城乡一体化住户抽样调查,全年居民人均可支配收入16734元,比上年增长10.8%。按常住地分,农村居民人均可支配收入10117元,比上年增长11.3%;城镇居民人均可支配收入24309元,增长9.9%。年末农村居民人均住房建筑面积50.2平方米,比上年末增加1.1平方米。城镇居民人均住房建筑面积41.0平方米,比上年末增加0.9平方米。

社会保障体系进一步完善。全年就业困难人员实现就业6.8万人。共发放小额担保贷款114.5亿元,扶持个人创业9.2万人次,带动就业44.7万人次。年末参加城镇基本养老保险人数783.9万人,比上年末增长3.9%。其中,参保职工562.8万人,参保离退休人员221.1万人。参加城镇职工医疗保险人数579.2万人,其中,职工381.5万人,退休人员197.7万人。开展新型农村合作医疗试点工作的县(市、区)96个,实现农村人口全覆盖,基金支出额125.1亿元。参加失业保险人数271.8万人,参加生育保险人数241.1万人。参加工伤保险人数461.2万人,其中参加工伤保险的农民工136.5万人。重大疾病免费救治工作顺利推进,全年免费救治大病患者12万例。向城市低保户发放低保金月人均补差270元;向农村低保户发放低保金月人均补差145元。为全省城乡561.1万名义务教育阶段公办学校学生全部免除学杂费和免费提供教课书。全年新开工保障性住房10.7万套,基本建成12.3万套。新开工棚户区改造22.4万套,基本建成13.8万套。发放廉租住房租赁补贴17万户,完成农村危旧房改造15.8万户。加大扶贫开发力度,全年完成扶贫移民搬迁8.0

万人,减贫 70 万人。大力推进法治江西、平安江西建设,安全生产形势持续好转,社会保持和谐稳定。

社会福利事业健康发展。年末有各类收养性社会福利提供床位 17.9 万张,收养人数 15.8 万人,临时救济困难户 5.6 万人次。全年销售社会福利彩票 61.5 亿元,筹集福利彩票公益金 18.6 亿元。

十二、资源、环境与安全生产

生态建设成效显著。全年深入实施大气污染防治行动计划,南昌、九江空气质量优良率分别为 80.5%、84.4%,其他设区市空气环境质量稳定在国家Ⅱ级。全省地表水监测断面水质达标率 80.9%,设区市城区集中式饮用水源地达标率 100%。完成植树造林 210.2 万亩,森林覆盖率 63.1%。吉安、抚州成功创建国家森林城市。新增国家级自然保护区 3 处、国家级森林公园 2 处、国家级湿地公园 13 处。深入开展农村环境连片整治行动,农村面源污染防治取得新成效。启动排污权有偿使用和交易、环境污染强制责任保险试点。国家六部委批复江西省生态文明先行示范区建设实施方案,我省成为全国首批全境纳入生态文明先行示范区建设的省份。

水资源和气候基本稳定。全年平均降水量 1667.8 毫米,折合降水总量 2784.3 亿立方米,比上年增长 13.9%;自产地表水资源量 1597.4 亿立方米,折合年径流深 956.8 毫米,增长 13.7%。全年平均气温 18.8℃,较常年偏高 0.74℃;平均降水量为 1697.6 毫米,比常年略偏多;日照时数为 1631.7 小时,接近常年。

节能减排顺利推进。淘汰落后产能和技改工作取得积极进展,完成国家下达的老机动车及黄标车、燃煤锅炉淘汰任务,淘汰落后和过剩产能涉及 7 个行业 80 家企业,实现综合节能约 150 万吨标煤;安排节能技改资金 8500 万元,支持了方大特钢、万年青水泥等 70 多个企业节能技改项目和节能产品推广,帮助企业实现节能约 50 万吨标准煤。初步核算,万元生产总值综合能耗 0.573 吨标准煤,下降 3.16%。全年化学需氧量排放量 72.0 万吨,下降 1.96%;二氧化硫排放量 53.4 万吨,下降 4.18%。单位生产总值能耗下降和主要污染物减排完成年度目标任务。

安全生产形势持续向好。全年生产安全事故 3199 起,比上年下降 38.5%。其中,道路交通事故 879 起,工矿商贸事故 155 起,铁路交通事故 74 起,水上交通事故 2 起,火灾事故 2079 起,农业机械事故 10 起。全年生产安全事故死亡 845 人,比上年下降 50.2%。其中,道路交通事故死亡 591 人,下降 56.3%;工矿商贸事故死亡 195 人,下降 16.7%;铁路交通事故死亡 48 人,与上年持平;水上交通事故死亡 3 人,下降 25.0%;火灾事故死亡 6 人,下降 90.1%;农业机械事故死亡 2 人。亿元生产总值生产安全事故死亡人数 0.104 人,下降 9.6%。

注:

1.本公报所列各项数据均为初步统计数。

2.部分数据因四舍五入的原因,存在着与分项合计不等的情况。

3.生产总值、各产业增加值绝对数按现价计算,增长速度按不变价格计算。

4.全员劳动生产率为地区生产总值(现价)与全部就业人员的比率。

5.六大高耗能行业分别为:化学原料和化学制品制造业、非金属矿物制品业、黑色金属冶炼和压延加工业、有色金属冶炼和压延加工业、石油加工炼焦和核燃料加工业、电力热力生产和供应业。

6.固定资产投资(不含农户)统计范围为计划投资 500 万元及以上项目。

7.邮电业务总量按 2010 年不变价格计算。

8.万元生产总值能耗按 2010 年不变价格计算。

全省各设区市常住总人口

单位:万人

地　区	2014年
全　省	**4 542.16**
南昌市	524.02
景德镇市	162.98
萍乡市	189.00
九江市	480.69
新余市	116.08
鹰潭市	114.76
赣州市	850.75
吉安市	488.12
宜春市	549.33
抚州市	397.66
上饶市	668.80

全省各设区市地区生产总值

(2014年)

单位:亿元

地　区	地　区 生产总值	第一产业	第二产业	第三产业
全　省	**15 708.59**	**1 683.72**	**8 388.26**	**5 636.61**
南昌市	3 667.96	166.10	2 017.01	1484.85
景德镇市	738.21	55.24	428.91	254.06
萍乡市	864.95	58.87	509.99	296.09
九江市	1 779.96	136.87	987.95	658.29
新余市	900.27	54.18	520.68	325.41
鹰潭市	606.98	47.57	376.26	183.15
赣州市	1 843.59	47.57	843.42	712.93
吉安市	1 242.11	287.48	635.04	398.59
宜春市	1 522.99	226.29	834.58	462.12
抚州市	1 036.77	137.74	534.89	328.14
上饶市	1 550.24	218.47	779.01	552.76

全省各设区市农业总产值

单位:亿元

地　区	2014	比上年增长 (%)
全　　省	**2 726.54**	**4.8**
南 昌 市	283.63	4.7
景德镇市	82.67	4.5
萍 乡 市	91.04	4.5
九 江 市	233.80	4.4
新 余 市	89.55	4.6
鹰 潭 市	75.29	4.8
赣 州 市	460.79	4.9
吉 安 市	350.40	5.4
宜 春 市	398.29	4.4
抚 州 市	313.14	4.8
上 饶 市	347.94	4.5

全省各设区市规模以上工业增加值

单位:亿元

地　区	2014	比上年增长 (%)
全　　省	**6 833.72**	**11.8**
南 昌 市	1 380.64	11.9
景德镇市	243.89	11.3
萍 乡 市	420.52	9.8
九 江 市	945.53	12.5
新 余 市	331.46	11.3
鹰 潭 市	340.31	11.2
赣 州 市	751.94	12.4
吉 安 市	688.56	12.5
宜 春 市	762.7	12.4
抚 州 市	315.21	11.7
上 饶 市	653.00	12.1

全省各设区市社会消费品零售总额

单位:亿元

地　区	2014	比上年增长 (%)
全　省	**5 129.21**	**12.7**
南昌市	1 429.21	12.5
景德镇市	239.88	12.5
萍乡市	266.55	12.1
九江市	496.40	13.9
新余市	191.11	11.9
鹰潭市	150.65	12.6
赣州市	629.59	12.4
吉安市	340.78	13.5
宜春市	457.33	13.0
抚州市	379.50	11.7
上饶市	548.20	13.0

全省各设区市固定资产投资

(500 万元及以上项目)

单位:亿元

地　区	2014	比上年增长 (%)
全　省	**14 677.04**	**18.0**
南昌市	3 434.25	18.6
景德镇市	622.54	15.6
萍乡市	908.30	9.8
九江市	1 812.52	20.2
新余市	748.19	6.3
鹰潭市	464.23	17.8
赣州市	1 608.77	20.9
吉安市	1 270.64	19.4
宜春市	1 356.20	20.6
抚州市	957.25	20.5
上饶市	1 344.03	15.4

全省各设区市财政收入

(2014 年)

单位:亿元

地　区	财政总收入（省口径）	# 地方公共财政预算收入
全　省	**2 680.46**	**1 881.50**
南昌市	550.74	342.21
景德镇市	101.52	82.15
萍乡市	117.06	94.20
九江市	328.53	213.66
新余市	126.41	89.92
鹰潭市	101.66	73.39
赣州市	328.53	225.31
吉安市	195.17	142.57
宜春市	272.02	190.32
抚州市	150.07	116.38
上饶市	262.61	194.21

全省各设区市实际利用外资额

(省口径)

单位:亿美元

地区	2014	比上年增长(%)
全　省	**84.51**	**11.9**
南昌市	23.21	9.7
景德镇市	1.55	10.4
萍乡市	2.80	9.9
九江市	14.50	17.8
新余市	3.46	10.0
鹰潭市	2.16	12.2
赣州市	12.22	10.4
吉安市	7.86	14.8
宜春市	5.85	10.0
抚州市	2.51	13.7
上饶市	8.39	10.8

全省各设区市海关进出口总额

单位:亿美元

地 区	进出口总额	#出 口
全 省	**427.83**	**320.38**
南昌市	122.26	84.17
景德镇市	7.84	7.58
萍乡市	14.90	14.66
九江市	57.73	46.48
新余市	20.46	12.64
鹰潭市	41.57	8.87
赣州市	39.03	32.03
吉安市	44.28	40.21
宜春市	23.83	22.27
抚州市	15.55	15.40
上饶市	40.36	36.07

全省各设区市城镇居民人均可支配收入

单位:元

地 区	2014	比上年增长(%)
全 省	**24 309**	**9.9**
南昌市	29 091	10.0
景德镇市	26 625	9.7
萍乡市	26 019	9.5
九江市	25 077	10.2
新余市	27 626	10.4
鹰潭市	24 591	10.1
赣州市	22 935	10.3
吉安市	24 797	10.1
宜春市	23 221	10.0
抚州市	23 101	9.6
上饶市	24 656	9.9

全省各设区市农村居民人均可支配收入

单位:元

地　区	2014年	比上年增长(%)
全　省	**10 117**	**11.3**
南昌市	12 414	11.0
景德镇市	11 547	11.4
萍乡市	12 769	11.2
九江市	10 139	11.3
新余市	12 831	11.0
鹰潭市	11 350	11.5
赣州市	6 946	11.6
吉安市	9 262	11.4
宜春市	10 526	11.6
抚州市	10 410	11.0
上饶市	9 102	11.1

全省各设区市居民消费价格指数

(上年=100)

地　区	2014
全　省	**102.3**
南昌市	102.5
景德镇市	102.4
萍乡市	102.6
九江市	102.1
新余市	101.4
鹰潭市	102.4
赣州市	102.1
宜春市	102.1
上饶市	101.8
吉安市	103.2
抚州市	102.3

2014 年南昌市统计局工作大事记

◆1 月 1 日，第三次全国经济普查登记工作正式开始，原省委常委、常务副省长莫建成在省经普领导小组副组长、统计局局长王建农和省经普领导小组成员单位领导的陪同下到南昌市视察普查登记启动工作。南昌市原常务副市长张鸿星、原副秘书长胡小洪、市统计局局长万昱原参加。

◆1 月 7 日，江西省大城市月度劳动力调查工作会议在景德镇市召开。副局长张宁参加会议。

◆1 月 7 日，在南昌市组织的 2013 年度全市政府网站绩效评估先进单位通报中，市统计局门户网站荣获全市优秀政府网站三等奖。

◆1 月 8 日，市统计局编印的《统计数据看南昌》宣传手册作为南昌市“两会”资料在会上印发。

◆1 月 10 日，国家统计局副局长谢鸿光到南昌督查第三次全国经济普查现场登记工作。南昌市原常务副市长张鸿星、原副秘书长胡小洪、市统计局局长万昱原等陪同。

◆1 月 16 日，市统计局党组书记、局长万昱原，副局长肖玉芳一行七人，赴扶贫村——进贤县七里乡瑶池村走访慰问困难群众。

◆1 月 17 日，江西省统计工作会议在南昌召开，市统计局党组书记、局长万昱原参加会议。

◆1 月 23 日，市委常委、副市长田大忠在市政府原副秘书长胡小洪陪同下到市统计局调研指导，市统计局党组班子成员参加汇报。

◆2 月 8 日，市统计局撰写的《我市 12 月份主营业务收入须引起高度重视》一文获南昌市市长郭安及分管工业副市长肖玉文重要批示。

◆2 月 17 日，市统计局召开党的群众路线教育实践活动领导小组办公室工作会议，学习贯彻中央和省市关于开展党的群众路线教育实践活动有关文件精神。党组书记、局长万昱原出席并讲话。

◆2 月 24 日，市统计局召开党的群众路线教育实践活动动员大会。会议传达学习了省委书记强卫在新建县调研和原市委书记王文涛在全市教育实践活动动员大会上的重要讲话精神。党组书记、局长万昱原作了动员讲话。

◆2 月 27 日，南昌市召开第三次全国经济普查登记工作会议，市第三次全国经济普查领导小组副组长、统计局局长万昱原出席会议并讲话。

◆2 月 27 日，市统计局举办全市乡镇统计联网直报培训会议。副局长张根全出席并讲话。

◆2 月 28 日，市统计局党组书记、局长万昱原和全体党员及部分群众一起，集中观看《筑梦之基》、《永恒的信念》电视专题片。

◆3 月 3 日，省统计局局长王建农一行赴小蓝经济开发区检查指导统计工作。南昌市原市委常委、常务副市长张鸿星，南昌县委书记、小蓝经济开发区党工委书记郭毅，小蓝经济开发区管委会主任王敏，统计局局长万昱原，南昌县县长刘闯等陪同。

◆3 月 9 日，南昌市市长郭安对市统计局撰写的《从对比中探索南昌工业强攻之路》一文作出重要批示。

◆3月10日，市统计局撰写的《关于对<南昌市工业三年强攻计划>中部分县区2014年任务进行调整的建议》获南昌市分管工业副市长肖玉文重要批示。

◆3月12日，省统计局贸易处处长张捷、副处长徐宇林等一行三人对南昌市东湖区商贸企业运营情况进行调研。市统计局总统计师熊慧平陪同调研。

◆3月13日，市统计局副局长张根全带领工业处处长及相关业务人员赴新建县调研工业经济运行情况。

◆3月14日，市统计局党组书记、局长万昱原率班子成员及全局党员干部集中观看《力量之源》、《红色故事汇》电视专题片。

◆3月14日，市统计局副局长张根全与工业处一行三人赴经开区和新建县对江铃集团下属有关企业进行调研。

◆3月15日，市统计局荣获2012—2013年度市政府信息公开工作优胜单位。

◆3月18日，原省委常委、南昌市委书记王文涛在全市领导干部会议上宣读市统计局撰写的《新建投产企业少影响我市工业发展后劲》一文。

◆3月18日，省统计局农业处副处长杨建萍到安义县进行春油、蔬菜、水果生产情况和乡镇统计联网直报准备情况调研，市统计局副局长张根全陪同调研。

◆3月19日，市统计局召开全市统计工作会议，局长万昱原出席会议并讲话。会上，市统计局与各县(区)统计局、市局各部门及局属各单位分别签订了2014年度南昌市统计系统统计行风建设责任书和南昌市统计局党风廉政建设承诺书。

◆3月19日，国家统计局投资司司长贾海到湾里区调研投资项目。省统计局局长王建农、副局长彭道宾，市统计局局长万昱原、副局长张宁陪同调研。

◆3月19日，市统计局党组书记、局长万昱原率领全局党员干部前往方志敏广场参观方志敏爱国事迹陈列馆。

◆3月18日—20日，原省统计局投资处处长金绮、法规处处长康冬明、投资处副调研员胡友华一行来昌，对西湖区、安义县的固定资产投资统计基础数据及建设项目进行现场核查。市统计局局长万昱原、副局长张宁等陪同调研。

◆3月21日，市统计局撰写的《近三年南昌市经济发展变化综述》获原省委常委、市委书记王文涛重要批示。

◆3月24日，市经普办召开"三经普"登记工作查遗补漏会议。市经普领导小组副组长、统计局局长万昱原，副局长张宁出席会议并讲话。

◆3月28日，市统计局在《南昌日报》的头版刊登了《2013年统计公报发布——南昌经济形势稳定向好》，在第6版发布了《南昌市2013年国民经济和社会发展统计公报》，并同步刊登了市统计局党组书记、局长万昱原的署名文章《科学发展 稳健前行——南昌市2013年统计公报解读》。

◆4月1日，省委党的群众路线教育实践活动第一督导组副组长陈坚以及市委第十三督导组组长韩匡楷等一行来市统计局检查指导教育实践活动工作。督导组听取了局党组书记、局长万昱原的汇报。纪检组长陈正军、副局长肖玉芳参加座谈。

◆4月2日，市统计局组织召开全局党员干部大会，传达学习习近平总书记在河南省兰考县调研指导党的群众路线教育实践活动时的重要讲话精神。党组书记、局长万昱原主持会议，局领导班子出席会议。

◆4月2日,市统计局机关党委组织全体党员干部上党课。副局长肖玉芳主讲。

◆4月2日,市统计局召开党的群众路线教育实践活动学习心得交流会。副局长肖玉芳主持会议,全局党员干部参加。

◆4月3日,市统计局在2013年度"我奉献、我快乐"志愿服务活动中,综合排名荣居全市第三。

◆4月11日,市统计局召开中层以上干部会议,学习贯彻《南昌市党政机关厉行节约反对浪费实施细则》文件精神。党组书记、局长万昱原传达文件精神并提出要求。

◆4月11日,市统计局召开会议,集中深入学习习近平总书记在河南省兰考县调研指导党的群众路线教育实践活动时的重要讲话精神,局班子成员及副科级以上干部参会。

◆4月11日,市统计局全体党员干部在局党组书记、局长万昱原率领下,开展"走小平小道,重温入党誓词"革命传统教育活动。

◆4月18日, 市直机关工委副书记龚小荣应邀到市统计局就党的群众路线教育实践活动作了题为《刮骨疗毒整治"四风" 凝心聚力圆中国梦》专题讲座。

◆4月18日,市统计局召开聚焦"四风"查摆问题座谈会,局党组班子成员、局各处室(单位)负责人和部分干部职工参加会议。

◆4月21日,国家统计局原局长马建堂带领第三次全国经济普查调查员,深入西湖区恒茂社区对个体经营户进行入户登记。省政府副秘书长涂琼理、省统计局局长王建农、国家统计局江西调查总队总队长邓盛平、南昌市市长郭安、南昌市统计局局长万昱原、国家统计局南昌调查队队长龚奇明等陪同调研。

◆4月22-23日,市统计局副局长张根全一行赴南昌县、西湖区、经开区征求干部群众对市统计局开展党的群众路线教育实践活动的意见和建议,并对"三经普"相关工作开展情况进行督查。

◆4月24日, 市委党的群众路线教育实践活动第十三督导组到市统计局督导检查党的群众路线教育活动学习教育、听取意见环节"回头看"开展情况。市统计局党组书记、局长万昱原,副局长肖玉芳参加。

◆4月21-25日,市经普办组成五个督查组,由市统计局领导带队分赴各县区督查"三经普"整改工作情况。

◆4月29日,市统计局组织机关党员干部集中观看电影《焦裕禄》。

◆4月30日,市统计局组织全局干部职工观看电影《你是我的兄弟》。

◆ 5月4日,市统计局举行党的群众路线教育实践活动暨"五四"青年节主题演讲比赛。

◆5月5日,省统计局工业处处长杨裕光一行赴南昌县调研工业经济运行情况,市统计局副局长张根全陪同调研。

◆5月8日,市统计局召开以"学习弘扬焦裕禄精神,践行'三严三实'要求"为主题的党组(扩大)会议。

◆5月8日,市统计局撰写的《楼市总体回落下行压力凸显》一文获原省委常委、南昌市委书记王文涛重要批示。

◆5月9日,市经普办召开全市"三经普"工作主任会议。市经普领导小组副组长、统计局局长万昱原出席会议并讲话。

◆5 月 12 日，市委原常委、常务副市长张鸿星在原政府副秘书长谢为民的陪同下，莅临市统计局调研统计工作，并结合党的群众路线教育实践活动开展情况，与市统计局领导班子成员和相关处室(部门)负责人进行座谈。

◆5 月 14 日，市统计局被中共南昌市委保密委、南昌市国家保密局联合授予“二〇一三年度全市保密工作优秀集体”称号。

◆5 月 15 日，南昌市召开全市统计工作专题会议，会议主要内容是部署阶段性统计工作并分析当前经济运行形势。市统计局局长万昱原做统计工作报告。原市委常委、常务副市长张鸿星出席会议并做重要讲话。

◆5 月 20 日，省经普办主任黄奕桢、常务副主任喻滨一行到南昌市调研指导经济普查事后质量抽查准备工作。市统计局局长万昱原、副局长张宁陪同调研。

◆5 月 23 日，市统计局、国家统计局南昌调查队联合召开全市投资统计制度方法改革试点暨培训会议。市统计局副局长张宁出席并作动员讲话。

◆6 月 4 日，市统计局召开党的群众路线教育实践活动领导班子查摆问题专题会议，局党组班子成员出席会议。

◆6 月 4 日，市统计局组织全局干部职工开展“道德讲堂”活动。副局长肖玉芳主持。

◆5 月 26 日–6 月 5 日，南昌市组织开展对各县、区，开发区、新区第三次全国经济普查数据质量事后质量抽查工作。

◆6 月 13 日，省发改委党组成员、副主任曾文明，省统计局党组成员、总统计师曹青云一行到南昌就全市经济运行情况进行调研。市统计局局长万昱原、总统计师熊慧平参加座谈。

◆6 月 16 日，国家经济普查事后质量抽查工作检查组在江西省调查总队巡视员游会龙、江西省统计局副巡视员黄奕祯的陪同下，在南昌市政府召开了经济普查事后质量抽查工作见面会。市统计局局长万昱原参加见面会。

◆6 月 20 日，市统计局撰写的《1–5 月南昌市经济形势分析》获市委副书记、市长郭安重要批示。

◆6 月 20 日，市统计局撰写的《当前工业经济运行存在的问题需引起高度关注》一文获肖玉文副市长批示。

◆6 月 23 日—27 日，市统计局分两批次对全市统计系统中层以上干部和统计法制工作人员进行为期五天的统计法制教育培训。党组书记、局长万昱原出席开班典礼并讲话。

◆6 月 23 日，南昌市人民政府印发《南昌市人民政府关于进一步加强统计工作的意见》。

◆6 月 24 日，市统计局撰写的《当前农业生产存在的问题应予重视》得到原市委常委周关重要批示。

◆6 月 25 日，市政府召开 2014 年第 8 次常务会议。会上，市统计局局长万昱原详细讲解了《统计法》和《统计违法违纪行为处分规定》。

◆7 月 9 日，市统计局召开党的群众路线教育实践活动专题民主生活会。党组书记、局长万昱原主持会议。

◆7 月 17–31 日，市统计局副局长张根全带队分别到南昌县、新建县和进贤县就农村统计工作进行调研。

◆7 月 20 日，市统计局被中共南昌市委、南昌市人民政府授予“南昌市打造核心增长极市直服务项目突出贡献奖”荣誉称号。

◆7月23日，省统计局工业处处长杨裕光一行深入对口支援企业双胞胎饲料生产一线调研。市统计局副局长张根全陪同调研。

◆7月29日,原省委常委、南昌市委书记王文涛专门听取了市统计局局长万昱原对上半年全市经济运行情况和有关工作的汇报,并就进一步扎实做好全市统计工作作了重要指示。

◆7月,国家审计署对南昌市部分工业企业相关数据进行检查。省统计局相关领导、市统计局副局长张根全陪同检查。

◆8月7日,省统计局总统计师曹青云、工业处处长杨裕光一行赴南昌县调研江铃集团下属法人企业解捆统计相关事宜。市统计局副局长张根全陪同调研。

◆8月10日,市统计局社情民意调查中心开展的第二次"拆违拆临"行动电话访问民意调查获省委副书记、省长鹿心社和原省委常委、市委书记王文涛重要批示。

◆8月10日,市统计局荣获红谷滩新区2013--2014年度文明单位。

◆8月25日,市统计局召开党的群众路线教育实践活动征求意见整改落实专题会议。党组书记、局长万昱原主持会议。

◆ 8月25日,市统计局社情民意调查中心和国家统计局南昌调查队联合开展的治理"脏乱差"群众满意度民意调查报告获省委常委、市委书记王文涛重要批示。

◆8月27日,市统计局副局长张根全带队,联合市工信委相关同志对全市7月份拟申报入库的新建投产工业企业进行走访调研。

◆9月15日,市委第十三督导组在桑海开发区召开督导单位第四次联席会议。市统计局副局长肖玉芳参加会议。

◆9月12、15日,省统计局综合处处长曾庆道、工业处处长杨裕光等一行三人赴南昌市部分县区,对部分工业企业和贸易企业资源配置能力现状进行调研。市统计局总统计师熊慧平陪同调研。

◆9月21日,2014年统计从业资格考试(南昌市考区)顺利举行。

◆9月10日—22日,市统计局举办羽毛球、乒乓球比赛活动。

◆9月25日—26日,第七届中部省会城市统计局长联席会议在武汉召开。市统计局局长万昱原参会并做了题为《全面建设现代服务型统计 助力南昌打造核心增长极》会议发言。

◆9月25日—26日,市统计局副局长张宁参加全国人口和就业统计工作会议。

◆9月30日,市统计局召开教育实践活动"整改面对面"专题会议。党组书记、局长万昱原主持,局党组班子成员参加会议。

◆9月30日,市统计局组织全局干部职工开展以诚信为主题的"道德讲堂"活动。

◆10月11日,市统计局党组成员、总统计师熊慧平出席全市扬子洲统计工作划转会议并讲话。

◆10月20日,市统计局召开党的群众路线教育实践活动总结大会。党组书记、局长万昱原出席会议并讲话。

◆10月27日,市统计局党组书记、局长万昱原,党组成员、总统计师熊慧平等相关同志向原市委常委、常务副市长张鸿星汇报GDP完成情况,并分析主要指标完成情况及原因。

◆10月29日,市统计局综治帮扶工作组在副局长肖玉芳的带领下深入挂点单位--安义县乔乐乡开展实地帮扶。

◆11月4日,市统计局副局长张宁参加全国企业创新调查方案和科技统计年报制度培训会。

◆11月5日,市统计局荣获“2013年度全市信访工作群众满意先进集体”荣誉称号。

◆11月9–10日,市统计局党组书记、局长万昱原参加全省经济形势分析会。

◆11月10日,市统计局撰写的《1–3季度我市规上工业增加值完成情况分析及预测》一文获原省委常委、市委书记王文涛重要批示。

◆11月11日,市统计局召开南昌市统计系统综治工作培训会议。副局长肖玉芳主持会议。

◆11月13日,市统计局召开全市工业报表制度布置工作会议。副局长张根全出席并讲话。

◆11月18日,市统计局举办保密知识专题讲座。

◆11月19日,省统计局农业处处长吴九华、副处长杨建萍到进贤县进行蔬菜、食用菌生产情况及渔业生产情况调研。市统计局副局长张根全陪同调研。

◆12月9日,市统计局召开党的群众路线教育实践活动整改任务盘点分析专题会议。党组书记、局长万昱原主持会议。

◆12月9日,市统计局党组书记、局长万昱原,党组成员、总统计师熊慧平参加全省经济运行情况分析会。

◆12月11日,省统计局投资处副处长洪英灏一行来昌,对青云谱区、南昌县的建筑业小微企业和个体经营户调查工作进行检查。市统计局副局长张宁陪同。

◆12月11日,市统计局副局长张根全带领工业处相关同志赴青山湖区就工业经济运行形势及新增规上企业发展情况进行调研。

◆12月11日,市统计局机关工会开展急救知识培训讲座。

◆12月12日,市统计局召开专题会议传达全市综治两提升会议精神,全体干部职工参会。

◆12月16日,市统计局副局长肖玉芳带领局综治办成员一行到综治帮扶点开展上门入户走访调研工作。

◆12月20日,市统计局召开局机关及普查中心副科级领导职务竞职大会。局长万昱原主持会议,局机关及局属事业单位全体在编在岗人员参加。黄赟、樊钰、洪丹萍、刘涛、王燕等五名同志竞职成功。

◆12月24日,市统计局副局长肖玉芳带领局扶贫办成员一行深入扶贫点——进贤县七里乡瑶池村走访调研。

◆12月30日,市统计局被市委、市政府授予“南昌市第十五届文明单位”称号。